다문화 교육과
정책의 이해

지은이 소개

박승우

미국 University of Georgia 사회학 박사
영남대학교 사회학과 교수
영남대학교 초대 다문화교육연구원장
한국동남아학회장 등 역임

다문화 교육과 정책의 이해

초판 2쇄 2021년 1월 28일

지은이 박승우
펴낸곳 영남대학교출판부
펴낸이 서길수
출판등록 1975년 9월 5일 경산 제16-1호
주소 경북 경산시 대학로 280
전화 053-810-1801~3
FAX 053-810-4722
홈페이지 book.yu.ac.kr

ISBN 978-89-7581-594-2 93330

MULTICULTURAL EDUCATION AND POLICY

다문화 교육과 정책의 이해

박승우 지음

영남대학교출판부

서문

최근 우리나라는 급속히 다문화 사회로 이행하고 있으며 이는 이제 거부할 수 없는 역사적 추세가 되고 있다. 우리는 오랫동안 '민족적·문화적 동질성'이란 특징을 우리 사회의 당연한 본질적 속성처럼 받아들여 왔으나 이는 이제 신화로 남게 되었다. 국내 체류 외국인이 이미 200만 명을 넘어선 오늘날 우리 사회는 여러 인종과 민족집단이 어울려 사는 다민족·다문화 사회로 변모하고 있다.

2000년대 후반 이후 최근까지 인문사회과학 여러 분야에서, 우리 사회의 다문화 사회로의 이행과 이와 더불어 발생하는 여러 가지 다문화 현상을 다루는 많은 연구논문과 저작이 쏟아져 나왔다. 뿐만 아니라 정부 공공기관 및 단체, 민간 시민운동단체 등에서도 여러 가지 자료와 보고서가 제출된 바 있다. 이러한 연구 문헌과 자료의 홍수 속에서도 다문화 현상을 종합적으로 분석하고 체계적으로 서술하는 저작은 그리 많지 않으며, 특히 일반인들이 이해할 수 있는 수준에서 다문화 현상을 알기 쉽고 흥미롭게 서술하는 도서는 별로 없는 편이다.

기존의 대부분의 저작은 학자나 전문연구자를 겨냥하는 특정 분야의 수준 높고 전문적인 학술 저서거나 일반 독자를 대상으로 하는 대중적 저작들이며, 후자의 경우 그 내용이나 수준이 너무 상식적이라 대학교 교재로 사용하기에는 그리 적합하지 않다. 이 책은 다문화 교육과 다문화 정책에 초점을 맞추되, 학부 학생들의 교재로 사용하기에 적절한 수준에서 그 주제와 내용을 선택하였다. 또한 필요한 경우 학술적이고 전문적인 내용도 포함하였으나, 그 서술의 수준을 학부 학생들이 쉽게 이해할 수 있도록 조절하였다. 따라서 본서는 우리나라의 다문화 사회와 다문화 현상을 설명하는 학부 교재 수준의 개설서로 비교적 적합하지 않을까 생각한다.

이 책은 13개의 장으로 구성된다. 제1장은 최근 다민족·다문화 사회로 이행해 가는 우리나라에 나타나는 여러 가지 사회적 현상과 그 원인을 소개한다. 또한 '문화'의 개념을 제대로 이해할 수 있도록 문화에 대한 여러 가지 잘못된 관점을 비판적으로 검토한다.

제2장과 3장은 최근 우리나라에 나타나는 소위 '다문화 현상'을 몇 가지로 나누어 그 현황을 개관해 보고 있다. 제2장에서는 일반적인 다문화 현상과 관련된 기초 통계자료를 소개하고 이를 분석하며, 결혼이민자와 다문화가정 자녀의 기본 현황을 관련 자료를 통해 살펴본다. 제3장에서는 다문화가정의 가족생활 및 사회경제적 생활에 대해서 알아보고, 이주노동자, 난민, 북한이탈주민의 생활에 대해서도 알아본다.

제4장에서는 '다문화주의' 개념의 여러 복합적 의미를 알아보고, 다문화주의와 다문화 사회를 바라보는 상반된 시각과 이론적 쟁점을 검토한다. 또한 사회과학 및 사회철학 분야에서 문화 다양성에 대해 긍정적 이론과 부정적 이론을 비교하여 살펴본다.

제5장에서는 다문화 사회에서 발생하는 각종 사회문제를 알아보며, 이러

한 사회문제에 대응하는 국가의 정책방향에 대해서도 알아본다. 다문화 정책을 '분리·배제정책', '동화주의 정책', '다문화주의 정책' 등으로 나누고 그 기본 관점과 내용을 검토해 본다.

제6장은 '민족, 민족주의와 다문화주의'라는 제목하에 우리나라 사람들 사이에 팽배해 있는 단일민족의 신화가 역사적 사실과 얼마나 부합하는지 살펴보고, 한민족의 개념과 국사가 언제, 어떻게 만들어졌는지 알아본다. 또한 민족, 국민, 네이션, 종족집단, 민족주의, 내셔널리즘 등의 개념에 대해 비교 분석해 보고, 민족과 민족주의가 형성된 세계사적 전개과정을 살펴본다.

제7장에서는 '다문화 교육'의 의미를 검토해 보고, 이를 다문화 교육과 유사한 기존의 다른 형태의 교육과 비교해 본다. 또한 미국, 영국, 호주 등 주요국의 다문화 교육의 현황과 특징을 알아보고, 현재 우리나라 다문화 교육의 문제점과 향후 방향을 생각해 본다.

제8장부터 12장까지, 다섯 개의 장에서는 현재 선진적인 다문화 정책을 펴고 있는 세계 여러 나라의 사례를 비교 분석해 본다. 캐나다, 호주, 스웨덴, 미국, 영국, 프랑스, 일본, 말레이시아, 싱가포르, 인도네시아, 이상 10개국의 다문화 정책의 특성 및 그 문제점과 한계를 서로 비교하여 살펴본다. 그리고 이것이 이들 나라의 사회적·역사적 배경과 어떤 연관성을 가지는지 알아본다.

먼저 제8장에서는 이들 10개국의 다문화 현황과 정책을 서로 비교해 보고, 캐나다의 다문화 현황과 정책을 알아본다. 그리고 제9장에서는 호주와 스웨덴, 제10장에서는 미국과 영국, 제11장에서는 프랑스와 일본의 다문화 현황과 정책을 살펴보며, 제12장에서는 동남아 3개국, 즉 말레이시아, 싱가포르, 인도네시아의 다문화 현황과 정책을 살펴본다.

마지막으로 제13장에서는 '우리나라 다문화 정책의 현황과 과제'라는 제목하에 현재 우리나라 다문화 정책의 구성 및 내용, 추진체계 등을 알아보고, 현행 다문화 교육정책의 실태 및 특성에 대해 검토해 본다. 또한 우리나라 다문화 정책의 문제점과 한계, 그리고 앞으로 나아갈 방향에 대해서도 살펴본다.

이 책을 완성하는 데 있어 많은 분들의 도움을 받았다. 영남대 사회학과의 동료 교수들과 다문화 관련 교과를 가르치고 연구하는 후배 연구자들의 여러 가지 조언과 성원에 감사드린다. 또한 지금까지 필자의 『다문화 교육과 정책의 이해』 교과목을 수강했던 학생들과의 질문과 토론은 이 책의 완성도를 높이는 데 큰 도움이 되었다. 이들에게도 감사의 뜻을 표한다. 마지막으로 어려운 여건에도 불구하고 이 책의 출판을 맡아 애써주신 영남대학교 언론출판문화원 관계자들께도 감사드린다. 이 책이 우리 학생들의 다문화 사회에 대한 이해를 제고하는 데 조금이나마 도움이 되기를 기원한다.

2019년 2월

저자 씀

차례

표 차례

그림 차례

1 다문화 사회의 도래

학습개요

1. 다문화 사회로 이행하는 우리나라
2. '문화'에 대한 올바른 개념
3. '다문화'와 문화 다양성

학습목표

1. 최근 다민족·다문화 사회로 이행해 가는 우리나라에 나타나는 여러 가지 사회적 현상과 그 원인에 대해 설명할 수 있다.
2. '문화'에 대한 올바른 개념을 알아보고 이를 위해 문화에 대한 잘못된 관점을 비판적으로 검토해 본다.
3. 다문화 사회의 도래에 따른 '문화 다양성'의 의미를 생각해 보고 이에 대한 올바른 인식을 함양한다.

1. 다문화 사회로 이행하는 우리나라

우리나라에 다문화 사회가 도래하다.

우리나라는 오랫동안 스스로를 단일민족 국가라고 규정해 왔다. 그러나 이제 더 이상 그런 개념이 통하지 않는다. 우리나라에는 2018년 5월 현재 약 225만 명의 외국인이 살고 있다(법무부 출입국·외국인정책본부, 『출입국·외국인정책 통계월보』, 2018년 5월호). 우리나라에 이처럼 많은 외국인이 유입된 것은 1980년대 말, 특히 서울 올림픽이 그 계기가 아닌가 한다. 그 후 지난 30년간 외국인의 급속한 국내 유입 현상이 발생했다.

우리나라에 체류하는 외국인 수는 지난 1991년 처음으로 5만 명을 넘었고, 그 10년 뒤인 2001년에 50만 명을 넘어섰으며, 2007년 100만 명 선을 넘어섰다. 국내 체류 외국인 수의 이렇듯 가파른 상승세는 2010년대에도 계속되어 2013년에 150만 명을 넘었고, 2016년 200만 명을 넘었다. 그리하여 2018년 5월 현재 225만 명, 우리나라 전체인구(중위추계기준, 2018년 현재 51,635,256명)의 4.35%가 외국인이다.

전 세계에는 200여 개의 나라가 있는데,[1] 현재 우리나라에 살고 있거나 다녀간 외국인들의 국적을 살펴보면 전 세계 거의 모든 나라를 망라하고 있다. 다시 말해 아시아 대륙의 끝자락인 한반도 남쪽에 위치하여 한때는 '조용한 아침의 나라', 폐쇄적인 '은자(隱者)의 나라'라 불리던 우리나라에[2] 이제 전 세계의 그 수많은 인종, 민족, 언어종족집단의 구성원들이 방문하거나 들어와 살고 있다. 이제 우리나라가 다민족·다문화 사회라는 건 명실상부한 일이 되었다.

우리나라에서 '다문화'란 용어가 본격적으로 사용되기 시작한 것은 대략 2006년경으로 볼 수 있다. 이 해에 정부는 우리나라 다문화정책의 효시라 할 수 있는 대책을 처음으로 내어놓았다. 대통령 산하의 빈부격차·차별시정위원회는 2006년 4월 '혼혈인·이주자에 대한 사회통합 기본방향' 및 '여성결혼이민자 가족에 대한 사회통합 지원대책'이란 것을 내어놓았다. 같은 해 미국 수퍼볼(Super Bowl)에서 MVP로 선정된 미식축구 선수 하인스 워드(Hines Ward)가 한국을 방문했고, 그에 대한 언론매체의 경쟁적 보도는 우리 사회에 '다문화'에 대한 폭발적 관심을 불러일으켰다.

그 후 2007년에는 국내 체류 외국인 수가 100만 명을 돌파하는 일이 발생했고, 2008년에는 '다문화가족지원법'이 제정되었다. 2007년 8월에는 유엔 인종차별철폐위원회(CERD, Committee on the Elimination of Racial Discrimination)에서 한국이 더 이상 단일민족 국가가 아니라고 규정하였다. 이

---

1 전 세계의 국가 수는 그 분류기준이나 조사기관에 따라 달라진다. 국제연합(UN) 회원국 수는 193개국이나, 국제법상 인정되는 국가 수는 무려 240개국이 넘는다.

2 William Elliot Griffis, *Corea: The Hermit Nation* (New York: Charles Scribner's, 1882)

위원회는 '한국이 민족의 단일성을 강조하는 것은 그 영토 내에 사는 서로 다른 민족이나 국가 간의 이해와 관용, 우의 증진에 장애가 될 수 있다.' 라고 우려를 표한 뒤, '순수 혈통, 혼혈과 같은 용어와 그에 담겨 있을 수 있는 인종적 우월성의 관념이 한국 사회에 여전히 널리 퍼져 있는 것을 우려한다.' 라고 덧붙였다(김기봉, 2009).

국내 체류 외국인의 증가 추세와 더불어 우리나라에서 외국으로 나가는 사람의 수도 엄청난 규모로 늘어났다. 1981년에 해외여행에 대한 제한이 부분적으로 풀렸고, 1989년에 해외여행과 외국유학이 완전히 자유화되었다. 그 이후 우리 국민 중 외국 출국자 수는 빠른 속도로 늘어났는데, 2007년에 한 해 1,362만 명이던 것이 2017년에는 2,676만여 명이 외국으로 나가, 10년 동안 내국민의 외국 출국자 수가 2배가 되었다. 한편, 우리나라에 입국하는 외국인 수 또한 2007년에 642만여 명에서 2017년에 약 1,357만 명으로 10년 동안에 2배 이상 늘었다(『출입국·외국인정책 통계월보』).

외국인의 급속한 국내 유입 및 다문화 사회로의 이행 원인

이처럼 최근 들어 빠른 속도로 외국인이 국내로 유입해 오거나 우리나라가 다민족, 다문화 사회로 이행하는 데에는 몇 가지 요인이 작용한다. 첫째, 세계화 즉, 글로벌리제이션 시대를 맞아 국가 간 인적 교류와 노동력의 이동이 과거와는 질적으로 다른 양상으로 발생하고 있다는 점, 둘째, 우리 사회가 급속한 고령화와 저출산 등 인구구조의 변화로 외국인 이주민에 대한 흡인 요인(pull factor)으로 작용했다. 이 중에 인구구조의 변화부터 살펴보자.

인구구조, 인구추세와 다문화 사회

현재 우리나라에서는 저출산·고령화의 추세가 급진전되고 있다. 2015년 현재 우리나라의 총인구는 약 5,101만 명 정도이고, 0~14세까지의 '유소년 인구'의 전체인구에 대한 비율은 13.8%, 65세 이상의 '고령인구'의 비율은 12.8%이다. 그런데 20년 뒤인 2035년에는 유소년 인구의 비율이 11.3%로 줄고, 고령인구의 비율은 28.7%로 크게 뛰게 될 것으로 전망된다. 40년 뒤인 2055년에는 총인구도 크게 줄어드는데, 지금보다 358만 명이나 줄어 4,743만 명이 된다. 이와 함께 유소년 인구의 비율도 크게 줄어 총인구의 9.4%밖에 안 되고, 반면에 고령인구의 비율은 총인구의 39.2%로까지 늘게 될 전망이다. (자세한 것은 <표 1-1>을 참고할 것)

<표 1-1> 장래 인구 추계

항목 \ 연도	2015	2025	2035	2045	2055
총인구(천명)	51,015	52,610	52,834	51,051	47,430
0~14세(천명)	7,030 (13.8%)	6,345 (12.1%)	5,981 (11.3%)	5,155 (10.1%)	4,435 (9.4%)
15~64세(천명)	37,444 (73.4%)	35,757 (68.0%)	31,299 (60.0%)	27,718 (54.3%)	24,421 (51.5%)
65세 이상(천명)	6,541 (12.8%)	10,508 (20.0%)	15,176 (28.7%)	18,179 (35.6%)	18,574 (39.2%)
인구부양비*	36.2	47.1	66.8	84.2	94.2

주: *{(0~14세 인구)+(65세이상 인구)}/(15~64세 인구)X100
출처: 통계청, 『장래인구추계: 2015~2065 (2015 인구총조사 기준)』

고령화 단계로 보면, 우리나라는 현재 '고령화 사회(Aging society)' 단계에 있다. 고령인구의 비율은 앞으로 더욱 빠른 속도로 늘 것으로 예측하는데, 우리 정부의 '장래 인구 추계'에 따르면, 우리나라는 2018년에 고령인구의 비율이 총인구의 14%를 넘어 '고령사회(Aged society)'가 되고, 그로부터 8년이 지난 2026년이면 고령인구의 비율이 총인구의 20%를 넘어 '초고령 사회(Post-aged society)'가 된다고 한다(통계청, 2016).[3]

이때쯤 되면 과연 어떤 문제가 발생할까. 이를 알아보기 위해 여기서 잠시 '부양비' 또는 '인구부양비'란 개념을 소개한다. '인구부양비(Dependency Ratio)'란 15~64세 사이의 '생산가능인구(Working Age Population)' 1명이 부양해야 하는 '피부양인구'(15세 미만의 '유소년인구'와 65세 이상의 '고령인구'의 합계)의 비율을 말한다.[4] 이 수치가 2000년부터 2020년까지는 대략 40% 이하에 머물다가, 2020년부터 2030년 사이 급격하게 증가하여 2030년에는 경제활동 인구 100명이 56.3명의 피부양인구를 부양해야만 하는 상황이 되고, 2050년에는 이 비율이 더욱 급증하여 90%를 넘게 된다. 이런 상황에서 과연 우리나라의 사회경제적 시스템이 제대로 운용될 수 있을지 참으로 의문이 든다.[5]

자료 : 우리나라의 고령화 단계

고령화사회(Aging society)

- 고령인구(65세 이상 인구) 또는 노인인구가 전체 인구에서 차지하는 비율이 7% 이상인 사회
- 우리나라는 지난 2000년 이 단계에 처음 진입하여 현재 이 단계에 있음

고령사회(Aged society)

- 고령인구의 비율이 전체 인구의 14% 이상인 사회
- 우리나라는 2018년 이 단계에 진입할 예정
- 2018년 고령인구의 비율 : 14.3%로 예측

초고령사회(Post-aged society)

- 고령인구의 비율이 전체 인구의 20% 이상인 사회
- 우리나라는 2026년 이 단계에 진입할 것으로 예상됨.
- 2026년 고령인구의 비율 : 21.1%로 예측

2050년의 인구부양비를 현재의 인구부양비인 40%선으로 유지하기 위해서는 수치상으로만 보면 현재보다 총 750만 명 정도의 외국인(그것도 생산가능 연령대의 젊은 외국인 근로자)이 추가로 더 유입되어야 한다는 계산이 나온다. 현재 인구학자들은 대체로 2030년경에 우리나라 외국인 인구수를 350만 명 정도로, 그리고 2050년의 외국인 인구수를 대략 500만 명 정도로 보고 있다. 그러나 우리 사회가 보다 역동적으로, 건강하게 기능하기 위해서는 이보다 더 많은 외국인 이주민이 유입되어야 할 필요성이 있고, 실제로도 이 예측치보다 더 많은 외국인 이민이 발생할 개연성이 크다.

외국인뿐만 아니라 다문화가정도 크게 늘어, 2020년에는 20세 이하 젊은 층의 경우 다섯 명 중 한 명이 다문화가정 자녀가 될 것이라는 전망을 한다. 또한 2020년경 농촌지역에서는 20세 이하 젊은 층 인구의 거의 절반을 다문화가정 자녀가 차지할 것이라는 전망을 한다.

---

3 2018년에 총인구는 51,635천 명, 고령인구는 7,381천 명으로 고령인구의 비율이 총인구의 14.3%가 될 것으로 추산한다. 2026년에는 총인구 52,704천 명, 고령인구 11,108천 명, 고령인구 비율 21.1%로 추산한다.

4 계산식으로는 <표 1>의 각주에서 보듯이 {(0~14세 인구)+(65세이상 인구)}를 (15~64세 인구)로 나눈 것이다.

5 2030년의 경우 총인구 52,941천 명, 0~14세 인구 6,109천 명, 15~64세 인구 33,878천 명, 65세 이상 인구 12,955천 명으로 인구부양비는 56.3%으로 추산되고, 2050년에는 총인구 49,433천 명, 0~14세 인구 4,716천 명, 15~64세 인구 25,905천 명, 65세 이상 인구 18,813천 명으로 인구부양비는 90.8%로 추산된다.

일본처럼 인구구조가 지나치게 고령화된 사회가 얼마나 그 사회경제적 활력과 역동성이 떨어지고, 그 결과 경제성장도 크게 지체되고 있는지를 고려해 보면 향후 30~40년 동안 우리나라의 외국인 이민의 유입과 인구구조의 변화 문제도 매우 심각한 문제임을 알 수 있다.

글로벌리제이션과 이민 및 국가 간 인적 교류의 확대

세계사적으로 보면 최근의 국경을 넘나드는 이민, 그리고 노동력의 이동, 인적 교류의 확대 등은 '전 지구적 자본주의' 또는 '글로벌 자본주의(global capitalism)'가 완성되어 가는 과정, 즉 글로벌리제이션(globalization, 글로벌화, 세계화) 과정의 일부이다. 글로벌리제이션에 따라 국경을 넘나드는 인적 교류가 더욱 활발해진 것이다. 이러한 인적 교류에는 이주노동자뿐만 아니라 여행객, 유학생, 비즈니스맨 등도 포함된다.

자본주의 체제가 지구상의 모든 지역과 국가를 포괄하게 되면서, 국가 간 경계가 허물어지고 전 세계가 하나의 경제권으로 통합되는 글로벌리제이션 현상이 발생하고 있다. 교역의 발달, 자유무역체제의 확산으로 전 세계의 시장이 하나로 통합되고, 생산기지도 글로벌화되어 초국적 기업의 사무실과 공장은 전 세계 각지에 흩어져 있으며, 자본도 국경이라는 장애물 없이 세계 각지의 자본시장, 금융시장에 초와 분을 다투면서 들어오고 나가고 있다. 최근 들어서는 인적 교류와 이민의 장벽도 허물어지고, 특히 노동력의 이동이 국가 간 경계를 넘나들면서 이루어지고 있다.

이러한 글로벌리제이션은 1980년대 들어와서 본격화되었고, 우리나라에서도 1980년대 말부터 급속히 진행되고 있다. 우리나라도 상품시장, 자본시장이 차례로 개방되었고, 인적 교류의 장벽도 풀려 해외여행이나 유학도 자유화되었다. 1980년대 말부터는 외국인 이주노동자가 본격적으로 들어오기 시작했던 것이다. 현재 전 세계에는 2억에 가까운 인구가 자국을 떠나 이주민으로 살아가고 있다. 이 중 약 반 정도가 이주노동자이다.

또한 교통과 통신의 발달, 특히 1990년대 이후의 정보통신기술 혁명으로 인한 인터넷과 컴퓨터 매개 통신의 발달은 서로 다른 사회, 서로 다른 문화에 사는 사람들 간의 교류와 소통을 더욱 증대시키고 있다.

2. '문화'에 대한 올바른 개념

문화(culture)의 다양한 정의

문화의 개념에는 여러 가지가 있다. 일반인들이 상식적으로 생각하는 '문화' 개념도 있고, 학자들이 학술적으로 개진하는 '문화'의 개념도 있다. 그리고 요즘 소위 '문화연구(cultural studies)'에서 말하는 '문화'의 개념은 문화인류학자들의 '문화' 개념과 조금 다르고, '다문화주의자'들이 말하는 '문화' 개념도 마찬가지로 다른 분야의 문화 개념과 조금 다르다. 그리고 문화인류학에서 말하는 '문화' 개념도 시대에 따라 다른데, 19세기 에드워드 타일러의 문화 개념과 오늘날 인류학의 문화 개념은 서로 많이 다르다. 학문 세계에서도 분과학문이나 학파에 따라, 또 시대에 따라 문화 개념은 서로 다르게 쓰인다.

여기서는 문화에 대한 제대로 된 정의를 내리려는 의도는 없으며, 다만 '다문화 현상'을 올바르게 보기 위해 문화 개념을 정의하는 데 있어 우리가 어떤 점에 주의해야 할지만 다룰 것이다. 그리고 그 전에 몇 가지 유익한 문화 개념에 대해 소개하기로 한다.

문화에 대한 가장 유명한 학술적 정의는 영국의 인류학자인 에드워드 타일러(Edward B. Tylor, 1832~1917)가 내린 것이다. 그는 자신의 저서 『원시문화(Primitive Culture)』(1871년 간행)에서 '문화'를 "사회 구성원으로서 인간에 의해 습득되는 지식, 신앙, 예술, 도덕, 법, 관습, 그 외 여러 가지 능력과 습관을 포함하는 복합적 총체(that complex whole which includes knowledge, belief, art, morals, law, custom, and any other capabilities and habits acquired by man as a member of society)"라고 정의했다(Tylor, 1871: 1). 타일러 이전에는 사람들은 '문화'란 것을 개인적 수양이나 인격의 도야, 또는 사람들의 관습이나 풍속의 개량 정도로 이해하거나, 그게 아니면 고차원의 정식적인 활동, 예컨대 예술이나 문학 활동 등과 동일시했다. 타일러에 의해 비로소 근대 문화인류학의 문화 개념이 확립되었다.

그 후 오랫동안 문화인류학에서는 '하나의 집단은 하나의 문화를 가진다', 그리고 '그 한 집단이 가지는 하나의 문화는 그 자체로서 다른 문화와 구별되는, 하나의 통합된 총체다' 라는 관점이 지배적이었다. 이런 생각에 변화가 온 것은 비교적 최근의 일이다. 최근에는 문화인류학자든, 아니면 일반적인 문화 연구자든, 하나의 사회에 하나의 문화가 존재한다거나 모든 사회 구성원들이 문화를 동일하게 공유한다고 주장하지는 않는다(한경구, 2008).

사회학자들은 문화를 '한 사회 구성원들의 생활양식의 총체'를 가리키는 것으로 본다. 예컨대 영국의 사회학 이론가인 앤서니 기든스(Anthony Giddens)는 문화를 "한 사회 구성원들의 의식주의 형태, 결혼관습, 가족생활, 노동유형, 종교의식, 여가활동의 방식 등을 모두 포함하는 것"으로 이해하고 있다(Giddens, 1992: 55).

다음 논의로 넘어가기 전에 마지막으로 최근 유네스코(UNESCO, United Nations Educational, Scientific and Cultural Organization)에서 제시하는 문

화의 개념을 간단히 소개하면 다음과 같다. 2001년 10월 유네스코 제31차 총회에서 채택된 '유네스코 세계 문화 다양성 선언(Universal Declaration on Cultural Diversity)'에 따르면 문화란 "특정 사회 또는 사회집단 특유의 정신적·물질적·지적·감성적 특징의 총체(the set of distinctive spiritual, material, intellectual and emotional features of a society or a social group)"이며, "예술 및 문학뿐만 아니라 생활양식, 함께 사는 방식, 가치체계, 전통과 신념을 포함한다(it encompasses, in addition to art and literature, lifestyles, ways of living together, value systems, traditions and beliefs)." 라고 되어 있다(UNESCO, 2001). 여기서 중요한 것은 바로 우리가 살아가는 '삶의 방식'과 우리가 하는 생각의 방식, 즉 '사고방식'이 모두 문화의 중요한 요소라는 점이다.

문화에 대한 잘못된 관점

문화 본질주의(cultural essentialism)

우리가 다문화 현상을 분석함에 있어 가장 주의해야 할 점은 바로 문화를 '본질주의'라 불리는 관점에서 바라보는 것이다. '본질주의(essentialism)'란 '어떤 사물이나 현상이든 특정의 유형이나 범주에 속하기 위해서는 그에 걸맞은 본질적 속성을 내재하고 있어야 한다.' 는 관점을 말한다. 다시 말해 '문화'란 것을 '어떤 민족집단이나 인종, 정치공동체의 고유의 온갖 속성'으로 치환해 버리는 것이다.

문화 본질주의 입장에서 보면, 한국문화, 미국문화, 중국문화, 베트남 문화는 각각 자신만의 독특하고 고유한 속성을 가지고 있으며, 이는 그 문화를 다른 문화와 뚜렷이 구별되게 만드는 특수성이 된다. 즉, 한국문화는 미국문화와 근본적으로 다른, 나름대로의 특성, 본질적인 속성을 갖고 있다는 것이다. 그리고 하나의 사회에는 하나의 문화가 대응된다. 사회가 일종의 그릇이라면, 문화는 그 속에 담기는 콘텐츠가 되고, 하나의 그릇에는 하나의 음식이 담기는 것이다.

이러한 '본질주의적' 관점에 서 있는 사람들은 각 문화가 다른 문화와 구별되는 본질적인 속성을 갖고 있고, 그렇기 때문에 그 문화 내부는 '단일하고 동질적이라'고 간주한다. 영어로 'monolithic'이란 말이 있다. 한 덩어리로 된 암석이나 하나의 결정체로 된 단일 물체를 말할 때 쓰는데, '문화 본질주의'는 바로 한 사회의 문화를 monolithic하다고 보는 것이다. 그리고 이들은 한 문화와 다른 문화 간에는 강고한 경계(boundary, border)가 존재한다고 본다. 그러므로 이 관점에서는 '문화 간 경계 넘나들기(cultural border-crossing)'는 거의 힘든 것이다. 문화 본질주의적 시각에서 볼 때, 한 사회의 문화는 동질적이어야 하고 또 그것이 정상인데, '문화 다양성'의 상황, 즉 '다문화 상황'은 비정상적인 상황이자, 일탈적인 상황이 된다.

문화 본질주의에서 본 '아시아적 가치'에 대해

문화 본질주의 관점은 한 사회, 한 나라의 문화뿐만 아니라, 보다 포괄적인 광역권의 문화에 대해서도 적용된다. 그러한 시각에서 나온 관점이 바로 '아시아적 가치'란 개념이다.

'아시아적 가치(Asian Value)' 또는 '동아시아적 가치(East Asian Value)'라는 것은 바로 (동)아시아 또는 동양, 더 정확히는 유교권 아시아에 서구와 구별되는 특별한 문화가 있으며, 이것이 동아시아 지역의 경제발전에 큰 기여를 했다는 것이다. 이 개념을 주창하는 사람들은 한국, 일본, 중국, 베트남, 그리고 싱가포르 등이 서로 공유하는 공통의 문화—가치관과 사고방식, 생활양식—

을 갖고 있으며, 이처럼 이 지역이 서구와 구분되는 동아시아만의 가치체계, 그리고 유교의 영향을 받아 유교적 가치체계를 가진 결과로 이 지역이 아시아의 다른 지역이나 아프리카, 라틴아메리카 등과 달리 빠른 경제발전에 성공했다는 것이다.

(동)아시아적 가치 / (East) Asian Value

- 공동체주의적 가치관
- 사회적 위계질서와 권위에 대한 존중
- 근면, 절제, 인내를 강조하는, 그리고 성취지향적인 근로윤리
- 엄격한 규율과 자기계발 및 교육에 대한 강조
- 검약과 절제의 생활양식
- 현세사에 대한 적극적인 태도
- 안정된 가족생활에 대한 강조

이들이 말하는 동아시아적 가치에는 서구의 개인주의적 가치관과 대조되는 '공동체주의적 가치관', '사회적 위계질서와 권위에 대한 존중', '강력한 근로윤리' 등이 포함되며, 그 외에도 '신유교' 또는 '성리학'에서 중요하게 여긴다고 생각하는, '교육에 대한 강조', '엄격한 규율 존중', '검약의 정신', '현세사에 대한 적극적 태도' 등이 포함된다.

이러한 '동아시아 가치'론에서 '유교 자본주의론'이나 '동아시아 발전론' 등의 사회발전 이론이 파생되어 나온다. '동아시아적 가치'는 피터 버거(Peter Berger)같은 서구 학자들도 제기했지만, 사실 말레이시아의 마하티르, 싱가포르의 리콴유 등 동아시아 지역의 정치인들에 의해 국가발전 프로젝트의 이데올로기로 많이 차용(借用)되었다.

그러면, 과연 '(동)아시아 가치'론 등이 주장하듯이, 동아시아, 아니면 더 나

아가 아시아에는 서구 문화와 구분되는 어떤 본질적 특성이 있을까. 우리는 별 생각 없이 서구인들은 개인주의적이고 동아시아인들은 공동체주의적인 것으로, 서구 문화는 이성적·합리적이나 동아시아 문화는 감성적·비합리적인 것으로, 서구는 변화지향적이고 역동적이나 동아시아는 정체되고 보수적인 것으로 규정하는 논리들에 고개를 끄덕거리는데, 실제 세상은 이런 식으로 '이분법'적으로 깔끔하게 구분되는 게 아니다.

서구에도 다양하고 이질적인 문화가 공존하고 있고, 동아시아 문화들 또한 다양하고 이질적이긴 마찬가지이다. 서구에서 라틴 문화와 게르만 문화 간의 거리는 이들 문화와 동아시아 문화 사이의 거리보다 반드시 더 가깝지 않다. 동아시아 내의 한국, 중국, 일본 간의 차이도 우리가 생각하는 것보다 훨씬 더 크다.

또한 문화와 가치관의 공간적 차이(동서[東西] 간의 차이)라고 보이는 것이 기실은 시간적 차이(과거와 현재 사이의)에서 연유하는 경우도 적지 않다. 예컨대 비(非)서구 지역의 공동체주의 문화에 대비되어 서구 문화의 특징으로 간주되는 개인주의적 가치관은 고도로 도시화되고 '이익사회(利益社會, Gesellschaft)'로 변전된 근대 산업사회의 문화적 특징으로 봄이 더 적절할지 모른다.

또한 어떤 연구자들은 소위 '아시아적 가치'라는 것도 사실상 아시아 고유의 가치가 아니라 '과거 서구의' 가치라고 지적한다. 즉 주로 싱가포르의 엘리트들이 표방해 온 (권위주의, 공동체주의, 가족주의, 근면과 검소 등의 가치를 중시하는) '아시아적 가치'란 것이 알고 보면 그들이 식민지시대의 영국식 교육을 통하여 내면화했던 '빅토리아적(Victorian) 가치'라는 것이다(Backman, 2000). 싱가포르의 리콴유가 어릴 때부터 영국식 교육을 받았고, 영국에서 유학을 했으며, 케임브리지 대학에서 학위를 했다는 점을 상기해 보면 (이 과정에서 아마 빅토리아적 가치관이 주입되었을 것이다), 그리고 그가 제2차 세계대전 이후의 싱가포르 국가건설을 위한 마스터플랜을 짠 사람이란 걸 상기해 보면, 그가 주창한 '아시아적 가치'가 '19세기 영국의 가치관'과 많이 닮아 있다는 점이 예사롭게 보이지 않는다(리콴유, 1999).

따라서 '아시아적 가치'란 것도 원래부터 있던, (동)아시아만의, 또 유교권 아시아 국가들만의 가치라기보다, 사후(事後)적으로 만들어진 논리적 제조물이고, 이런 식으로 '동아시아 문화'를 규정하는 것은 '있는 그대로의 문화'가 아니라 '만들어진 문화'일 뿐인 것이다.

'동양(동아시아) 사회'니 '일본(또는 인도, 한국) 사회'니, 또는 '동양 문화'니 하는 것은 모두 '이상화된 서구 사회의 역상(逆像, inverse image)'으로서 근대에 들어와 새로이 창조된 것이고, 추상적·논리적 사고의 산물(mental construct)에 지나지 않는다. '동아시아 문화의 동질성'이라든가 '아시아적 가치', '유교 자본주의' 등을 논하는 사람들의 사고방식의 기저에는 동아시아를 서구의 대립항(對立項)으로, 동아시아의 문화를 '서구 문화의 특성을 모두 제거하고 남은 것들로 구성된 잔여물'로 여기는 사고방식이 깔려 있다(박승우, 2008).

오리엔탈리즘(Orientalism)

그러면 과연 문화 간에는 우열(優劣)이 있을까. 과연 어떤 문화는 다른 문화보다 더 뛰어난 문화일까. 뛰어나다면 어떤 점에서 뛰어나다고 할 수 있나. 문화 간에 우열이 있다고 보는 입장 중 하나가 '오리엔탈리즘(Orientalism)'이고, 이는 서구중심주의(Euro-centrism)적 관점 중 대표적인 것이다. 오리엔탈리즘의 인식구도는 위에서 논의한 '문화 본질주의' 관점과도 밀접한 관련이 있다. 또한 위에서 '아시아적 가치'란 개념에서 보았던 '이분법적 논리구도'는 오리엔탈리즘에도 그대로 나타난다.

'오리엔탈리즘'이란 용어의 의미가 이렇게 쓰이기 시작한 데는 에드워드 사이드(Edward W. Said, 1935~2003)가 1978년 내놓은 같은 제목의 책이 중요한 계기가 되었다(Said, 1978). 사이드에 따르면, '오리엔탈리즘'이란 근대 서구의 시각으로 비(非)서구 지역(오리엔트 또는 동양으로 통칭되는)을 자의적(恣意的)으로 재단하고, 묘사하고, 가르치고, 다루는 모든 사고방식이나 관점을 말한다. 이는 비서구 지역을 타자화(他者化)하고, 서구와 비서구를 선진과 후진, 문명과 미개, 우성과 열성 등 이분법적으로 구분한다. 이는 비서구 지역을 미개하고 열등한 것으로 범주화하며, 비서구 지역에 무력한 존재, (서구에 의해, 그리고 기독교에 의해) 구원받아야 할 존재, 수동적 존재라는 이미지와 멍에를 덧씌운다.

이러한 서구의 비서구(동양)에 대한, 자의적이고 왜곡된 "이데올로기적 전제, 이미지, 환상"은 사회적·역사적 사실이 아니라 서구가 동양에 대한 식민지배를 위해 '제조한' 것이며, 서구의 동양에 대한 식민지배를 통하여 정의되고, 통제되고, 유포되었다. '오리엔탈리즘'의 인식구도는 ① 동아시아(동양)를 항상 서구의 잔여(residual) 범주로 파악한다는 점, ② 서구 대 비(非)서구, 또는 서구 대 동양(동아시아)이라는 이항대립(dichotomy) 구도로 세상을 바라본다는 점, ③ 동양(비서구)의 모든 국가와 민족을 타자화하고 이를 지배와 정복의 대상으로 본다는 점 등이다(박승우, 2008).

우리는 서구의 오리엔탈리즘을 비난한다. 그러나 우리가 '본질주의적 문화 개념'과 여러 문화에 대한 '이분법적 인식구도'를 유지하는 한 우리 스스로 그러한 '오리엔탈리즘'에 빠질 위험성이 큰 것이다. 이렇게 우리 자신이 서구가 만든 오리엔탈리즘적인 인식구도에 빠지는 것을 '자아 오리엔탈리즘(self-orientalism)'이라 부르기도 한다. '자아 오리엔탈리즘'이란 서구가 만든 오리엔탈리즘, 즉 동양 및 아시아에 대한 사고의 틀을 무비판적으로 그대로 받아들여 이를 스스로 수용하는, 또는 완전히 내면화(內面化, internalization)해버리는 것을 뜻한다. 다시 말해서 서구가 만든 '서구-선진, 동양-후진'의 이분법적 구도를 아무런 의문이나 저항 없이, 그대로 수용하고 심지어 이를 적극적으로 내면화하는 것이다. 그 결과로 우리는 우리 자신의 문화를 우월한 것으로 보고, 동남아시아나 후진 저개발국가의 문화를 미개하고 열등한 것으로 낮추어 보기도 한다.

3. '다문화'와 문화 다양성

다문화, 다문화 현상

다문화란 무엇이며, 다문화 사회란 무엇인가?

다문화란 무슨 뜻인가. '다(多)문화(文化)'를 문자 그대로 풀이하면, '문화가 많다'는 의미이다. 그러나 과연 이게 무슨 뜻일까. 그리고 '최근 우리 사회가 다문화 사회로 이행하고 있다'는 표현을 하는데, 이 말이 무슨 의미를 가지나.

현재 우리나라에는 우리와 다른 언어를 쓰고, 우리와 다른 문화를 가진, 세계 각국에서 온 220여 만 명의 외국인이 우리와 함께 살고 있는데, 단순하게 말하자면, 이러한 '문화의 다양성', '다양한 문화의 공존'이 바로 '다문화 현상'이고, '다문화 사회(multicultural society)'인 것이다. 그리고 '다문화 사회'란 말과 함께 '다민족(multi-ethnic) 사회'란 말도 많이 쓰는데, 이는 다양한 인종, 민족, 종족집단이 함께 공존하는 사회란 의미이다. (제6장에서 우리는 '민족'과 '종족'의 개념에 대해 공부할 텐데, 이때 '다민족'의 개념도 좀 더 분명해질 것이다.)

이처럼 "'외래문화'의 유입으로 인한 문화 다양성의 증대"를 다문화 현상으로 볼 수 있겠는데, (아래의 표에서 볼 수 있듯이) '다문화'라는 개념에는 이 외에도 두 가지 의미가 더 있다.

다문화(多文化)의 의미

- 외래문화의 유입으로 인한 문화 다양성의 증대
- 우리 문화 자체의 내적 다양성 증가
- 문화 다양성에 대한 사람들의 인식 변화

우리 문화의 내적 다양성 증가

그러면, 우리나라의 문화가 원래는 아주 동질적이고 단순했는데, 그래서 하나의 단일한 문화집단을 이루었는데, 최근에 들어와서 이렇게 다양해진 것일까. 그리고 우리 한국인이 원래 단일민족, 그리고 순수 혈통의 사회인데, 최근에 들어와서 이렇게 '다민족, 다종족' 사회가 된 것일까.

그건 아닌 것이다. 모든 문화는 다 내적으로 다양하다. 내적으로 완전히 동질적이면서, 외적으로 다른 문화와 뚜렷이 구분되는, 그런 단일한 문화란 없다. 어떤 한 사회가 하나의 단일한 문화를 가진다는 생각, 예컨대 '한국문화', '미국문화', '중국문화', '일본문화'가 각각 하나씩 있다는 생각은 잘못된 생각이다.

모든 문화는 내부적으로 다양한 이질적 문화 요소를 내포한다. 하나의 문화 내부에도 매우 다양한 '하위문화(sub-culture)'가 존재한다. 한국 사회 내에도 계급과 계층에 따라, 직업에 따라, 지역에 따라 다양한 하위문화가 존재한다. 성별, 연령별, 세대별, 종교별로도 상이한 하위문화가 존재한다. 이처럼 모든 문화는 결코 내적으로 동질적이지 않다.

물론 그 다양성의 정도에는 차이가 있다. 어떤 사회는 좀 더 동질적이고, 어떤 사회는 좀 더 다양하다. 우리나라나 일본보다 미국 같은 나라가 인종적, 민족적으로, 그리고 문화적으로 더 다양하다. 그러나 우리나라나 일본도 그 속을 자세히 들여다보면 문화적으로 매우 다양하다는 것을 알 수 있다. 최근에 들어와서 우리나라의 경우 (다른 나라들도 마찬가지지만) 이러한 내적 다양성이 크게 증대되었다.

지난 반세기 동안 우리는 세계 역사상 유례를 찾아볼 수 없을 정도로 빠른 사회경제적 변동을 경험했다. 짧은 기간 동안에 농경사회에서 산업사회로, 산업사회에서 지식정보사회로 이행했다. 그 결과 여러 시대의 서로 다른 문화가 짧은 기간에 한꺼번에 등장해서 복합적으로 공존하는 상황이 발생했다. 지금의 60대 이상은 과거의 농경사회, 산업화 이전 사회의 전통적인 문화의 영향을 여전히 많이 받고 있지만, 40~50대 중년층은 산업사회, 도시사회, 이동지향적 사회의 문화에서 살아 왔다. 그리고 20~30대 청장년층은 새로운 정보통신혁명의 세례를 받은 세대로 문화적 감수성이 나이 많은 세대들과 또 다르다.

이들 각 세대들은 가치관이나 사고방식 등에서 크게 차이 나는데, 예컨대, 가족과 결혼에 대한 관념, 조상 제사 모시기 등 전통적 의례와 관습에 대한 생각, 부모 봉양과 효도에 대한 생각, 친족관계에 대한 태도 등이 세대마다 다 다르다. 그리고 정치적인 사안이나 첨예한 사회적 이슈에 대한 관점이나 스마트폰과 같은 첨단 정보통신 기술에 대한 선호나 적응 등에서는 10대가 20대와 다르고, 20대와 30대가 서로 다르다.

이들 각 하위문화, 개별 문화요소들은 서로 경쟁하고, 각축하고, 갈등하면서 각각의 문화 자체를 스스로 변화시키고, 늘 새로운 모습으로 재탄생한다. 또 그런 역동적 과정을 거치면서 계속 지속된다.

이처럼 우리 사회의 내적 다양성은 지난 50년, 특히 최근 20~30년 간 크게 증대되어 왔다. 우리가 2010년대의 현 사회를 '다문화의 시대'라고 부르는 데는 '외래문화의 유입으로 인한 문화 다양성의 증대' 못지않게, '우리 사회 자체의 내적 다양성'이 급속한 사회변동으로 인해 크게 증대해 왔다는 점도 한 몫한다.

문화 다양성에 대한 새로운 인식

단일 문화의 논리, 단일민족의 신화

단일 문화라는 것, 단일 문화 공동체라는 주장, 단일의 정체성 등은 실제의 사회가 얼마나 다양한지를 가리고, '지배적 문화 하나만'을 그 사회의 문화로 인정하려는 억압적인 논리구도에서 나오는 것이라 할 수 있다. 이는 조금 과장해서 말하면, 강자(強者)가 강요하는 인식 틀이자 세계관인 것이다.

문화 다양성은 문화의 정태적, 물리적 병존의 상태는 아니다.

'문화 다양성'에 대해 또 한 가지 오해가 있는데, 우리가 문화가 다양해졌다고 하면, 외국의 여러 문화들—중국문화, 일본문화, 베트남 문화, 필리핀 문화, 이런 것들이 우리나라에 들어와서 그냥 우리 한국문화와 함께 공존하고 있는 상태로 생각한다. 그런데, '문화 다양성'이란 여러 다른 문화가 정태(靜態)적으로 공존하는, '물리적, 기계적 병존(竝存)'의 상태를 말하는 것은 아니다. 문화는 그 경계가 아주 뚜렷하고 강고해서 상호 간에 침투 불가능한 그런 것이 아니다(한건수, 2008; 최현덕, 2009).

문화는 매우 가변적, 유동적, 역동적인 것이다. 서로 다른 문화들끼리 접촉하면, 그 문화들은 원래의 모습을 그냥 그대로 간직한 채 존재하는 것이 아니라, 끊임없이 변화한다. 서로 다른 문화들은 서로 경합하고 경쟁하고 갈등도 일으키고, 그러면서 (원래 그대로 있는 것이 아니라) 서로 간에 '화학적인 융합(融合)'을 일으키기도 한다.

예전에 미국의 문화를 이야기하면서 '멜팅 팟(melting pot)' 즉 '용광로'란 표현을 많이 썼다. 미국은 이민자들이 만든 나라로, 건국 이래 수많은 인종, 민족, 종족집단이 이주해 와서 함께 어우러져 나라를 건설했다. 그리고 그 과정에서 미국의 중심 문화인, 앵글로 색슨계(WASP, White Anglo-Saxon Protestant) 문화 속에 이들 이민자들의 다양한 문화를 완전히 녹여서 흡수, 동화시켜온 것을 '멜팅 팟'이란 말로 표현했다.

이와 대조적으로 요즘에는 '샐러드 볼(salad bowl)'이라는 표현을 쓴다. 이는 갖가지 채소나 과일들이 제 특성을 유지한 채 소스에 버무려져 나오는 샐러드 그릇처럼, 다문화 사회에서 서로 다른 문화의 정체성이 유지되고 또 보호된다는 것을 비유한 말이다. 모자이크(mosaic) 사회란 말도 마찬가지 개념이다. '샐러드 볼'이나 '모자이크' 개념은 이처럼 문화 다양성, 서로 다른 문화 간의 공존을 표현하는 상당히 진보적인, 바람직한 개념(적어도 melting pot 메타포와 비교할 때)이라 하겠다.

그러나 이 '샐러드 볼' 메타포(비유)도 완전히 만족스런 개념은 아니다. '샐러드 볼'에서 여러 가지 채소와 과일은 원래의 특성을 유지한 채 존재한다. 이는 어떤 문화가 여러 다른 문화와 함께 섞였을 때, 그 고유의 정체성을 그대로 유지한다는 것을 전제로 한 개념이다.

그러나 앞서 이야기한 것처럼 여러 문화들이 공존하고 접촉하면서 원래의 모습을 그대로 유지한다는 건 거의 불가능한 일이다. 각자의 문화가 어떻게든 원래의 모습과는 다른 모습으로 거듭 나는 게 문화의 본 모습이다(최현덕, 2009). 그래서 '문화 다양성' 상황을 제대로 설명하는 데에는 '샐러드 볼'의 메타포보다는 어쩌면 '김치'나 '찌개'의 메타포가 더 적절할지 모른다. 김치나 찌개에는 각종 채소나 양념이 함께 어우러져 (단순히 물리적, 기계적 혼합이 아니라) 완전히 새로운 맛을 내는 '화학적 융합'이 발생하기 때문이다.

문화의 혼종(混種, hybridity) 가능성, 새로운 문화의 창출 가능성

문화는 항상 혼종(混種) 가능성, 요즘 유행하는 말로 하면 하이브리드(hybrid)성을 내포하고 있다. 여러 문화들은 문화들끼리 서로 부딪히면서 스스로를 변화시키기도 하고, 함께 어우러져 새로운 문화를 창출하기도 한다.

예를 들면, 미국에 이민 간 한국인 이민자들, 또는 장단기 체류자들에게는 한국문화도 미국문화도 아닌 자신들만의 독특한 문화가 있다. 이러한 문화가 일종의 하이브리드 문화인 것이다. 최근 우리나라에 이주해 온 베트남이나 필리핀의 결혼이주여성들에게도 자신들만의 하이브리드 문화가 나타나고 있다. 우리는 이들이 자신의 원래 문화, 즉 베트남 문화, 필리핀 문화를 그대로 유지하면서 살아간다고 생각하기 쉬운데, (그래서 '샐러드 볼' 속의 여러 채소와 과일 중에 섞여 있는 채소 한 조각, 예컨대 하나의 방울토마토처럼 생각하는데,) 우리나라에 온 순간, 그리고 우리나라의 며느리가 되어 몇 년 생활하는 동안, 이들은 원래의 방울토마토로서의 자신의 문화와 정체성에 심각한 변화를 경험한다. 마찬가지로 다문화가정의 우리 내국민들—결혼이주여성의 남편이나 시부모—에게도 결혼이민자 며느리를 맞아들이기 이전의 자신의 원래의 문화와는 다른 새로운 문화, 새로운 사고방식과 생활양식이 발생하는 것이다.

이 논리를 조금 더 확장해 보면, 우리 주위에 외국인들과 접촉하고, 외국여행을 갔다 오거나, 특히 외국 유학이나 연수 등 좀 장기로 외국에서 체류하다 온 사람들은 모두 그 이전과는 다른 문화에서 살고 있는 셈이 된다. 이처럼 문화와 문화가 충돌하면, 그리고 서로 다른 문화집단들이 충돌하면, 그 문화는 변화를 겪게 되고 새로운 문화가 창출되는 것이다.

문화에 대한 개방적, 변화지향적, 창조적 태도

이러한 역동적이고 변화지향적인 다문화 상황, 문화 다양성의 시대에서는 자신의 문화를 어떻게든 지켜내려는 태도, 과거의 문화에 그대로 안주하려는 태도, 즉 수구적(守舊的)이고, 폐쇄적이며, 편협한(parochial, 국지적, 지방적) 태도는 결코 바람직하지 않다. 문화 다양성과 다문화주의를 실천하기 위해서는 다른 문화와 문화집단을 인정하고 문화 다양성을 존중하며, 진보적, 변화 지향적, 창조적, 응용적인 사고, 개방적이고 유연한 사고가 요구되는 것이다.

문화 다양성은 특히 우리로 하여금 '창조성'을 발휘하게 한다. 한 사회 속에 다양한 문화가 공존하며 상생할 때, 그 사회는 엄청난 창조적 역량을 발휘할 수 있다. 과거의 나의 문화와 새로운 문화적 자극 사이에서는 늘 상호작용과 대화, 타협과 협상이 이루어져, 새로운 문화가 창출되는 것이고, 오늘을 사는 우리에게는 이렇게 새로이 창출된 문화를 개방적, 적극적, 전향적으로 받아들이려는 자세가 중요한 것이다.

문화 다양성과 자기 성찰

문화 다양성에 대한 인정, 열린 다문화주의적 사고방식은 우리 자신을 돌아보게도 한다. 우리가 갖고 있는 우리만의 편견과 무지(無知), 우리 문화를 절대시하는 폐쇄적 사고에서 벗어나 우리 자신을 성찰(省察)하게 한다. 문화 다양성에 대한 열린 태도는 우리 문화의 잘못된 점을 반성하게 한다.

또한 문화 다양성을 인정하고 받아들일 때, 우리 사회가 문화 다양성에 대해 열려 있을 때, 우리는 우리가 갖고 있는 각종의 편견, 선입관, 오해, 무지, 자민족(自民族)중심주의(Ethnocentrism)에서 벗어날 수 있다. 서구인의 입장에서는 서구중심주의와 오리엔탈리즘에서 해방될 수 있는 것이고, 우리 또한 우리가 갖고 있는 오리엔탈리즘, 즉, 우리보다 가난하고 어려운 후진 저개발국가, 아시아, 아프리카의 못 사는 나라와 그들의 문화를 비하하고 얕잡아 보는, 그런 잘못된 우월의식에서 벗어날 수 있는 것이다.

학습정리

이 장에서 우리는 최근 들어 빠른 속도로 다민족·다문화 사회로 이행해 가고 있는 우리나라에 나타나는 여러 가지 사회적 현상, 예컨대 외국인 이주민의 증가, 다양한 인종·민족집단의 존재, 문화 다양성의 증대 등을 알아보고, 저출산·고령화로 특징지어지는 우리나라의 인구구조의 변화와 다문화 사회로의 이행이 어떤 관계에 있는지도 알아보았다. 또한 최근의 다문화 사회의 출현이 세계화(글로벌리제이션)와 국제이주의 증대 현상에 의해 크게 영향을 받았다는 점도 알아보았다.

이와 더불어 다문화 사회의 문화 다양성 현상을 제대로 이해하기 위해 '문화' 개념에 대한 올바른 이해를 시도해 보았으며, 이를 위해 '문화 본질주의' 관점과 '오리엔탈리즘'의 문제점을 비판적으로 조망해 보았다.

마지막으로 우리는 우리들의 문화가 결코 동질적이지 않으며, 내적으로 다양한 문화 요소를 갖고 있다는 점도 알아보았고, 이러한 내적 다양성이 최근 들어 더욱 증대하고 있음도 알아보았다. 한 사회에 여러 다양한 문화가 공존할 때, 이들 문화 간에는 의미 있는 상호작용이 발생하며, 그 결과 각각의 문화는 변화를 경험하게 되고 새로운 문화가 창출될 개연성이 높아진다.

2 우리나라의 다문화 현황 I

학습개요

1. 우리나라에 나타나는 다문화 현상 진단
2. 결혼이민자의 현황과 진단
3. 다문화가정 자녀의 현황과 진단

학습목표

1. 최근 우리나라에 나타나는 각종 다문화 현상을 통계자료를 통해 자세히 분석·진단해 본다.
2. 다문화 사회에 진입하는 우리나라에 거주하는 결혼이민자 현황을 통계자료를 통해 분석·진단해 본다.
3. 우리나라의 다문화가정 자녀 현황과 교육에 관해 통계자료를 통해 분석·진단해 본다.

1. 우리나라에 나타나는 다문화 현상 진단

제1장에서 우리는 최근 빠른 속도로 다문화 사회로 이행하는 우리나라에 나타나는 몇 가지 눈에 띄는 변화에 대해 언급한 바 있다. 여기서는 각종 통계 자료를 통해 이러한 사회적 변화에 대해 보다 자세히 분석하고 진단해 본다.

인구구조의 변화: 저출산·고령화

먼저 앞서도 잠시 지적한 바 있듯이 최근 들어 우리나라의 인구구조가 급격하게 변화하고 있다. 2018년 7월 대통령 직속 저출산·고령사회위원회가 공개한 자료에 따르면, 2017년 우리나라의 합계출산율은 1.05명으로 1명을 겨우 넘긴 수준이었는데(전체 출생아 수 35만 8천 명), 이것이 2018년에는 사상 처음으로 1명 밑으로 떨어질 것으로 예상했다. 이렇게 되면 우리나라는 세계에서 유일한 '출산율 0명대 국가'가 된다. 저출산위원회는 이런 추세가 이어지면 2022년 이전에 한 해 출생아 수가 20만 명대로 떨어질 것으로 내다봤다.

한편 한국의 65세 이상 고령인구의 비중은 2015년 12.8%로 다른 OECD 국가들에 비해 낮은 편이었으나, 2050년에는 38.1%, 2065년에는 42.5%로

OECD 국가들 중 가장 높아질 것으로 예상된다. 생산가능인구(15~64세) 또한 2015년 전체 인구의 73.4%로 OECD 국가 중 가장 높은 수준이었으나, 2065년에는 47.9%로 가장 낮아질 전망이다(중위추계 기준; 통계청, 2016).

출산율의 저하와 인구 고령화는 이미 2000년대 들어오면서 본격화되었고 지금은 돌이킬 수 없는 추세가 되고 있다. 전문가들은 이와 같은 추세면 2050년에 한국의 인구는 현재보다 10% 이상 줄고, 10명 중 4명은 노인이 차지할 만큼 세계 최대의 노령국이 될 것이라 예상하고 있다. 이 같은 사실은 한국이 어느 국가보다 저출산·고령화 속도가 빨리 진행되고 있다는 것을 말해준다.

저출산·고령화에 따른 생산가능인구 감소로 성장잠재력 저하가 우려되는 상황에서 경제 활력을 유지하기 위해서는 외국인 유입 등 또 다른 인구구조의 변화가 필요하다. 실제로 최근 국내외 활발한 교류작용으로 출입국자가 늘고 있는 상황이다.

인구구조의 변화: 출입국자 급증

우리는 이제 해마다 방학이나 휴가철이면 해외여행을 가려는 사람들로 인천국제공항 출국장이 넘쳐난다는 뉴스를 듣는 데 익숙해져 있다. 우리 주변만 하더라도 휴가 계획이라 하면 해외로 여행을 계획하는 사람들이 대부분이다. 법무부의 출입국 통계자료에 따르면 2017년 한 해에 해외로 나가거나 우리나라를 방문한 출입국자가 사상 처음으로 8,000만 명을 돌파했다 한다.

<표 2-1>을 보면 80년대 말부터 우리나라의 출입국자 수가 가파른 속도로 증가했음을 알 수 있다. 1990년에 한 해 출입국자 수가 천만 명을 돌파한 것을 시작으로, 5년 뒤인 1995년에는 1,500만 명 선을, 2000년에는 2천만 명 선을, 2005년에는 3천만 명 선을, 2010년에는 4천만 명 선을, 2015년에는 6천만 명 선을 차례로 돌파했다. 출입국자 수의 이런 상승 추세가 언제까지 이어질지 귀

추가 주목된다.

<표 2-1> 연도별 출입국자 현황, 1988~2017년

(단위: 천명)

연도	출입국자 수	연도	출입국자 수
1988	7,121	2005	32,638
1990	10,059	2010	42,988
1995	16,010	2015	66,373
2000	21,801	2017	80,408

출처: 법무부, 『출입국·외국인정책 통계월보』

이처럼 현 사회는 글로벌 시대가 도래하면서 여행, 학업, 취업, 가족 구성 등의 목적으로 세계와 교류가 빈번해지고 다양한 문화의 유입 또한 빠르게 진행되고 있다. 이와 같은 인구구조의 변화와 맞물린 출입국자의 증가양상은 또 다른 인구구성을 예상할 수 있게 한다.

국내 체류외국인 증가

출입국자 수가 증가하는 것과 비례하여 국내 체류 외국인도 증가하고 있다. 법무부 통계자료에 따르면, 2018년 5월 현재 국내 체류외국인 수는 총 224만 6천여 명이다. <표 2-2>가 보여주듯이 우리나라에 체류하는 외국인 수는 2001년 50만 명, 2007년 100만 명, 2013년 150만 명, 2016년 200만 명을 넘어섰다. 약 20년 전인 1999년에 국내 체류외국인 수가 38만여 명에 불과했다는 사실과 비교하면, 그 빠른 증가 추세를 가늠할 수 있다.

<표 2-2> 연도별 체류외국인 현황, 1985~2018년

(단위: 천명)

연도	체류외국인 수	연도	체류외국인 수
1985	40	2007	1,066
1988	45	2008	1,159
1990	50	2009	1,168
1992	56	2010	1,261
1999	381	2011	1,395
2000	491	2012	1,445
2001	567	2013	1,576
2002	629	2014	1,798
2003	679	2015	1,900
2004	751	2016	2,049
2005	747	2017	2,180
2006	910	2018.5월	2,246

출처: 법무부, 『출입국·외국인정책 통계월보』

최근 우리 사회에서 다문화주의 담론이 번창하고, '다문화주의'가 학술회의의 주제가 되고, 정부 및 지방자치 단체와 NGO단체들도 다문화주의를 내걸고 각종 정책 및 사업들을 적극적으로 벌여나가고 있는 현상도 이와 같이 체류외국인이 증가하는 현실을 반영한 결과라 하겠다. 그런데 체류 외국인의 증가는 단순한 인구의 증가만을 의미하지 않는다. 외국인의 국내 유입은 그 사람이 가지고 있는 문화까지 동시에 이동된 것으로 볼 수 있다. 다시 말해 이주민의 증가는 새로운 문화형성을 의미한다. 이러한 인구변화에 따른 이주민의 증가는 우리 사회를 다문화 사회로 이행하게 만드는 주된 요인이 된다.

국토연구원이 최근 정부에 제출한 '그랜드 비전 2050'에 따르면, 2050년이면 한국에 체류하는 외국인의 수가 약 400만 명을 넘어서면서 총 인구의 9.2%를 차지할 것이라고 한다. 즉 국내 체류 외국인의 증가율은 지속적으로 늘어나서 2050년경엔 한국 인구 10명 중 1명은 외국인이 될 것이란 의미이다. 이렇게 되면 우리 문화에서 새로운 문화가 차지하는 비중은 점차 커질 것이고, 우리 사회의 다문화 사회로의 진입이 더욱 심화될 것이란 전망이다.

수도권 중심의 외국인 증가

지금부터는 '등록외국인'을 중심으로 국내에 거주하는 외국인 거주 현황을 살펴보기로 한다.

참고: 등록외국인

2018년 5월 현재 우리나라에 체류하고 있는 전체 '체류외국인' 수는 224만 6137명인데, 이 중 90일 이하의 '단기체류자'는 전체의 27.8%인 62만 5434명이다. 그 나머지는 '장기체류자'로 이는 다시 '외국인등록자'와 '외국국적동포 국내거소신고자'로 나뉜다. '외국인등록자' 수는 전체 체류외국인의 53.2%인 119만 5349명이고, '외국국적동포 국내거소신고자'가 42만 5354명(18.9%)이다.

오늘날 우리 사회에서 외국인 주민들은 대개 서울·경기·인천 등 수도권 지역에 주로 거주하고 있다. 2018년 5월 현재 전체 '등록외국인' 119만 5349명 중 61.2%인 73만 1623명이 수도권(서울, 경기, 인천)에 거주하고 있다. 이 중 경기도가 가장 많은 등록외국인이 거주하는 지역으로 39만여 명이 살고 있다. (자세한 사항은 <표 2-3>을 볼 것)

<표 2-3> 등록외국인 거주지역별 현황

(2018.05.31. 현재 / 단위: 명)

합계	경기	서울	경남	충남 (+세종)	인천	경북	부산	충북
1,195,349 (100%)	390,757 (32.7%)	276,398 (23.1%)	72,661 (6.08%)	69,476 (5.81%)	64,468 (5.39%)	53,874 (4.51%)	43,615 (3.65%)	37,393 (3.13%)
	전남	전북	대구	제주	광주	울산	대전	강원
	31,206 (2.61%)	29,127 (2.44%)	26,855 (2.25%)	23,029 (1.93%)	21,520 (1.80%)	19,887 (1.66%)	17,670 (1.48%)	17,413 (1.46%)

출처: 법무부,『출입국·외국인정책 통계월보』, 2018년 5월호

한편 기초지자체 중 등록외국인이 많이 거주하는 지역을 보면, 경기도에서 안산시가 54,856명으로 전국에서 가장 등록외국인이 많이 거주하는 지역으로 나타났고, 그 외에 화성시(36,988명), 시흥시(32,955명), 부천시(22,469명), 평택시(21,932명) 등의 순이다. 서울에서는 영등포구(35,290명), 구로구(32,854명), 금천구(19,364명), 관악구(17,983명) 순으로 외국인이 많이 거주하고 있다. 이와 같이 수도권 중심의 외국인 비율 강세는 기업체, 공단, 대학 등이 수도권에 몰려 있는 까닭으로 분석되며, 이어서 언급할 외국인들의 국내체류 목적과도 연관성이 있다고 하겠다.

외국인 이주민 구성 현황

그렇다면 국내 체류하고 있는 외국인은 주로 어떤 목적으로 체류하고 있는가. 법무부의 최근 자료에 따르면, 2018년 5월 현재 '외국인 근로자' 수는 전체 등록외국인의 48.6%인 581,084명이고, '결혼이민자' 수는 155,457명(13.0%), '외국인유학생' 수는 135,087명(11.3%)이다(『출입국·외국인정책 통계월보』, 2018

년 5월호). 전체 등록외국인 중 결혼이민자의 구성비는 13%로, 일반적으로 인식하는 것보다는 낮은 수치다. 이는 우리 사회의 인구구조에 있어서 저출산·고령화가 가속화되면서, 결혼 및 출산에 관한 정책적 강조와 사회적 이슈화로 인해 외국인노동자보다 결혼이민자를 부각하면서 일어나는 현상으로 보인다.

한편 우리나라에서는 고용허가제를 실시해 원칙적으로 3년 이상 국내에 체류하면서 근로하지 못하도록 하면서 외국인 근로자의 정주화(定住化)를 방지하고 있다. 실제로 우리나라뿐만 아니라 일본을 비롯한 대부분의 아시아 국가들이 외국인 근로자들의 자국 내 정주화를 막기 위한 정책을 펼치면서 외국인 근로자의 불법체류가 사회적인 문제로 떠오르고 있다. 따라서 불법체류자까지 합한다면 외국인 이주민의 구성 중 외국인 근로자의 비중은 지금보다 더 증대될 수도 있을 것이다.

불법체류 및 불법취업이 불가피한 상황에서 외국인 근로자보다는 합법적 정주 여건을 지닌 결혼이민자 중심의 정책 편성은 어쩌면 당연한 결과일지도 모르겠다. 그러나 앞으로 지속적으로 외국인 입국 증가가 예상되는 현 시점에서 가장 많은 구성을 차지하고 있는 외국인 근로자를 위한 구체적 법령 제정 및 복지 향상 등의 꾸준한 연구 및 실천이 필요하다고 판단된다.

불법체류자 감소를 위한 논의 필요

한편, 국내 불법체류자 수는 2017년 현재 25만여 명으로 2010년대 들어 지속적으로 증가하고 있다(<표 2-4> 볼 것). 특히 단기체류자 중에서 불법체류자가 더 큰 폭으로 늘고 있다. 불법체류자 문제는 다문화 사회로 이행하는 우리 사회에서 가장 중요하게 다뤄야 할 사회문제 중 하나다. 건강하고 활기에 찬 올바른 다문화 사회로 이행하기 위해서는 불법체류자 문제에 적극적, 전향적으로 대처해야 할 것이다. 단순히 대증적(對症的, symptomatic)이고 표피적인 법 집행으로 불법체류자의 문제를 막을 것이 아니라, 좀 더 심도 깊고 근본적인 논의로 파고 들어가 불법체류자가 생길 수밖에 없는 우리 사회의 구조적 원인부터 짚어보고, 다문화시대, 외국인 근로자의 정주 여건 개선 등 관련 논의를 펼쳐볼 필요가 있겠다.

<표 2-4> 불법체류자 연도별 증감 추이, 2010~2017년

(단위: 명)

연도	총계	장기체류 외국인		단기체류 외국인
		등록외국인	외국국적동포 국내거소신고자	
2010년	168,515	78,545	732	89,238
2011년	167,780	82,848	578	84,354
2012년	177,854	92,562	1,579	83,713
2013년	183,106	95,637	1,533	85,936
2014년	208,778	93,924	2,066	112,788
2015년	214,168	84,969	1,114	128,085
2016년	208,971	75,241	941	132,789
2017년	251,041	82,837	1,064	167,140

출처: 법무부, 『출입국·외국인정책 통계월보』, 2018년 5월호

우수인력 유치를 위한 정책적·국민적 노력 필요

앞서 살펴본 바와 같이 외국인 거주자 중 과반수를 차지하고 있는 외국인 근로자에 대해 좀 더 세밀하게 살펴보도록 하자. 국내 외국인 이주민 구성 중 과반수를 차지하는 국내 외국인 근로자의 직종을 분석해 봤을 때, 단순기능 인력 비중이 90% 이상으로 OECD 평균인 54%를 크게 상회한다(<표 2-5> 볼 것). 즉 지적 자원보다는 단순 노동력의 비중이 막대하다는 의미이다. 이 같은 현상은 인구구조의 변화가 가속화되고 외국인 유입이 급증하는 시점에 한국

의 외국인정책은 현실에 비해 소극적임을 보여주는 것이다.

<표 2-5> 체류자격별 외국인 근로자 현황

(단위: 명)

총체류자	단순기능인력		전문인력	
581,084 (100%)	비전문취업	274,500 (47.2%)	특정활동	20,870
			회화지도	13,846
			예술흥행	3,643
	방문취업	243,930 (42.0%)	연구	3,207
			교수	2,447
			단기취업	2,171
	선원취업	15,688	전문직업	608
			기술지도	174
	소계	534,118 (91.9%)	소계	46,966 (8.1%)

출처: 법무부, 『출입국·외국인정책 통계월보』, 2018년 5월호

다시 말하자면 한국은 아직까지 외국인 거주자들이 국내에 미치는 긍정적 효과를 최대한 활용하기 위한 기반이 취약한 것으로 분석된다. 해외 전문인력이 국내 정주를 기피하는 이유는 이중국적이 허용되지 않는 법적 문제, 외국인들을 위한 주거·언어·교육·행정·의료 등 정주 인프라의 취약성과 국민의 편협한 다문화 인식에서 비롯한 외국인에 대한 이해와 포용력의 부족에서 비롯된다고 하겠다.

앞으로 주요국들과 자유무역협정(FTA) 체결 등이 늘어나 한국의 대외 개방 속도가 빨라지면 국내 외국인 거주자는 더욱 늘어날 전망이다. 점차 외국인 이민 증가의 가속화가 예상되는 시점에서 우수하고 능력 있는 외국인들이 한국에 매력을 느끼고 애착을 갖도록 전문인력에 대한 의무체류기간 단축, 이

중국적 허용 등의 제반 여건을 만드는 정책적 노력과 국민의 다문화적 인식 변환이 필요하다고 판단된다.

외국인 거주자 증가와 국가 경쟁력

외국인 거주자들이 증가하는 것은 새로운 문화의 유입뿐만 아니라 국내 경제에 활력을 불어넣는 중요한 요소이다. 국내 인구증가율이 급속히 줄어드는 상황에서 외국인 거주자의 증가는 부족한 근로 인력의 충원, 소비 진작 효과 발생, 국내 문화적 다양성 증진 등과 같은 효과를 낳는다.

특히 세계 각국이 하나로 통합되는 글로벌 시대에 다문화 기반이 성숙되면 그만큼 한국의 대외 경쟁력이 커진다고 할 수 있다. 세계에서 도시 경쟁력이 가장 높은 곳으로 알려진 뉴욕, 런던, 도쿄, 파리, 워싱턴, 싱가포르 등은 대부분 외국인 거주 비율이 다른 도시에 비해 압도적으로 높다는 공통점을 지닌다. 뉴욕은 인구 중 외국인 거주자가 34%, 런던은 31%에 달한다.

우리나라에도 점차 외국인 거주자가 증가하고 있으며, 앞으로도 이러한 증가추세는 계속될 전망이다. 이제 한국이 다문화 사회, 다문화 국가로 가는 것은 피할 수도 없고, 피해서도 안 되는 시대적 대세가 됐다. 이와 더불어 순수혈통에 기반한 단일민족임을 내세우는 것도 시대에 뒤떨어지는 일이 되었다.

시도별 외국인 거주 현황

<표 2-6>은 최근의 '시도별 외국인 주민현황'을 보여주고 있다. 이 통계자료는 행정안전부가 조사·작성한 것으로 전국 17개 광역 지방자치단체별 외국인 주민 현황을 보여주는 자료다. 시도별 순서는 시도 전체 인구 대비 외국인 주민의 비율이 높은 순서로 배열되어 있다. 표를 보면 알 수 있듯이, 경기도는 57만여 명의 외국인 주민을 보유함으로써 전국 광역 지자체 중 가장 많은 외

국인 주민이 거주하고 있으며, 도 전체 인구 대비 외국인 주민 비율도 4.5%로 전국에서 가장 높다. 한편 총인구 대비 외국인 주민 비율은 경북이 2.9%로 전국 17개 광역 지자체 중 10위, 대구는 1.6%로 전국 최하위다.

<표 2-6> 시도별 외국인 주민 현황

(단위: 명, %)

시도	총인구수(A)	외국인 주민 수(B)	총인구 대비 외국인 주민 비율(B/A)	전체 외국인 주민 대비 구성비
계	51,269,554	1,764,664	3.4	100
경기도	12,671,956	571,384	4.5	32.4
충청남도	2,132,566	95,553	4.5	5.4
서울특별시	9,805,506	404,037	4.1	22.9
제주특별자치도	623,332	22,102	3.5	1.3
충청북도	1,603,404	56,660	3.5	3.2
경상남도	3,339,633	114,594	3.4	6.5
인천광역시	2,913,024	94,670	3.2	5.4
울산광역시	1,166,033	35,929	3.1	2.0
전라남도	1,796,017	53,066	3.0	3.0
경상북도	2,682,169	78,339	2.9	4.4
세종특별자치시	242,507	6,084	2.5	0.3
전라북도	1,833,168	45,836	2.5	2.6
광주광역시	1,501,557	31,162	2.1	1.8
강원도	1,521,751	28,469	1.9	1.6
부산광역시	3,440,484	59,872	1.7	3.4

시도	총인구수(A)	외국인 주민 수(B)	총인구 대비 외국인 주민 비율(B/A)	전체 외국인 주민 대비 구성비
대전광역시	1,535,445	26,656	1.7	1.5
대구광역시	2,461,002	40,251	1.6	2.3

출처: 행정안전부, 『2016년 지방자치단체 외국인주민 현황』, p. 12

대개 외국인 인구가 많은 곳은 산업기반이 발달한 지역이거나 전형적인 농촌지역이다. 산업기반이 발달한 곳은 서울·경기 등이라고 할 수 있는데, 경상북도의 경우 구미, 포항 등을 중심으로 한 공단지역에 상당수의 외국인들이 분포하고 있다. 하지만 이를 제외하면 공업지역으로서의 성격을 가진 곳이 별로 없기 때문에 외국인 노동자의 숫자가 적을 수밖에 없다. 또한 경상북도에는 농촌 또한 크게 발달하지는 못했고 비교적 영세농의 성격이 짙기 때문에 타 지역에 비해 결혼이민자가 많지도 않다.

한편 대구는 산업기반 자체가 자립적이지 못하고, 최근에는 그러한 산업들도 다른 지역으로 이동하고 있는 상황이어서 외국인 노동자의 비중이 높을 수 없다. 또 농촌 지역으로 분류되지 않는 소비성향의 대도시이기 때문에 결혼이민자의 비중도 높을 수 없는 것이다.

광역 지자체 내의 각 시군구별 외국인 주민 현황, 국적별 현황, 한국 국적 취득자 및 미취득자 현황, 외국인 주민 자녀 현황, 체류 목적별 거주 현황 등에 관한 보다 자세한 통계자료는 국가통계포털에 공개된 자료를 참고할 것. (검색 경로: KOSIS 국가통계포털(http://kosis.kr)>국내통계>주제별통계>인구·가구>지방자치단체외국인주민현황)

2. 결혼이민자의 현황과 진단

국제결혼 현황

먼저 우리나라의 최근 국제결혼 현황을 한번 살펴보자. 1990년대 이후 국제결혼으로 인한 혼인 건수는 2000년대 중반까지 줄곧 증가하다가 그 이후 하락하는 추세에 있다. 통계청의 자료에 따르면 1993년 당시 국제결혼 혼인 건수는 6,545쌍으로 전체 혼인 건수의 1.6%에 지나지 않았으나, 그 후 줄곧 늘어 2005년에 42,356쌍이 국제결혼으로 혼인하였으며 전체 결혼에서 차지하는 비중도 13.5%로 가장 높았다. 그러나 그 이후 국제결혼 혼인 건수는 조금씩 줄어들어 현재는 전체 결혼 대비 8% 수준을 유지하고 있다. (<표 2-7>의 자료 참조할 것)

<표 2-7> 국제결혼, 2010~2017년

(단위: 명, %)

연도	총 결혼 (A)	국제결혼 혼인건수 (B)	구성비 (B/A)	외국인 아내		외국인 남편	
				혼인건수 (C)	구성비 (C/B)	혼인건수 (D)	구성비 (D/B)
1999	362,673	10,570	2.9	5,775	54.6	4,795	45.4
2000	332,090	11,605	3.5	6,945	59.8	4,660	40.2
2001	318,407	14,523	4.6	9,684	66.7	4,839	33.3
2002	304,877	15,202	5.0	10,698	70.4	4,504	29.6
2003	302,503	24,776	8.2	18,751	75.7	6,025	24.3
2004	308,598	34,640	11.2	25,105	72.5	9,535	27.5
2005	314,304	42,356	13.5	30,719	72.5	11,637	27.5
2006	330,634	38,759	11.7	29,665	76.5	9,094	23.5
2007	343,559	37,560	10.9	28,580	76.1	8,980	23.9
2008	327,715	36,204	11.0	28,163	77.8	8,041	22.2
2009	309,759	33,300	10.8	25,142	75.5	8,158	24.5
2010	326,104	34,235	10.5	26,274	76.7	7,961	23.3
2011	329,087	29,762	9.0	22.265	74.8	7,497	25.2
2012	327,073	28,325	8.7	20,637	72.9	7,688	27.1
2013	322,807	25,963	8.0	18,307	70.5	7,656	29.5
2014	305,507	23,316	7.6	16,152	69.3	7,164	30.7
2015	302,828	21,274	7.0	14,677	69.0	6,597	31.0
2016	281,635	20,591	7.3	14,822	72.0	5,769	28.0
2017	264,455	20,835	7.9	14,869	71.4	5,966	28.6

출처: 통계청, '인구동향조사: 시군구별 외국인과의 혼인' 자료

그러나 전체 결혼인구 중 국제결혼이 차지하는 8%의 비중도 결코 적지 않은 수치이며, 이 같은 추세라면 국제결혼가정은 2050년엔 81만 쌍으로 증가될 전망이고, 그 자녀들의 수 또한 급격히 증가되어 2050년에는 167만 명에 이를 것으로 예측하고 있다. 이제 순수혈통, 단일민족의 개념이 사라지고, 다인종·다문화의 시대가 도래하고 있는 것이다.

결혼이민자 현황

국제결혼이 증가하면서 국내체류 결혼이민자 또한 증가하고 있는데, 국내에 체류 중인 결혼이민자의 수는 2017년 기준 15만 5천여 명이다. 그러나 국제결혼 혼인 건수가 줄어들면서 결혼이민자 체류자 수의 증가폭도 최근 들어 현저히 낮아지는 추세에 있다(<표 2-8> 볼 것).

<표 2-8> 결혼이민자 체류 현황

(단위: 명)

연도	2002	2003	2004	2005	2006	2007	2008	2009
인원	34,170	44,416	57,069	75,011	93,786	110,362	122,552	125,087
전년대비 증감률(%)	37.8	28.0	28.5	31.4	25.0	25.0	11.0	2.1
연도	2010	2011	2012	2013	2014	2015	2016	2017
인원	141,654	144,681	148,498	150,865	150,994	151,608	152,374	155,457
전년대비 증감률(%)	12.2	2.1	2.6	1.6	0.1	0.2	0.5	2.0

출처: 법무부, 『출입국·외국인정책 통계월보』

여성 결혼이민자의 높은 비중: 이민의 여성화

그런데 특이할 점은 여성 결혼이민자의 비율이 남성 결혼이민자에 비해 압도적으로 많다는 것이다. 국제결혼 중 외국인 아내의 비중이 71.4%로 외국인 남편의 비중 28.6%보다 다수를 차지하는데(2017년 기준), 이러한 국제결혼을 통한 이민을 제외하고라도 '이민의 여성화'는 글로벌 시대의 가장 두드러진 현상 중 하나이다(박홍순, 2009).

이는 선진국에서 서비스 산업이 발전하고 여성 취업 분야가 많아져 여성이 주체적 노동자로 이주하고 있기 때문이다. 또한 아시아 지역은 주로 결혼을 통한 여성 이민 문화가 이미 자리 잡았고, 필리핀의 경우 이민 나가는 사람의 70%, 인도네시아는 81%가 여성이라고 한다.

한편 우리나라의 혼인귀화자 수는 2005년에 7,075명, 2015년에 108,526명으로 10년 만에 15배 이상 증가했으며, 2018년 5월 현재 124,319명인데, 역시 여성 결혼이민자가 그 대부분을 차지한다. 이렇듯 최근 국제결혼이 급증하면서 국제결혼 이주여성이 우리 사회의 주요한 일원으로 등장했다. 이제 국제결혼 이주여성과 다문화가정 구성원은 우리 사회의 동등한 구성원이 되고 있으며, 이는 우리나라가 이미 다문화 사회에 진입했음을 나타내준다.

외국인 이민자들의 주요 입국 목적: 결혼 이민

그러면 우리나라에 거주하는 외국인 이민자들의 주요 입국 목적에 대해 살펴보자. 전체 79.2%가 결혼을 목적으로 입국했다고 응답했으며, 외국인 이민자의 입국 목적은 시·도에 따라 차이를 크게 보이지는 않았다.

그렇지만 서울, 인천, 경기 지역 거주 이민자는 결혼 목적이 타 시·도 거주 결혼이민자보다는 낮은 경향을 보였다. 즉, 결혼 목적의 입국은 전남 92.3%, 전북 91.2%, 제주 90.7%, 강원 90.0%로 높은 반면에, 수도권 지역에서는 취업 목적과 친척방문 목적이 다소 높은 경향을 보였다. 이는 주로 농촌지역을 중심으로 국제결혼이 행해지고 있으며, 농림어업에 종사하는 남자가 외국인 여성과 혼인한 비율이 전체 국제결혼 중 40%를 차지한 것과 연계되는 부분이기도 하다. 한편 대구·경북의 경우, 대구 83.0%, 경북 88.7%가 결혼을 목적으로 입국한 것으로 나타났으며, 이는 전국 평균 79.2%보다 높은 수치이다. 이렇게 우리나라에 들어와 결혼을 하고 한국 국적을 취득한 결혼이민자는 31.1%에 달했다.

결혼이민자 출신국

그렇다면 우리나라에 입국한 결혼이민자들은 주로 어느 나라에서 오는 것일까. 결혼이민자의 출신국을 살펴보면 1990년 이전에는 일본 출신 결혼이민자가 전체 이민자의 27.1%로 가장 많았고, 1990~1994년에는 중국 조선족 출신의 결혼이민자가 53.7%로 가장 많았으며, 1995~1999년과 2000~2004년 기간에도 중국 조선족 출신의 결혼이민자가 각각 50.3%, 43.4%로 가장 많았다. 그렇지만 가장 우위를 점하던 중국 조선족 출신은 점차 감소하고, 2005년 이후에는 베트남 출신이 31.1%로 상위권을 차지하고 있다.

즉 점차 개발도상국으로부터의 결혼이민자 유입 비율이 증가하고 있음을 보여준다. 남성 결혼이민자의 경우 그 비율 변화의 폭이 크지 않았지만, 여성 결혼이민자의 경우 베트남, 캄보디아 출신의 입국자가 2000년대 이후 급증한 것을 보면, 이는 농촌 총각의 결혼 문제를 해결하기 위해 동남아 지역 여성과의 국제결혼을 주선하고 보편화한 것이 그 이유가 아닌가 한다.

결혼이민자 출신국에 관한 자료는 국가통계포털에서 확인할 수 있다. {검색 경로: KOSIS 국가통계포털(http://kosis.kr)>국내통계>주제별통계>인구·가구>출입국자통계>국적·지역 및 체류자격별 외국인 입국자}

결혼이민자를 위한 교육지원

여성 결혼이민자의 출신국별 교육수준은 현저한 차이를 보인다. 북미·호주·서유럽 출신 결혼이민자는 93.9%가 대학 이상의 학력자였으며, 이러한 고학력의 비율이 높은 출신 국가는 몽골, 일본, 필리핀 등이다. 반면에 교육수준이 낮은 출신국은 캄보디아, 베트남 등이었는데 이와 같이 교육수준이 낮은 출신국의 결혼이주여성 비율이 현재 대다수이며 또한 증가하는 추세이므로, 우리 사회의 같은 구성원으로서 결혼이주여성의 사회적응 및 자녀양육을 위한 교육적 지원이 필요하리라 판단된다. 한편 남성 결혼이민자의 경우는 대학 이상의 교육수준인 경우가 40.6%로, 여성 결혼이민자의 20.8%에 비해 상대적으로 높은 수치를 나타냈다.

결혼이민자의 교육지원에 있어 가장 우선시 되어야 할 것은 의사소통의 문제와 직결된 언어교육이 아닐까 한다. 언어교육 중에서도 가장 중요한 말하기 부분을 중심으로 살펴보면, 결혼이민자의 한국어 말하기 능력은 일반적으로 생각하는 바와 같이 체류기간에 비례하는 것으로 나타났다. 즉 체류하는 동안 실생활에서 언어는 지속적으로 사용될 수밖에 없는 것이기에 언어실력은 자연적으로 상승하는 부문도 없지 않다. 다만 최근 입국한 이민자가 많다는 점을 고려한다면, 한국어 말하기 능력을 향상시키기 위한 정책적 배려가 필요하다 하겠다.

국제결혼 배우자 사이의 연령 차에 따른 갈등 문제

다음으로는 결혼이민자와 그 배우자의 연령별 분포를 살펴보겠다. 정부의 통계자료에 따르면, 여성 결혼이민자와 배우자간에 큰 연령 차이를 보였다. 24세 이하 여성 결혼이민자의 45.5%가 40대 이상의 배우자와 살고 있었고, 25~29세 여성 결혼이민자의 45.7%가 40대 이상의 배우자와 살고 있었다. 반면 남성 결혼이민자는 전반적으로 유사한 연령층에서 결혼을 한 것으로 나타났다. 위의 통계치는 2009년 다문화가족 실태조사 결과 자료로서 이는 국가통계포털에서 확인할 수 있다(검색 경로: KOSIS 국가통계포털[http://kosis.kr]>국내통계>주제별통계>사회>전국다문화가족실태조사>2009년>결혼이민자의 일반현황 및 한국어 능력>결혼이민자 연령별 배우자의 연령분포). 한편 2012년과 2015년 조사에서는 동일한 문항이 없어 최근 자료를 확인하기는 곤란하다.

참고 사항: 전국 다문화가족 실태조사

'전국 다문화가족 실태조사'는 여성가족부에 의해 2009년 이후 매 3년마다 실시되고 있는데, 2009년, 2012년, 2015년의 실태조사 자료는 KOSIS 국가통계포털(http://kosis.kr)에서 제공되고 있다. (검색 경로: KOSIS 국가통계포털[http://kosis.kr]>국내통계>주제별통계>사회>전국다문화가족실태조사)

2009년에는 당시 여성부와 보건복지가족부에 의해 조사가 이루어졌으며, 그 조사결과에 대한 연구 성과물이 한국보건사회연구원에 의해 출간된 바 있다(보건복지부 한국보건사회연구원, 2010). 한편 2018년에도 다문화가족 실태조사가 전국적으로 실시되었다.

이와 같이 많은 나이 차의 결혼은 문화적, 언어적 갈등과 더불어 세대적 갈등을 야기함으로써 가족 내 갈등을 심화시키는 요인으로 작용한다. 안정된 다문화 사회 구축을 위해 배우자 간 연령차 및 기타 제반사항을 고려한, 국제결혼에 대한 정책적 법령 제정 및 지원 방안이 필요하다.

불법 국제결혼 중개의 문제

앞서 언급한 것처럼 개발도상국 출신의 결혼이주여성이 많고, 나이 차가 많은 국제결혼 추세는 불법 국제결혼 중개 알선의 영향이 큰 것으로 보인다. 다음의 사례를 한번 살펴보자.

사례

재혼을 결심한 마흔 살의 A씨(40)는 지난달 초 필리핀 행 비행기에 몸을 실었다. 마닐라 공항에서 마중 나온 현지 국제결혼 중개업체 직원을 만나 오후 2시경 호텔에 도착한 그는 잠시 눈을 붙인 뒤 오후 7시 맞선을 보기 위해 호텔을 나섰다. 한 20분쯤 차를 타고 달리니 한적한 곳에 주차된 승합차가 눈에 들어왔다. 승합차 주변엔 5명의 필리핀 여성이 있었다. 현지 직원은 "경찰 단속이 심해 승합차 안에서 맞선을 봐야 한다." 며 "더 이상 아가씨들이 없으니 맞선을 볼 것인지 말 것인지 지금 결정하라. 지금 하지 않으면 나중에 추가비용을 내야 한다." 고 독촉했다. A 씨는 결혼중개업체 홈페이지에서 미리 점 찍어둔 B씨를 골라 차에 올라탔다. 마닐라 도심 외곽을 달리는 승합차 안에서 A씨는 B씨와 1시간가량 통역을 사이에 두고 대화를 나눴고, 차에서 내릴 때는 결혼을 약속했다. '007작전' 같은 맞선을 마친 A씨는 다음 날 오전 B씨와 함께 병원에 들러 건강검진을 받고, 대사관으로 가서 영사와 면담하고 혼인신고를 했다.

이렇게 A씨 경우처럼 최근 필리핀이나 베트남에서는 '봉고차 맞선'이 성행하고 있다. 국제결혼을 위해 현지에 온 한국 남성들이 경찰 감시를 피해 승합차를 타고 이동하면서 맞선을 보는 것, 일대일 맞선도 있지만 3~4명의 현지 여성과 동승해 맞선을 보는 경우도 있다. 호텔 커피숍 같은 공개된 장소에서 집단적으로 이뤄지던 맞선을 현지 정부가 금지하자 등장한 신종 맞선 방식이다.

한 국제결혼중개업체 관계자는 "현지 경찰의 눈을 피하려다 보니 그런 것"이라며 "맞선보고 결혼까지 일주일이면 충분하다"고 귀띔했다. 이렇듯 매년 1만 명의 동남아 여성들이 불법적인 국제결혼을 통해 한국으로 들어오는 셈이다. 한 국제결혼 중개업체 관계자는 "단속되더라도 동남아 국가에선 '뇌물' 같은 방법이 먹힌다." 며 "불법인 줄 알지만 결혼을 성사시키기 위해선 어쩔 수 없다." 고 주장했다.

이렇게 속전속결의 불법 국제결혼에 따른 폐해도 상당하다. '국제결혼 중개업 관리에 관한 법률'에 따르면 중개업자는 결혼 상대자에게 혼인경력과 건강상태, 직업, 범죄경력 등을 해당 국가의 언어로 작성해 제공해야 하지만 제대로 지켜지는 경우는 드물다. 국제결혼중개업협회는 한 해 치러지는 2만 5000여 건의 국제결혼 가운데 등록 업체를 통해 이뤄지는 건수는 절반에도 미치지 못하는 것으로 추정하고 있다. 경찰청 관계자는 "결혼 과정에 여러 업체가 개입하면 책임 회피로 피해 보상도 쉽지 않다." 고 말했다. '미등록' 중개업체나 개인을 통해 결혼한 이주여성은 사기결혼 등 피해를 당하더라도 보상을 받을 길이 없다.

이러한 불법 국제결혼중개를 막기 위해 '결혼중개업의 관리에 관한 법률'이 2008년 6월 15일부터 시행되고 있지만 학대 받는 이주여성들을 보호하고 적절한 보상을 하기에는 턱없이 부족하다. 2005년 발의된 결혼중개업 법률은 국제결혼 알선 업체의 난립과 불법적인 중개 행위를 규제하기 위해 '자유업'인 국제결혼 중개업을 등록제로 전환하는 것을 뼈대로 하고 있다. 국제결혼 중개업체 설립 시 외국 현지 법령을 준수하고 표준 계약서를 작성하며, 거짓 과장된 표시나 광고를 금지하도록 하는 등의 내용을 담았다. 또 결혼으로 인한 피해가 발생할 경우 자동적으로 업체가 손해배상 책임을 지도록 했다. 과거에는 피해 구제를 위해서는 당사자가 직접 민형사상 소송을 걸어야 했다.

하지만 이주여성지원단체들은 이 법에 강력한 형사 처벌조항이 없고 결혼 당사자 정보 제공의 범위와 시기 등을 명시하지 않아 '반쪽 법안'이라고 주장하고 있다. 결혼 알선업체가 등록을 하지 않았거나 등록증 박탈 후에도 영업을 계속할 경우 처벌조항이 있지만, 과태료나 3년 이하 징역, 2000만 원 이하의 벌금 외에는 모두 영업정지 등의 행정조치에 불과하다는 것이다. 정보 제공 의무를 부여했지만 정작 그 내용은 '결혼 여부를 결정하는 데 중요한 신상정보 제공 노력의 의무'라고 모호하게 규정하고 있을 뿐이다.

이렇게 국내 국제결혼 중개업체들의 질이 낮은 것은 그만큼 상대 국가 결혼중개업체들도 음성적으로 알선 업무를 진행하고 있다는 반증이라고 볼 수 있다. 국제공조를 통해 불법이 횡행하는 결혼 중개시장을 양성화하고, 비영리 결혼중개기관을 세워 관리하도록 해야 하며, 주무부서인 여성가족부뿐만 아니라 외교부, 법무부 등이 유기적으로 협력해야 할 것이다.

3. 다문화가정 자녀의 현황과 진단

다문화가정 자녀의 현황

다문화가정 자녀의 증가

우리 사회에 국제결혼이 증가하고, 결혼이민자가 증가함과 동시에 다문화가정 자녀도 증가하고 있다. 통계에 따르면 다문화가정 자녀 수는2011년에 151,154명으로 15만 명 선을 넘었고, 2014년에 204,224명으로 20만 명 선을 넘었다. (출처: KOSIS 국가통계포털[http://kosis.kr]>국내통계>주제별통계>인구·가구>지방자치단체 외국인주민 현황>2006~2015년>국제결혼가정 자녀)

현재 우리나라에서는 이주자와 그 자녀들의 유형을 ① 외국인 근로자 자녀, ② 국제결혼자 자녀, ③ 새터민 자녀 등으로 구분하고 있으며, 대상별로 교육을 시행하고 있다. 현재 한국 사회가 다문화교육의 대상으로 관심을 기울이는 주된 대상은 국제결혼자 자녀와 외국인 근로자 자녀다.

국제결혼가정 학생이 다수

교육부가 발표한 자료에 따르면 '외국인 근로자 가정'의 학생들보다 '국제결혼가정'의 학생 수가 훨씬 더 많다. 약 35배 이상의 차이를 보이고 있는데, 이는 최근 다문화교육 정책의 초점이 국제결혼가정 자녀에게 맞추어지고 있는 근거가 되기도 한다.

다만 여기에서 간과되고 있는 것은 불법체류자의 문제다. 사회적 상황으로 인하여 국제결혼의 경우보다 외국인노동자의 경우 불법체류자의 수가 더 많은 편이며, 이에 따라 공식적인 통계에 잡히지 않는 학생들의 수도 이주노동자 가정에서 상대적으로 더 많을 것이다. 하지만 이를 감안하더라도 두 대상 간의 차이가 크고, 심지어 일부 지역에서는 이주노동자 가정 자녀가 아예 없거나 정책수립의 대상이 될 만큼 최소 인원조차 되지 못하는 경우들이 있다. 이런 점에서 현재 우리나라 다문화교육의 주 대상이 국제결혼가정의 자녀들이라는 점은 충분히 이해가 되는 부분이다.

다문화가정 자녀의 특징

다문화가정 자녀의 연령 분포

2009년 다문화가족 실태조사 결과에 따르면, 결혼이민자 자녀의 연령 분포는 6세 미만이 66.5%로 가장 많았고, 다음으로 초등학교 취학연령인 6~11세는 23.9%, 중학교 취학연령인 12~14세는 4.6%, 고등학교 취학연령인 15~17세는 1.4% 순으로 나타난다. 2015년의 같은 자료에 따르면, 6세 미만이 45.8%, 6~11세 31%, 12~14세 8.9%, 15~17세 6.5%, 18세 이상 7.8%로 나타난다. 2009년과 비교해 볼 때 6세 미만 연령대의 비율은 낮아진 반면, 6세 이상 초중고 취학연령의 비율은 조금씩 높아졌음을 알 수 있다. 다문화가족 실태조사 자료 또한 국가통계포털에서 확인할 수 있다(검색 경로: KOSIS 국가통계포털[http://kosis.kr]>국내통계>주제별통계>사회>전국다문화가족실태조사).

다문화가정 미취학 자녀의 돌봄 서비스 현황

한편, 다문화가정 내 미취학 아동 중 어느 정도가 보육시설이나 유치원 등 돌봄 서비스를 이용했는지를 살펴보면, 최근 들어 상당한 변화가 나타나고 있음을 알 수 있다. 2009년 다문화가족 실태조사 결과에 따르면, 보육시설이나 유치원을 이용하지 않는 다문화가정 영유아는 57.3%인 3만6739명으로, 대략 10명 중 6명 정도는 보육시설이나 유치원을 다니지 않는 것으로 나타났다. 또 보육시설을 다니고 있는 다문화가정 아이도 일반 아동에 비해 법정 저소득층 비율이 훨씬 높은 것으로 조사됐다.

그러나 2015년의 같은 조사결과에 따르면, 미취학 자녀를 둔 전체 103,416가구 중 자녀를 어린이 집에 보낸다는 가구의 비율은 56.35%, 유치원에 보낸다는 비율은 16.65%이고, 아무 데도 보내지 않는다는 비율은 27%로 나타난다. 2009년과 비교해 볼 때 보육시설이나 유치원을 이용하지 못하는 다문화가정의 비율이 최근 들어 현저히 낮아졌음을 알 수 있으며, 이는 그동안 다문화가정 자녀를 위한 교육 지원이 상당히 개선되었음을 보여주는 자료다.

이들 자료 역시 모두 국가통계포털에서 확인할 수 있으며, 2015년 자료를 위한 검색경로는 다음과 같다. (검색 경로: KOSIS 국가통계포털[http://kosis.kr]>국내통계>주제별통계>사회>전국다문화가족실태조사>2015년>다문화가족의 만 5세 이하 미취학 자녀 돌봄 서비스 유형)

초등학생 비중의 강세

현재 국제결혼가정 자녀가 다문화가정 자녀의 대다수를 차지하고 있는 만큼 아래에서는 국제결혼가정 자녀를 중심으로 몇 가지 현황을 살펴보도록 하겠다. 연도별 국제결혼가정 자녀 재학 현황을 살펴보면, 2005년도에 초중고 각급 학교에 재학하는 국제결혼가정 자녀의 수는 6,121명이었으나, 그 10년 후인 2015년에는 그 수가 82,536명으로 늘어 10년 동안 13배 이상의 증가세를 보여준다. (<표 2-9>를 참고할 것)

<표 2-9> 연도별 국제결혼가정 자녀 재학 현황

(단위: 명, %)

연도	초등학교	%	중학교	%	고등학교	%	각종학교	계
2005	5,332	87.1	583	9.5	206	3.4		6,121
2006	6,795	85.0	924	11.5	279	3.5		7,998
2007	11,444	85.1	1,588	11.8	413	3.1		13,445
2008	15,850	84.2	2,213	11.8	760	4.0		18,823
2009	20,632	83.3	2,987	12.1	1,126	4.6		24,745
2013	39,360	70.6	11,280	20.2	4,858	8.7	282	55,780
2014	48,225	71.1	12,506	18.4	6,734	9.9	341	67,806
2015	60,162	72.9	13,827	16.8	8,146	9.9	401	82,536
2016	73,972	74.6	15,080	15.2	9,816	9.9	318	99,186

출처: 교육부 교육통계(http://www.moe.go.kr/sub/info.do?m=040602=moe)

한편 각급 학교 재학생의 비중을 비교해 보면, 현재 초등학생의 비중이 가장 높고 중학교, 고등학교로 올라갈수록 그 비중은 낮아진다. 그러나 <표 2-9>가 보여주듯이, 2000년대 후반과 2010년대 중반을 비교해 보면, 국제결혼가정 자녀의 학교별 재학 비중은 상당한 차이가 나타난다. 2005~2009년

간 초등학교 재학생 비율은 85% 내외였지만, 2013~2016년간 그 비율은 대략 72% 내외로 줄어든다. 반면에 중학교 재학생 비율은 11% 내외에서 17% 정도로 늘어났고, 고등학교 재학생 비율은 3~4% 수준에서 9%대로 늘어났다.

'외국인 노동자'의 경우 타지에서 노동이 가능한 비교적 젊은 연령대의 사람들이 많은 편이므로 초등학생 자녀의 비율이 높지만, 체류가 가능한 기간이 3년 미만이라서 이들의 자녀가 성장하여 장기적으로 중·고등학교에 진학할 가능성은 크지 않다. 그러나 '국제결혼가정' 자녀들의 경우 예외적인 상황이 아닌 한, 대부분 중·고등학교로 진학하는 것으로 알려져 있다. 따라서 <표 2-9>에 나타나듯이, 시간이 지날수록 초등학교에서 중학교, 중학교에서 고등학교로 진학하는 인원수는 늘어날 것이다.

교육부가 제시한 통계자료에서도 나타나듯이, 지난 10여 년 간 국제결혼가정 자녀의 초중고 재학 비율은 지속적으로 증가해왔다. 이러한 추세가 계속될 경우 우리 학교 현장에서 다문화교육의 문제는 심각한 현안으로 등장하게 될 것으로 보인다. 그러나 아직까지 우리의 다문화교육 정책은 대부분 초등학교에 초점을 맞추고 있다.

초등 단계에서의 다문화교육이 자아 형성 과정에 보다 큰 영향을 줄 수 있다는 점에서 효과적일 수 있다. 그러나 정체성과 진로에 대한 고민이 본격화되는 중·고등학교 단계에서 다문화가정 자녀의 교육 문제는 보다 심각한 양상으로 전개될 수 있다는 점에서 초등 이후 단계의 다문화교육 정책에 대한 연구와 시행이 시급한 상황이다.

다문화가정 자녀 교육의 문제점

다문화가정 자녀의 높은 학업 중도 탈락률

먼저 다문화가정 자녀들의 학업 중도 탈락률 현황을 짚어볼 필요가 있다. 외국에서 태어나 부모를 따라 입국한 다문화가정 자녀 2명 중 1명은 학교에 다니지 않는 것으로 조사됐다. 특히 고등학생은 재학률이 30%에 불과했다. 10명 가운데 7명은 학교에 다니지 않는 셈이다. 이와 같은 다문화가정 자녀의 높은 탈(脫)학교율은 범죄나 청소년 비행으로 이어져 사회적 문제가 될 소지가 높다. 이에 학교와 지역사회의 관심, 정부의 지원 등이 필요하고, 중도입국 자녀들이 한국 사회에 잘 적응할 수 있도록 대안학교나 정규학교 내에 적응학급 신설 등 세밀한 맞춤형 교육이 필요함을 말해준다.

그런데 현직 공무원의 제보에 따르면, 각 지역 교육청 주도로 각급 학교에서 다문화가정 자녀 현황을 조사할 때, 다문화가정 자녀임에도 불구하고 그 사실을 숨기는 경우가 많다고 한다. 그리하여 다문화가정 자녀의 정확한 통계치가 나타나지 않고, 행정안전부가 조사한 다문화가정 자녀의 통계와 불일치하는 경우가 나타나기도 한다.

사교육비 부담 문제

다음은 사교육의 문제를 살펴보기로 한다. 다문화가정이 증가하고 있고, 그 자녀들도 더불어 증가하는 현 시점에서 우리나라 다문화가정 자녀의 사교육 현황은 어떠할까.

보건복지부가 다문화가정을 대상으로 자녀교육의 가장 어려운 점을 조사해보았더니 그 결과, 결혼이민자의 초등학생 자녀 교육상 가장 어려운 점으로 사교육비의 부담을 지적한 비율이 가장 높았다. 시·도별로는 인천광역시가 초등학생 교육상 어려움의 비율이 가장 높았으며, 울산광역시가 가장 낮았다. 대구 지역에서도 역시 학원비 마련을 가장 큰 어려움으로 들었으며, 경상북도에서는 학습지도 부분의 어려움이 가장 높았다. 오늘날 지속하는 다문화가정의 초등학생 자녀를 위한 사교육비 부담 해소와 학습지도 부분의 지원 정책이 필요하다 판단된다.

다문화가정 자녀를 위한 대책

다문화가정 초등학생 자녀에 대한 지원 필요

자녀교육 문제에 관해 좀 더 세부적으로 들어가 보자. 앞서 언급한 결과를 반영하듯이 전체 결혼이민자 중 90% 이상이 초등학생 자녀에게 교육 지원이 필요하다고 응답했으며, 그 중에서 가장 필요한 지원으로 기초교과지도, 학교교육비 및 급식비 지원, 한국어, 한글교육, 진학지도, 결혼이민자 모국어 교육, 심리상담 등의 순으로 제시했다.

시·도별로는 서울특별시, 인천광역시, 광주광역시와 경기도는 학교교육비, 급식비 지원을 가장 필요로 했고, 그 외의 시·도 지역에서는 기초교과지도에 대한 지원을 요구하는 비율이 가장 높았다. 대구·경북지역 역시 기초교과지도에 대한 수요가 가장 높았다. 이러한 조사결과를 반영하여 앞으로 다문화가정 자녀를 위한 기초교과지도에 대한 지역 내 프로그램 마련 및 정책방향의 수립이 필요하다 하겠다.

다문화가정 자녀를 위한 한국어 교육 필요

그런데 기초교과지도 못지않게 한국어에 대한 교육도 필요하다는 지적이 많다. 청소년희망재단이 보건복지부 의뢰로 2008년 8~12월 서울·경기지역 23개 초·중학교 학생 1725명을 상대로 조사를 벌인 결과, '다문화가정 자녀를 한국인이라고 생각하느냐'는 질문에 41.4%만이 '그렇다'고 답했다 한다. 응답자 중 41.6%는 '한국인으로 볼 수도 있고 외국인으로 볼 수도 있다'라고 답했고, 13.0%는 '모르겠다', '한국인도 아니고 외국인도 아니다'는 응답은 2.2%가 나왔다는 것이다.

다문화가정 자녀와 친구로 지낼 수 없다고 답한 학생들은 그 이유로 '한국어가 서툴기 때문'을 가장 많이 꼽았다. 결혼이민자 중 여성이 많다는 점을 감안하면, 다문화가정에서 엄마는 외국인인 경우가 대부분일 것이다. 주로 엄마와 의사소통을 하며 언어를 익히는 것이 보편적이라 본다면, 다문화가정 자녀 및 결혼이주여성을 위한 한국어교육이 앞으로도 계속 필요하다고 하겠다.

현재 우리나라의 다문화가정 자녀들 중에는 미취학 아동들이 대부분을 차지하는데, 이들은 정상적인 언어발달이 부족하다. 이러한 언어발달의 지연은 초등학교 이후의 학교교육 현장에서 기초교과과정 등 기타 여러 가지 분야에서 교육 지연을 유발하고 있다. 이러한 문제점이 더 큰 공교육상의 문제들로 확대·심화되기 전에 다문화가정을 대상으로 한 특별한 지원이 이루어져야 할 것이다. 다문화가정 자녀의 언어발달 수준을 평가하고 그 부모를 대상으로 한 맞춤형 특별 교육을 실시하며, 이를 통해 부모와 자녀 간 상호작용과 안정된 애착관계 형성이 가능하도록 가정 언어지도 방법 및 이중언어 교육법을 습득하게 하고, 각 아동의 검사 결과에 맞는 전문치료 프로그램 및 가정 방문 언어지도 교육을 전문기관과 연계해 진행하는 것이 필요하다고 여겨진다.

학습정리

우리나라는 현재 저출산·고령화로 인구구조가 크게 변화하고 있으며, 반면에 국내에 체류하는 외국인의 수는 계속 증가하고 있다. 또한 한 해 출입국자 수가 8천만 명을 넘어서는 등 국제 교류도 크게 늘고 있다. 이러한 변화는 다문화 사회로의 이행을 보여주는 지표가 되며, 우리나라에서 새로운 문화가 형성되고 있음을 보여주는 증거가 된다. 우리는 이번 장에서 이러한 다문화 사회에 나타나는 여러 사회 현상 중 주로 결혼이민자와 다문화가정 자녀를 중심으로 그 실태를 살펴보았다.

3 우리나라의 다문화 현황 II

학습개요

1. 다문화가정의 가족관계 및 결혼생활
2. 다문화가정의 사회생활과 경제생활
3. 이주노동자, 난민, 북한이탈주민

학습목표

1. 다문화가정이 형성되는 과정과 가족관계 및 결혼생활을 각종 통계자료를 통해 살펴보고, 다문화 시대를 맞이한 우리의 역할과 정책의 방향성을 조망해 본다.
2. 다문화가족의 구성원인 결혼이민자들이 한국에서 사회생활을 어떻게 하고 있는지 살펴보고 그 개선을 위한 방안을 모색해 본다.
3. 우리 사회에서 소외되고 있는 이주노동자 및 난민과 북한이탈주민의 현황을 살펴보고 우리의 역할과 올바른 정책 방안을 생각해 본다.

1. 다문화가정의 가족관계 및 결혼생활

국제결혼 비중의 증가

제2장에서 우리는 우리나라 다문화 현상의 전반적 현황을 살펴보았다. 이 장에서는 오늘날 다문화 사회의 중심이 된 다문화가정의 내부 문제를 좀 더 심도 있게 살펴보도록 하겠다. 우선 다문화가정의 가족관계와 결혼생활에 대해 각종 통계자료를 통해 살펴보자.

오늘날 우리 사회는 국경 없는 세계화의 물결이 몰아치면서 '사랑에는 국경이 없다' 는 말이 당연시될 만큼 국제결혼에 대한 거부감이나 순수혈통에의 집착이 약화되고 있다. 이를 반영하듯이 전체 혼인인구 중 약 8%에 달하는 인구가 국제결혼을 하고 있다. 그렇다면 우리 사회 다문화가정 형성의 기초가 되는 이러한 국제결혼은 주로 어떤 과정을 통해 이루어지는지 알아보자.

다문화가정의 형성

우선 결혼을 위한 가장 기초단계로서 배우자를 만나는 경로부터 살펴보자. 우리나라에서 국제결혼을 하는 결혼이민자들이 배우자를 만난 경로 중 가장 빈도가 높은 것은 '친구 또는 동료의 소개'로 만나는 것(28.2%)이고, '스스로' 배우자를 만난 것이 24%, '결혼중개업체'를 통한 것은 21.3%로 나타났다(<표 3-1> 참조).

<표 3-1> 결혼이민자의 연령대별 현 배우자를 만난 경로, 2015년

(단위: %, 명)

구분		결혼중개업체를 통해	가족·친척의 소개	친구·동료의 소개	종교기관을 통해	스스로	기타	합 계
전체	(%)	21.3	20.4	28.2	5.1	24.0	1.1	100
	(인원)	50,792	48,593	67,142	12.072	57,174	2,641	238,414
29세이하		3.1	12.0	26.4	2.1	53.7	2.6	100
30~39세		12.8	14.1	27.7	2.6	41.1	1.7	100
40~49세		29.0	20.1	26.1	4.9	18.8	1.2	100
50~59세		20.2	23.9	29.2	8.4	17.8	0.5	100
60세이상		10.5	26.7	36.5	2.8	22.8	0.9	100

출처: 2015년 전국다문화가족실태조사(KOSIS 국가통계포털[http://kosis.kr]>국내통계>주제별통계>사회>전국다문화가족실태조사>2015년)

이는 2015년의 다문화가족 실태조사 결과로서 2009년의 같은 조사에서는 '결혼중개업체'를 통해 만났다는 응답이 25.1%로 가장 높게 나타났는데, 결혼중개업체를 통한 국제결혼이 과거보다 많이 줄어든 것이 눈에 띄는 점이라 하겠다. 특히 29세 이하 저 연령층에서 '결혼중개업체'를 통해서 결혼한 비중은 현저하게 줄어들었고(3.1%), 그 대신 '스스로' 배우자를 선택했다는 비중(53.7%)이 크게 늘었다.

출신국별로 현 배우자를 만난 경로도 차이를 보였다. <표 3-2>가 보여주듯이, 베트남, 필리핀, 기타 동남아 국가의 경우 '결혼중개업체'를 통한 비율이 가장 높고, 일본은 '종교기관'을 통한 비율이 가장 높았다. 미주, 유럽, 대양주

등 선진국과 대만, 홍콩, 남부아시아, 중앙아시아 등 기타 아시아 지역은 '스스로' 배우자를 선택했다는 응답이 가장 높았다. 중국 조선족의 경우 '친구·동료의 소개'가 36.1%로 가장 높은데, 과거 2009년 조사에서는 '가족·친척의 소개'(39%)가 가장 높게 나왔다.

<표 3-2> 결혼이민자의 출신국별 현 배우자를 만난 경로, 2015년

(단위: %, 명)

구분		결혼중개업체를 통해	가족·친척의 소개	친구·동료의 소개	종교기관을 통해	스스로	기 타	합 계
전체	(%)	21.3	20.4	28.2	5.1	24.0	1.1	100
	(인원)	50,792	48,593	67,142	12.072	57,174	2,641	238,414
중국		10.3	23.7	34.5	1.1	29.0	1.4	100
중국 (한국계)		3.4	30.0	36.1	0.8	28.8	1.0	100
일본		1.1	5.6	11.8	56.3	24.1	1.1	100
대만/홍콩		1.2	12.2	31.3	2.2	50.7	2.4	100
베트남		58.9	16.1	17.8	1.0	5.6	0.6	100
필리핀		28.9	14.9	22.2	18.8	14.4	0.8	100
그 외 동남아시아		43.9	13.6	16.7	7.7	16.6	1.5	100
남부아시아		21.6	11.9	21.1	3.4	38.7	3.4	100
몽골/러시아/중앙아시아		20.8	11.7	29.6	4.9	30.9	2.1	100
미주/유럽/대양주		0.6	4.9	33.2	4.4	55.0	1.8	100
기타		3.0	5.2	25.8	8.2	57.0	0.8	100

출처: 2015년 전국다문화가족실태조사(KOSIS 국가통계포털[http://kosis.kr])

앞서 본 통계와 더불어 이 같은 현상은 우리나라의 국제결혼의 경우 대부분 '코리안 드림'을 꿈꾸며 한국 남성과 국제 결혼하는 외국 여성들이 많다는 것을 보여준다. 그 중 대다수가 중국·베트남·필리핀·캄보디아 등 아시아 여성들이며, 개발도상국 여성과 국내 남성의 결혼중개가 많이 이루어진다고 하겠다.

또한 우리나라의 다문화가정 형성에 있어서 결혼중개업체의 역할은 아직도 여전히 중요하게 작용하고 있다고 볼 수 있다. 다문화가정 형성에 관한 이 같은 통계자료를 볼 때에도 결혼중개업체의 올바른 중개 알선은 우리 사회에 중요한 역할을 함을 알 수 있다. 이와 더불어 정부 차원의 보다 세심한 정책적 배려가 필요하다고 하겠다.

우리 정부는 2009년 5월에 결혼중개업법을 개정하고 관련 조항을 대폭 손질한 바 있다. 이를 통해 한국인 결혼 당사자의 혼인 경력과 건강 상태 등 신상정보를 외국인 배우자에게 반드시 서면으로 제공하게 했다. 또한 국제결혼의 중개에 대한 관리와 입국과정에서의 검증도 내실화해 이로 인해 국가이미지가 실추되는 일이 없도록 철저히 감독할 것이라고 했다.

앞으로 우리 사회 내에서 다문화가정 형성은 더욱 증가될 전망이다. 정부 차원에서도 앞서 언급한 바와 같이 올바른 가족 형성의 토대 마련을 위해 노력하고 있듯이 우리도 사회구성원의 하나로서 감시와 관심을 기울여야 하겠다.

다문화가정의 구성

이제 다문화가정을 형성하고 있는 가족 구성원의 성격은 어떠한지를 살펴보도록 하자. <표 3-3>에서 보듯이 2015년의 경우 '결혼이민자 부부와 그 자녀'로 이루어지는 가구가 전체의 46%로 가장 높고, 그 다음이 '결혼이민자 부부'로만 이루어지는 가구로서 21.8%이다. 반면 다문화가정에서 결혼이민자 부부가 '배우자의 가족(부모나 형제자매)'과 동거하는 비율은 11.9%인데, 이는 <표 3-3>에서 '자녀 없이 부부가 배우자 가족과 같이 사는 비율' 2.3%와 '자녀와 더불어 부부가 배우자 가족과 같이 사는 비율' 9.6%를 합한 수치이다.

<표 3-3> 다문화가정의 가구 구성(동거 가족 유형), 2015년

(단위: %)

구분	본인	본인+자녀	부부	부부+본가가족	부부+배우자가족	부부+자녀	부부+자녀+본가가족	부부+자녀+배우자가족	기타	합계
비율	6.6	4.0	21.8	0.4	2.3	46.0	3.0	9.6	6.3	100

출처: 2015년 전국다문화가족실태조사(KOSIS 국가통계포털[http://kosis.kr])

다문화가정에서 부부가 배우자 가족과 동거하는 비율은 2009년의 경우 이보다 훨씬 높아 25.8%였다. ('자녀 없이 부부가 배우자 가족과 같이 사는 비율' 9.7% + '자녀와 더불어 부부가 배우자 가족과 같이 사는 비율' 16.1%) 우리나라 가족 중 부부와 그 부모가 동거하는 비율이 대략 10% 내외인 것과 비교해 보면, 2009년의 경우 다문화가정에서 여성 결혼이민자가 시부모나 남편의 형제자매와 동거하는 비율은 상당히 높은 편이었다. 그래서 당시 다문화가정의 결혼이민자 며느리가 시부모를 모시고 산다는 것이 중요한 미덕으로 칭송되기도 했다. 그러나 그 6년 후인 2015년에 그 비율은 11.9%로 크게 낮아져, '시부모를 모시고 사는 다문화가정의 외국인 며느리'라는 이미지는 상당 부분 퇴색한 것으로 보인다.

가족관계 만족도

이렇게 다문화가정을 형성하고 결혼생활을 꾸려나가는 결혼이민자들의 가족관계에 대한 만족도는 어떠할까? 예상과는 달리 삶이나 가족관계에 대한 만족도는 우리나라 일반가정 평균보다 높은 것으로 나타났다. 이를 구체적으로 살펴보면, 2009년 '전국 다문화가족 실태조사'에서 배우자에 대한 만족도는 74.8%로 나타나, 국내 일반가정의 65.7%보다 높았으며, 자녀에 대한 만족도는 88.1%로 역시 국내 일반가정의 72.7%보다 높았다.

그러나 최근의 같은 조사 결과를 보면 결혼이민자의 배우자에 대한 만족도는 2012년에 72.9%, 2015년에 66.6%로 계속 떨어지는 추세에 있다(5점 척도로 조사한 자료에서 '매우 만족한다'와 '약간 만족한다'를 합한 비율로 계산). 반면에 자녀에 대한 만족도는 2012년 83.2%, 2015년 86.9%로 별로 하락하지 않았다('자녀와의 관계에 만족하는가' 라는 질문에 '매우 그렇다'와 '대체로 그렇다'를 합한 비율임). 그리고 배우자에 대한 만족도와 자녀에 대한 만족도, 두 수치 모두 여전히 국내 일반가정보다 높은 편이다.

결혼이민자의 출신국가에 따른 배우자와의 관계 만족도를 보면, 여성 결혼이민자는 캄보디아 여성들이 남편에 대한 만족도가 가장 높으며, 그 다음으로 북미·호주·서유럽 등 서구 선진국 출신 여성들, 그리고 중국 한족의 순이었다. '모국 가족이 한국인과 결혼한다면 적극적으로 찬성 하겠다' 고 답한 사람은 여성이 46.2%, 남성이 54.5%였다. 그리고 반대하겠다는 응답은 여성 15.3%, 남성 8.8%에 불과했다. 배우자의 부모와 배우자의 형제자매에 대한 만족도도 각각 60%를 상회하여 국내 일반가정에서 각각 52.4%, 43.8%의 만족도를 기록한 것에 비해 우위를 나타냈다.

이처럼 다문화가정의 가족관계 만족도가 높게 나타나는 것은 결혼이민자들이 초기에 한국은 언어도 문화도 낯선 외국 땅이었지만 이해심 많은 남편과 친절한 이웃 덕에 지금은 한국생활에 매우 만족한다는 의견이 많은 것이 그 이유가 될 수 있겠다. 또한 다문화가족을 위한 국내 다양한 지원 프로그램도 만족도를 높이는 데 기여한 것으로 보인다.

이처럼 가족과 사회가 결혼이민자들에게 서로 다름을 조그만 배려와 관심을 통해 이해해 줄 때 만족도는 높아지는 것으로 볼 수 있다. 다문화 사회가 가속화되는 우리 사회에서 더 이상 외국인으로서가 아닌 같은 국민으로서 결혼이주민을 생각한다면, 이는 더불어 사는 세상에서 우리 주변에 흔히 있는 다문화가정을 위해 우리의 관심과 배려가 필요하다는 것을 보여주는 부분이다.

가족 해체

다음으로 다문화가정의 문제점에 대해서 알아본다. 다문화가정의 가족관계 만족도가 비교적 높은 것과는 대조적으로 국제결혼이 증가함과 비례하여 다문화가정의 가족 해체도 증가하고 있다. 다문화가정은 언어소통의 어려움과 문화적 갈등 등으로 인해 부부관계, 가족관계에서 어려움을 경험하고 있으며, 갈등이나 문제가 심화될 경우 가족 해체로 이어지고 있다. 서울가정법원의 조사에 따르면, 서울 지역 전체 이혼 건수 중 다문화가정의 이혼이 40%에 달한다고 한다. 이러한 다문화가정의 이혼은 전국적으로도 증가하는 추세다.

전국 다문화가족 실태조사 결과에 따르면, 결혼이민자 중 이혼·사별한 비율은 2009년 4%, 2012년 6.4%, 2015년 10%였다. 그리고 이혼과 별거에 이르는 평균기간은 2009년 조사에서 4.7년, 2012년 조사에서 7.1년, 2015년 조사에서 7.9년으로 나타났다. 국내 일반 가정과 비교하면 결혼이주자의 결혼기간이 길지 않다고 할 수 있다.

주된 이혼·별거 사유를 보면 '배우자와의 성격 차이', 배우자의 '경제적 무능력', '외도', '학대와 폭력', '음주 및 도박' 등이 있고, '배우자 가족과의 갈등'도 중요한 이혼·별거 사유 중 하나이다. 가장 중요한 이혼·별거 사유로 2012년 조사에서 전체 응답자의 48.1%가, 2015년 조사에서 45.3%가 배우자와의 '성격차이'를 들었다(<표 3-4> 볼 것).

<표 3-4> 결혼이민자의 이혼·별거 이유

(단위: %)

구분	외도	성격 차이	배우자 가족과의 갈등	경제적 무능력	학대와 폭력	음주 및 도박	심각한 정신장애 및 기타	합계
2012년	5.1	48.1	7.0	20.7	4.9	5.9	8.2	99.9
2015년	10.0	45.3	8.7	17.7	5.6	7.5	5.3	100.1

출처: 2015년 전국다문화가족실태조사(KOSIS 국가통계포털[http://kosis.kr])

2009년 실태조사에서는 이혼 사유에 있어서 국가별 차이도 조사되었는데, 중국과 북미·서유럽은 성격 차이로 주로 이혼했고, 베트남·필리핀·캄보디아는 학대·폭력을 주로 지적했다. 또한 나이가 적을수록 외도를 이유로 이혼했다 하며, 나이가 많을수록 성격 차이를 이혼 사유로 꼽았다 한다. 그리고 한국인 배우자의 잘못으로 이혼하더라도 법률을 제대로 몰라서 결혼이주자가 이혼을 당하는 경우도 많다고 한다.

다문화가정의 가족해체가 발생하는 이혼의 주된 이유가 성격차이에 따른다는 것을 다르게 풀어보면, 새 삶을 찾아 고향과 가족을 등지고 한국에 온 결혼이주여성들에 대한 문화적 차이에서 기인한 오해와 냉대로 인한 것으로도 해석할 수 있겠다. 특히나 다문화가정을 꾸린 남편들의 경우 배우자 나라의 문화에 대해 전혀 이해하려고 하지 않는 경향이 강하다. 즉 아내가 모국에서 무엇을 입고 무엇을 먹고 어떻게 살았는지는 중요하게 생각하지 않고 한국식만 강요하는 것이다.

가정법원 판사들은 다문화가정의 파경이 잦은 이유에 대해, 서로를 전혀 모르는 상태에서 결혼하기 때문이라고 진단했다. 앞서 다문화가정 형성과정에서도 언급되었듯이, 급속한 국제결혼 진행으로 대개는 사진 한번 보고 결혼한다. 이처럼 애정으로 인한 결혼이 아닌 한국 입국을 위한 필요에 의한 결혼을 하다 보니 제대로 가정을 이루고 유지하기 힘들 수밖에 없다.

이러한 다문화가정의 가족해체 문제는 다문화가정 자녀들의 정체성 형성 등에 악영향을 끼칠 수도 있어 심각하게 받아들여진다. 다문화가정의 가족해체 현상을 줄일 수 있도록 다문화가정의 형성에서부터 보다 근본적으로 정부 차원에서의 정책적 대응이 필요하다고 판단된다.

문화적 갈등의 현장

앞서 언급된 바와 같이 다문화가정의 가족 해체는 주로 문화적 갈등에 기인한 것이라 볼 수 있다. 지금부터는 이러한 문화적 갈등 현장을 예시를 통해 살펴보겠다.

> 2007년 한국인 남편 강 모씨(43)를 만나 한국으로 시집 온 캄보디아 출신 M씨(21)가 오후만 되면 낮잠을 자자, 못마땅하게 여긴 시어머니가 "못사는 나라에서 온 주제에 게으르기까지 하구나!" 라고 내뱉듯 말했다. 덥고 습한 캄보디아에서는 낮 12시~오후 2시에 잠을 자는 것이 일상이고, M씨는 습관대로 잠이 들었을 뿐이다. 말이 잘 통하지 않아 시어머니의 오해를 풀기 어려웠던 M씨는 못사는 나라, 게으름뱅이라는 말에 큰 충격을 받았다고 말했다.
>
> M씨 외에도 "게으르다"는 말을 듣는 경우는 많았다. 베트남 출신 한 이주여성은 한국에 온 직후 아침밥을 짓지 않았다가 시부모님에게 "남편이 일 나가는데 아침도 챙겨 주지 않느냐"며 호되게 혼이 났다. 베트남에서는 집에서 밥을 먹지 않는 때가 대부분이다.

기후가 후텁지근한 동남아에서는 좁은 집안에서 불을 켜고 조리하는 것이 쉽지 않아 아침은 밖에서 해결한다. 맞벌이를 하는 이 나라 사람들은 하루 세끼 식사를 외식으로 해결하는 것이 일상이고, 집에서 먹더라도 한두 가지 반찬만으로 간단하게 때운다는 설명이다. 하지만 말도 제대로 통하지 않는 이주여성들이 이런 문화를 시어머니에게 설명할 수 있는 방법은 거의 없다.

이처럼 우리 사회에서 다문화가정의 남편을 비롯한 시댁 식구들은 며느리 나라의 문화를 이해하려는 노력을 하기보다 한국문화를 받아들이도록 강요한다. 베트남에서는 아이를 낳은 산모에게 돼지 족발을 삶은 물을 마시도록 한다. 그런데 베트남에서 2008년 한국으로 시집온 H씨(23)는 첫아이를 출산한 후 시어머니가 끓여주는 미역국만 억지로 먹어야 했다. 또 베트남에선 따뜻한 느낌이 들 정도로만 방을 덥히는 편이지만 H씨의 시어머니는 방바닥이 뜨거울 정도로 불을 땠다. H씨는 "산후조리 문화가 달라 그렇게 힘들 수가 없었다." 고 털어놨다.

몽골에선 해산 후 양고기를 먹지만 한국에선 삼시 세끼 미역국만 먹어 고생했다는 '몽골 새댁'도 있었다. 올해 초 한국남성과 결혼한 필리핀 새댁 L씨도 오랜만에 먹고 싶었던 필리핀 생선 요리를 식탁에 올렸다가 남편과 시댁 식구들에게 '이런 냄새나는 음식을 어떻게 먹느냐'는 핀잔만 들었다며 모국이 무시당하는 것 같아 불쾌했다고 했다.

지난해 2월 결혼해 한국으로 들어온 조선족 여성 조 모씨(30)는 시어머니와 남편에게 받은 스트레스를 풀기 위해 모국 친구와 통화를 자주 했다. 남편은 이런 아내를 아이도 돌보지 않고 전화기만 붙잡고 있다며 폭행했다. 1년간 이어진 폭행을 참을 수 없던 조 씨는 남편을 경찰에 신고하고, 경찰에서 운영하는 외국인 도움센터에 입소했다.

일본인 A씨는 한국에서 시부모님을 모시고 함께 살고 있는데, 한 번씩 시어머님께서 노크도 없이 방문을 열 때마다 깜짝 놀란다. 시어머니는 한 가족이기에 무슨 노크까지 해야 하냐며 핀잔을 주셨지만 일본에서는 가족 간에도 개인적인 프라이버시가 중요시된다. 그러한 문화에 익숙해져 있던 A씨는 한국에서의 사적 공간의 경계가 모호한 것이 불편하다고 호소했다.

중국인 Y씨 역시 시부모님을 모시고 함께 살고 있다. 한번은 시어머님과 시장에 같이 갔는데 물건을 고르다가 화가 났다. 어머님께서 "이것은 싸고 볼 품 없다. 분명히 중국산일거다." "이것은 맛없게 생겼다. 이런 건 중국산이다." 이렇게 황사 현상도 그렇고 안 좋은 것은 다 중국에서 오는 거라며 얘기하였는데, 중국이 모국인 Y씨는 이렇게 중국을 비판하는 이야기들이 듣기 거북하다. 중국 물건 중에서도 품질 좋고, 농산물 중에도 질 좋고 맛있는 게 많은데, 많이 생산하고 많이 해외로 수출하다 보니 가끔 불량품도 나올 수 있지만 무조건 중국산은 안 좋은 거라며 시어머니께서 말씀하실 때는 속상하다고 한다.

문화적 차이로 생기는 갈등의 해소 방안

이렇듯 남편이나 시부모들이 이주여성 국가의 생활방식을 후진국 문화라고 무시하면서 갈등이 커지게 된다. 이주여성과 남편, 시댁 식구들 간의 문화적 차이로 생기는 갈등은 상대방 문화를 이해하려는 노력만으로도 쉽게 해결된다. 이주여성 상담센터에 따르면 문화적 차이 때문에 상담소를 찾았던 이주여성 중 절반은 오해를 풀고 시댁으로 돌아간다고 말했다.

문화적 차이로 생기는 갈등을 없애기 위해서는 결혼이주여성들이 '가족의 일원'이 되기 위해 노력하는 것과 마찬가지로, 한국인 배우자나 가족들도 '가족 맞아들이기' 준비를 해야 한다. 즉 남편과 아내뿐만 아니라 이주여성을 맞는 시댁 식구들이 신부 나라의 문화를 공부하고 이해하려는 노력이 무엇보다 필요하다.

다문화가정이 증가하고 앞으로도 더 많은 다문화가정이 나타날 것이 예상되는 현 시점에서 정부 정책적 노력의 일환으로 출입국관리소 등에서 이주여성의 모국어로 커뮤니티 정보를 담은 안내책자를 만들어 배포하거나, 다른 나라 문화를 이해하는 데 목표를 둔 교육 프로그램을 고민해야 하겠다. 그리고 우리도 국민적 차원의 인식 변환을 위한 노력을 기울여야 하겠다.

2. 다문화가정의 사회생활과 경제생활

결혼이민자들의 사회문화적 생활

사회적 소통과 연결망의 문제

최근 우리 사회에 결혼이민자들이 급속도로 늘어나면서 이들도 사회의 주요한 구성원이 되고 있다. 그러면 먼저 이들이 낯선 타국 땅에서 사회 적응을 하는 데 중요한 영향을 미치는 사회적 연결망이나 소통의 네트워크에 대해 알아보고자 한다.

결혼이민자들이 정서적, 문화적, 사회적 활동을 주로 어떤 집단과 함께 하고 있는지를 통계를 통해 살펴보자. 2015년의 전국다문화가족실태조사에 따르면, 결혼이민자들은 '자신이나 집안에 어려움이 있을 때 의논하는 사람'으로 38.6%가 '모국인'을 들었고, '없다'고 응답한 사람도 29.7%나 되었다. 그 외에 '한국인' 22.6%, '제3국인' 1.7%, '두 집단 이상' 7.5% 등으로 나타났다. 한편 여성 결혼이민자의 경우, 어려운 일이 있을 때 모국인과 의논한다는 응답은 39.8%로 평균보다 더 높게 나타났다(KOSIS 국가통계포털[http://kosis.kr]>국내통계>주제별통계>사회>전국다문화가족실태조사>2015년>자신이나 집안에 어려움이 있을 때 의논하는 사람).

이처럼 결혼이민자들이 '개인이나 집안에 어려운 일이 있을 때 정서적으로 의논하는 사람'으로 '모국인'을 드는 경우가 많은데, 이는 결국 언어적 소통의 문제에 기인하는 결과로 보인다. 정서적으로 속 깊은 대화를 나누기 위해서는 언어 소통이 완벽히 이루어져야 함을 감안하면 이해가 되는 부분이다.

한편 여가나 취미 생활 등 문화 활동을 누구와 주로 하느냐는 질문에 대한 답변도 위와 유사한 결과를 보였는데, 이 질문에 응답자들은 주로 '모국인'을 꼽았고 함께 할 사람이 없다는 답변도 상당수를 차지했다. 2015년의 전국다문화가족실태조사에 따르면, 결혼이민자들 중 31.3%가 '여가나 취미 생활을 같이 할 사람'으로 '모국인'을 꼽았고, 21.3%가 '한국인'을, 1.9%가 제3국인을 꼽았다. 여가나 취미 생활을 같이 할 사람이 없다는 응답도 38.8%나 되었으며, '두 집단 이상'이라는 응답은 6.7%였다(2015년 전국다문화가족실태조사, '여가나 취미 생활을 같이 할 사람' 항목).

이러한 조사결과는 여러 가지를 생각하게 한다. 결혼이민자들 중 '여가나 취미생활을 같이 할 사람이 아무도 없다'는 사람이 전체의 38.8%나 되고, 개인이나 집안의 어려운 일을 상의할 사람이 없다'는 사람이 전체의 29.7%나 된다는 사실은 결혼이민자들이 우리 사회에서 사회적 소통에 얼마나 많은 어려움을 겪고 있는지 잘 보여준다. 결혼이민자들은 타국에 와서 생활하는 것 자체가 여러모로 낯설고 어려움이 많을 것이다. 다문화시대, 다문화 사회에 살고 있는 우리는 이들을 우리 사회의 구성원으로 인식하고 열린 마음으로 적극적으로 받아들이며 이들의 한국 사회 적응을 도울 필요가 있다 하겠다.

결혼이민자에 대한 사회적 차별

다문화 사회에서 결혼이민자들을 열린 마음으로 받아들이고 배려해야 하는 게 바람직하지만 현실은 그렇지 못하다. 2015년 전국다문화가족실태조사에 따르면, 여성 결혼이민자의 40.1%, 남성 결혼이민자의 43.3%가 사회적으로 차별 대우를 경험했다고 응답했다(2015년 전국다문화가족실태조사, '결혼이민자/귀화자 등의 사회적 차별 경험' 항목).

차별 대우를 받은 장소에 대해서는 우선 여성 결혼이민자는 '직장·일터(61.3%)', '거리나 동네(41.2%)', '상점·음식점·은행 등(37.1%)', '공공기관(24.9%)', '집주인 또는 부동산 중개업소(19.8%)'라고 응답했으며, 남성 결혼이민자는 '직장·일터(68.6%)', '거리나 동네(33.4%)', '상점·음식점·은행 등(29.2%)', '공공기관(29.9%)', '집주인 또는 부동산중개업소(22.4%)'라고 응답했다. 남녀 모두 직장 및 일터에서 차별을 가장 많이 지적했고, 거리나 동네에서의 차별 경험도 상당수 나타났다.

사회적 차별의 현장

우리 사회에 결혼이민자가 늘어나면서 다문화가정 또한 늘어나고 앞으로도 증가 추세가 예상되는 현 시점에, 앞서 언급되었던 통계가 보여주듯이 아직도 이들을 바라보는 사회의 시선은 여전히 곱지 않다. 남편과 시부모 등 가족 내 갈등으로 어려움을 겪는 이주여성들에게 이웃과 지역사회의 차가운 시선과 차별은 또 다른 고통으로 다가온다. 아래에서는 사회적으로 차별 당하는 현장의 이야기를 확인해 보기로 한다.

7년 전 한국의 한 농가에 시집 온 캄보디아 인 A씨는 동네 목욕탕조차 마음 놓고 갈 수 없다. 탕에 들어가려 하면 자신의 검은 피부를 본 사람들이 "깨끗이 씻었느냐", "머리를 감고 들어오라"고 하면서 눈총을 주기 때문이다. 한번은 욕탕 안에 들어가자 탕 안에 있던 사람들이 모두 일어서서 나온 적도 있다고 했다. A씨는 "말과 문화가 다른 생소한 나라에 와서 이젠 웬만큼 적응한 건가 싶다가도, 이방인 대하듯 하는 주변 사람들을 보면 엄청난 소외감을 느낀다." 고 털어놨다.

필리핀에서 온 K씨는 아파서 병원에 가야 될 일이 있으면 아픈 것보다 차별받는 것이 싫어서 병원 가기가 꺼려진다고 한다. 외국에서 왔다는 이유로 의사소통이 잘 안 될것이란 선입관을 가지고 진찰 결과를 구체적으로 설명해 주지도 않고, 간호사들은 차갑고 딱딱한 말투로 대한다고 한다. 베트남에서 온 A씨 역시 출산을 위해 산부인과에 갔을 때 간호사들이 소리 지르고 무섭게 대해 겁이 났다고 한다.

베트남에서 온 부인과 2년 8개월째 살고 있는 김진석 씨(41)는 "아내와 휴대전화 매장에 갔을 때 점원이 한국말을 못한다며 아내를 무시하더라." 고 했다. 김씨 부인 팜피니 씨(23)는 "처음 한국에 오면 주변 사람들에게 무시당하거나 부당한 대우를 받는 일이 많다" 고 말했다.

4년 전 한국으로 시집 온 몽골인 B씨(35)는 19일 초복을 맞아 마을회관에서 열린 잔치에 혼자만 초대받지 못했다. 아직 한국말이 서툴러 들은 말과 반대로 행동하거나 어정쩡한 태도를 보이곤 했는데, 마을 어른들이 "말을 잘 안 듣고 고집 센 여자"라며 험담을 하고 다닌다는 것이다.

한 중국계 결혼이주여성은 남편의 아침밥을 차려주지 않는다는 이유로 '게으르고 나쁜 여자'라는 소문이 돌아 곤욕을 치렀다. 이 여성은 "중국에서는 보통 아침식사를 밖에서 해결한다."며 "안 해주려고 그런 것도 아닌데 속이 무척 상했다."고 말했다.

사회적 차별 현장

이렇듯 주변 사람들의 냉대는 대부분 몰이해에서 비롯된다. 한국보건사회연구원의 조사에 따르면 다문화가족의 차별대우 경험을 16개 시·도별로 보면 서울 41.8%, 경기 40.3%, 인천 39.4%로 수도권이 가장 많았으며, 그 다음으로 대구(36.1%), 대전(34%), 충남(33.4%), 충북(31.8%), 광주(31.4%), 전북(30.9%), 경북(29.6%), 전남(29.5%), 강원(27.5%), 제주(26%) 순으로 나타났다. 이 결과는 어쨌든 우리 사회 전반적으로 다문화가정에 대한 차별이 광범위하게 존재하는 것을 보여준다.

다문화 시대, 다문화 사회에 살고 있는 우리에게 다문화가정의 이야기는 더 이상 멀리 떨어져 있는 이야기가 아니다. 내 이웃, 혹은 내 가족의 이야기일 수 있는 것이다. 앞서 언급된 것과 같은 결혼이민자들이 사회생활을 함에 있어 희망을 가지고 기쁨을 느낄 수 있도록 지역민으로서 우리부터 앞장서 차가운 시선이 아닌 따뜻한 관심과 배려를 기울여야 하겠다.

결혼이민자들이 한국 생활에서 힘든 점

여성가족부가 결혼이민자들을 대상으로 한국에서 생활하면서 가장 힘든 점을 조사한 결과 '경제적 어려움'과 '언어 문제'를 가장 많이 지적했다. 2015년의 전국다문화가족실태조사에 따르면, 결혼이민자들이 '지난 1년 간 한국 생활에서 가장 힘든 점'으로 가장 많이 지적한 것이 '경제적 어려움'(29.8%)과 '언어 문제'(27.1%)였으며, 그 다음으로 '자녀 양육 및 교육'(22.2%), '생활방식, 관습, 음식 등 문화 차이'(19.6%), '외로움'(18.5%), '편견과 차별'(15%), '가족 간의 갈등'(8%), '은행, 시군구청 등 기관 이용'(6.7%), '기타'(1%) 순이었다. '어려운 점이 없다'는 응답은 25.7%였다(2015년 전국다문화가족실태조사, '결혼이민자/귀화자 등의 지난 1년 간 한국 생활 어려움[복수응답]'항목). 그리고 나이가 들고 거주기간이 길어질수록 언어 문제로 인한 어려움은 감소했지만 경제적 어려움과 자녀양육의 어려움은 더 커졌다. 다시 말하면 언어는 노력과 학습을 통해 조금씩 나아졌지만, 경제적 삶은 체류기간이 길어져도 나아지지 않는다는 것이다.

다문화가정의 경제생활

다문화가정의 가구소득

지금까지는 다문화가정의 사회생활에 대해서 살펴보았다. 이제부터는 다문화가정의 경제적 상태, 삶의 질 등 경제생활의 현황에 대해 살펴보도록 하겠다.

2009년의 전국 다문화가족 실태조사에 따르면, 우리나라 다문화가정 10가구 가운데 6가구의 한 달 평균 가구소득이 200만 원 미만인 것으로 나타났다. 통계에 따르면 다문화가족의 한 달 평균 가구소득은 100만 원 미만이 21.3%, 100만~200만 원 미만이 38.4%로 전체의 59.7%가 200만 원 미만이었다. 이는 같은 해 한국복지패널조사에서 나타난 우리나라 전체 가구의 한 달 평균 가구소득 332만2000원에 크게 밑도는 수준이다.

그러나 2015년 전국 다문화가족 실태조사 결과를 살펴보면, 다문화가정의 가구소득에 현저한 개선이 이루어진 것을 확인할 수 있다. 2015년의 조사 결과에 따르면, 다문화가족의 한 달 평균 가구소득이 200만 원 미만인 가구의 비율은 전체 가구의 32.6%으로 줄어들었다. 반면 200만~400만 원 미만의 소득을 올린 가구의 비율은 2009년 24.4%에서 2015년 50.9%로 크게 늘었다. 자세한 내용은 아래 <표 3-5> 볼 것(KOSIS 국가통계포털[http://kosis.kr] 2015년 전국다문화가족실태조사, '다문화가구의 월평균 가구소득' 항목).

<표 3-5> 다문화가구의 월평균 가구소득, 2015년

(단위: %)

연도	100만원 미만	100만원~200만원 미만	200만원~300만원 미만	300만원~400만원 미만	400만원~500만원 미만	500만원~600만원 미만	잘모름/600만원 이상	합계
2009	21.3	38.4	18.7	5.7	1.8	2.1	(잘모름) 12.0	100
2015	8.8	23.8	30.4	20.5	9.4	4.2	(600만+) 2.9	100

출처: 2015년 전국다문화가족실태조사 자료(KOSIS 국가통계포털)

다문화가정의 취업 실태

그러나 그럼에도 불구하고 다문화가정의 전반적인 소득 수준은 일반 가정과 비교해서 상대적으로 낮은 편이며, 이런 낮은 소득은 다문화가정의 취업 실태와 연관성이 있다고 볼 수 있다. 지금부터 결혼이민자와 한국인 배우자의 취업 여부를 살펴보도록 하자.

통계에 따르면 결혼이민자의 62%가 현재 일하고 있거나 일한 적이 있다고 대답했다. 이는 국내 노동시장에서 결혼이민자들이 일정 부분을 담당하고 있음을 의미한다. 결혼이민자의 배우자가 취업하고 있는가를 물어본 결과, 83.1%가 취업하고 있다고 응답했다. 이처럼 취업률 자체는 그리 낮은 편이 아님을 감안하면, 다문화가정의 구성원들이 어느 직종에서 일하고 있는지가 소득의 차이를 나타낸다 하겠다.

<표 3-6>에서 알 수 있듯이, 결혼이민자의 직종을 살펴보면 전문직종에 해당하는 '전문가 및 관련 종사자'가 12.2%, '임직원 및 관리자'가 0.1%로 이 둘을 합하면 12.3%이고, 나머지는 거의 대부분 저숙련·저임금의 비전문직 직

종이라 할 수 있다. 세계 모든 나라에서 이민자 노동시장의 특성이 중간 직종이 거의 없고 전문직과 저숙련직으로 양극화되어 있는데, 한국에서도 동일한 현상이 발견되고 있는 것이다.

<표 3-6> 결혼이민자의 직종, 2015년

(단위: %)

구분	전체 결혼이민자	여성 결혼이민자	남성 결혼이민자
서비스 종사자	18.7	21.7	9.4
판매 종사자	7.6	8.3	5.2
농림어업 종사자	2.9	3.7	0.6
기능원 및 관련 기능종사자	10.2	6.7	21.2
기계조작 및 조립 종사자	14.6	14.6	14.6
단순 노무 종사자	29.0	31.1	22.5
사무 종사자	4.6	4.2	6.2
전문가 및 관련 종사자	12.2	9.7	20.0
임직원 및 관리자	0.1	-	0.4
합계	100	100	100

출처: 2015년 전국다문화가족실태조사 자료(KOSIS 국가통계포털)

<표 3-7> 결혼이민자의 한국인 배우자의 직종, 2015년

(단위: %)

구분	전체 배우자	한국인 남편	한국인 아내
서비스 종사자	7.4	5.0	17.3
판매 종사자	6.4	6.3	8.2
농림어업 종사자	6.7	8.1	0.3
기능원 및 관련 기능종사자	20.6	22.0	1.8
기계조작 및 조립 종사자	23.4	26.0	7.7
단순 노무 종사자	18.0	16.1	12.4

구분	전체 배우자	한국인 남편	한국인 아내
사무 종사자	9.1	9.3	15.3
전문가 및 관련 종사자	7.7	6.5	35.6
임직원 및 관리자	0.7	0.7	1.2
군인	0.1	0.1	0.1
합계	100	100	100

출처: 2015년 전국다문화가족실태조사 자료(KOSIS 국가통계포털)

결혼이민자의 구직 경로

그러면 이들 결혼이민자들은 주로 어떠한 통로로 일자리를 구하고 경제활동을 하는가? 2015년의 전국다문화가족실태조사에 따른 결혼이민자들의 구직 경로는 다음과 같다(KOSIS 국가통계포털, 2015년 전국다문화가족실태조사, '결혼이민자/귀화자 등의 구직 경로' 항목).

- 내 가족, 친척의 소개: 9.3%
- 배우자 가족, 친척의 소개: 5.3%
- 모국인 친구나 지인의 소개: 27.6%
- 한국인 친구나 이웃의 소개: 15.9%
- 고용센터 등 공공기관의 소개: 7%
- 사설 직업소개기관을 통해: 7.9%
- 대중매체(신문, 잡지 등) 전단지를 보고: 17.8%
- 기타: 9.3%

이처럼 결혼이민자가 일자리를 구하는 통로는 '모국인 친구나 지인의 소개'가 27.6%로 가장 높았고 대부분이 개인적 네트워크를 통해 일자리를 구했으며, 공공기관을 통해 직업을 구한 비율은 7%에 그쳤다. 우리 사회에 지속적으로 다문화가정이 증가하는 추세이고 다문화가정에 저소득 현상이 만연한 현상을 감안해 볼 때, 정부공공기관의 결혼이민자를 위한 취업 연계가 필요함을 느끼게 하는 대목이다.

결혼이민자의 취업 희망

미취업 결혼이민자들 역시 향후 85.7%가 취업하기를 원하고 있었다. 성별로는 여성이 86.2%, 남성이 72.0%로 여성이 남성보다 더 많이 취업을 희망하고 있었다. 이는 남성들은 거의 대부분 취업하고 있는 반면, 여성들은 취업하고 싶어도 육아 등의 요인 때문에 취업하지 못한 사례가 많기 때문이다.

미취업 결혼이민자들이 취업을 위해 필요로 하는 도움은 일자리 알선이 30.1%로 가장 높았고, 이어서 자녀보육 및 양육지원이 22.5%를 나타냈다. 다시 말하면 다문화가정의 경제생활 개선을 위해서는 일자리 알선과 더불어 여성 결혼이민자들이 안심하고 일할 수 있도록 자녀 보육 및 양육에 대한 정부의 지원이 필요함을 의미한다.

그러나 결혼이민자 중 한국에서 지원되었던 직업훈련에 참여 경험이 있다는 비율은 10.4%밖에 되지 않았다. 현재 직업훈련교육은 여성 결혼이민자를 주로 지원하는 다문화가족지원센터를 중심으로 제공되고 있고, 향후 이들의 접근성을 고려하여 지역 내 직업능력훈련 지원을 확대 강화할 필요성이 있어 보인다.

결혼이민자의 직업훈련 요구 영역

향후 결혼이민자들이 직업을 위해 필요하다고 생각하는 교육 영역은 어학에 관한 요구가 35.2%로 우위를 차지했다. 이는 어느 직업을 갖게 되던지 한국인과의 의사소통을 위해 반드시 필요한 것으로, 다른 직업기술·기능교육과 병행되어야 할 것이다.

지금까지 살펴본 바에 의하면 다문화가정의 저소득 경제문제 지원을 위해 언어교육 강화, 자녀 보육시설 지원, 직업훈련 및 취업 연계가 필요한 것으로 나타났다. 다문화 시대, 결혼이민자들도 우리 국민이다. 그들을 위한 보다 실질적이고 구체적인 정부 지원과 국민 인식 변화가 필요하다고 보인다.

3. 이주노동자, 난민, 북한이탈주민

이주노동자의 현황과 진단

오늘날 우리나라의 다문화 사회화가 가속화되는 시점에서 주된 관심의 대상은 결혼이주민 여성과 다문화가정 자녀에 그치고 있다. 진정한 선진 다문화 사회가 되려면 다양한 대상에 대한 열린 마음이 필요하다. 즉 이주노동자와 난민, 북한이탈주민, 외국인 유학생 등에 대해서는 적절한 정부정책이나 국민들의 제대로 된 인식이 부족한 상황이고, 이러한 현실이 개선될 수 있도록 노력할 필요가 있다는 의미이다.

다문화 담론이 활성화되고 있는 요즘에도, 그 다문화 담론 속에서 조금은 우리가 간과하고 있는 사람들이 바로 이주노동자와 난민, 북한이탈주민, 외국인 유학생들이다. 특히 외국인 주민 중 큰 비중을 차지하고 있는 이주노동자에 대한 차가운 시선은, 한시적으로 노동은 허용하나 합법적인 정주는 불허하는 우리의 사회제도에 기인한 것이라 볼 수 있다. 반면 결혼이라는 제도는 합법적으로 우리 사회에 정착할 수 있는 제도적 요건이다. 그래서 결혼을 하고 아이를 낳고 사는 다문화가정에 대한 제도 및 사회적 보장이 이주노동자에 비해 많은 것이 아닌가 한다.

이주노동자의 개념

먼저 이주노동자에 대한 기본적인 이해부터 시도해 보자. 1990년 유엔이 정한 '모든 이주노동자와 그 가족의 권리 보호에 관한 협약'에 따르면 이주노동자는 자신의 원래 근거지를 떠나 다른 지역, 특히 다른 나라에서 일자리를 찾는 사람을 통칭하는 말이다. 이 용어는 한 국가에서 다른 국가로 이동해야 하는 다국적 기업의 직원뿐만 아니라 불법체류자도 포함한다.

현재 우리나라에 거주하고 있는 외국인의 구성을 보면 외국인 근로자가 상당수를 차지하고 있다. 제2장에서 살펴본 것처럼 2018년 5월 현재 우리나라에 체류하고 있는 총 체류외국인 수는 224만6천 명이고, 이 가운데 한국에 취업가격을 가지고 체류 중인 외국인은 총 58만1천여 명이다. 이들 외국인 근로자 58만1천여 명 중에 전문인력은 4만7천 명, 단순기능 인력이 53만 4천여 명이다(제2장의 <표 2-5> 참조할 것).

그런데, 실제 우리나라에서 일하고 있는 외국인의 수는 이보다 훨씬 많을 것으로 추정된다. 취업자격을 갖고 일하고 있는 외국인 근로자 58만 1천여 명 외에 다음의 범주를 포함하면, 우리나라에서 실제로 취업해서 일하고 있는 외국인 수는 120만 명에 이르는 것으로 추산된다.

- 재외동포(F-4) 자격을 갖고 있는 한국계 외국인의 다수: 41만 5천여 명
- 불법체류자: 25만 1천여 명

한국 사회에서 이주노동의 문제는 불과 30년이 채 안된 짧은 시간 동안 급속하게 진행되었기 때문에 서구의 경우 몇 세대에 걸쳐 일어날 일이 동시에 발생하고 있다. 이로 인해 여러 가지 정책적 시행착오와 국민의 이해 부족 문제

가 나타난다. 지금부터 '고용허가제'를 중심으로 이주노동자의 노동권과 이와 관련된 여러 문제점에 대해 살펴보고자 한다.

이주노동자 관련 제도 및 법규

1980년대 말 한국 사회에 많은 이주노동자들이 코리안 드림을 꿈꾸며 찾아왔다. 당시 우리 사회는 급격한 경제성장의 여파로 제조업 분야에서 심각한 인력 부족 현상이 나타났다. 이로 인해 기업들은 외국 인력 도입을 적극 추진하기 시작했고 이주노동자들이 대거 입국하게 되었다.

그러나 유입되는 이주노동자들에 대해 정부가 근본적이고 장기적인 정책을 수립하지 못하는 사이에 노동시장은 관광비자로 입국해 장기 체류하는 미등록 이주노동자들로 채워지기 시작했고, 미등록 이주노동자들이 급증하게 되자 정부는 1994년 공식적으로 '외국인 산업연수생제도'를 시행하게 된다. 하지만 산업연수생은 근로기준법상 노동자가 아니고 기술을 배우는 학생으로 간주되어 노동법의 적용을 받지 않았다. 이는 허울뿐인 정책으로 이주노동자들의 노동자성을 부정하여, 이들을 노동관계법 및 산재보상법 등의 적용에서 배제하였고, 사업장에서는 강제적립, 폭언폭행, 감금노동, 여권압류 등의 문제가 끊임없이 발생하면서 이주노동자들에 대한 노동권 및 인권침해의 온상이 되었다.

이러한 문제가 지속되자 1995년 이후 이주노동자 인권단체를 중심으로 '외국인노동자보호법' 제정이 추진되기 시작했다. 그리하여 2004년 8월 17일자로 '고용허가제'라는 새로운 외국인력 정책이 본격 시행되었으며, 정부는 2007년 1월 1일부터 외국인력 제도를 고용허가제로 일원화시켜 운영하고 있다.

그런데 한편에서는 '고용허가제'는 이름 그대로 사업주가 이주노동자의 고용을 허가해 줄 것을 요구하는 고용주 중심의 제도라며 향후 심도 깊은 다문화 사회 진입 시 많은 부작용을 초래할 것이라 말한다. 그러나 그런 제한점에도 불구하고 이주노동자들은 산업연수생제도에서는 노동권을 보장받을 수 없었지만 고용허가제의 시행으로 비로소 노동권을 인정받게 되었다고 할 수 있다.

이주노동자 근로계약 이행 정도

이주노동자들은 한국에서 일할 회사와 본국에서 근로계약을 맺은 후 한국에 입국하게 된다. 이주노동자들에게 근로계약서는 모국을 떠나 먼 길을 오는 만큼 중요한 약속의 징표다. 그러나 외국인이주노동운동협의회의 통계자료에 따르면, 이러한 근로계약의 내용을 충분히 숙지하고 입국하는 근로자는 26.6%에 그치고 있다.

또한 대다수의 이주노동자들은 근로계약서와 동일한 근무조건에서 일하고 있지 않은 것으로 나타났다. 통계에 따르면 계약서와 동일한 내용으로 근무하고 있는 이주노동자들은 34.9%에 그치고 있으며, 계약과 달라진 점에 대한 구체적인 응답으로는 '잔업시간에 대한 임금 지급을 안 하는 점', '기본급에서 공휴일 및 휴일의 임금을 공제하는 점' 등 급여에 관한 부분이 가장 많았으며, 노동시간, 휴식 및 휴일, 기숙사와 식사 제공, 작업내용 등의 순으로 계약내용과 다르다고 답변했다.

고용허가제 개정에 따른 변화

정부는 지난 2009년 10월, 고용허가제 시행 5주년을 맞이하여 여러 문제점들을 줄이고자 고용허가제의 개정안을 내놓았다. 고용허가제 개정안이 원래의 안과 달라진 점은 다음과 같다.

① 1년 단위 반복계약 ⇨ 장기근로계약

원래의 제도는 1년 단위로 반복 계약하던 것이었는데, 이는 사업주 입장에서는 매년 고용연장 신고 등을 해야 하는 불편이 있었고, 근로자는 체류기간에 비해 짧은 고용계약으로 고용불안을 느끼게 된다는 문제점이 있었다. 이를 개정하여 3년의 체류기간 범위 내에서 당사자 간 자율적으로 정할 수 있도록 하였다.

② 취업기간 5년으로 확대

3년의 취업기간이 만료된 이주노동자를 재고용하고자 하는 경우, 그동안 있었던 1개월의 출국요건을 폐지하고, 고용주가 노동부장관에게 재고용 허가를 요청한 근로자에 한해서 2년 미만의 기간 범위 내에 재고용할 수 있도록 취업기간이 확대되었다.

③ 사업장 변경사유 확대

원래의 고용허가제하에서는 이주노동자들이 한국인처럼 본인이 원하는 사업장을 자유롭게 옮길 수 있는 것이 아니라 제조업, 건설업, 서비스업, 농축산업, 어업 등 5개 업종 가운데 한 군데서 계약을 맺고, 한국에 머무르는 3년간 타 업종으로의 이동이 불가능했다. 또한 같은 업종 내에서의 이동도 3회 이내로 제한되어 있었다. 그동안 이주노동자들은 사업장 변경 횟수가 3회로 제한되고, 변경 사유도 사업주의 계약해지와 휴업, 폐업 등으로 제한되어 어려움을 호소해 왔다.

이러한 문제점을 개선하기 위해 새로 개정된 제도는 이주노동자들의 사업장 변경사유를 확대했다. 근로계약 조건의 차이, 근로조건 위반 등 부당한 처우로 근로계약 유지가 어려운 경우와 이주노동자의 책임이 아닌 사유로 근로를 계속할 수 없게 된 경우에 사업장 변경을 인정하고, 이를 사업장 변경 횟수에 포함하지 않도록 개정했다.

④ 구직활동 기간 2개월 → 3개월로 확대

사업장을 변경하는 경우에 원래는 그 사유가 발생하여 퇴직한 후로부터 2개월 내에 새로운 사업장을 정해야 했다. 그러나 개정안은 그동안 2개월이었던 새 근무처를 구하기 위한 구직활동 기간이 3개월로 연장되었다.

⑤ 외국인력정책실무위원회 신설

개정안에 따르면 노동부 산하에 설치되어 있던 외국인력고용위원회를 폐지하고, 외국인력정책위원회 산하에 외국인력정책실무위원회를 설치하도록 규정하고 있다.

⑥ 권익보호협회 신설

그간 인권단체 등에서 요구해 왔던 '권익보호협의회' 신설 건이 개정안에 포함되었다.

우리 사회에 급속하게 이주노동자가 유입된 만큼 이에 대한 공공정책 또한 시행착오도 많았다. 그런데 이렇듯 새로운 법률을 제정하고 이를 수정보완하는 노력을 기울이는 등 사회적 문제를 최소화하려는 정부의 노력은 계속되고 있다.

이주노동자의 인권 문제

그러나 그럼에도 불구하고 이주노동자들의 인권문제는 여전히 해결해야 할 과제다. 최근 조사결과 이주노동자들이 가장 많이 겪는 인권침해 사항은 임금체불과 폭행으로 드러났다. 이 외에도 차별대우, 발병 및 산재방치, 신분증 압수, 부당해고 등 다양한 인권침해 경험이 만연하고 있다고 밝히고 있다. 이렇듯 이주노동자들의 부당한 인권침해 경험은 차별적인 제도에 기인한 것으로 보인다.

이주노동자들은 주로 3D라 불리는 힘든 작업에 많이 투입되고 있으며, 일하면서 위험하다고 느낀 이유들 중에서 "소음, 진동, 냄새", "위험한 기계나 약품", "화재, 감전, 추락 위험" 등을 꼽고 있었다. 이주노동자의 재해 및 사망자 추이는 2000년대 이후 지속적으로 증가하는 추세이며, 특히 산업재해 경험 및 해결방법에 관한 실태조사를 한 경우 산재에 대한 혜택 없이 자비로 병원비를 처리한 경우가 많았다.

난민의 현황과 진단

난민의 개념

'난민'이라는 단어는 아직까지 우리에게 생소하게 다가온다. 하지만 진정한 다문화 사회를 향하고 있는 우리 사회에서 '난민'에 대한 이해와 관심은 필수적이다.

'난민'은 주로 인종, 종교 또는 정치적, 사상적 차이로 인한 박해를 피해 외국이나 다른 지방으로 탈출하는 사람들을 일컫는다. 현대적 의미에서 한국의 난민 보호 역사는 1975년부터 18년 간 부산에서 2,954명의 베트남 '보트피플'

을 일시 보호한 것을 효시로 삼는다. 한국은 1992년 12월 3일, '난민지위에 관한 협약'과 '난민지위에 관한 의정서'에 가입하고, 1993년 12월 10일 출입국관리법과 1994년 6월 30일 출입국관리법시행령에 난민 인정 조항을 신설함으로써 난민인정제도를 도입했다. 그러나 협약상 난민이 인정되기 시작한 것은 2000년 한국이 유엔난민기구 집행위원회 위원국으로 선출된 이후부터다.

참고사항:

'난민지위에 관한 협약(Convention Relating to the Status of Refugees)'은 1951년 국제연합(UN)에서 채택한 다자간 조약으로 1954년 발효되었으며, 그 내용을 일부 수정한 '난민지위에 관한 의정서(Protocol Relating to the Status of Refugees)'는 1967년 채택되었다.

난민 신청 및 인정 현황

법무부의 『출입국·외국인정책 통계월보』 자료에 따르면 지금까지 우리나라에 난민 신청을 한 사람들은 2018년 5월 기준 4만470명이다. <표 3-8>이 보여주듯이 난민 신청은 2010년대 들어 급증하고 있다. 그러나 난민 신청이 받아들여지는 비율은 매우 낮아, 총 4만470명의 난민 신청자 중 지금까지 난민으로 공식 인정된 사람은 단지 839명(2%)에 불과하며, 여기에다 인도적 체류가 허가된 1540명을 합하더라도 난민 신청자 전체의 불과 5.9%만이 우리나라로부터 인도적 보호를 제공받고 있는 셈이다.

<표 3-8> 연도별 난민 현황, 1994~2018년

(2018.05.31.현재/단위: 명)

구분 연도	신청	철회	심사 결정 종료			
			합 계	난민인정(보호)		불인정
				인정	인도적체류	
1994~2010	2,915	556	1,913	216	120	1,577
2011	1,011	90	339	42	20	277
2012	1,143	187	649	60	31	558
2013	1,574	331	586	57	6	523
2014	2,896	363	2,376	93	539	1,744
2015	5,711	280	2,124	105	194	1,825
2016	7,541	731	5,332	98	246	4,988
2017	9,942	1,200	6,041	121	318	5,602
2018년 1~5월	7,737	594	1,001	47	66	888
총계	40,470	4,332	20,361	839	1,540	17,982

※ 2018년 5월 현재 심사 중인 자: 15,777명 (=40,470-4,332-20,361)

출처: 법무부,『출입국·외국인정책 통계월보』

이들 난민들은 주로 어떤 나라들로부터 오는가. 먼저 난민 신청자의 국적별 현황을 보면 중국, 카자흐스탄, 이집트 순으로 신청자가 많다. 중국은 2017년도에 가장 많은 난민신청 건수를 기록했다. 한편 난민 인정자의 경우 미얀마, 방글라데시, 에티오피아, 파키스탄 등의 순이고, 최근 들어 예멘공화국, 이란 등에서 온 난민도 난민 인정을 받는 경우가 많다. 2009년~2017년, 9년간 총 692명이 우리 정부로부터 난민 지위를 인정받았는데, 이들 난민 인정자들

의 출신국과 인정자 수를 살펴보면 미얀마 출신이 219명으로 가장 많았고, 방글라데시(85명), 에티오피아(81명), 파키스탄(56명, 콩고민주공화국(19명) 등이 그 뒤를 잇는다. 최근 들어 미얀마로부터 오는 난민 중 난민 지위를 인정받는 사람이 많았고(2015년 32명, 2016명 41명, 2017년 35명), 에티오피아 출신 난민 신청자들도 그 지위를 인정받는 사례가 많아지고 있다(2014년 43명, 2015년 11명, 2016년 12명, 2017년 23명)(이상 법무부, 난민 통계 현황).

난민으로 인정받지는 못했지만 '인도적 지위'를 취득한 사람은 총 1,540명이다. '인도적 지위'란 난민 요건이 충족되지 않더라도 인도적 차원에서 일정 기간 체류를 허가하는 것이다. 이는 법률이 아니라 법무부 지침으로 시행되는 것이어서 당사자로서는 신분은 불안하지만 당장 추방될 걱정은 준다. 인도적 지위는 2014년부터 취득자가 크게 늘었고 2017년에만 318명이 지위를 얻었다.

난민 신청의 이유

우리나라에서 난민인정을 신청하는 가장 대표적인 이유는 '정치적 박해'를 들 수 있다. 2009년의 조사에 따르면, 2009년 말 기준으로 전체 난민인정 신청자의 44.8%인 1,116명이 '정치적 박해'를 난민 신청의 이유로 들었다. '종교' 때문이라고 답한 사람은 349명(14%)이었고, '인종'은 250명(10%)으로 나타났다. 이러한 결과는 최근의 조사에서도 비슷한데, 2017년 법무부의 '난민 통계 현황'에 따르면, '종교 및 정치적 의견' 때문에 난민을 신청한다는 답변이 가장 많았다. 특히 중국인들은 종교적 활동을 이유로, 미얀마와 방글라데시 국민들은 '인종(소수종족)'을 이유로, 그리고 시리아와 이집트 국민들은 '내전 등 사회 불안정'을 사유로 난민인정을 신청했다고 한다.

한편, 난민으로 인정받은 '난민인정자'의 경우 미얀마, 에티오피아는 반정부 활동으로 인한 정치적 사유가 가장 많았고, 방글라데시 사람들은 '소수민족 박해', 이란 등 중동 국가는 '종교적 사유(기독교 개종)' 등을 주된 사유로 들었다.

난민과 인권

최근 들어 '난민'이라는 이름은 국제 인권의 잣대가 되기도 한다. 난민들을 어떻게 받아들이느냐에 따라 한 나라의 인권지수를 파악할 수 있기 때문이다. 캐나다의 난민 인정률은 40%가 넘고 미국도 33%에 달한다. 하지만 아직까지 한국에서 난민 지위를 얻기란 여전히 쉬운 일이 아니다.

그러나 이렇게 한국에서 난민 인정을 받았다고 해서 모든 문제가 해결되는 것은 아니다. 우리 사회는 아직 난민 인정자에 대한 취업지원이나 쉼터 제공 등 사회보장을 위한 대책이 미흡한 실정이기 때문이다. 물론 난민을 무분별하게 받아들일 수는 없다. 그것은 우리 사회의 안정과 국민의 안위와 직결되는 문제이기 때문이다. 그러나 다문화 시대를 맞이한 오늘날 우리는 진정한 다문화 사회로의 진입을 위해서라도 난민들에 대해서 보다 적극적인 관심과 적절한 제도적 방안 마련을 위한 노력을 기울여야 하겠다.

북한이탈주민 현황과 진단

북한이탈주민에 대한 용어는 각 시기별로 변화를 겪어왔다.

- 1990년대 이전: 귀순자(歸順者), 귀순용사(歸順勇士)
- 1990년대~2004년: 탈북자

- 2005년~2008년: 새터민
- 2008년 이후~현재: 북한이탈주민, 새터민

1990년대 이후 북한의 경제난으로 인해 이탈하여 남한으로 들어오는 주민이 늘어나자 '탈북자'라는 용어가 본격적으로 사용되기 시작했다. 그러나 일각에서 '탈북자'라는 용어의 어감이 부정적으로 인식될 수 있으므로 다른 용어로 바꾸어야 한다는 의견이 나왔고, 이에 따라 2005년 1월, 대한민국 통일부는 한국 거주 탈북자를 보다 순화된 용어인 '새터민'으로 바꾼다고 발표했다.

'새터민'은 새로운 터전에 정착한 주민이라는 의미로 해석된다. 그리하여 그 후 얼마간 새터민이라는 용어를 사용해 왔고 이 용어는 지금도 사용하고 있다. 그러나 2008년 11월, 통일부는 정부 차원에서는 가급적 새터민이라는 용어를 쓰지 않겠다고 발표했다. 그 이유는 일부 탈북자들이 '새터민'이라는 용어가 당시 김정일 정권을 반대하는 탈북자의 정치적 색채를 완전히 무시하고 단순히 먹고 살기 위해 북한을 탈출한 사람들로 매도하는 용어라고 강하게 반발하면서 정부에 이를 사용하지 말 것을 요청해 왔기 때문이다. 다만 통일부에서는 새터민이라는 용어를 원하는 개인이나 단체도 있고 새터민이라는 용어의 어감이 나쁘지 않기 때문에 민간에서 자율적으로 쓰는 것은 허용하겠다고 밝혔다.

한국 입국 북한이탈주민은 매년 그 인원이 증가하며 2018년 6월 기준으로 31,550명에 달한다. 한국에 들어온 북한이탈주민은 입국한 뒤 3개월 과정의 하나원 교육을 마치고 곧바로 한국 사회에 첫발을 내딛게 된다. 하지만 이들이 맞닥뜨리게 되는 첫 번째 과제는 낯선 문화와 일자리 문제다. 특히 일자리가 없다는 것은 단지 소득의 원천이 없다는 것이 아니라 정상적인 사회생활에 필요한 모든 경제·사회·문화적 수단으로부터 배제된 상태라는 것을 의미한다. 그런 점에서 북한이탈주민의 일자리 문제는 정책적으로 가장 신경이 쓰이는 부분이다.

통일부의 통계자료에 따르면 2018년 6월말 기준으로 전체 31,550명의 북한이탈주민 중 만 20~59세 연령대에 해당하는 사람의 수는 18,970명으로 60%가 넘는다. 통계자료가 10세 단위로 나누어져 있어서, 15세부터 65세까지의 정확한 인원을 확인할 수 없어 '생산가능인구'의 규모를 확인할 수는 없어도 대략 전체 이탈주민의 약 65% 정도가 '생산가능인구' 연령대가 아닐까 예상된다.

한편 이들 북한이탈주민의 경제활동 현황을 살펴보면, 2008년~2017년 사이, 10년간 북한이탈주민 중 평균 54.3%가 경제활동에 참가한 것으로 나타났다. 한편, 이들의 고용률은 평균 49.6%, 실업률은 평균 8.5%로 나타났다.

북한이탈주민 취업자 중 일시 휴직자를 제외한 취업자의 월 평균 근로소득은 127만 원으로 나타났다. '100만 원 이상~150만 원 미만'대의 소득수준의 비율이 41.4%로 가장 높게 나타난 반면, '300만 원 이상'대의 상대적으로 높은 소득자는 전체 응답자의 6.0%로 나타났다. 한편 '50만 원 미만'의 가장 낮은 소득수준의 응답자는 12.4%로 취업자 전체의 상당부분을 차지하고 있어 북한이탈주민의 경제적 어려움이 적지 않은 것으로 판단된다.

이들 북한이탈주민의 취업상의 어려움과 경제적 빈곤은 한국에서 신빈곤층을 낳는 중요한 한 요인이 되고 있다. 열린 다문화 시대로 가는 우리 사회에서 북한이탈주민을 위한 경제적 활동 지원 및 적절한 법제도의 정비를 검토해 볼 지점이 아닌가 한다.

학습정리

이번 장에서는 다문화가정의 가족관계, 사회생활, 문화생활, 경제생활에 대해 살펴보았다. 다문화가정은 가족관계나 사회경제적 생활 등 여러 가지 면에서 우리나라 일반 가정과 다른 모습을 보여준다. 이러한 차이점이 이들의 우리 사회 정착과 사회통합을 가로막는 요인이 되지 않도록 정책적 배려와 사람들의 인식 변화가 필요하다.

우리는 또한 우리 사회에 증가하고 있는 이주노동자와 난민, 북한이탈주민의 실태와 이들이 처해 있는 여러 문제에 대해서도 살펴보았다. 우리가 이들의 실태와 현황에 대해 보다 자세히 아는 것은 바람직한 다문화 사회를 만들어 가는 데 큰 도움이 될 것이다.

4 다문화주의의 여러 관점

학습개요

1. '다문화주의'의 의미
2. 다문화를 바라보는 상반된 두 시각
2. 다문화주의 이론의 몇 가지 유형

학습목표

1. '다문화주의(multiculturalism)'란 용어의 여러 가지 복합적 의미를 이해한다.
2. 다문화주의와 다문화 사회를 바라보는 두 가지 상반된 시각이 존재한다. 대립되는 이 두 시각이 주장하는 바와 이를 둘러싼 이론적 쟁점을 이해한다.
3. 다문화 사회를 설명하는 여러 유형의 이론적 관점을 알아본다. 문화 다양성에 대해 긍정적인 이론과 부정적인 이론을 비교하여 설명할 수 있도록 한다.

1. '다문화주의'의 의미

'다문화주의'의 개념 정의

'다문화주의(Multiculturalism)'란 용어의 개념화는 매우 어렵다.

최근 들어 '다문화주의'란 용어가 많이 쓰인다. 영어로는 multiculturalism이다. 이 용어가 처음 쓰인 것은 1970년대부터인데, 캐나다에서 1971년에 이중언어 정책에 기반한 다문화주의 정책을 처음으로 실시했다. 그리고 1973년에는 호주에서 다문화정책이 공식적으로 시작되었다. 미국에서는 1980년대 들어 초중고등학교 각급 학교교육에서 다문화교육의 개념이 적용되기 시작했다. 우리나라의 시민사회나 정책 당국, 그리고 언론 등에서 이 용어가 본격 사용되기 시작한 것은 지난 2000년대 중반 이후부터의 일이다. 그러면 이 multiculturalism이란 무슨 뜻인가?

사회과학적 개념 중에는 참으로 정의하기 힘든 개념들이 많이 있다. 예컨대, '계급'이란 개념도 그렇고, '국가'란 개념도 그러하며, '민주주의'란 개념도 그렇다. 앞으로 이 책에서 다루게 될 '민족'이나 '국민', '민족주의'란 개념도 그렇다. 이런 개념들은 한두 마디로 간단히 정의하기도 힘들고, 또 기껏 정의를 내린다 해도 그건 특정의 관점에서만 유효한 개념 정의일 뿐이다. 또 어떤 개념은 매우 중의적(重義的), 복합적이라 이들 개념들은 여러 가지 관점에서 모두 살펴보든지, 아니면 복합적인 여러 뜻을 모두 살펴봐야 겨우 그 뜻을 짐작할 수 있다(오경석, 2007; 한경구, 2008). '다문화주의'란 용어도 그런 개념 중의 하나이다.

'다문화주의(Multiculturalism)'에 대한 몇 가지 개념

'다문화주의', 더 정확히는 영어로 'multiculturalism'이란 용어는 학문분야(사회학, 인류학, 문화연구, 정치학 등)에 따라서도 조금씩 개념화가 다르고, 국가별로도 조금씩 개념화가 다르다. 심지어 사람마다 다 다르게 쓴다고 할 수 있을 정도로 다양하게 개념화되어 있다(한경구, 2008). 우리는 이러한 복합적 개념 중 중요한 측면을 몇 가지 살펴볼 텐데, 그 전에 몇몇 다문화 관련 전문가들의 용어 정의를 살펴보기로 하자.

캐나다의 정치철학자 찰스 테일러(Charles M. Taylor)는 그의 1994년 저서 『다문화주의: 인정의 정치에 대한 분석(Multiculturalism: Examining the Politics of Recognition)』에서 다문화주의를 "문화적 다수집단이 소수집단을 동등한 가치를 가진 집단으로 간주하는 '인정의 정치(Politics of Recognition)'"로 정의했다. 그의 다문화주의 개념은 한 사회 또는 민족국가 내에 존재하는 여러 다양한 소수민족 집단이나 소수자 집단에 대해 그 정치사회적 권리를 보장해 주고, 소수민족과 언어문화집단의 정체성을 정치적으로 인정해 주자는 것으로 다분히 정치적으로 민감하고 무거운 주장이요 개념화다. 그의 개념에 의하면 일시적으로 체류하는 이민자들도 내국민과 동등한 권리가 보장되어야 하고, 그들의 문화와 정체성이 정치적·정책적으로 보장되어야 하는 것이다

(Taylor et al., 1994).

이에 대해 다문화주의에 대한 이런 식의 개념화는 문화 간 경계를 지나치게 강고한 것으로 간주하는 등 극단적인 문화상대주의로 흐를 염려가 있다는 우려가 제기되었고, 이러한 입장이 소수 민족집단의 분리주의 움직임을 조장하거나 문화적 게토(ghetto)를 만들어낸다는 지적도 있었다('문화적 게토'에 대해서는 제5장에서 자세히 다루고 있음). 벨기에의 정치사회학자인 마르코 마르티니엘로(Marco Martiniello)는 1997년의 저서 『문화적 게토에서 벗어나기(Sortir des Ghettos Culturels)』(『현대사회와 다문화주의』라는 제목으로 우리말로 번역 출간되었음)라는 책에서 테일러와 같은 입장을 '경성(硬性, hard) 다문화주의'라 불렀다. 그리고 이와 대조적으로 국내의 소수집단의 문화를 되살려 내고 지역문화를 재발견하는 등 부드럽고 온건한 형태의 다문화주의를 '연성(軟性, soft) 다문화주의'로 명명했다(Martiniello, 2002).

다문화주의에 대한 전자(前者)와 같은 개념화는 정치적 논쟁의 장에서나 공공정책의 의사결정의 장에서, 그리고 시민사회 내 여러 집단 및 세력 간의 대결의 장에서 심각하고 진지한 논쟁을 유발하기 마련이다. 반면에 다문화주의에 대한 후자(後者)와 같은 입장은 이국적인 이민자 집단이나 소수민족 집단의 요리나 예술, 패션 등의 소비로 이어지는 등 정치사회적으로 큰 갈등이나 대립의 여지가 적은 형태의 다문화주의라 할 수 있다(오경석, 2007; 한경구, 2008).

'다문화주의' 개념의 여러 가지 내용

여러 학자들이 '다문화주의' 또는 'multiculturalism'이라는 개념을 조금씩 서로 다르게 정의하고 있기도 하지만, 이 개념의 내용을 자세히 들여다보면 그 내용이 상당히 다양함을 알 수 있다. 우리는 '다문화주의/multicultural-ism'라는 개념에 들어있는 내용을 다음과 같이 6가지로 정리하고 이를 각각 살펴보기로 한다.

'다문화주의(Multiculturalism)' 개념의 6가지 서로 다른 내용

- **다문화 현상 ①**
  - 다양한 인종·민족·언어·문화집단이 한 사회의 구성원으로 함께 살아가는 등 사회의 구성이 복잡해지는 현상
  - 한 사회와 그 주민의 문화와 정체성의 다양성이 증대되는 현상
- **다문화 현상 ②**
  - 사람들이 민족적, 문화적 다양성에 대해 깨닫게 되는 상황
  - 문화 다양성 증대에 대한 사람들의 인식과 태도의 변화
- **하나의 이상적(理想的) 다문화 사회**
  - 서로 다른 인종, 민족, 언어문화집단 간에 서로 존중하고 배려하며 함께 살아가는 사회
  - 문화 다양성에 대해 사회 구성원 대부분의 인식과 이해가 확립되어, 여러 문화가 인정받으며 공존하는 사회
- **연구자/전문가 집단의 이론적 논의의 대상으로서 다문화주의**
  - 위의 다문화 현상에 대한 학자, 연구자, 전문가 집단의 학술적 담론, 토론, 관점과 주장, 이론으로서의 다문화주의
- **공공정책으로서 다문화주의**
  - 다문화 사회의 여러 가지 사회문제를 다루는 공공정책과 프로그램 일체
  - 국가가 제시하는 '바람직한 다문화 사회'의 청사진과 논리구도
  - 위로부터의 다문화주의
- **사회운동으로서 다문화주의**
  - 다문화 사회의 여러 사회문제를 다루는 시민사회와 사회운동 부문의 집합적인

노력으로서의 다문화주의
- 시민사회가 제시하는 '바람직한 다문화 사회'의 프로젝트와 논리구도
- 아래로부터의 다문화주의

'다문화 현상'으로서 Multiculturalism ①

먼저 영어로 'multiculturalism'이란 용어는 '다문화 현상', '다문화 사회'를 지칭하는 개념으로 쓰이기도 한다. 즉, 다양한 인종, 민족, 언어문화 집단(ethno-linguistic groups)이 함께 공존하는 현상, 그리하여 인종, 민족적으로 뿐만 아니라 문화도 다양해지고, 정체성도 다양해지는 현상, 이것을 'multi-culturalism'이라 부른다. 이 책에서는 이를 '다문화주의'로 번역하지 않고, 그냥 '다문화 현상'이란 말로 번역해 부르기로 한다.

'다문화 현상'으로서 Multiculturalism ②

다문화 현상으로서의 'multiculturalism'에는 위와 같은 현상(現象)기술적(記述的) 개념뿐만 아니라 이러한 사회적 변화를 바라보는 우리 인식의 변화도 포함된다. 앞서 언급한 바와 같이 문화와 민족구성의 다양성은 예전에도 있어왔지만, 오늘날에는 그 다양성이 양적으로 크게 증대되었을 뿐만 아니라, 이에 대한 사람들의 인식과 태도도 크게 변화했다. 'Multiculturalism'은 바로 이러한 '사회구성상의 다양성 증대'와 이에 따른 '문화와 정체성의 다양성' 증대뿐만 아니라 이러한 현상을 바라보는 사람들의 '인식과 태도, 사고방식의 변화'를 의미하기도 한다.

다른 말로 하면 '외적으로' 작동된 '민족적, 문화적인 다양성 증대'가 우리 자신의 시선, 우리 자신의 인식과 사고방식, 가치관 그리고 우리 자신의 문화를 '내적으로' 변화시킨 것이라 하겠다. 지난 1980년대 이후, 그리고 가까이는

2000년대 이후 부쩍 이러한 '다문화적 마인드'와 '보다 개방적인 자세'를 가지는 사람이 늘고 있다. 이는 우리가 우리나라에 들어오는 수많은 외국인들과 다문화가정과 접촉하고 교류하게 되기 때문에도 그러하지만, 우리가 직접 여행, 유학, 비즈니스 등으로 외국에 나가서 많은 외국인과 접촉하면서 이러한 변화에 동참하게 되는 것이다. Multiculturalism은 이처럼 '다문화 사회'를 맞이하여 '우리 인식과 사고의 지평이 확대'되는 상황을 묘사하는 용어로도 쓰이는 것이다.

하나의 이상적(理想的) 다문화 사회로서 Multiculturalism

세 번째로 multiculturalism이란 용어는 하나의 이상(理想)으로서의 다문화 사회(multicultural society)를 가리키기도 한다. 다시 말해 multiculturalism이란 "서로 다른 인종, 언어, 문화, 전통, 관습을 가진 사람들이 서로 존중하고 배려하며 함께 살아가는 사회", 또는 "문화 다양성이 존중되어 여러 문화가 공존하고 상생하는 사회"를 일컫기도 하는 것이다. Multiculturalism을 이렇게 전향적·적극적으로 정의할 때, 우리나라는 아직은 이런 의미의 '다문화 사회'는 아닌 것이다.

이상 세 가지 의미 외에 multiculturalism은 아래와 같이 사용되기도 하는데, 아래의 세 가지는 '다문화주의'란 우리말 번역어로 부를 수 있을 것이다. 'Multiculturalism'에서 'ism'은 우리말로 OO주의(主義)라고 잘 번역된다. 예컨대, 민족주의(colonialism), 사회주의(socialism), 공산주의(communism) 등등. 이처럼 이 '주의(主義)'라는 단어는 어떤 주장이나 이념체계, 또는 이데올로기를 말할 때 주로 쓰는데, 다음이 바로 그런 의미로 쓰이는 경우이다.

(연구자/전문가 집단의) 이론적 논의의 대상으로서 다문화주의

네 번째로 'multiculturalism' 또는 '다문화주의'는 위와 같은 다문화 현상, 또는 다문화 사회의 도래에 대한 학자나 연구자, 전문가 집단의 학술적 담론, 토론, 관점과 주장, 또는 이론들을 가리키는 말로도 쓰인다.

이와 관련해서 아래에서 보다 자세히 알아보겠지만, 다문화 현상을 어떻게 바라볼 것인가, 이에 어떻게 대처할 것인가, 외국인 이주민을 포함해서 사회의 소수집단(minority group)의 자유와 권리를 어떻게 다루어야 할 것인가, 이들의 권리, 정체성을 어디까지 보장해 줄 것인가, 어떤 비전을 가지고 앞으로 전개되는 다문화 사회를 설계할 것인가, 어떤 형태의 다문화 사회가 바람직한가 등등 여러 가지 주제를 놓고 서로 다른 관점과 이론들이 개진되고 있다. 우리는 이런 모든 논의들을 '다문화주의'라고 부르기도 하는 것이다.

공공정책(public policy)으로서 다문화주의

다섯 번째로 '다문화주의'는 다문화 현상에 대한 공공정책과 각종 공적 프로그램을 지칭하기도 한다. 다문화 사회의 도래에 따라 수많은 사회문제가 발생하고, 이에 대해 정부당국의 여러 가지 대응방안과 정책이 요구되는데, 이를 '다문화주의'라는 말로 표현하는 것이다(한경구, 2008; 유철인, 2009).

이에는 국가가 제시하는 '바람직한 다문화 사회'의 모습, 그리고 그 모습을 담은 청사진 및 정책구도, 그리고 이를 실현하는 각종 실행방안과 프로그램, 또 이를 뒷받침하는 데 동원되는 각종 논리구도 등이 포함된다. 특히 정부의 각종 다문화 정책 중에서도 문화와 정체성의 다양성을 고려하고, 문화다양성을 인정하고 장려하는 공적인 시도에 '다문화주의'란 레벨을 붙이는 경향이 있다.

사회운동(social movement)으로서 다문화주의

마지막으로 '다문화주의'는 하나의 사회운동, 정치적 움직임을 가리키는 말로도 쓰인다. 오늘날 우리나라에는 이런 의미의 '다문화주의'가 활발한데, 초창기부터 많은 시민사회운동 단체가 이주노동자 등의 인권을 위해 활동해 왔다. 이런 경우 이러한 사회운동 및 이러한 운동을 뒷받침하기 위한 여러 가지 논리를 '다문화주의'로 부를 수 있다.

위에서 언급한 '공공정책으로서의 다문화주의'를 '위로부터의 다문화주의', 또는 '관(官) 주도 다문화주의'라 부른다면, '사회운동으로서의 다문화주의'는 '아래로부터의 다문화주의', 또는 '민간 주도 다문화주의'라 부를 수 있겠다(김희정, 2007).[6]

6 이를 '국가 주도 다문화주의'와 '시민 주도 다문화주의'로 나누어 부르는 이도 있다(윤인진, 2008).

2. 다문화를 바라보는 상반된 두 시각

근대 민족국가와 다문화

다문화 사회의 두 가지 상반된 사회적 요구

다문화 사회의 도래와 함께, 이에 수반되는 민족적 다양성과 문화적 다양성, 즉 다문화 상황을 설명하기 위해, 그리고 문화 다양성을 어떻게 바라볼 것인가에 대해, 또는 이주민 등 소수자(minority) 집단의 하위문화와 그들의 정체성, 그들의 권리를 어떻게대할 것인가를 놓고 서로 상반되는 사회적 요구가 작동한다. 즉 문화 다양성 상황에 대해 우려하고, 더 나아가 이를 부정적·적대적으로 바라보는 요구와 문화 다양성을 적극적·긍정적으로 수용하자는 상반된 요구가 서로 맞부딪치는 것이다.

또한 이와 더불어 다음과 같은 여러 가지 사회적, 정책적 질문들이 우리에게 던져진다.

- 과연 Ⓐ 전통적인 민족국가와 이 민족국가를 토대로 한 민주주의의 요구와 Ⓑ 문화적·민족적 다양성, 정체성의 다양성을 서로 조화시킬 수 있을까?

- Ⓐ 양보할 수 없는 개인의 권리에 근거한, 누구도 침해할 수 없는 인권(즉 천부인권)과 Ⓑ 소수집단들이 주장하는 민족적·문화적 특수성을 인정받으려는 요구 사이에 갈등은 없는가? 그리고 그러한 갈등은 어떻게 조화시킬 수 있을까?

- Ⓐ 특정 지역에 오랫동안 거주해온 주된 민족집단(우리나라의 경우 한반도에 오랫동안 살아온 한민족)의 역사적·문화적 전통과 그 민족적 정체성을 유지·보존하는 것과 Ⓑ 새로 그 지역에 유입되어 온 다른 인종·민족·문화집단의 전통과 문화, 정체성을 용인하는 것은 어떻게 조화시킬 수 있나?

- 그리고 궁극적으로 Ⓐ 한 사회의 통합과 Ⓑ 문화 및 정체성의 다양성은 조화될 수 있는가?

우리는 다문화 사회를 맞이하여 이러한 질문들에 맞닥뜨리게 되고, 이러한 질문에 제대로 된 답을 내놓을 수 있을 때 비로소 바람직한 다문화 사회를 이룰 수 있는 개연성이 커지는 것이다. 이들 질문에 대한 답변은 여러 가지로 다양하겠지만, 이들을 아주 단순화해서 두 가지 서로 대립되는 관점으로 나누어 볼 수 있다.

먼저 문화 다양성을 바람직하지 못한 상황, 비정상적인 상황, 일탈(逸脫, deviance)로 보고 이를 가능한 한 여러 가지 공공 정책과 우리의 집합적 노력을 통해 치유해야 한다는 입장이 있다. 이러한 입장에서는 최근의 다문화 사회로의 변화는 인구구조의 변화나 노동시장의 변화 등 사회 내부의 요구 또는 글로벌리제이션과 같은 글로벌 사회 전체의 거역할 수 없는 외부적 추세 때문에 어쩔 수 없이 받아들이는 것이지, 그리 환영할 만한 변화는 아닌 것이다. 이들은 가능하면 단일의 문화 공동체, 단일의 민족국가를 유지하며 사는 것을 이상적인 상황으로 생각할 것이다.

반면에 문화 다양성의 증대를 바람직한 상황으로 보고, 소수자 집단의 문화와 정체성, 그 권리를 적극적으로 보장해 주어야 한다고 보는 관점이 있다. 이 관점은 1960년대 이후의 북미와 유럽의 민권운동이나 1980년대 이후의 소위 '정치적 올바름'(political correctness), 또는 간단히 'PC'라는 약자로 불리는 그런 움직임에서 비롯되고, 오늘날에는 서구 이외의 세계 여러 지역에서 확인되는 새로운 시각이다. 후자를 다문화주의(multiculturalism) 관점이라 한다면, 전자는 반(反)다문화주의(anti-multiculturalism) 관점이라 부를 수 있겠다.

다문화 현상에 대한 두 가지 관점

- **다문화주의 관점**
  - 문화 다양성 존중
  - 소수자의 문화적 권리 인정
- **반(反)다문화주의 관점**
  - 문화 다양성에 대한 부정적 시각
  - 소수자의 문화적 권리에 대한 비판적 시각

다문화주의에 반대하는 사람들은 문화 다양성의 증대가 사회 전체의 통합을 저해하고 사회의 분열을 가져오는 등 여러 가지 사회문제를 낳는다는 점, 즉 문화 다양성의 부정적 측면을 강조한다. 이들은 문화 다양성이 증대하면 사회 구성원들에게서 정체성 위기의 문제, 문화와 가치관의 혼돈, 아노미(anomie) 현상이 발생하고, 궁극적으로 사회의 통합과 질서가 무너진다고 염려한다.

이 반(反)다문화주의 관점은 '단일 문화주의(mono-culturalism)'라고 부르기도 하는데, 이는 '한 사회에는 하나의 문화가 있어야 한다는 주장'이다. 이러한 주장은 주로 '보수주의자'들에 의해 주창된다. 이들은 소수집단(minority group), 예컨대, 소수 인종·민족·종족집단, 여성, 장애인, 성적 소수자(동성애자) 등과 그 문화의 존재를 일탈적 현상으로 보고, 소수자 문화는 다수자 문화 또는 주류 문화에 흡수, 동화되어야 한다고 본다. 이 이론에 입각해서 '분리·배제' 정책과 '동화(同化)(assimilation)' 정책이 추구된다(한경구, 2008).

민족국가의 구심력과 원심력

근대의 민족국가(nation-state)는 유럽을 중심으로 16~17세기 무렵 등장하기 시작하여 19세기에 이르면 완전히 자리 잡게 된다. 근대 이전의 유럽은 튜더(Tudor) 왕가나 합스부르크(Habsburg) 왕가와 같은 특정 왕가의 지배하에 있던 왕조국가(dynastic state)든지, 아니면 신성로마제국(Holy Roman Empire)처럼 수많은 영방(領邦)국가(territorial state)들로 이루어진 느슨한 제국의 형태를 띠고 있었다(<그림 4-1> 참조). 반면에 근대의 민족국가는 그 이전의 왕조국가나 봉건국가(feudal state)와 달리 일정한 지역에서 단일의 역사와 문화적 경험을 공유해 온 하나의 주민 공동체, 즉 보통 '민족(nation)'이라 불리는 하나의 역사적·문화적 공동체를 기반으로 구축된다. 프랑스라는 민족국가는 1789년 프랑스 대혁명과 나폴레옹 시대를 거치면서 완성되었고, 독일의 경우 비스마르크의 프로이센이 주도하여 독일 전역을 통일하고 독일제국을 성립한 연후에 완성되었다.

<그림 4-1> 1400년경의 신성로마제국

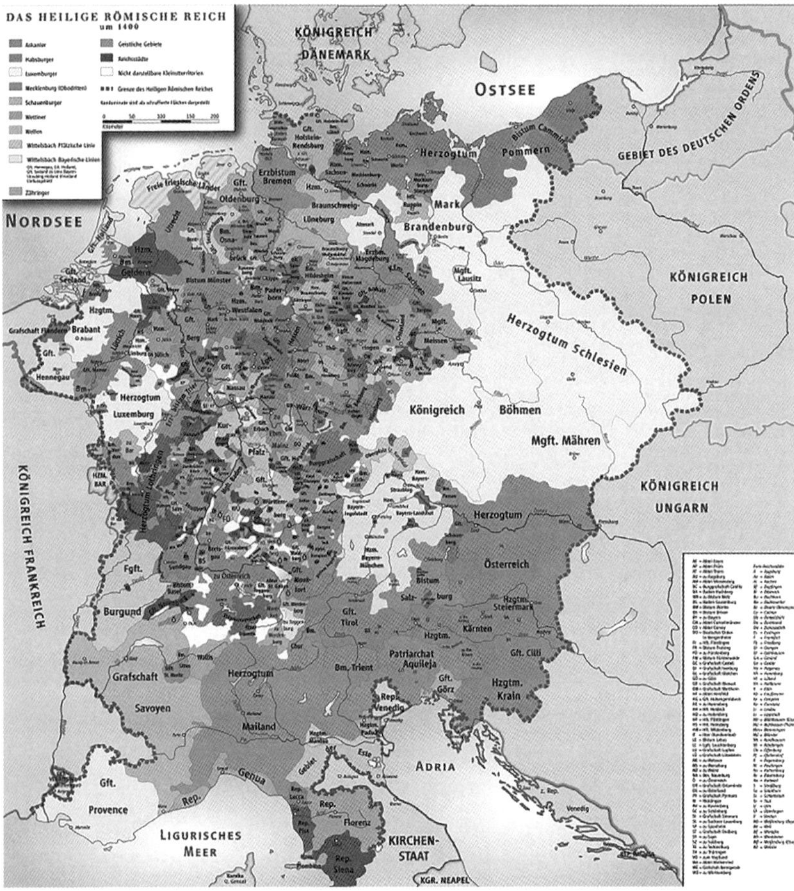

한 지역에 하나의 '민족국가'가 건설되면, 이는 자신이 '정치적 경계'와 '문화적 경계'를 일치시키려고 끊임없이 노력한다. 이는 달리 말하면 건국 이후 민족국가는 끊임없는 '사회통합'의 노력을 기울인다는 것이다. 이 과정을 nation-building, 즉 '국가건설' 과정이라 부른다. '정치적 경계'라 함은 국경, 그리고 그 국경 안에 사는 모든 적법한 주민(또는 정확히는 시민)들의 집단을 말하고, '문화적 경계'라 함은 그 주민들이 향유하는 문화의 구성과 범위를 말하는 것인데, '이 둘을 일치시킨다' 함은 하나의 정치적 경계 안에 하나의 문화를 구축한다는, 또는 그 정치적 경계 내의 모든 문화를 하나로 동질화시킨다는 의미를 함축하고 있는 것이다.

그러나 '문화'의 의미가 본래 그러하듯이, 모든 문화는 다양한 하위요소들을 내포하고 있고, '문화적 다양성'이란 그 정도의 차이만 있을 뿐, 어떤 지역의 문화에도 존재하는 본질적 특성이다. 따라서 대부분의 민족국가는 그 내부에 다양한 민족적·문화적 요소들을 내포하기 마련이다.

즉 모든 사회의 문화는 다양하기 마련인데, 민족국가는 끊임없이 그 문화를 동질화시키려 한다. 이는 달리 표현하자면, 모든 민족국가에는 한쪽으로는 '구심력(求心力, centripetal force)', 다른 한쪽으로는 '원심력(遠心力, centrifugal force)', 이 두 가지 서로 상반되는 힘이 작동한다고 볼 수 있다. 국가(state)가 그 사회의 통합을 위해서, 그리고 그 사회의 안정과 질서를 유지하기 위해서, 민족국가 경계 내의 모든 문화적 다양성을 최소화시키고 문화적 동질성과 획일성을 추구하기 위해 끊임없이 노력하는 것, 이게 바로 '구심력'이다. 반면에 그 사회에 존재하는 다양한 소수 인종·민족집단과 언어문화집단은 자신의 문화와 정체성을 지키기 위해서 끊임없이 '원심력'을 작동시키게 된다. '구심력'은 주로 국가에 의해 '위로부터' 작동하고, '원심력'은 시민사회의 여러 요소에 의해 주로 '아래로부터' 작동한다.

단일 민족국가에서 다문화의 생존 방식

그러면 이러한 문화적 다양성은 어떤 방식으로 생존하고 유지되며, 자신의 '원심력'을 발휘하는가. 일반적인 민족국가에서 다문화적 요소들과 다문화 집단이 자신의 문화적 특수성과 정체성을 유지해 나가는 방식은 여러 가지가 있겠지만, 여기서는 그 중 가장 중요한 방식 하나를 소개한다.

우리는 한 사회의 문화와 정체성의 획일화는 주로 국가기구(state)에 의해 위로부터 이루어진다고 했다. 다음은 이와 연관되는 내용인데, 한 사회의 문화와 정체성의 동질성과 획일성의 유지는 주로 '공적(公的)인 영역'에서, 반면에 문화적 특수성과 다양성, 그리고 소수문화의 정체성의 유지 등은 주로 '사적(私的) 영역'에서 이루어진다.

언어와 언어교육을 예로 들어 보자. 일반적으로 모든 나라에는 국어(national language)나 공용어(公用語, official language)라 불리는 '공식 언어'가 있다. 이러한 공식 언어는 정부 공공기관의 공식 언어로 사용되고, 신문이나 방송 등 매스미디어에서도 사용되며, 공교육의 현장에서 교수언어로도 사용된다. 그리고 이런 과정을 통해 그 나라의 모든 주민들이 자연스럽게 그 언어를 자신의 언어로 받아들인다. 이를 통해 그 국민국가의 언어적 동질성이 확보되는 것이다.

그런데 다민족·다문화 사회의 경우, 그 나라의 다양한 소수민족 집단의 언어들은 주로 '사적 영역'에서 유지된다. 공식 언어 이외의 이들 소수 집단의 언어는 가정에서 사용되거나 방언(方言) 또는 사투리라는 이름으로 특정 지역 또는 특정의 소수민족 집단 내에서만 통용되고, 교육기관에서 사용되더라도 주로 비공식적인 사교육 기관에서 사용된다.

동남아시아에 위치한 말레이시아를 예로 들어 보자. 말레이시아는 말레이인뿐만 아니라, 중국인, 인도인 그리고 여러 다른 인종·민족집단이 어우러져 사는 다민족·다문화 사회인데, 전체 인구의 65~70%가 말레이인이고, 약 25%가 중국인, 그리고 7~8%가 인도인이다. 말레이시아의 공용어는 말레이시아어이지만, 중국인과 인도인이 많이 살고 있기 때문에 중국어와 타밀어도 함께 사용된다(인도인의 대부분이 인도 남부 지방에서 건너온 타밀인이다). 그러나 중국어와 타밀어는 중국인들이나 인도인들 사이에 통용되고, 중국어의 경우 중국인들만 다니는 중국계 학교(사립)에서 사용된다. 그리고 중국인들의 경우 대개 표준 중국어인 만다린(Mandarin)어뿐만 아니라 중국계 방언인 하카(Hakka)어나 광둥어(Cantonese), 공용어인 말레이어와 영어까지 3개 이상의 언어를 할 수 있다(자세한 것은 제12장 참조).

다문화 현상의 정치적 부상

그러면 이러한 다문화 현상은 언제 어떻게 정치적 중요성을 가지고 전면에 부각되었으며, 또한 다문화 현상을 둘러싼 오늘날의 정치적 지평은 어떠한가. 우리는 이 주제를 미국과 유럽, 두 지역의 사례를 중심으로 살펴보기로 한다.

미국의 사례

원래 미국이란 나라는 이민자들에 의해 건설된 나라이고, 그 이민자들도 유럽뿐만 아니라 아프리카, 아시아, 라틴아메리카 등 세계 각지에서 유입된, 복합적인 이민자 사회이다. 따라서 미국은 태생부터 다인종·다민족·다문화 사회였다. 그러나 이들 미국으로의 이민에는 역사적 흐름이 있고, 먼저 유입된 이민자들과 나중에 유입된 이민자 그룹이 있으며, 이민자 집단 간에도 서열이 있다. 미국 사회의 주도권은 가장 먼저 미국 땅에 발을 디디고 정착한 앵글로색슨계 백인들, 즉 '와스프(WASP, White Anglo-Saxon Protestant, 앵글로색슨계 백인 개신교도)'라 불리는 유럽인들이 갖고 있었고, 이들이 처음부터 신생 미국의 주류 세력이었다.

앵글로색슨계 백인들은 원주민이었던 아메리칸 인디언들을 폭력적으로 완전히 굴복·배제시켰고, 그 이후 유입해 들어온 라틴계 유럽인이나 아프리카 출신 흑인, 라틴아메리카 출신의 히스패닉(Hispanic), 아시아계 이민자 등에 대해서 한편으로는 분리와 배제 및 차별정책을, 다른 한편으로는 동화(同化) 정책을 펴면서 미국에 실질적으로 앵글로색슨계 백인 중심의 단일문화 사회를 유지해 왔다.

그러나 1960년대부터 흑인들을 중심으로 민권운동(Civil Rights Movements)이 일어났고, 이를 계기로 흑인들뿐만 아니라 다른 인종집단 및 여성 등 소수자집단에 대해 평등한 권리와 인권이 주어지게 되었고, 소수자들을 위한 '적극적 우대조치(affirmative action)'가 시행되었다. 그리고 당시 민권운동과 더불어 'Black is beautiful'이란 슬로건하의 문화운동도 함께 유행했는데, 이는 흑인들의 집단적 정체성과 문화를 인정하는 움직임으로 흑인들과 그 정체성의 특수성과 자긍심을 보여주는 사회적 변화였다.

1960년대의 이러한 사회적 변화로 인해 그 후 흑인뿐만 아니라 히스패닉이나 인디언, 아시아계 주민 등 소수민족(ethnic minority) 집단들은 자신들만의 문화를 드러내기 시작했고 이를 즐기기 시작하게 되었다. 예컨대 미국 주요 도시 각지에는 차이나타운이나 아이리시타운(아일랜드계 미국인의 커뮤니티) 등이 생겨났고, 이들 소수민족 집단들은 각지에서 매년 자신들만의 축제를 개최하기도 한다.

유럽의 사례

유럽 각국은 제2차 세계대전과 전후(戰後)의 경제재건 시기(1950년대)만 하더라도 자신들 국가 내부의 민족적 특수성이나 문화적 다양성 등에 신경을 쓸 겨를이 없었다. 그러나 1960년대부터 유럽 각국 내의 소수민족이나 소수집단(minority group) 사이에 자신들의 문화적 특수성이나 정체성에 눈을 돌리기 시작하는 움직임이 나타났다.

예컨대 영국에서는 스코틀랜드(Scotland)와 웨일스(Wales) 등에서 부분적인 자치를 요구하는 목소리가 나오기 시작했고, 북아일랜드(Northern Ireland)에서는 폭력적인 분리주의 운동이 시작되었다. 프랑스의 브르타뉴(Bretagne/Brittany)나 코르시카(Corsica) 등에서도 지역주의 움직임이 나타났고, 스페인에서도 카탈루냐(Catalunya/Catalonia)와 바스크(Basque)에서 분리 또는 자치의 요구가 분출되었다.

여기에 더하여 이민자 문제가 중요한 정치적 어젠다로 부상했다. 1960년대까지 아프리카나 아시아 각지에서 유럽 각국으로 조금씩 이민이 들어왔는데, 그것은 대부분 경제적 요구, 특히 유럽의 경제성장과 출산력 저하에 기인한 노동력의 부족으로 인해 이민자 노동력에 대한 수요가 지속적으로 발생해서 그런 것이었다. 그리고 이민자들은 대개 유럽 각국의 과거 식민지로부터 오는 것이 일반적이었다. 예컨대 영국에는 과거 식민지였던 인도나 파키스탄으로부터, 프랑스에는 알제리 등 북아프리카와 사하라 이남의 과거 프랑스령 식민지로부터 이민자들이 주로 들어오는 식이었다.

1960년대만 하더라도 이들 유럽 이외 지역으로부터의 이민자들은 일시적인 체류자로 간주되었고, 이들이 심각한 사회문제가 되리라고 예상하지 못했다. 그러나 시간이 지나도 이들은 자국으로 돌아가지 않았고, 1970년대 초가 되자 유럽 여러 나라에서는 추가적인 이민 유입을 정책적으로 중단시키는 등 이민의 문제는 각국에서 국가 차원의 심각한 사회문제로 인식되기 시작했다.

이러한 조치에도 불구하고, 아시아와 아프리카로부터 유럽 각국으로의 이민의 물결은 줄어들지 않았다. 결국 1980년대 이후부터 이민자 문제는 심각한 사회적 이슈로 부각되기 시작했으며, 최근에는 여기에 난민(refugee) 문제까지 겹쳐 주지하는 바와 같이 오늘날 유럽 각국의 가장 심각한 사회문제가 되고 있는 것이다.

다문화를 둘러싼 정치적 지평

유럽이나 북미나 모두 다문화 사회와 다문화 정책을 둘러싸고 상당히 심각한 사회적 담론이 진행되고 있으며, 정치사회(정당과 정치인들의 영역)도 이를 놓고 서로 다른 입장이 서로 대립하고 있다. 이는 유럽과 북미뿐만 아니라 다민족·다문화 사회인 세계 대부분의 나라에서 공통된 현상이다. 이런 점에서 '다문화'는 오늘날 세계 각지의 정치적 지평을 규정하는 중요한 잣대가 되고 있다.

나라마다 조금씩 상황이 다르긴 하나, 대체로 '다문화', 즉 '문화 다양성'에 대해 우호적인 입장에 있는 정치집단과 다문화에 대해 부정적인 입장에 있는 정치집단이 서로 대립하는 게 일반적인 정치 지평의 모습이다. 대체로 리버럴(liberal)한 정치집단은 다문화에 우호적인 입장을 갖고 있다. 이들은 문화 다양성에 긍정적인 생각을 갖고 있고, 이민자나 소수집단의 사회문화적 권리나 정체성을 옹호하는 편이다. 반면에 보수적인 정치집단은 다문화주의에 부정적인 입장이다. 이들은 문화 다양성이나 소수집단의 정체성 강조가 사회 전체의 통합을 위협한다고 본다.

미국의 민주당은 전자에, 공화당은 후자에 속한다. 유럽의 경우 좌파 및 중도 정당은 전자에 가까운 입장을, 우파 정당은 후자에 가까운 입장을 택하는 편이다. 우파 중에서도 극우 민족주의나 인종주의적 정치 세력은 다문화주의와 이민자 및 난민 집단에 특히 적대적이다.

3. 다문화주의 이론의 몇 가지 유형

다문화주의 이론의 이론적 쟁점

다문화 사회와 다문화 사회에 나타나는 여러 현상을 분석하고, 또한 여기에서 발생하는 여러 가지 사회문제에 대한 정책방안을 제시하는 데 있어서 사회이론으로서 다문화주의 이론의 논의들은 매우 큰 의미가 있다. 이들 여러 가지 다문화주의 이론들은 몇 가지 지점에서 서로 그 시각과 주장이 나뉜다. <표 4-1>은 각 쟁점별로 두 가지 서로 상반되는 관점과 논의를 대비시켜 놓았으며, 아래에 각 쟁점별로 자세한 논의를 제시한다.

다문화주의 이론을 크게 둘로 나누는 핵심적 구분선은 문화적 정향(定向)(cultural orientation)이라 할 수 있는데, 이는 크게 개인주의(individualism)와 집단주의(collectivism)로 나눌 수 있다. '개인주의'는 사회의 기본 구성요소를 개인(個人)으로 보고 개인의 자유와 권리를 국가나 공동체, 또는 어떤 집단적 권리보다 더 중시하는 입장을 말한다. '집단주의'는 그 반대되는 문화적 정향을 일컫는다.

<표 4-1> 다문화주의와 관련한 사회이론의 두 가지 상반된 시각

<table>
<tr><th colspan="2">주요 쟁점</th><th>개인주의적
다문화 이론</th><th>집단주의적
다문화 이론</th></tr>
<tr><td colspan="2">문화적 정향</td><td>개인주의</td><td>집단주의</td></tr>
<tr><td rowspan="3">문화에
대한
태도</td><td>문화의 보편성/
특수성</td><td>개별 집단과 상관없이
세계 전체에 보편적 문화 존재</td><td>각 개별 집단마다
특수한 문화가 존재</td></tr>
<tr><td>문화의 공통점/
차이점</td><td>개별 문화의 차이보다
문화의 공통점과 보편성 강조</td><td>각 개별 문화의
차이점과 특수성 강조</td></tr>
<tr><td>문화 본질주의와의
연관성</td><td>문화 본질주의와 연관성낮음</td><td>문화 본질주의에 가까움</td></tr>
<tr><td rowspan="2">정책
방향</td><td>정책의 전제</td><td>인간 개개인의 보편적 권리와
자유 중시</td><td>개인의 자유와 권리보다
집단의 권리와 정체성 중시</td></tr>
<tr><td>정책의 초점</td><td>개인의 인권과 자유의 확산
(이를 소수자/소수집단에게도
허용해야)</td><td>각 개별 집단의 문화와
정체성 보존</td></tr>
<tr><td colspan="2">문화다양성에 대한 태도</td><td>· 한 사회 내의
문화 동질성을 선호하나,
· 문화 다양성을거부하지는 않음</td><td>· 한 사회 내의 문화 다양성을
강력히 주장
· 그러나 각 개별 집단의
문화적 동질성은 유지되어야</td></tr>
</table>

문화에 대한 태도

다문화주의 이론 중 개인주의적 입장에 서 있는 이론들은 문화의 보편성을 지지하는 편이다. 이들은 전 세계에 하나의 '보편적 문화(unversal culture)'가 존재한다고 보는데, 자유와 인권, 인간의 존엄성, 민주주의 등이 이 보편적 문화의 기본 가치라고 본다. 이들은 인간의 존엄성에 도전하고 인간의 기본적인 자유와 권리를 해치는, 특정 소수집단의 유별난 문화는 인류의 보편적 문화에 반하는 것이라고 본다. 예컨대, 일부 문화권에서 행해지는 명예살인(honor killing)이나 여성 할례(female circumcision) 등의 풍습은 인권과 인간의 존엄성을 해치는 행위이므로 금지되어야 한다고 본다.

반면에 집단주의적 입장에 서 있는 이론들은 문화의 고유성과 특수성을 옹호하는 편이다. 이들은 이 세계에는 수많은 서로 다른 문화가 존재하며, 각 민족·언어종족집단은 각자의 고유하고 특수한 문화를 갖고 있다고 본다. 그리고 이들 각 민족집단, 문화집단의 개별 문화는 그 자체의 존재논리가 있으며 이는 존중받아야 한다는 것이다. 이 관점을 아주 극단적인 방향으로 전개해 나가면, 특정 문화집단에서 나타나는 명예살인이나 여성 할례 등도 해당 문화집단의 고유한 전통으로 인정되어야 하는 것이다.

위에서 후자(後者)의 입장에 서 있는 이론들은 각 집단과 그 문화의 '차이(difference)'에 주목하고 이를 강조한다. 뒤에서 우리가 '차이의 다문화주의(difference multiculturalism)'라고 부르는 관점은 이러한 입장에 서 있는 관점이다. 반면에 전자(前者)의 입장에 서 있는 이론들은 여러 문화의 차이보다는 공통점을, 그리고 인류 문화 전체의 보편성(universality)을 강조한다. 이들은 인간이면 누구나 갖고 있는 어떤 속성, 예컨대 자아실현의 의지나 자유를 향한 의지 등을 강조한다.

우리가 제1장에서 다루었던 '문화 본질주의(cultural essentialism)'와 연관하여 이 두 입장을 비교해 보면, 우선 '집단주의적' 입장에 있는 다문화 이론들은 '문화 본질주의'에 가깝다. 이들이 '어떤 문화집단이든, 그 집단의 문화는 다른 문화와 구별되는 고유한 특징을 가진다.' 라고 보는 점에서나 '문화 간에는 강고한 경계가 존재'하는 것으로 보는 점에서나 이들은 '문화 본질주의' 시각을 공유한다. 반면에 '개인주의적' 입장에 있는 다문화 이론들은 문화 본질주의와 직접적인 관련이 없다. 이들 이론가 중에는 문화 본질주의 시각을 가진 사람도 있고, 그렇지 않은 사람도 있지만, 문화 본질주의적 전제는 이 이론들에서 그리 큰 쟁점이 되지 못한다.

다문화 정책의 방향

'개인주의적' 다문화주의 이론에서는 모든 개인은 동일한 권리와 자유를 누려야 한다고 본다. 즉 이들은 인간의 보편적 권리와 자유를 전제로 한다. 따라서 정책의 초점도 개인의 보편적 자유와 인권을 확산시키는 방향으로 전개하자는 데 맞춘다. 보편적이고 자유주의적인 인권을 다수자(또는 사회의 주류집단)뿐만 아니라 소수자(소수집단)에게도 허용해야 한다는 것이다.

반면에 '집단주의적' 다문화주의 이론에서는 개인의 자유와 권리보다 집단의 권리, 집단의 문화와 정체성이 더 중요하다. 따라서 다문화 정책의 초점도 이들 집단의 고유한 문화와 정체성을 유지하고 보존하는 데 맞추는 편이다.

문화 다양성에 대한 태도

'개인주의적' 다문화주의 이론에서는 하나의 국민국가, 또는 하나의 사회 내에는 하나의 문화가 존재하는 게 바람직하다고 본다. 그러나 만약 문화 다양성이 어쩔 수 없는 역사적·사회적 추세라면, 이를 받아들인다는 점에서는 '단일 문화주의(mono-culturalism)'와는 다르다. 이들은 문화다양성을 배척하지는 않는다(그런 점에서 '다문화주의' 이론이다). 그러나 그럼에도 불구하고 국가(state)는 그 사회의 문화적 동질성을 위해, 또는 사회통합을 위해 문화적 동질성을 추구하는 정책을 펴는 것이 바람직하다고 본다.

반면에 '집단주의적' 다문화주의 이론에서는 각 문화집단의 문화적 순수성을 유지해야 한다고 본다. 그리고 집단 내부의 문화적 다양성은 가능한 한 인정하지 않으려는 편이다. 하나의 문화집단 내부는 동질적인 하나의 문화가 유지되어야 한다는 것이다. 이런 전제하에서는 개인의 자유와 권리는 침해될 여지가 있다.

다문화주의 이론의 세 가지 유형

아래에서는 다문화 사회를 설명하는 이론을 3가지로 나누어 보고, 그 각 이론이 주장하는 바를 비교·분석해 보기로 한다. 이들 중 '자유주의적 다문화주의' 이론은 앞서 언급한 '개인주의적' 관점에 입각해 있고, '다원주의적 다문화주의' 이론은 '집단주의적' 관점에 입각해 있는 반면에, '비판주의적 다문화주의' 이론은 이 두 가지 관점을 모두 아우르는 이론이다(한건수, 2008).

다문화 사회를 설명하는 이론적 관점의 3가지 유형

- **자유주의적 다문화주의**
  개인으로서 소수자의 자유와 권리는 인정하지만, 집단으로서의 자유와 권리는 부인
  사적 영역에서의 자유와 권리는 인정하지만, 공적 영역에서의 자유와 권리는 부인
- **'문화다원주의' 또는 '다원주의적 다문화주의'**
  문화 다양성의 존중, 소수자의 문화적 권리 인정
  다양성과 문화 간 차이를 지나치게 강조
  '다문화'가 서로 다른 문화의 '물리적 병존(竝存)'에 머무는 한계
- **'비판적 다문화주의' 또는 '좁은 의미의 다문화주의'**
  문화 다양성의 존중, 소수자의 문화적 권리 인정
  문화 간 역동적 상호작용과 변화 가능성을 전제함
  다문화 상황에서 서로 다른 문화 간의 '화학적 융합'을 통한 새로운 문화의 창출을 고려함

자유주의적 다문화주의

첫 번째 다문화주의 이론은 '자유주의적 다문화주의(liberal multiculturalism)'라 부를 수 있는데, 이 안에도 몇 가지 서로 다른 하위 이론들이 존재한다. 우리는 이들 복잡한 이론들의 공통점만 추려 단순화해서 살펴보고, 이들 이론을 모두 '자유주의적 다문화주의'라는 범주로 묶어 부르고자 한다.

이 관점은 사회의 기본 구성요소를 개인으로 보고, 개인이 모여서 사회를 구성한다고 본다. 그리고 국가와 정치제도는 이들 개인의 자유와 권리를 최대한 보장해 주어야 한다고 본다. 외국인 이민자 등 사회 소수자 집단의 자유와 권리에 대해서도 그러하다. 이들이 개인으로서 누리는 기본권, 예컨대 사상과 표현의 자유, 신앙의 자유 등에 대해서는 철저히 보호해야 한다는 입장을 가진다.

그러나 이들 소수자들이 (개인이 아닌) 집단으로, 집단의 권리를 주장하는 데 대해서는 매우 부정적이며, 이를 엄격하게 제한하려 한다. 자유주의자들은 소수민족 구성원들이 자신들 민족집단의 정치적 대표권을 인정해달라거나 '소수자 우대조치(affirmative action)'를 해 달라는 데 대해서는 부정적인 입장을 가진다. 소수자 집단의 구성원은 국가(공화국)를 이루는 공민(公民, 시민)의 한 사람으로 존중받을 뿐, 소수집단의 구성원의 자격으로 특혜를 받을 수는 없다는 것이다(최종렬·김정규·임운택·최인영, 2008).

자유주의자들은 또한 공적(公的) 영역과 사적(私的) 영역을 철저히 구분한다. 이들은 사적 영역에서는 소수자 집단 구성원 개개인의 자유와 권리는 최대한 보호하자는 입장이지만, 공적 영역에서까지 이들의 권리를 인정하고 보호해 주는 데는 반대한다. 예컨대 유럽에서 무슬림 이민자들이 자신들의 전통의상(차도르나 히잡 등) 착용을 개인의 종교의 자유, 표현의 자유, 정체성에 대한 권리란 측면에서 지켜나가려 하는 데 대해, 자유주의자들은 이러한 무슬림

복식의 착용은 가정이나 사적 공간에서는 얼마든지 허용할 수 있지만, 학교나 직장 등 공공장소에서는 허용할 수 없다는 입장이다.

참고사항: 히잡, 차도르, 부르카

- 히잡(Hijab): 이슬람 사회에서 여성들이 사용하는 머리와 가슴을 덮는 스카프 형태의 의복으로, 외출 시에나 또는 집안에서도 모르는 남성이 함께 있을 때 착용
- 차도르(Chador): 이슬람 사회에서 여성들이 얼굴만 제외하고 전신을 덮어쓰는 외투 형태의 의복. 이란이나 이라크, 또는 시아파 이슬람 사회(아프가니스탄, 파키스탄, 인도, 터키, 시리아, 레바논 등)에서 주로 사용
- 부르카(Burqa): 차도르와 유사하나 얼굴까지 가림. 시야 확보가 필요한 눈 부위는 망사로 되어 있다. 아프가니스탄, 파키스탄, 인도 등지의 무슬림 여성들이 착용

<그림 4-2> 히잡(Hijab)

<그림 4-3> 차도르(Chador)

<그림 4-4> 부르카(Burqa)

'문화 다원주의' 또는 '다원주의적 다문화주의'

두 번째는 '문화 다원주의(cultural pluralism)' 관점이다. 일반적으로 '문화 다원주의'는 여기서 말하는 것보다 좀 더 넓은 의미로 쓰이고 있지만, 이 책에서는 '문화 다원주의' 개념을 '문화 본질주의 시각에 입각한 문화 다원주의'로 좀 더 좁게 한정해서 사용하려 한다.

이 관점을 가진 사람들은 다문화 사회에 존재하는 각각의 민족집단, 그리고 각각의 소수자 집단을 '다른 집단과 구별되는 고유한 문화를 가진 집단'으로 조금은 과장해서 바라보고, 이들 각각의 문화를 '다른 문화와 구별되는, 서로 간의 경계가 뚜렷한, 고정된 실체'로 규정한다('문화 본질주의').

이들은 서로 다른 문화가 공존할 때, 그 속에서 문화 간에는 서로 교류하기도 하고 경합하기도 하는 등 역동적인 상호작용이 이루어지며, 그 과정에서 각각의 문화는 스스로를 변화시키기도 하고, 또한 더불어 새로운 문화가 창출되기도 한다는 사실을 무시(無視)한다. 이들에게 '다문화' 상황은 서로 다른 여러 문화들이 정태적으로 그저 조용히 있는, 일종의 '물리적이고 기계적인 병존(竝存)'의 상태에 지나지 않는다.

그리고 이러한 '문화 다원주의/문화 본질주의' 이론가들 중 일부는 한 사회 내의 여러 문화들 간에 서로 다른 점, 문화 간의 이질성, 또는 '문화 간의 차이'를 지나치게 강조하고 높이 평가하고, 심지어 이를 찬미하기까지 한다. 이처럼 문화 간 차이를 강조하고 찬양하는 것 때문에 이를 '차이의 다문화주의(difference multiculturalism)'라고 부르기도 한다(Turner, 1993; 한건수, 2008).

이들 중 일부는 이 사회를 가능한 많은 소수자 집단으로 이루어져 있다고 주장하려 한다. 이렇게 보다 많은 소수자 집단이 존재할수록 (또는 존재한다고 생각하면 할수록) 사회운동이나 공공정책의 대상이 되는 집단의 수도 늘어난다. 이런 상황은 '사회운동으로서의 다문화주의' 또는 '다문화주의 사회운동에 참여하는 사회운동 부문'으로 봐서는 바람직한 상황이 된다. 이처럼 '차이의 다문화주의' 관점이 '문화 다양성'의 상황을 '사회운동을 위한 동원의 기제'로 활용하는 데 대해서는 이를 비판적으로 보는 사람들도 많다.

비판적 다문화주의

마지막으로 '비판적 다문화주의(critical multiculturalism)'라고 부르는 입장이 있다. 이는 문화 현상을 '본질주의'적인 관점에서 보지 않는다. 이들은 문화 간 경계를 고정적이고 변화 불가능한 것으로 보지 않는다.

이들은 문화 간 경계가 유동적이고 희미하며 상호 침투가 가능한 삼투성(滲透性, osmosis)이 있는 것으로 본다. 이들은 여러 문화가 공존할 때 이들 문화 간에 교류와 접촉, 소통, 경합과 경쟁, 갈등이 일어나고 이를 통해 새로운 변화가 가능함을 인정한다. 이 관점은 가장 좁은 의미(협의[狹義])의 '다문화주의 이론'이라고 하겠으며, 아마 현재까지는 문화 다양성을 가장 적절하게 바라보는 이론적 관점이라 할 수 있다.

이 입장에서는 문화 다양성의 상황, 여러 이질적 문화의 공존 상황을 매우 역동적인 상호작용이 활발하게 일어나는 상황으로 본다. 문화들이 단순히 병렬적으로 서로 독립하여 존재하는 '물리적 병존' 상태로 보는 것이 아니라, 서로 간에 활발한 '화학적 반응'이 일어나는 매우 역동적, 유기적 상황으로 보는 것이다(한건수, 2008).

이들은 서로 다른 문화가 함께 공존하면서 서로 교류하고 접촉하고, 서로 간에 경합하고 경쟁하고, 이를 통해 모든 문화가 (이러한 상호작용 이전과 다른) 새로운 변화를 경험하고, 그러면서 새로운 이질적이고 혼종적인(하이브리드, hybrid) 문화를 창조해 내기도 한다고 본다(다문화 상황에서 문화들 간의 화학적 융합[融合]). 이들은 또한 모든 문화가 자기(自己)성찰(省察)적(self-reflective)이어서 끊임없이 스스로를 변화·발전시키는 가능성을 안고 있다고 본다.

앞에서 우리는 '샐러드 볼'의 비유를 했다. '문화 다원주의/다원주의적 다문화주의'를 '샐러드 볼'에 비유할 수 있다면, 여기서 말하는 '비판적 다문화주의'는 '찌개'나 '김치'에 비유할 수 있을 것이다 '샐러드 볼' 안의 채소와 과일이 아무런 화학적 반응을 일으키지 않고 물리적으로 공존하고 있는데 비해, 찌개나 김치 속의 채소와 양념 등은 모두 화학적 반응을 일으켜 완전히 새로운 음식물을 만들어낸다. 그러면서도 원래의 채소나 양념 자체가 갖고 있던 기본적인 속성 중 일부는 그대로 유지하고 있는 것이다.

'문화 다양성'은 비판적 다문화주의에 매우 좋은 기회구조를 제공한다. 비판적 다문화주의는 모든 문화(주류 문화든, 소수자 문화든 간에)가 공통으로 갖고 있는 기본적인 관점과 원칙에 도전하고, 이를 수정하고 상대화(relativize)하는 데 '문화 다양성'을 이용한다. 문화 다양성의 상황을 잘만 이용하면, 우리는 '모든 문화'가 갖고 있는 기존의 전통적이고 완고하고 보수적인 관점, 그리고 '자민족중심주의·자문화중심주의'적인 관점을 깨뜨릴 수 있다. 그리하여 보다 '개방적이고, 역동적이며, 민주적인' 공통의 문화를 건설할 수 있을 것이다.

여기서 말하는 '민주적 문화'란 바로 우리의 가치관과 우리의 문화가 '전통과 권위'에 의해 지탱되고 영원히 지속되는 고정불변한 것이 아니라, 끊임없이 변화 가능한 것이라는 것을 믿는 문화이다. '민주적 문화'에서는 '진리(truth)'라고 일컬어지던 것도 '당연한 것'이 아니라, '늘 토론과 비판의 대상'이 될 수 있어야 하는 것이다.

학습정리

다문화주의(multiculturalism)'라는 개념은 매우 복합적인 의미를 갖고 있다. 우리는 이 장에서 '다문화주의' 개념이 갖고 있는 다양한 의미에 대해서 검토해 보았다. 그리고 다문화를 바라보는 긍정적 시각과 부정적 시각을 서로 비교해서 분석해 보았다. 우리는 또한 다문화 사회를 설명하는 여러 가지 유형의 다문화주의 이론을 '자유주의적 다문화주의', '다원주의적 다문화주의', '비판적 다문화주의' 이상 세 유형으로 나누어 살펴보았다.

5 다문화 사회의 사회문제와 그 대응

학습개요

1. 다문화 사회의 사회문제
   1) 사회통합의 문제
   2) 기타의 사회문제
2. 다문화 사회의 정책 대응

학습목표

1. 다문화 사회에서 발생하는 각종 사회문제를 알아본다. 이들 사회문제 중에서 가장 중요한 사회통합의 문제를 여러 사례를 들어 살펴본다.
2. 다문화 사회의 사회문제에 대응하는 정책적 방향에 대해서 알아본다. 분리 및 배제 정책, 동화주의 정책, 다문화주의 정책 등의 기본 관점과 그 내용에 대해 이해한다.

1. 다문화 사회의 사회문제

사회통합의 문제

다문화 사회와 사회통합

다양한 인종, 민족집단이 함께 살고 문화 다양성이 커지다 보면, 가장 먼저 염려 되는 사회문제는 바로 '사회통합(social integration)'의 문제이다. 캐나다에서 1971년에 처음으로 다문화주의 정책을 공식적으로 선포하고 이중언어(bilingual) 정책을 채택한 이유는 바로, 그렇지 않을 경우 프랑스어를 쓰는 퀘벡(Quebec)주가 캐나다에서 분리될 것을 염려해서이다. 캐나다뿐만 아니라 모든 다인종·다민족·다문화 사회에서는 소수민족이나 언어종족집단, 그리고 이들이 집중적으로 거주하는 특정의 지역이 사회분열과 공동체 해체에 가담할까 가장 염려한다.

아래에서는 중국, 소련 등 여러 나라의 사례를 들어 다민족·다문화 사회에서 왜 사회통합이 중요한 사회문제가 되는지 살펴보기로 한다.

중국의 사례

중국은 한족(漢族)이 전체 인구의 90%가 넘는 다수를 차지하고 있고, 나머지 8~9%의 인구는 55개의 소수민족으로 이루어져 있다. 중국이 가장 염려하는 사회문제 중의 하나가 바로 이들 소수민족에 의한 사회적 동요나 분리 독립의 움직임이다.

<그림 5-1>은 중국 내 여러 민족집단의 지리적 분포를 보여주고 있다. 지도에서 보는 바와 같이 중국의 주류 민족인 한족(漢族)은 중국의 중심부인 황허(黃河)와 장강(長江)의 중하류 지역을 비롯하여 중국 내륙 평야의 대부분에 거주한다. 반면에 소수민족들은 서부와 북부의 산악지대나 건조지대에 주로 거주한다. <표 5-1>은 중국 소수민족의 현황을 인구 순으로 10개 정도 뽑아 정리한 것인데, 그 외에 추가로 우리에게 그 이름이 익숙한 소수민족도 몇 개 포함했다.

<그림 5-1> 중국 내 여러 민족집단의 지리적 분포

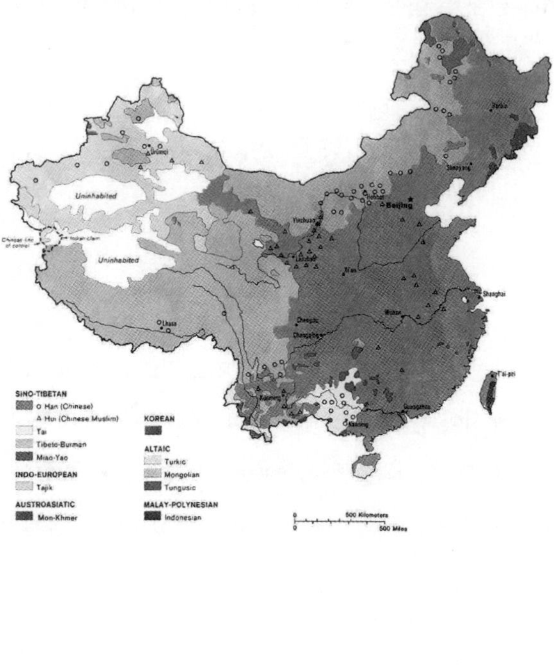

<표 5-1> 중국의 민족

(순위는 소수민족의 인구순)(인구 단위: 천 명, 2010년 기준)

순위	민족	인구	순위	민족	인구
-	한족(漢族)	1,220,845	9	몽골족(Mongol)	5,982
1	장족(壯族, Zhuang)	16,926	10	동족(侗族, Dong)	2,879
2	회족(回族, Hui)	10,586	14	한민족(조선족)	1,831
3	만주족(Manchu)	10,388	17	카자흐족(Kazakh)	1,463
4	위구르족(Uyghur)	10,069	18	따이족(Dai)	1,261
5	묘족(苗族, Miao)	9,426	31	키르기스족(Kyrgyz)	187
6	이족(彝族, Yi)	8,714	37	타지크족(Tajik)	51
7	투자족(Tujia)	8,354	46	러시아족(Russian)	15
8	티베트족(Tibetan)	6,282	48	우즈벡족(Uzbek)	11

중국의 역대 왕조는 역사적으로 여러 민족을 통합하여 하나의 국가를 유지하는 데 국가경영의 최우선 순위를 둬 왔는데, 이는 56개의 민족집단으로 이루어진 오늘날의 중국에서도 여전히 중요한 사회문제가 되고 있다. <표 5-1>에 나오는 중국의 주요 소수민족 중 오늘날 특히 위구르족(Uyghur)과 티베트족(Tibetan)의 분리주의 운동이 활발하다.

위구르족은 투르크계 민족으로 이슬람교를 믿는다. 이들의 대부분은 중국의 '신장(新疆) 위구르 자치구'에 거주하고 있지만(아래 <그림 5-2> 참조), 중국뿐만 아니라 중앙아시아의 카자흐스탄, 키르기스스탄, 우즈베키스탄 등과 파키스탄, 터키, 러시아 등에도 흩어져 산다. 신장 위구르 자치구 인구의 45% 정도는 위구르족이고, 40%가 중국 한족, 나머지가 카자흐족 등 기타 민족이다. 이 지역에서는 위구르족에 의한 분리 독립을 요구하는 움직임이 지속적으로 나타나고 있는데, 이에 대해 중국 정부는 폭력적인 억압으로 맞서고 있다. 2017년 12월 『한겨레신문』 기사(참고자료)는 중국 정부가 얼마나 폭압적으로 이들의 분리운동을 저지하고 있는지 잘 보여준다.

<그림 5-2> 신장 위구르 자치구

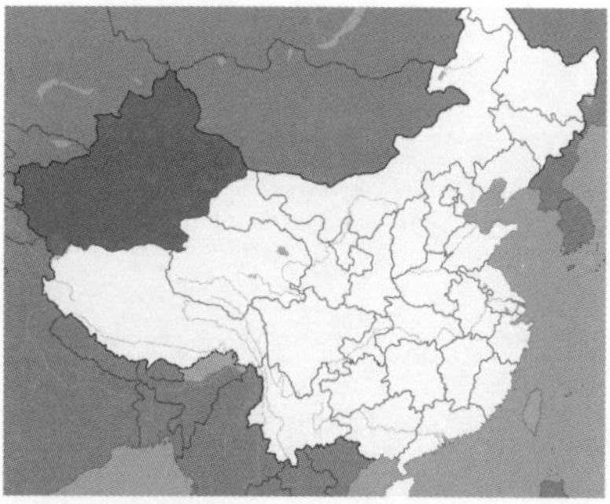

<그림 5-3> 티베트 자치구

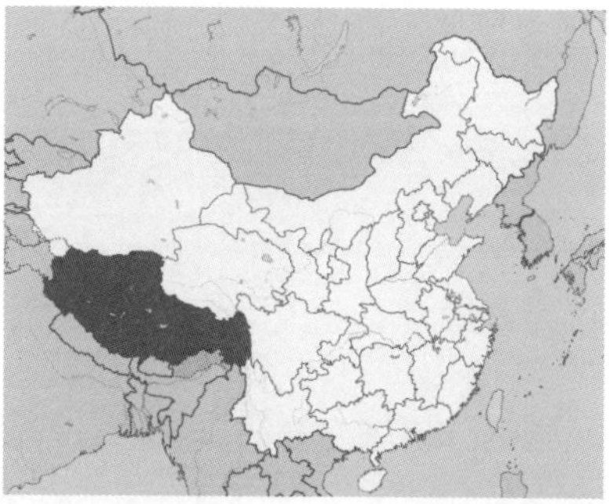

참고: 위구르인의 분리주의 운동 관련 최근 언론보도

"첨단 수용소로 변한 중국 신장 … 위구르인 수만 명 실종"

이집트 카이로에 유학했다 중국 신장위구르자치구 코를라(쿠얼러) 외곽의 집으로 돌아온 위구르인 청년은 지난봄 어느 날 경찰에 끌려갔다. 일곱 달이 지났지만, 그의 어머니는 아들로부터 아무런 소식도 듣지 못했다. 아들이 살았는지, 죽었는지도 알지 못한다.

중국 서부 신장위구르자치구에서 지난해부터 수천~수만 명이 경찰에 연행된 뒤 재판이나 법적 절차 없이 강제수용소 등에 수감돼 있다고 <에이피>(AP) 통신이 현지 취재와 해외 위구르인들과의 인터뷰 등을 토대로 17일 보도했다. 극단주의 사상을 가졌다거나 해외에 다녀왔거나 유학했다는 점 등이 이유다.

신장은 세계에서 가장 삼엄한 '경찰 통치 지역'이 됐다. 정교한 감시카메라와 검문, 첨단 정보통신 기술을 기반으로 한 데이터 수집과 감시 기술이 주민들의 일거수일투족을 촘촘하게 감시한다. 1000만 명의 위구르인은 잠재적 테러리스트, 반국가 세력으로 간주되고 있다

2009년 신장의 중심도시 우룸치(우루무치)에서 일어난 위구르인과 한족의 충돌, 2013~2014년 신장과 쿤밍 등에서 일어난 공격 사건 이후 통제는 계속 강화됐다. 특히 중국의 또 다른 소수민족 지역인 티베트 당서기를 역임한 뒤 지난해 신장 당서기가 된 천취안궈 서기는 분리주의 세력과 테러리스트 소탕을 내세워 '공포 정치'를 강화했다. 호탄(허톈)의 선전 담당 관리인 바오창후이는 <에이피>에 "우리가 이 일을 하지 않으면 몇 년 전과 같은 상황이 되풀이돼 수백 명이 목숨을 잃을 것"이라고 주장했다. 중국 당국은 위구르 무장세력들이 시리아 내전에서 이슬람 극단주의 세력에 가담해 싸우고 있다며 치안 강화 조처의 정당성을 강조한다. 하지만 해외로 망명한 위구르인 운동가들과 국제 인권기구는 중국 당국의 강압적 통치가 위구르인들을 극단주의에 기울게 하는 원인이라고 지적한다.

(출처: 『한겨레신문』 2017.12.18.일자)

한편, 티베트인들은 '티베트 자치구'(다른 말로 '시짱[西藏] 자치구'라고도 함)와 쓰촨성(四川省), 칭하이성(青海省) 등지에 흩어져 산다(위의 <그림 5-3> 참조). 티베트는 역사적으로 오랫동안 독립국가의 지위를 유지해 왔으나, 1949년 중화인민공화국의 수립과 함께 중국에 점령당한 후 통합되고 말았다. 티베트인들은 중국인의 지배에 항거하여 1959년 대규모 민중봉기를 일으킨 바 있는데, 당시 티베트인 8만여 명이 중국 군대에 의해 학살되었다고 한다. 그 후 티베트인들은 중국의 지배에 저항하는 독립운동을 지속적으로 전개해 왔으며, 2008년에도 대규모 시위가 일어났는데 당시 중국 정부의 무력진압으로 유혈사태로까지 번졌다.

중국은 특정 지역의 자치 요구나 분리 독립이 중국 전체의 통합을 저해하고, 중국이란 체제 전체의 와해로 이어질까 가장 염려한다. 중국이 티베트의 독립 문제나 신장 위구르 자치구에서의 위구르족의 소요사태에 매우 민감하고 과격하게 대처하는 데는 나름대로 이유가 있는 것이다.

소련의 사례

'소련'은 '소비에트 사회주의 공화국 연방(USSR, Union of Soviet Socialist Republics)'의 약자다. 소련은 1923년부터 1991년까지 70년 가까이 존속했다. 1917년 11월 러시아 혁명이 일어난 후 러시아에 공산주의 체제가 수립되었고, 그 후 1922년 12월에 러시아와 우크라이나, 벨로루시, 자카프카스 등 여러 개의 사회주의 공화국들이 통합되어 소비에트 사회주의 공화국 연방을 결성했다.

소련은 그 면적이 무려 2천240만 제곱킬로미터로 세계에서 가장 넓은 나라였으며, 해체 직전인 1990년 당시 인구가 2억9,100만으로 세계 3위였다. 그러나 소련은 그 국경 내에 150개 이상의 서로 다른 민족이 살고 있어 태생적으로 사회통합이 쉽지 않은 체제였다. 러시아인이 전체 인구의 50%가 넘는 주류 민족집단이었으나, 우크라이나인(15~16%), 우즈벡인(6%), 벨라루스인(3~4%), 카자흐인(2.9%), 아제르바이잔인(2.4%)의 수도 적지 않았다. 그 외에 전체 인구의 2% 미만인 소수민족으로는 아르메니아인, 타지크인, 조지아인, 몰도바인, 리투아니아인, 투르크멘인, 키르기스인, 라트비아인, 에스토니아인 등이 있었으며, 타타르인, 체첸인, 독일인, 유대인, 헝가리인 등도 살고 있었다. 소련은 15개의 '소비에트 사회주의 공화국(SSR, Soviet Socialist Republics)'으로 이루어져 있었는데, 1991년 12월 25일 소련이 붕괴되면서 이들은 모두 독립 국가가 되었다. (<그림 5-4> 참조할 것)

<그림 5-4> 소련의 해체

▶ 소련을 구성하던 15개의 공화국: 1.아르메니아, 2.아제르바이잔, 3.벨라루스, 4.에스토니아, 5.조지아, 6.카자흐스탄, 7.키르기스스탄, 8.라트비아, 9.리투아니아, 10.몰도바, 11.러시아, 12.타지키스탄, 13.투르크메니스탄, 14.우크라이나, 15.우즈베키스탄

영국의 사례

영국의 공식 국명은 '그레이트브리튼 북아일랜드 연합왕국(UK, United Kingdom of Great Britain and Northern Ireland)'이다. 이 명칭이 보여주듯이 영국은 여러 개의 국가가 연합한 왕국인데, 잉글랜드, 스코틀랜드, 웨일스, 북아일랜드, 이상 네 개의 나라로 이루어져 있다.

이 중에서 특히 스코틀랜드(Scotland)와 북아일랜드(Northern Ireland)는 잉글랜드(England)와는 역사적 배경과 전통이 다르고 주민들의 종교와 문화도 다르다. 뿐만 아니라 잉글랜드 사람들은 앵글로색슨인(Anglo-Saxons)인 반면, 스코틀랜드와 아일랜드 주민들은 주로 켈트인(Celts)으로 그 국민성도 다르다. 웨일스(Wales)는 일찍이 13세기부터 잉글랜드에 합병되었으나, 스코틀랜드와 북아일랜드는 오랫동안 독자적인 국가로 존립했었다.

그러나 1707년 잉글랜드가 스코틀랜드를 합병하여 '그레이트브리튼 왕국'을 수립했고, 1800년에는 다시 아일랜드마저 합병하여 '연합왕국'으로 확대되었던 것이다. 그 후 1921년에 아일랜드의 남부가 독립하여 독자적인 국가('아일랜드 공화국')로 분리해 나갔고, 아일랜드 북부만 연합왕국에 그대로 남게 되었다.

북아일랜드는 남부 아일랜드의 독립 이후 자신들도 계속 분리 독립을 주장해 왔으며, 이를 위해 무장투쟁도 불사하고 있다. 북아일랜드의 분리주의 운동은 강경 무장투쟁 세력인 '아일랜드공화국군(軍)(IRA, Irish Republican Army)'에 의해 주도되어 왔다. IRA는 1970년대 초부터 근 30년간 무장 테러를 포함한 폭력적 투쟁을 시도해 왔는데, 2005년 영국과의 협상을 통해 공식적으로 무장투쟁을 철회했다.

스코틀랜드의 경우는 북아일랜드만큼 폭력적이지는 않았으나 분리 독립을 향한 의지만큼은 그리 약하지 않다. 스코틀랜드는 1999년에 자치정부를 수립하고, 외교·국방을 제외한 거의 대부분의 국정 운영 권한을 영국 중앙정부로부터 이양 받았다. 한편 2011년 총선에서 승리한 '스코틀랜드 국민당(Scottish National Party)'은 당론으로 스코틀랜드의 분리 독립을 추진해 왔으며, 2014년 9월에는 독립 찬반을 묻는 국민투표를 실시하기도 했다. 결국 독립 반대 의견이 55%를 넘어 독립안은 부결되었으나, 스코틀랜드인의 분리 독립을 위한 열망은 쉽게 사그라들 것 같지 않다.

기타의 사례

이 외에도 다민족 사회, 또는 다양한 언어문화집단이 공존하는 다문화 사회인 프랑스, 스페인, 세르비아, 보스니아, 그리고 쿠르드(Kurd)족이 거주하는 터키, 시리아, 이라크 등등 세계 곳곳에서 이러한 소수민족에 의한 분리주의 움직임이 오늘날에도 끊임없이 일어나고 있으며, 이는 경우에 따라서 폭력적인 테러와 내전(內戰)으로 확대되기도 한다.

프랑스와 스페인에서는 바스크(Basque)인들이, 스페인에서는 카탈루냐(Catalunya)가 완전한 자치나 분리를 요구하고 있고, 인도네시아에서는 수마트라섬 북단의 아체(Aceh)인들이, 미얀마에서는 소수민족 집단인 샨족(Shan)과 카렌족(Karen)이, 스리랑카에서는 타밀족(Tamil)이 분리주의 운동을 펼치고 있다. 그리고 멕시코에서는 남부 치아파스(Chiapas)주의 분리 독립을 주장하며 사파티스타(Zapatista) 민족해방군이 주도하는 무장투쟁이 오랫동안 진행되고 있다.

발칸화와 그 사례

'발칸화(Balkanization)'란?

다민족·다문화 사회에서 발생하는 사회통합의 문제와 관련하여 '발칸화(Balkanization)'란 용어를 소개할 필요가 있는데, 이는 '어떤 나라나 지역이 서로 적대적인 여러 개의 작은 나라나 지역으로 쪼개지는 현상'을 말한다. 소련의 경우처럼 러시아라는 중심부 국가는 그대로 있고 주변부의 소수민족 지역이 분리되어 떨어져 나가는 사례는 발칸화에 포함되지 않으며, 한 나라가 '규모가 비슷한' 여러 개의 지역으로 분할될 때, 그리고 이들 분할되는 지역들이 서로 간에 적대적일 때, 이를 '발칸화'라고 부른다. 발칸화는 대개 그 분할 과정에서 엄청난 갈등과 대립, 전쟁과 야만적 폭력이 발생하기 마련이다.

'발칸화'란 용어는 발칸반도(Balkan Peninsula)에서 유래된 것이다. 발칸반도는 <그림 5-5>에서 보는 것처럼 유럽의 동남부 도나우(Donau)강(영어로 다뉴브[Danube]강) 남쪽의 지역을 일컫는 말로, 그리스, 불가리아, 알바니아, 마케도니아, 몬테네그로, 보스니아 헤르체고비나를 전부 포함하고, 세르비아와 크로아티아의 대부분을 포괄한다. 여기서 그리스, 불가리아, 알바니아를 제외하면 모두 과거에 유고슬라비아 연방을 구성했던 나라들이다.

<그림 5-5> 발칸반도 (*파란 실선 내)

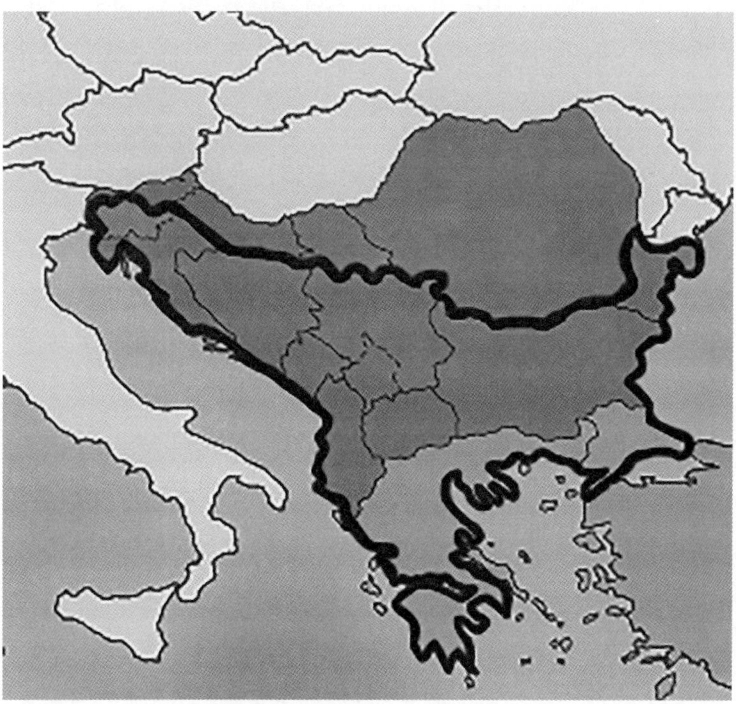

이 발칸반도에는 수많은 민족집단이 모여 산다. 그리고 이들이 믿는 종교도 가톨릭, 개신교, 이슬람교, 그리스 정교 등 제 각각이다. 그러다 보니 민족 간 분쟁이 끊이지 않고, 역사적으로 수많은 전쟁이 일어났다. 20세기 들어서만 해도 1912~1913년 발칸전쟁, 1914년 제1차 세계대전, 1991년 이후 유고슬라비아 내전 등이 일어났다. 1914년 제1차 세계대전은 발칸반도에서 발발했다.

최근에는 1991년 이후 '구(舊) 유고슬라비아 연방'이 수많은 나라로 쪼개지고, 각국에서 내전이 일어나고, 그 과정에서 민족말살과 인종청소가 자행되는 등 반인륜적이고 야만적인 상황이 연출되고 있다. 그리고 아직도 세르비아나 보스니아에서는 폭력적인 갈등이 계속되고 있다.

이처럼 다문화 사회에서의 사회의 분열과 해체를 그 사회의 '발칸화'라고 표현하는데, 민족 구성과 문화 다양성이 증대된 다문화 사회에서 많은 사람들이 이러한 '발칸화'를 크게 염려하는 것이다. 아래에서는 발칸화의 한 사례로 '구(舊) 유고슬라비아 연방'의 해체 과정을 간단히 소개한다.

유고슬라비아 연방의 분열

20세기 들어 '유고슬라비아 연방'의 성립과 변화과정을 요약하면 다음과 같다.

- 1918년: 제1차 세계대전의 종전으로 세르비아(Serbia), 보스니아 헤르체고비나(Bosnia and Herzegovina), 크로아티아(Croatia), 슬로베니아(Slovenia), 마케도니아(Macedonia), 몬테네그로(Montenegro), 이상 6개국이 통합하여 연합왕국을 수립했고, 그 국명을 1929년 '유고슬라비아 왕국'으로 변경했다.
- 제2차 세계대전: 이 지역은 독일, 이탈리아 등 추축국에 의해 점령되었으며, 요시프 티토(Josip Tito)가 이끄는 저항군이 추축국에 대항하여 게릴라전

을 수행했다.

- 1945년: 티토가 소련의 지원을 등에 업고, 위 6개국으로 구성된 '유고슬라비아 사회주의 연방공화국(줄여서 유고슬라비아 연방)'을 수립했다.

- 1974년: 세르비아 내의 보이보디나(Vojvodina)와 코소보(Kosovo)가 연방 직할 자치주로 승격되었다.

- 1980년 5월: 티토 사망(1943년부터 사망 시까지 37년간 일인 통치)

- 1987년: 슬로보단 밀로세비치(Slobodan Milosevic)가 공산당 서기장에 취임하여 '대(大)세르비아 민족주의'를 주창하면서 유고슬라비아 내전이 촉발되었다.

유고슬라비아 연방은 1990년 소련이 붕괴하고 동유럽 공산권이 해체됨과 더불어 함께 무너지게 된다. 1991년에 슬로베니아, 크로아티아, 마케도니아가, 1992년 4월에는 '보스니아 헤르체고비나'가 차례로 분리 독립해 나갔다. 그리고 남은 세르비아와 몬테네그로의 2개국, 보이보디나와 코소보의 2개 자치주가 새로이 '유고슬라비아 연방 공화국'을 결성했는데, 보통 이를 '신(新) 유고슬라비아 연방'이라 부른다(<그림 5-6> 볼 것).

<그림 5-6> 유고슬라비아의 해체

1992년 4월 '구(舊)유고슬라비아 연방'으로부터 독립한 '보스니아 헤르체고비나(Bosnia and Herzegovina)'는 당시 보스니아인(인구의 48%), 세르비아인(37%), 크로아티아인(14%)으로 이루어진 다민족 국가였다. 언어 또한 보스니아어, 세르비아어, 크로아티아어가 사용되고, 종교 또한 이슬람교(보스니아인), 세르비아 정교회(세르비아인), 가톨릭(크로아티아인)으로 갈라져 있었다.

이런 배경하에 소위 '보스니아 전쟁'이 1992년 4월부터 1995년 12월 사이의 기간 동안 벌어졌다. 이는 한편에는 무슬림인 보스니아인이 주도하는 신생 보스니아 공화국이, 다른 한편에는 보스니아 내의 세르비아인과 이들을 지원하는 '신 유고슬라비아 연방'이 서로 맞선 내전이자 국제전이었다. 이 전쟁의 와중에 밀로셰비치가 이끄는 세르비아 군대가 보스니아인을 대량으로 학살하는 등, 이 전쟁은 대학살과 인종청소 등 폭력으로 점철되었다. 최근의 조사에 따르면 이 전쟁으로 10만이 넘는 사람이 사망하고 220만 명의 난민이 발생했다 한다.

한편 1999년 3~6월에는 '신 유고슬라비아 연방'으로부터 코소보(Kosovo)의 분리독립을 주장하는 알바니아계 민병대와 세르비아 간에 내전이 일어났고 여기에 북대서양조약기구(NATO)와 러시아까지 가담했다. 이 '코소보 전쟁' 또한 보스니아 전쟁과 마찬가지로 내전이자 국제전이었다. 코소보의 주류 민족은 코소보인으로 전체 인구의 93~95%를 차지하는데, 이들은 알바니아계에 속하고 언어도 알바니아어를 사용한다. 나머지 주민은 세르비아인과 보스니아인이다. 이 때문에 코소보는 세르비아인이 주도하는 '신 유고슬라비아 연방'으로부터 독립하려는 것이고, 세르비아인들은 이를 막으려 하는 것이다. 이 전쟁에서도 수많은 사람이 피격되거나 학살되는 등 많은 인명피해가 있었다.

'신 유고슬라비아 연방'은 그 후 2003년 '세르비아 몬테네그로(Serbia and Montenegro)'로 개명했으나, 2006년 6월 몬테네그로가 분리 독립함으로써 다시 해체되었다. 남아 있는 세르비아 또한 여전히 사회통합에 어려움을 겪고 있는데, 코소보(Kosovo)가 2008년 2월에 분리 독립을 선언하고 111개 유엔 회원국으로부터 독립을 승인받았지만, 세르비아 정부는 이를 인정하지 않고 있다.

기타의 사회문제

문화 다양성과 정체성 위기의 문제

다문화 사회에서는 여러 측면에서 '정체성(identity, 아이덴티티)'의 위기가 발생한다. '정체성'이란 자기 자신에 대한 인식과 관념을 말한다. 외국인 이주민은 고향이나 본국을 떠나 낯선 곳에서 살아가게 되므로 자신의 정체성에 커다란 변화가 올 뿐만 아니라 경우에 따라서는 정체성의 위기를 경험하게 된다.

해외의 한국인 이민자들

미국 등 외국으로 이민 간 한국인 이민자들, 그리고 그들의 2세대, 3세대의 자식 세대들이 겪는 정체성의 혼란 문제는 우리 모두 익히 잘 알고 있다. 어릴 때부터 외국에 가서 살거나, 아니면 외국에서 태어난 2세대 이민자들의 경우 우리말도 서툴고 우리 문화에도 익숙지 않아 한국인으로서의 정체성을 찾기가 쉽지 않은 것이다.

국내의 외국인 이민자들

최근 들어 우리나라에 들어오고 있는 외국인 이주민들도 마찬가지다. 한국인 남편과 결혼하여 자식을 낳고 살아가는 결혼이주여성의 경우를 생각해보라. 이들은 과연 자신을 어느 나라 사람, 어느 문화집단에 속하고 있다고 규정할까. 우리나라에 오래 살면 살수록, 한국의 남편과 시가(媤家)의 가족·친족들과 어울려 살면 살수록, 자신의 원래의 집단 정체성과 새로이 획득한 새로운 정체성 사이에서 계속되는 혼란을 겪게 될 것이다.

다문화가정 자녀들

그리고 이들 다문화가정의 자녀들 또한 자신의 정체성에 심각한 혼란을 겪고 있다. 결혼이주민과 한국인 배우자 사이에 태어난 다문화가정 자녀들은 엄마와 아빠가 소속된 문화 공동체가 서로 다르므로, 어릴 때부터 이 두 문화 사이에서 문화적 갈등과 혼란을 겪으면서 자라왔다. 이들은 특히 학교에 들어가서 또래의 일반인 친구들과 어울리다 보면, 자신의 정체성을 어떻게 설정해야 할지 큰 갈등을 겪게 되고, 이것이 이들의 학업 소외와 따돌림, 정서불안정 문제 등으로 이어지게 된다.

한국의 내국민들

다문화 사회에서 정체성의 위기를 겪는 사람들은 외국인 이주민이나 다문화가족뿐만이 아니다. 다문화 사회에서 문화 다양성이 증대하면, 일반 한국 사회 구성원들인 내국민들도 자기 인식에 상당한 영향을 받는다. 문화 다양성은 우리에게 우리 자신의 문화, 우리 자신의 정체성을 되돌아보게 만든다. '자신에 대한 제대로 된 인식은 타 문화와 타 문화에서 온 사람들과의 상호작용에서 이루어진다.' 다른 문화와 다른 문화권에서 온 사람들은 우리에게 자신을 비추어 보는 거울이 된다. (사회심리학에서 말하는 거울자아[looking-glass self]의 개념을 생각해 보라.) 다른 외국인 이주민들과 어울리다 보면, 우리 자신의 정체성에 대해 다시 생각하게 되고, 과거와는 다른 관점에서 자신을 정의내리게 된다.

※ **참고사항: '거울자아(looking-glass self)'**

'거울자아 이론'은 미국의 사회학자 찰스 쿨리(Charles H. Cooley)가 1902년 제시한 개념이다. 우리는 자신의 모습을 제대로 알려면 거울을 바라본다. '거울자아'는 거울 속의 자신을 보는 것처럼, '다른 사람들이 보여주는 자신의 모습'을 통해 자신의 자아(self)와 정체성(identity)를 형성해 간다는 이론이다.

우리는 자신이 좋은 사람인지, 나쁜 사람인지, 자신에 대한 스스로의 자아상과 자아 정체성을 다른 사람과의 상호작용을 통해 형성해 나간다. 다른 사람이 자신의 행동을 긍정적으로 평가해 주면 자신도 이를 긍정적으로 받아들이고 스스로를 좋은 사람으로 생각하지만, 다른 사람이 자신을 부정적으로 평가한다고 느끼면 자신의 자아상도 부정적이 된다.

<그림 5-7> 찰스 쿨리(Charles Cooley)

<그림 5-8> 거울 자아(looking-glass self)

다문화 사회와 민족주의

앞에서 '다문화 사회에서는 우리 내국민의 정체성에도 변화가 일어난다.'고 했다. 그러한 우리의 자기 인식, 우리의 세계관에 일어나는 변화 중의 하나가 바로 '민족'에 대한 우리의 관념이다.

'단일민족'의 신화

우리나라 사람들은 오랫동안 우리 자신을 '단일 혈통의' '단일민족'인 것으로 스스로를 규정해 왔다. 그리고 아직도 여전히 우리나라에는 우리 사회의 동질성을 믿는 사람이 많다. 물론 세계 여러 나라와 비교해 보면 우리나라의 민족적 동질성, 민족 구성의 단일성은 매우 높은 편이다. 사실상 세계에서 가장 높다고 해도 과언이 아니다. 얼마 전에 세계 150여 개국의 민족적 동질성을 서로 비교하는 연구가 있었는데, 그 결과 한국은 아이슬란드(Iceland), 일본과 더불어 세계에서 그 민족적 동질성이 가장 높은 나라로 밝혀졌다.

그러나 (제6장에서 이를 다시 다루겠지만) 우리나라만 하더라도 수천 년의 역사 속에 수많은 민족이 들어와 살고, 다른 이민족과 교류하면서 살아왔다. 우리 성씨(姓氏) 중에는 중국 등 외국에서 유래한 성씨가 아주 많다.

또한 우리 문화의 대부분은 외부로부터 유입된 문화요소로 이루어져 있다. 우리 문화에서 종교가 차지하고 있는 비중이 얼마나 큰 지는 우리 모두 잘 알고 있다. 신라와 고려, 조선 시대를 거치면서 불교문화나 유교문화가 우리 삶에 미친 영향이 얼마나 크며, 최근에 들어와서는 서구로부터 유입된 개신교와 천주교(로마가톨릭)가 우리의 사고와 삶에 얼마나 많은 영향을 미치고 있는지 잘 알 것이다. 그런데 유교, 불교, 개신교, 천주교 등, 우리나라의 종교는 모두 외부에서 유입된 것이다.

우리 사회가 단일 혈통의 단일민족 국가란 것은 사실상 '신화(神話)'에 지나지 않는다. 또한 우리 문화도 원초적 순수성을 그대로 간직한, 동질적인 단일 문화가 아니었다. 물론 최근 들어 민족적, 종족적 다양성과 문화 다양성이 크게 증대한 것은 사실이지만, 과거의 우리나라도 (양적으로는 몰라도) 오늘날과 질적으로 차이 난 것은 아니었다. 과거의 전통적인 우리 사회도 본질적으로는 여러 민족과 문화집단이 경계를 넘나들며 서로 어울렸던, 기본적으로는 개방적인 사회요, 다민족·다문화 사회였던 것이다.

우리는 다만 오늘날에 와서야 비로소 '단일민족'의 신화, '혈통적 민족주의'의 이데올로기, '동질적 문화'라는 오해에서 깨어나, 현상형태 속에 가려져 있던 우리 사회, 우리 문화의 진면목을 깨닫게 되었을 뿐이다. '단일민족'이라는 '자기 규정(規定)'과 '우리 정체성의 인식'은 상당 부분은 '만들어진 신화'요 '이데올로기'이다.

민족에 대한 인식의 변화

이제 다문화 사회를 맞이해서 우리 국민들도 점점 (젊은 세대부터 시작하여, 그리고 다문화 집단과 자주 접촉하는 사람들부터 시작하여) 우리 자신을 바라보는 시각이 바뀌고 있고, 앞으로 더 많이 바뀔 것이다. 순혈주의적, 단일민족적 관점에서 우리 자신의 정체성을 정의하는 데서, 좀 더 다르게, 새로운 각도에서 스스로 정의하기 시작할 것이다.

실제로 최근 들어 우리는 한민족의 순수성 유지를 아주 중요한 가치로 내세우던 데서, 혼혈을 자연스레 인정하고, (우리 자신이나 자식들이 외국인과 결혼한다고 해도 과거처럼 아주 부정적으로 보던 자세는 많이 줄어들고 있고) 외국인의 귀화나 이중 국적에 대해서도 전보다 덜 부정적이 되었다. 이는 우리 자신을 규정하는 관점과 자세, 그리고 인식이 바뀌었다는 방증이다.

사실상 지난 근현대 세계 역사를 돌이켜 보면, 지나친 민족주의, 폐쇄적이고 배타적인 민족주의가 얼마나 많은 폭력과 야만성, 억압과 전쟁을 가져왔던지 잘 알 수 있다. 새로운 시대, 21세기의 글로벌 다문화 시대에는 우리의 민족주의, '민족'에 대한 우리의 관념에도 변화가 있어야 할 것이다. 이게 다문화 사회를 살아가는 우리의 새로운 과제 중 하나이다.

다문화 사회와 사회경제적 불평등

인류역사상 세계의 수많은 다인종·다민족·다문화 사회에서 수많은 집단 간 갈등과 대립, 소수집단에 대한 다수집단의 억압과 배제가 발생했다. 예컨대, 미국에서는 오랜 세월 동안 흑백 인종 간 갈등과 대립, 흑인에 대한 차별과 탄압이 일어났다. 최근 들어 아시아나 아프리카로부터 많은 이민자가 들어오고 있는 유럽의 국가들에서도 인종·민족집단 간 갈등, 사회의 주류 집단과 소수자 집단 간의 대립이 심각한 사회문제로 떠오르고 있다.

지난 2005년에는 프랑스에서 알제리 이민자들에 의한 소요사태가 발생했는데, 20일간 이어진 소요에서 이민자들에 의한 방화와 폭력사태가 프랑스 전역에서 벌어졌다. 그 결과로 두 명의 사망자를 포함, 수백 명의 사상자가 발생했고, 차량 9천여 대가 불탔으며, 프랑스 정부는 3개월이 넘는 기간 비상사태를 선포했다(자세한 것은 제11장 참조). 프랑스의 이민자 폭동과 같은 상황은 다른 여러 나라에서도 발생하고 있다.

이러한 상황은 왜 발생하는 것인가. 이러한 사회적 대립과 폭력사태는 문화적 갈등 때문에 발생하는가. 사실 문화적 갈등만으로는 이것이 사회경제적 갈등으로 비화(飛火)하는 경우는 드물다. 대개는 그 반대로 사회경제적 갈등이 문화적 갈등을 가져온다. 사회경제적 불평등이나 빈곤이 문제가 되면, 그 결과로 문화집단이 자신의 문화적 정체성을 주장하면서 갈등을 일으키는 것이다.

사회경제적 불평등과 문화다양성, 이 둘 사이에는 이처럼 긴밀한 관계가 있다. 사회경제적 불평등이 커지면 커질수록, 사람들은 배타적인 자신만의 문화와 정체성 속에서 피난처를 찾으려 한다. 그리고 그러면 그럴수록 문화와 정체성의 폐쇄성, 배제와 분리, 차별과 억압성이 커진다. 그리고 동시에 '문화적 게토화'가 확대 증가한다.

게토화

'게토(ghetto)'란 원래 중세 이후 유럽 각 지역에서 유대인을 격리·수용하기 위해 설정해 놓은 유대인만의 특별 거주지역을 뜻하는데, 현대에 와서는 흑인 등 소수자 집단(소수 인종, 민족, 종교집단)이 집단적으로 거주하는 도시 내의 하층민 지역을 말한다. '게토화'란 이처럼 소수 인종이나 소수민족·종족, 문화집단이 지역적으로 분리되고 고립되어 섬처럼 따로 공동체를 이루고 살면서, 사회경제적으로 소외와 차별, 그리고 빈곤을 경험하는 상황을 말한다. 다민족·다문화 사회, 문화 다양성이 증대되는 사회에서는 게토화의 염려가 크며 이것이 사회적 불안과 갈등으로 이어진다.

참고: 교육현장의 게토화에 관한 최근 언론보도

"토박이 학생들 떠난 동네, 게토화 우려 … '갈라지는 교실'"

(사례) 초등학교 6학년 딸을 둔 김은영(44·여·가명)씨는 올해 초 서울 금천구에서 경기 김포시로 이사했다. 오랫동안 금천구에 살았지만 4~5년 전부터 중국동포가 급격히 늘면서 딸아이의 학교를 옮겨야겠다는 생각이 들어서다. 김씨는 "딸 가진 부모 입장에서 아무래도 아이의 안전이 걱정됐다"며 "조선족(중국동포) 학생이 많아지면서 우리처럼 다른 지역으로 떠난 집이 많은 것으로 안다"고 말했다.

한국 사회의 '다문화'는 부인할 수 없는 흐름이지만 교육현장에는 여전히 다문화에 대한 막연한 두려움과 근거 없는 편견이 팽배하다. 어린 학생뿐 아니라 학부모들까지 다문화가정 학생·학부모를 경계하고, 이들을 받아들이지 못해 학교를 옮기는 사례가 늘고 있다. 이 같은 인식이 변하지 않으면 다문화가 미래 경쟁력이 아니라 사회 통합과 발전을 저해할 수 있다는 게 중론이다.

◆ 다문화 학생 10만 넘었는데… 차별은 여전

[2017년 11월] 1일 교육통계서비스에 따르면 올해 전국 다문화 초·중·고 학생은 10만9387명으로, 지난해[2016년]보다 1만201명(10.3%)이 늘었다. 다문화 학생은 2012년 첫 조사 이후 꾸준히 증가해 2017년 처음으로 10만 명을 넘어섰다. 전체 학생 중 다문화 학생 비중도 1.9%까지 올랐다. 학교 급별로는 초등학생이 3.1%로 가장 높고 중학생이 1.2%, 고교생이 0.6%다.

문제는 다문화 학생이 계속 늘면서 이들이 겪는 차별이나 부적응 현상이 심화하는 데 있다.

◆ 일반 학생 떠난 학교로 몰리는 다문화 학생

학교에 적응하지 못하거나 차별을 당하는 등의 이유로 학업을 중단하는 다문화 학생도 상당수다. 서울시교육청에 따르면 지난해 다문화 학생 학업 중단율은 초등생 1.24%, 중학생 1.69%, 고교생 2.76%로 학교 급이 올라갈수록 높아졌다. 이는 일반 초·중·고 학생의 학업 중단율이 각각 0.98%, 0.96%, 1.35%인 것과 비교할 때 많게는 2배 가까이 높은 수준이다.……

일반 학생들은 면학 분위기나 안전 등을 우려하며 다문화 학생 비율이 높은 학교를 떠나고, 다문화 학생들은 적응하기 쉽다는 이유로 오히려 다문화 비율이 높은 학교로 몰리는 상반된 현상도 나타난다.

◆ 고심 깊은 교육당국… "인식부터 변해야"

다문화 학생과 일반 학생의 학부모 간 교류도 녹록지 않다. 서울 금천구 C초등학교에서 학부모회장을 맡은 유영숙(44·여·가명)씨는 "학부모회 차원에서 다문화 학부모의 참여를 계속 독려하지만 일을 하러 가는 경우가 많고, 한국에 온 지 얼마 안 된 분들은 시간이 있어도 참여를 잘 안 한다"고 말했다. 유씨는 "(한국인) 학부모 중에는 중국에서 온 분들이 공중도덕 개념이 별로 없다며 만나길 꺼리는 사람도 있다"고 덧붙였다.

상황이 이렇다 보니 다문화 학생 비율이 높은 일부 지역이 '게토화'할 수 있다고 우려한다. 게토는 제2차 세계대전 당시 유대인 격리지역에서 비롯된 이름으로 소수 인종이나 종교집단이 거주하는 구역을 가리키는 말이다.

이를 바라보는 교육당국의 고심도 깊어지고 있다. 서울시교육청의 한 관계자는 "아무리 좋은 다문화 교육정책을 들고 나와도 학생과 학부모들이 다문화에 편견을 가지고 있으면 소용이 없다"며 "교육청이나 학교뿐만 아니라 지역사회의 노력이 절실한 상황"이라고 말했다.

(출처: 『세계일보』 2017.11.01.일자)

2. 다문화 사회의 정책 대응

다문화 사회의 사회문제에 대응하는 방향

어떤 사회라도 체계적이고 구조적인 사회불평등이 장기간 지속될 때는 그 사회는 인간 공동체로서의 결속력과 활력을 잃게 되고, 사람들의 갈등과 불만이 고조되어 사회 전체가 불안정하게 되며 심각한 위기가 발생하게 된다. 그리고 결국에는 단일의 공동체로서의 가치체계와 의식이 손상되고, 사회의 분열과 해체로 이어질 수 있다. 특히 사회구성이 복잡한 다민족·다문화 사회에서 앞서 논의한 여러 가지 사회문제가 발생했을 때는 더욱 그러하다.

다민족·다문화 사회에서 '주류 민족 집단'과 '소수민족(ethnic minority) 집단' 간에는 문화적 갈등과 사회경제적 불평등이 발생하기 마련이다. '주류 민족집단'은 사회적·경제적·정치적 권력을 배타적으로 장악하고 있는 반면, 여기에서 배제된 '소수민족 또는 문화적 소수자(minority) 집단'은 사회적으로 주변화(marginalize)된다. 그리고 이러한 소수집단의 주변화와 사회적 배제는 이들의 '게토화', 더 나아가 이들의 지역적 분리주의 운동을 촉발시키기도 한다.

예컨대, 미국에서는 앵글로색슨계 백인이, 중국에서는 한족이, 한국에서는 한민족이, 말레이시아에서는 말레이인이 주류 민족집단이고, 미국의 흑인과 히스패닉, 중국의 55개 소수민족, 한국의 결혼이민자와 외국인 근로자, 말레이시아의 중국인과 인도인이 소수자 집단인 것이다. 유럽의 경우 토착 유럽 백인은 주류 지배 집단이고, 이민자나 난민들은 소수자 집단이다. 이들 주변화된 소수민족 집단이 일정한 지역에 오랫동안 함께 거주할 경우 이들의 갈등과 불만은 조직적인 분리주의 운동으로 발전된다. 중국의 티베트인들과 위구르인들이, 스페인의 바스크(Basque)인들이, 터키·이란·이라크·시리아의 쿠르드(Kurd)인들이, 모로(Moro)인이라 불리는 필리핀 남부 민다나오의 무슬림계 주민들이, 인도네시아 북(北)수마트라의 아체(Aceh)인들이, 스리랑카의 타밀(Tamil)인들이 바로 그 예가 된다.

다문화 사회의 사회정책의 네 가지 방향

민족국가 형성(nation-state building)의 과정에서 이들 주변부적 민족과 종족집단에 대한 사회통합의 문제는 국가발전 및 민주주의 발전과 관련하여 적지 않은 정치적 과제를 제기한다. 다민족·다문화 사회가 사회경제적으로 발전하고 정치적으로 민주화되려면, 민족이나 문화에 따르는 사회적 분단선이 완화되고, 이 분단선에 따르는 차별이 해소되거나 약화되며, 이 분단선 양쪽에서 서로 대립하는 집단 간의 갈등이 민주적 경로를 통해 해결되어야 할 것이다. 그러나 실제로 이는 쉬운 일이 아니다.

다민족·다문화 사회에서 민족형성(nation-building) 및 국가형성(state-building)과 관련하여 소수민족과 소수자 집단에 대한 사회정책의 방향은 <표 5-2>가 보여주는 것처럼 대략 네 가지 유형으로 나눌 수 있다. <표

5-2>의 네 가지 유형은 후안 린츠와 알프레드 스테판이 만든 것을 설명의 편의를 위해 적절히 수정한 것이다. 참고로 후안 린츠(Juan Jose Linz, 1926~2013)는 독일 태생의 스페인의 정치사회학자로 줄곧 미국에서 활동했으며, 권위주의 및 전체주의 정치체제와 민주주의에 대한 연구로 유명하다. 알프레드 스테판(Alfred C. Stepan, 1936~2017)은 미국의 정치학자로 비교정치체제와 민주주의에 대한 전문가다.

<표 5-2> 다민족 정치체제에서 국가형성, 민족형성, 민주주의 발전 전략의 유형

민족형성 전략 (주민과 민족 간의 관계)	국가형성 전략 (소수민족·소수집단에 대한 정책)	
	배제적 전략 Exclusionary strategy	포용적 전략 Inclusionary strategy
주민과 민족 간의 일치 추구 (민족·문화의 동질성 추구)	· 자발적 출국 유도 · 강제적 추방 · 인종 청소	· 동화(assimilation)
주민과 민족 간의 불일치 허용 (민족·문화의 다양성 전제)	· 분리와 배제 · 차별과 억압	· 통합(integration)

출처: Linz and Stepan, 1996의 표 20.9를 활용하여 그 내용을 적절히 변형함

위의 표는 다민족·다문화 사회에서 민족(nation)의 형성에 두 가지 전략적 방향이 있고, 국가(state) 형성에도 두 가지 전략적 방향이 있다고 보고, 이 둘을 결합해서 4가지 유형의 민족국가(nation-state) 형성 전략을 제시한 것이다. 원래 린츠와 스테판의 의도는 이것이 그 사회의 민주주의 발전에 어떤 의미와 교훈을 주는가를 확인하는 것이었는데, 이 책에서는 4가지 유형의 전략의 성격과 내용에 주목해서 보도록 한다.

먼저 '민족형성(nation-building)' 전략은 그 사회의 구성원인 '주민(demos)'과 '민족(nation)' 간의 관계를 어떻게 바라보느냐, 그리고 어떤 방향으로 둘 간의 관계를 조정하고자 하는가를 중심으로 나뉜다. (여기서는 원래 린츠와 스테판이 'demos'라 부르는 것을 '주민'이라 번역했는데, 이는 정확하게는 '어떤 지역에 사는 사람들' 또는 '인민[人民]'을 뜻한다.) 즉, 이 전략은 '주민과 민족 간의 일치를 추구하는가,' 아니면 '양자 간의 불일치를 허용할 것인가,' 이 두 가지로 나뉜다. 여기서 전자는 '민족의 동질성'을 추구하는 전략이라 볼 수 있고, 후자는 '민족의 다양성'을 추구하는 전략이라 볼 수 있다.

다음으로 '국가형성(state-building)' 전략은 소수민족(ethnic minority)이나 소수집단(minority group)에 대해 포용적 전략을 택할 것인가, 아니면 배제적 전략을 택할 것인가, 이 두 가지로 나뉜다. 이렇게 해서 도출되는 '다문화 사회의 사회정책'의 네 가지 전략적 방향은 다음과 같다.

① 민족·문화의 동질성을 추구하면서 소수민족·집단에 대해 배제적인 전략:

이 전략에 입각한 사회정책은 기본적으로 가능하면 민족국가의 순수성과 동질성을 유지하려 하고, 그 수단은 경우에 따라 상당히 비인간적이거나 폭력적일 수 있다. 이런 입장에서는 국가는 가능하면 이민자나 난민들을 받아들이려 하지 않을 것이고, 불가피하게 이민자가 유입되고 난민이 발생하더라도 이들이 적절한 시기에 자발적으로 출국하도록 유도하거나, 그것이 어려우면 강제로 추방하는 조치를 취할 것이다.

이러한 전략하에서 나타나는 가장 폭력적이고 비인간적인 정책수단은 소수민족이나 인종을 완전히 말살해 버리는 소위 '인종 청소(ethnic cleansing)' 또는 '집단학살(genocide)'이다. 앞서 다룬 유고슬라비아 내전에서 있었던 대량 학살이나 아프리카의 르완다(Rwanda)에서 있었던 후투족의 투치족에 대한 종족 말살도 그 예가 되고, 멀리는 나치 독일의 유태인 대학살도 인종 청소에 해당한다.

참고: 르완다 집단학살(genocide in Rwanda)

1994년 아프리카 르완다(Rwanda)에서 내전 중에 후투족(Hutu)들이 투치족(Tutsi)과 후투족 내 온건파들을 대량 학살했다. 이 일로 약 110만여 명의 투치족이 살해당했다. 당시 르완다 전체 인구는 775만 명이었고, 그 중 약 89%가 후투족, 나머지는 투치족이었다.

② 민족·문화의 다양성을 허용하지만 소수민족·집단에 대해 배제적인 전략:

이 전략은 그 사회 구성원들의 민족적·문화적 다양성을 받아들이기는 하나, 소수민족과 소수자 집단을 주류 민족 집단과 분리해서 다루고자 한다. 비록 여러 가지 내부적 또는 외부적 요인에 의해 민족구성의 다양성과 문화 다양성의 상황을 받아들이기는 하지만, 이 전략은 그러나 다문화적 상황을 아주 바람직한 것으로 여기고 '적극적'으로 수용하는 것이 아니라 어쩔 수 없이 '수동적'으로 수용하는 편이다.

또한 소수민족과 소수자 집단에 대해서 이들을 주류 민족 집단과 동등하게 취급하고 동일한 사회경제적·정치적 기회를 주려 하지 않는다. 오히려 이들을 이러한 사회적 기회구조에서 가능한 배제하려 하고, 특히 공적 영역에서는 이들을 주류 민족집단과 완전히 분리하고 차별한다. 그리고 이러한 분리와 차별이 경우에 따라서는 매우 억압적 정책으로 나타나기도 한다. 역사적으로 가장 대표적인 예는 미국의 흑백 인종 분리와 흑인에 대한 차별정책이다.

③ 민족·문화의 동질성을 위해 소수민족·집단을 주류 문화집단에 동화시키는 전략:

이 전략은 그 사회의 민족과 문화의 동질성을 유지하기 위해 소수민족이나 소수자 집단을 주류 지배집단에 흡수하거나 끌어안아 하나의 집단으로 만들려는 것이다. 이를 위해 사회를 구성하는 여러 소수자 집단 또는 하위집단의 서로 다른 문화가 가장 지배적인 주류 문화에 흡수되어 하나가 되는, 즉 문화적 '동화(同化, assimilation)'의 과정을 밟게 된다.

이러한 '문화적 동화' 과정은 자발적이고 평화로운 과정일 수도 있지만, 억압적이고 폭력적일 수도 있다. 문화적 '동화'의 과정이 '흡수를 당하는' 소수자 집단에 의해 자발적으로, 그리고 자연스럽게 이루어질 경우에는 '포용(inclusion)'이라는 긍정적 용어로 표현될 수 있을 것이다. 그러나 소수민족이나 소수문화 집단이 주류 지배집단에 흡수되거나 동화되는 것을 원하지 않더라도 동화가 이루어지기도 하고, 그 과정이 경우에 따라 매우 억압적으로 이루어지기도 한다.

④ 민족·문화의 다양성을 허용하면서 소수민족·집단을 사회 전체에 포용하는 전략:

이 전략은 소수민족과 소수자 집단의 문화와 정체성을 그대로 유지하도록 허용하면서도 사회 전체의 통합을 유지하는 전략이다. 이는 아마 4가지 정책 방향 가운데 가장 바람직하고 민주적인 전략이라고 평가되지만, 현실 세계에서 그리 쉽지 않은 전략이다. '다문화주의'의 기준에서 볼 때 가장 바람직한 '다문화주의' 전략이기도 하다.

그러나 우리나라와 같은 민족적 동질성이 높고 주류 민족의 역사적·문화적 전통이 뿌리 깊은 나라에서 단시일 내에 민족적, 문화적 다양성을 허용하는 게 가능한가, 그리고 바람직한가, 더 나아가 이민자나 외국인을 우리 사회에 포용하는 데 들어가는 '사회적 비용'은 어떻게 할 것인가 하는 문제는 그리 간단한 문제는 아니다.

다문화 정책의 유형

이상과 같은 네 가지 민족국가의 형성 전략과 민주주의 발전의 전략에 입각해서 우리는 여러 가지 다문화 사회의 공공정책의 유형을 생각해 볼 수 있다. 아래에서는 이 중 가장 대표적인 세 가지 정책을 비교해서 소개하려 한다.

분리/배제 정책

분리(segregation)와 배제(exclusion) 정책이란 한 사회 내의 문화적 소수자(minority) 집단(소수 인종, 민족, 종족, 언어, 종교집단)을 인정하지 않고, 가능한 한 배제하거나 최소화하려는 정책이다. 이 정책은 이들 소수자들을 주류집단이 지배하는 사회경제적, 문화적 권리와 혜택으로부터 배제하려 하고, 더러는 소수자 집단에 대한 차별적 대우도 마다하지 않는다.

역사적으로 가장 잘 알려진 분리/배제 정책은 미국의 흑백 인종분리와 흑인에 대한 차별 정책을 들 수 있다. 남아프리카공화국의 아파르트헤이트(Apartheid) 또한 인종차별 정책의 대표적인 예가 된다.

참고: 아파르트헤이트(Apartheid)

'아파르트헤이트'는 과거 남아프리카공화국의 백인 정권에 의해 실시되었던 흑백 인종 분리, 흑인 등 유색인종에 대한 백인의 차별정책을 말한다. 이는 1948년 법률에 의해 실시된 이후 1994년 4월 넬슨 만델라(Nelson Mandela)가 대통령에 당선되면서 폐지되었다.

아파르트헤이트는 모든 주민을 백인, 흑인, 유색인, 인도인 등 여러 개의 인종 등급으로 분류하고, 인종별로 거주지 분리, 출입구역 분리, 통혼 금지 등 매우 억압적인 분리와 차별을 실시했다.

외국인 이민자에 대한 분리/배제 정책

보통 이주노동자를 포함한 외국인 이민자에 대한 초기 정책은 대개 분리/배제 정책으로 시작된다. 그리고 분리/배제 정책은 처음에는 '자발적 출국 유도'(위 4가지 전략 중 유형①)라는 온건한 정책을 포함한다.

1960년대에 독일 등 서유럽 각국에 아시아·아프리카로부터 이주노동자의 유입이 시작되었을 때, 그리고 1980년대 말 우리나라에 이주노동자가 들어오기 시작했을 때, 처음에는 이주노동자를 일정 기간만 체류케 하여 국내의 부족한 노동력을 보충하고 계약이 종료되면 본국으로 돌려보내는 정책을 택했다. 이 단계에서는 이주노동자를 굳이 주류 사회에 동화시키려 시도하지 않고, 가능한 한 이들의 문화가 주류 문화를 오염시키지 않고 특정한 지역에서만 유지되도록 제한하는 조치를 취한다. 그러나 이들이 시간이 지나도 본국으로 돌아가지 않고 계속 체류하게 되고, 이들의 체류가 장기화되면서 주류 민족집단과의 공존이 중요한 사회문제로 부상하면, 그 다음에 자연스레 시도되는 것이 바로 분리/배제 정책이다.

우리나라의 경우 현재 '외국인 근로자 고용허가제'를 시행하고 있는데, 이것도 기본적으로는 외국인에 대한 분리/배제 정책에 속한다. 분리/배제 정책은 자칫하면 앞에서 말한 소수자 집단의 사회경제적 불평등과 차별, 그리고 이들의 '게토화'를 초래하기 쉽다. 더 나아가 이들 소수자 집단(외국인 이민자 집단을 포함한)의 사회적 불만과 좌절을 증폭시켜 그 사회의 '발칸화', 사회의 해체와 분열을 가져올 개연성이 높다.

동화주의 정책

역사적으로 대부분의 정치공동체는 소수자 집단과 그 문화가 존재할 때

이를 다수자 문화에 흡수하고 동화(同化)하려는 시도를 해 왔다. 다민족·다문화 사회에서 다양한 소수자 집단과 그 문화를 주류 문화에 흡수하고 통합시키려는 경향을 동화주의(同化主義, assimilationism)라 부른다.

동화주의는 외국인 이민을 쉽게 받아들이고 개방적이기는 하지만, 이민자들은 새로운 국가에서 내국민과 같은 존재로 그들의 언어를 사용해야 하며 주류 문화를 받아들이는 것을 당연시하게 된다. 그 결과 외국인 이민자들은 자신의 고유한 문화적 정체성을 포기하고 주류 문화에 용해되도록 요구받는다. 그 대표적인 모델이 과거 미국의 '멜팅 팟(melting pot),' 즉 '용광로' 정책이며, 역사적으로 많은 사회에서 이러한 동화주의 정책이 시행되었다. 현재 우리나라의 경우 '결혼이민자'에 대해서는 동화주의 정책이 시행되고 있다고 볼 수 있다.

동화주의 정책은 다문화 사회에서, 문화 다양성이 증대하는 상황에서 그 사회의 '발칸화'를 예방하고 사회의 통합을 유지하려는 의도에서 추진되는 것이다. 그러나 외국인 이민자나 소수 인종·민족집단 등 사회의 소수자 집단에 대한 사회경제적 차별과 배제가 계속되고, 이들의 빈곤과 불평등이 계속 재생산될 경우, 이들은 자신들의 사회경제적 삶의 기회구조를 개선하기 위해서라도 자신들의 문화와 정체성을 정치적으로 인정받기를 더욱 더 요구하게 될 것이다. 그 결과는 사회의 통합보다는 불안정과 해체로 이어지게 될 개연성이 더 큰 것이다. 동화주의 정책이 소수자 집단의 사회경제적 불평등 해소 및 문화적 인정과 병행하지 않을 경우, 그 정책이 원래 지향했던 정책 목표는 달성하기 쉽지 않다.

다문화주의 정책

위의 두 가지 정책기조와 달리 '다문화주의(multiculturalism)' 정책은 한 사회 내 소수자 집단의 존재를 인정하고, 이들의 문화와 정체성을 공인하며, 소수자들의 문화적 권리를 존중하고, 가능한 한 소수자 집단의 사회경제적·정치적·문화적 불평등을 완화시킨다는 정책 목표를 설정한다. 여러 다양한, 서로 다른 문화와 정체성의 존재를 인정한다는 점에서, 즉 문화의 다원성(多元性)과 복합성(複合性)을 인정한다는 점에서 동화주의 정책보다는 시대적으로 진일보한 정책이라 할 수 있다. 이러한 다문화주의 정책의 효시는 1971년 캐나다 정부가, 1972년 호주 정부가 처음으로 공식적으로 문화 다양성을 인정하는 국가정책을 편 데서 찾을 수 있다.

그러나 제4장에서 살펴보았듯이, '다문화주의'의 관점도 '자유주의적 다문화주의', '다원주의적 다문화주의', '비판적 다문화주의' 등으로 나뉜다. 마찬가지로 다문화주의 사회정책도 그 성격이나 내용에 따라 이런 여러 가지 유형으로 나눌 수 있으며, 각 유형의 정책은 그 정책의 궁극적 지향점과 실제로 사용하는 정책수단이 조금씩 다르다.

학습정리

이 장에서 우리는 다문화 사회에서 발생할 수 있는 여러 가지 사회문제, 특히 사회의 분열과 해체의 문제, 정체성 혼란과 위기의 문제, 사회경제적 불평등과 문화적 차별의 문제 등을 살펴보았다. 다문화 사회에서의 이러한 사회문제에 대처하기 위해 세계 각국은 지금까지 분리와 배제 정책, 동화주의 정책, 다문화주의 정책 등 다양한 사회정책을 펴 왔다.

6 민족, 민족주의와 다문화주의

학습개요

1. 단일민족의 신화와 국사
2. 민족과 민족주의의 개념
3. 민족주의의 근대성과 그 역사

학습목표

1. 우리 민족이 아주 오랜 옛날부터 단일민족이었다는 주장이 과연 역사적 사실과 어느 정도 부합하는지 살펴본다. 또한 '한민족'의 개념과 '국사'가 언제, 어떻게 만들어졌는지 알아본다.
2. 민족과 민족주의의 개념, 그리고 이와 관련된 여러 다른 개념에 대해서 알아본다.
3. 민족과 민족주의가 형성된 세계사적 전개과정을 살펴본다. 민족주의의 이념과 운동이 근대에 와서 나타난 현상임을 이해한다.

1. 단일민족의 신화와 국사

단일민족의 신화

우리는 지금까지 줄곧 4천여 년 전 단군왕검이 세운 고조선으로부터 우리나라의 역사가 시작된다고 배웠다. 그리고 그때로부터 우리 한(韓)민족이 시작된다고 들어 왔다. 또한 우리는 우리 민족을 혈통, 언어, 신화, 역사, 전통, 풍습 등을 공유하는 구성원들로만 이루어진, 매우 동질적인 인간집단으로 간주하고 있다. 요즈음 우리나라가 다민족·다문화 사회로 이행하고 있다고 하는데, 그러면 과거에는 '단일민족·단일문화 사회'였다는 것인가. 과연 이러한 우리의 기존의 관념과 상식이 어느 정도까지 역사적 사실에 부합할까.

우리나라 고대 국가의 형성 기원이 고조선까지 닿는 것은 아마도 역사적 사실일 것이고, 또한 그 오래 전인 구석기 시대부터 한반도에 사람이 살고 있었다는 고고학적 발견이 이어지고 있다. 그러나 과연 고조선을 이루었던 민족·종족 집단이 그대로 오늘날 우리 민족의 시조가 되는 것인지, 그리고 고구려·백제·신라를 이루었던 삼국의 주민들이 그대로 천 년 이상 세대와 세대로 이어지면서 현재의 한민족을 이루었는지, 또 우리 민족은 모두 하나의 혈연으로 이어진, 동질적인 일종의 친족집단인 것인지, 이런 질문에 대한 대답은 그리 쉽지 않다.

한민족의 기원

우선 우리 민족이 하나의 혈연 공동체였는가 하는 문제부터 살펴보자. 이 지구상에 혈연적으로 단일한 국가는 사실상 존재하지 않는다. 현대의 한국인도 여러 다양한 혈연적 기원으로 형성되었다. 단군신화에도 단군이 한민족의 생물학적 조상이라는 내용은 없다. 뒤에 다시 논의하겠지만, 일제 강점기에 일본의 식민지배에 저항하기 위한 '저항적 민족주의'의 일환으로 강조된 일종의 신념이 '하나의 혈연 공동체로서의 한민족'을 강조하게 되었고, 국조(國祖) 단군은 이러한 혈연집단의 조상처럼 만들어진 것이다.

우리 한민족의 기원에 대한 기존의 관점은 우리 민족이 북방 기마민족의 후예로서 단일민족이라는 것이다. 그러나 최근 아시아 여러 민족의 유전자를 분석해 밝혀낸 바에 따르면, 한민족의 기원에는 남방의 농경민족과 북방의 기마민족의 유전적 요소가 대략 6대4 정도의 비율로 섞여 있다고 한다. 6~7만 년 전 동부 아프리카에서 출발한 인류의 조상이 인도 북부를 거쳐 동남아에 정착했는데, 이들이 한국인의 뿌리라는 것이다. 이들 중 일부는 북쪽으로 이동하여 만주를 거쳐 한반도로 들어왔고, 다른 일부는 중국 남부와 도서부를 거쳐 한반도 남부로 들어왔다고 한다. 북방 민족과 남방 민족이 한반도로 흘러들어와 한민족의 기원을 이루었다면 우리 민족은 그 기원부터가 단일민족은 아닌 셈이다.

역사 이전의 한민족의 기원에서뿐만 아니라 그 이후 역사에 기록된 여러 왕조국가, 즉 고구려·백제·신라와 고려, 조선 등의 민족 구성을 살펴봐도 우리 민족이 '혈연적 단일민족 공동체'란 것은 역사적 사실과 거리가 있다는 것을 알 수 있다. 최근의 고구려사 논쟁으로 인해 이제는 널리 알려져 있지만, 고구려는 한민족뿐만 아니라 말갈족, 거란족, 선비족, 한족 등 여러 민족으로 구성된 다민족 국가였다. 발해 또한 마찬가지로 고구려 유민과 말갈족으로 구성된 복합민족 국가였다.

외래 귀화인과 한국의 성씨

또한 삼국시대 이래 우리나라에는 많은 외국인들이 귀화하여 우리 민족 공동체의 일원이 되었다. 특히 백제와 신라는 대륙 실크로드와 해양 실크로드의 끝자락으로, 서구에서 시작하여 중앙아시아와 북중국을 거쳐 들어오는 대륙 실크로드의 문화와 남쪽으로 아라비아, 남아시아, 동남아시아, 남중국 등을 거쳐 들어오는 해양 실크로드의 문화가 만나는 마지막 종착점이었다. 그런 까닭에 아랍인을 포함해서 많은 외국인들이 모여들고 서로 교류했으며 그 중 일부는 정착하기도 했다.

고려와 조선 또한 배타적·폐쇄적 민족주의를 여전히 고수하고 있는 현대 한국사회와는 대조적으로, 지금보다 외국인에게 훨씬 더 개방적이고 포용적이었다. 고려와 조선 모두 외국인들의 귀화에 관대했으며, 이런 이유로 중국인을 포함하여 많은 외국인들이 귀화했던 것이다. 특히 중국의 왕조 교체기 등 정치적 격변기마다 많은 중국인들이 한반도로 흘러들어와 새로운 한국 성씨(姓氏)의 기원을 이루었다.

참고사항: 역사 속의 유명 귀화인

· **허황옥**: 인도 아유타국의 공주로 서기 48년 한반도로 건너와 금관가야의 시조 김수로 왕의 왕후가 됨. 슬하에 10명의 왕자가 있었으며 그 중 두 명은 어머니의 성(姓)인 허(許)씨를 따랐음. 이들이 오늘날 김해 김씨와 김해 허씨의 시조가 됨.

· **처용**: 신라 헌강왕(재위 875~886) 때 사람으로 도래한 아랍인으로 추정됨. 신라 향가 '처용가'의 작자로 처용설화의 주인공. 처용설화를 바탕으로 한 처용무에 사용되는 처용탈을 보면 코가 큼직하고 쌍꺼풀이 짙은 등 매우 이국적이다.

· **쌍기**: 중국 후주 출신의 고려의 학자. 본래 후주의 관리를 지내다가 서기 956년 사신단의 일원으로 따라 고려에 왔다가 정착함. 고려 광종(재위 925~975) 재위 시 한림학사가 되어 과거제도를 설치하는 데 큰 공을 세움.

· **제국대장공주**(1259~1297): 원나라 세조(쿠빌라이)의 딸로 고려 충렬왕(재위 1274~1298)의 왕비(장목왕후)가 됨.

· **노국대장공주**(?~1365): 원나라 위왕의 딸로 고려 공민왕(재위 1351~1374)의 왕비가 됨. 1365년 아이를 낳다 죽자 공민왕은 이를 매우 슬피 여겨 국정을 돌보지 않았고 이는 고려의 몰락을 재촉하는 계기가 되었다.

· **이지란**(1331~1402): 여진족 출신으로 고려 말 조선 초의 무장. 태조 이성계와 의형제를 맺고 조선 건국에 큰 공을 세움. 청해 이씨의 시조.

· **설장수**(1341~1399): 위구르인의 후손으로 홍건적의 난을 피해 원나라에서 고려로 피난 옴. 이후 고려에 귀화하여 경주 설씨(偰氏)의 시조가 됨. 고려 말 조선 초에 명과의 외교를 맡아 여러 번 사신으로 중국에 감.

· **김충선**(1571~1642): 임진왜란 때 조선으로 귀화한 일본 장수로 원래 이름은 사야가. 조선에 조총 제조 기술을 전수했으며 병자호란 때는 청나라 군대와 맞서 공을 세움. 대구시 달성군 가창면 우록리에 그를 기리는 녹동서원이 있다.

· **박연**(1595~?): 조선에 정착한 최초의 서양인으로 네덜란드 사람. 네덜란드 이름은 얀 얀스 벨테브레(Jan Jansz Weltevree). 1627년 일본으로 가던 항해 중 표류하여 제주도에 기착한 후 조선 여인과 결혼하여 정착. 『하멜 표류기』에 따르면 1653년에 역시 제주도에 표착한 하멜 일행을 위해 박연이 나서서 통역도 하고 한국의 풍속을 가르치기도 했다 함.

· **언더우드**(Horace Grant Underwood, 1859~1916): 영국 출신의 미국인 선교사이자 교육자. 우리말 이름은 '원두우'. 1884년 장로교 선교사로 우리나라에 와서 연세대학교, 정동교회를 세우는 등 우리나라 교육과 기독교 발전에 큰 기여를 함.

한 연구에 따르면 고려의 경우 약 24만 명의 외국인이 귀화했는데, 발해 유민, 여진족, 만주족, 일본인, 중국인 등 그 민족 구성이 매우 다양했다 한다. 송나라가 멸망할 당시인 13세기 말을 전후해서는 중국에서의 난을 피해 많은 중국인들이 고려로 넘어오는데, 이들이 현재의 현풍 곽씨, 담양 국씨, 거창 신씨, 배천 조씨, 달성 하씨 등의 시조가 되었다 한다. 또한 송을 무너뜨리고 들어선 원나라의 지배를 받던 당시, 고려에는 원나라로부터 많은 귀화인들이 들어왔다. 제국대장공주나 노국대장공주 등 고려의 왕과 결혼한 원나라 공주를 따라 많은 원나라 신하나 수행원들이 고려로 들어와 눌러앉았다. 곡부 공씨, 원주 변씨, 곡산 연씨, 연안 인씨, 덕수 장씨 등의 시조가 이 시기 원으로부터 귀화한 사람들이다(김기봉, 2009).

2007년 반기문 유엔 사무총장이 취임했을 때 한국인 못지않게 기뻐한 중국인들이 있었다 한다. 이들은 중국 허난(河南)성에 있는 반씨(潘氏) 집성촌의 주민들이었다. 반 총장의 조상은 제국대장공주를 따라 우리나라에 들어온 원나라 장군이다. 그는 우리 조정에서 벼슬을 한 후 거제로 내려가 여생을 보내 '거제 반씨'의 시조가 되었다.

또 하나 특기할 만한 사실은 한국과 베트남의 교류가 이미 12세기 고려시대부터 있었다는 점이다. 우리나라의 이씨 중 정선(旌善) 이씨와 화산(花山) 이씨의 시조는 12세기와 13세기에 각각 고려에 들어온 베트남 리(李) 왕조(1009~1226)의 왕자들이다. 이 중 정선 이씨의 시조인 이양혼(李陽焜)은 리 왕조의 5대왕 신종의 아우로 왕위 싸움에서 밀려나 송나라로 망명하여 관직생활을 하다가 난을 피해 1127년 고려로 이주했다. 화산 이씨의 시조인 이용상(李龍祥)은 리 왕조 6대왕 영종의 일곱 번째 왕자로 그 역시 왕족 간 권력다툼에서 패해 몸을 숨겨 우리나라로 들어와 황해도 화산에 정착했다 한다. 정선 이씨와 화산 이씨 종친회는 1995년 첫 방문 이후 해마다 베트남 정부의 초

청으로 베트남을 방문하는 등 두 나라 교류의 가교 역할을 하고 있다(김기봉, 2009).

(조선왕조가 대외적으로 폐쇄적이었다는 우리의 일반적인 선입견과는 달리) 조선시대에도 외국인들에게 상당히 개방적이었고 이들의 귀화에 관대했다. 외국인들은 우리나라에서 손님으로 대접을 받았으며, 조선의 통치하에서 조선의 풍습을 따르고 살면 조선 백성이 된다는 것이 조선시대 대외 정책의 기조였다. 외국인에 대한 차별은 그들의 인종이나 종족 등 출신이 문제가 아니라 문화적으로 어느 정도나 우리와 교류와 소통이 가능한가, 우리가 받드는 유교적 정신문화를 어느 정도나 받아들이고 체득하고 있느냐 하는 것이었다. 이에 따라 중국인들은 다른 외국인들에 비해 좀 더 우대를 받았다.

조선시대에 우리나라로 귀화한 중국인들 중에는 임진왜란이나 정유재란 때 명나라 지원군의 일원으로 우리나라에 들어왔다가 머물게 된 사람들이 많다. 여기에는 오늘날의 소주 가씨, 농서 이씨, 광동 진씨, 절강 팽씨의 시조가 된 사람들도 포함된다.

이처럼 우리의 오랜 역사에서 외국인 귀화인들이 적지 않았던 때문에, 한 연구자는 우리나라의 성씨(姓氏) 약 280여 개 중에서 반 정도가 중국 등 외국에서 귀화한 성씨라고 주장한다. 이를 보면 우리가 과연 단일의 혈연적 민족 공동체로 스스로를 규정할 수 있을까 하는 의문을 가질 수밖에 없는 것이다.

우리나라 문화재 속의 다문화

우리나라의 여러 문화재 속에서도 외래문화의 영향을 찾아볼 수 있는 것이 많다. 사실상 외래문화의 영향을 받지 않은 문화재가 거의 없다고 할 정도로 우리 역사 속의 유명 문화재들은 정도의 차이는 있어도 외래문화의 흔적이 남아 있다. 그 중에 몇 가지 대표적인 것을 골라 소개하기로 한다.

먼저 신라 금관은 외래문화의 영향을 보여주는 대표적인 문화유산이다. <그림 6-1>은 금관총 금관으로 국보 제87호이고, <그림 6-2>는 황남대총 금관으로 국보 제191호다. 전 세계에서 출토된 고대 금관이 모두 10개라고 하는데, 이 중 6개가 신라시대의, 1개가 가야의 유물이다. 나머지 금관들은 중앙아시아 지역에서 발굴되었다.

이들 금관은 모두 그 구성이나 형태, 장식 등이 매우 유사한데, 학자들은 이것이 중앙아시아 스키타이(Scythia) 문화의 영향 때문이라 본다. 이들 금관에 공통으로 나타나는 형태는 중앙에 나뭇가지 형태의 장식(황남대총 금관에 정면으로 보이는 출(出)자 형태의 장식)이 있고 그 좌우에 사슴뿔 모양의 가지와 곡옥(曲玉) 및 새의 날개 같은 장식을 함께 달아 매우 화려하고 생동적인 모양을 취하고 있는데, 이를 수지녹각형(樹枝鹿角形)이라 한다. 이런 형태의 장식은 중앙아시아와 중부 시베리아 알타이 지방의 유적에서 주로 발견된다. 이런 이유로 학자들은 신라의 황금 문화가 기원전 5세기경부터 발달했던 알타이족을 중심으로 한 북방 기마민족의 황금 문화에 영향을 받은 것으로 해석한다.

<그림 6-1>
금관총 금관

<그림 6-2>
황남대총 금관

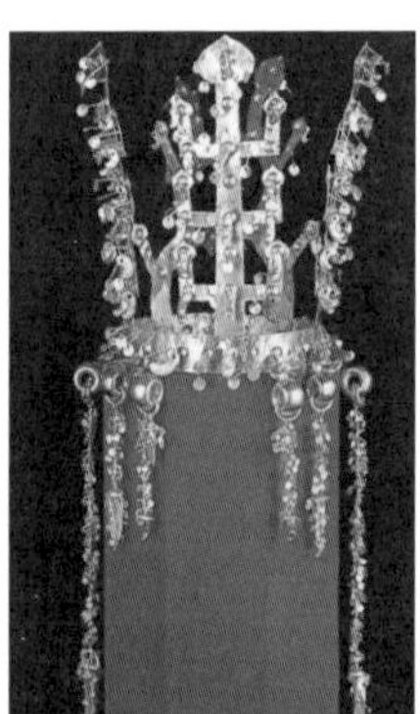

<그림 6-3>
경주 고분에서 출토된 유리병 및 잔

<그림 6-3>은 경주의 한 고분에서 출토된 신라시대의 유리병 및 유리잔이다. 이는 '로만 글라스(Roman Glass)'의 일부다. '로만 글라스'란 로마제국에서 제작된 유리제품을 일컫는 말로, 로만 글라스는 서역과 중국을 통해 신라와 가야 등 한반도에 전파되었다. 신라와 가야의 고분에서 발굴되는 유리용기는 대부분 로만글라스 제품이다.

고려시대나 조선시대의 보물이나 문화재 중에서도 이런 국제 간 교류와 외래문화의 영향을 보여주는 예는 아주 많다. '고려청자'도 송나라의 도자기 기술에서 영향을 받아 발전한 것으로 순수하게 한국 고유의 문화재로 볼 수 없다. 고려 시대의 금속활자 또한 동서 문명 교류의 상징이자 외래문화의 영향을 잘 보여주는 문화유산이다. 심지어 가장 독창적이라고 평가되는 조선시대 세종대왕의 한글 창제도 북방 여러 언어에 대한 비교언어학적 연구가 없었더라면 가능했겠는가 하는 문제 제기가 있다.

문화의 독창성과 창의성은 문화의 단일성·순수성에서 나오는 것이 아니라, 문화의 융합과 복합에서 나온다. 조선의 한글, 고려의 상감청자와 금속활자 등은 우리 문화에서 가장 찬란하고 독창적인, 우리 문화의 우수성을 보여주는 예가 된다. 그러나 상감청자는 일반적인 청자 기술의 바탕 위에서 우리의 창의성이 더해진 결과이고, 금속활자 또한 중국에서 발달한 활자 문화의 바탕 위에서 우리의 창의성이 더해진 결과다.

홀로 독특한 문명은 없으며, 홀로 위대한 문명도 없다. 우리 역사에서 가장 위대하고 찬란한 문화가 꽃피웠던 시기, 우리 전통 문화가 가장 융성하고 발전했던 시기는 바로 우리가 외부의 문화적 영향에 대해 개방적이고 포용적인 자세를 유지했던 시기였음을 기억해야 할 것이다.

이처럼 좀 더 자세히 들여다보면, 우리나라는 예전부터 다민족, 다문화 사회였던 것이다. 그러나 근대에 들어와서 강력한 '배타적, 순혈주의적 민족주의'의 영향으로 혈통의 순수성, 민족의 순수성과 동질성을 선(善)이라 생각하고, 우리 역사 속의 문화적 복합성과 문화적 다양성을 애써 부인해 왔던 것이다.

'민족'의 창출과 '국사' 만들기

'한민족' 개념의 창출

다음으로 우리는 우리나라에서 '민족'이란 것이, 또는 그 개념이 언제 어떻게 만들어진 것인가에 대해 따져 보기로 한다. 한국 민족의 실제의 원초적 연원, 또는 그 종족적 기원에 대해서는 또 다른 논의가 필요하겠지만, '한국 민족' 또는 '한민족'이란 개념이 만들어진 것은 근대 이후의 일이고, 정확히는 일제 식민지시대부터이다.

19세기까지 한국인에게는 '민족'이란 개념은 없었고, 그것을 표현할 용어도 없었다. 어떤 학자는 우리나라에서 '민족'이란 용어는 1905년에 와서 비로소 사용되기 시작했다고 한다. 1905년 광개토대왕비 발견을 계기로 황성신문, 독립신문 등 당시의 신문과 잡지들이 '민족'이란 신조어(新造語)를 만들어내고, 앞 다퉈 민족 관련 담론과 사설을 쏟아냈던 것이다. 그 이전까지 '민족'이란 용어는 문헌에서나 일상용어에서나 쓰이지 않던 말이었다.

단군이 민족의 시조로 받들어진 것도 이 무렵부터이다. 단군은 13세기의 문헌인 '삼국유사'에 처음으로 등장하지만, 조선 후기까지는 기자(箕子)에 밀려 별로 주목을 받지 못했다. 중국의 유민을 이끌고 조선에 온 기자는 중화 문명의 담지자로 추앙받았다. 그러나 20세기 초 '민족'이라는 신조어의 사용이 늘어나면서 단군의 지위 또한 격상되었다. 그리하여 1910년 황성신문의 한 사설은 "우리 형제자매들은 4천 년 전 백두산 신단수 아래에서 태어난 민족의 시조 단군의 자손들이다." 라고 선언하기에 이르렀던 것이다.

일본 제국주의 침략에 국가를 빼앗기고 주권을 빼앗기면서 비로소 식민지 주민으로서 우리 자신에 대한 새로운 자각이 생기고, 일본 식민지배에 대항하기 위한 이념적 길잡이로서 '민족주의'가 등장했고, 이러한 '반식민지 저항적 민족주의 운동'의 실천 프로젝트의 하나로 '민족'을 창출했던 것이다.

'국사(國史)' 만들기

국사(國史)가 만들어진 것도 마찬가지의 배경을 통해서이다. '한반도에 살아온 여러 주민들의 역사'로서가 아니라 '하나의 단일민족인 한민족의 역사'로서의 '국사(National History)'는 일제 식민통치하에서 신채호나 박은식 같은 민족주의 사학자들에 의해 만들어졌다. 이때부터 '민족사'(우리 민족의 역사)로서의 '국사'가 시작되었던 것인데, 그 이전의 역사(조선시대를 포함하여 그 이전의 고려, 삼국 등)는 모두 '왕조(dynasty)의 역사'였지 '민족의 역사'는 아니었던 것이다.

한국에서 근대적인 역사 개념은 단재 신채호에 의해 제기되었다고 볼 수 있는데, 신채호는 역사를 '아(我)와 비아(非我)의 투쟁'으로 보고, 그 투쟁의 주체를 '민족(民族, nation)'으로 설정하면서 '국사' 개념을 정립했다. 신채호는 우리 민족을 '아(我)' (즉, '우리집단[we-group]')으로, 우리 민족이 아닌 모든 국외자들을 '비아(非我)' (즉 '저들집단[they-group]')으로 나누었는데, 이러한 민족에 대한 이분법적 인식구도는 가장 전형적인 '배타적·폐쇄적 민족주의'의 개념 틀이다. 그리고 그는 우리나라 역사학에서 '민족의 역사'로서의 '국사' 개념을 처음으로 제대로 제시했던 사람이다(김기봉, 2009).

일제의 식민지배와 민족주의

일제의 제국주의 침략과 식민지배하에서 우리 민족은 하나의 민족을 구성해야 할 필요를 느꼈고, 하나의 역사를 써야 할 필요를 느꼈으며, 하나의 국가, 독립된 민족국가를 이룩할 필요를 느꼈다. 그리고 '한민족'의 창출과 '한민족의 역사'로서의 우리 '국사(國史)'의 창출은 이러한 필요성에 의해 이루어졌던 것이다. 이러한 '민족주의 프로젝트'는 일제 식민지배로부터 독립하고 잃어버린 국권과 정신을 되찾자는 하나의 몸부림이었고, 약소민족인 우리로서는 선택의 여지가 없는 대안이었다. 그리고 그 시대적 상황에서 봐서는 선(善)이었다.

이러한 '민족' 이데올로기와 '국사' 패러다임은 일제 식민지배에서 독립한 이후 우리의 국가건설과 사회경제적 발전에서도 중요한 역할을 수행한다. '단일민족'이란 용어도 해방 이후 처음 나왔다. 단일민족이란 표현은 손진태가 1948년에 쓴 『국사대요』에 처음 등장했다. 이러한 '단일민족' 신화는 일제로부터 독립하여 이룩한 신생국가의 내적 통합을 위한 것이었다(김기봉, 2009). 즉, 탈식민지 민족국가 건설을 위한 일종의 정치적 프로젝트로서의 조어(造語)인 셈이다. 특히 이러한 민족주의 이데올로기가 1960년대 이후 우리나라의 사회경제적 발전과정에서 얼마나 중요한 역할을 했는지는 다시 강조하지 않아도 될 일이다.

그러나 이러한 '국사' 패러다임, '단일민족' 신화가 우리의 근현대사에서, 우리의 민족국가 건설과 그 이후의 사회경제적 발전에 아무리 큰 역할을 해왔다 하더라도 그것을 역사적 진실이라 믿고 그걸 유지하고자 하는 것은 우리의 실제의 역사를 외면하는 일이다. 그리고 우리 역사의 풍부하고 숨겨진 자산을 외면하는 일이다.

2. 민족과 민족주의의 개념

네이션(Nation)과 민족

우리는 앞에서 '민족(民族)'이란 용어를 많이 썼다. 이 '민족'이란 개념과 그리고 이와 관련되는 '네이션(nation)'이나 '종족(種族)' 등의 개념 역시 지난번에 다룬 '문화'나 '다문화주의'란 개념과 마찬가지로 매우 복합적이고 애매모호한 개념이다. 우선 '네이션(nation)', '민족', '종족' 등의 개념을 가능한 알기 쉽게 한번 풀어보자.

민족(民族), 국민(國民), 그리고 네이션

네이션(nation)

현재 이 지구상에 존재하는 대부분의 나라(country)들은 모두 다 그 자체의 '국가(또는 국가기구, state)'와 '영토(territory)', '주권(sovereignty)'을 가진 하나의 정치공동체다. 그리고 이 정치공동체 안에는 그 구성원이 되는 수많은

'주민(住民, people)'들이 존재한다. '네이션(nation)'이란 바로 이러한 '특정 정치공동체의 일원'으로서 '스스로를 그 공동체의 성원이라 생각하는 사람'들로 이루어진다. 예컨대, 일본이라는 나라에는 일본인들이 살고 있고, 이들은 자신들을 '일본국'이라는 하나의 정치적 공동체의 구성원이라고 인식하고 있다. 프랑스 사람들도 그러하고, 중국 사람들도 그러하다.

그런데 이 '네이션'이란 개념은 우리말로 번역할 때 적지 않은 난관에 부닥친다. 네이션은 우리말로 '민족(民族)'이라 번역하기도 하고 '국민(國民)'이라 번역하기도 한다. 여기서 '네이션'이란 개념은 잠시 접어 두고, '민족'과 '국민'이란 용어를 실제의 예를 들어 한번 활용해 보자. 예컨대, '우리 민족'이나 '우리 국민', 즉 '한민족(韓民族)', '한국 국민'이란 말은 어색하지 않다. '일본 민족', '일본 국민'이란 말도 마찬가지다.

그런데 '미국 국민'이란 말은 어색하지 않으나, '미국 민족'이란 말은 좀 어색하다. 왜냐하면 잘 알려져 있다시피 미국은 수많은 인종과 민족으로 이루어진 '다인종, 다민족 국가'이기 때문이다. '영국 민족'이란 말도 약간은 어색한데, 그 정도가 아주 심한 것은 아니다. 마찬가지로 '중국 민족'이란 말도 논란의 여지가 있다. 제5장에서 우리가 다루었듯이 '중국'에는 주류 '민족'인 '한족(漢族)'외에 55개의 '민족'이 있다. 그러니 이를 통틀어 그냥 '중국 민족'이라 쓰는 것은 좀 어색하다.

'민족', '국민', 그리고 '종족(집단)'

이런 이유로 우리는 여기서 '민족'과 '국민' 개념이 어떤 차이가 있는지 간단히 다루고 넘어갈 필요가 있다. '네이션(nation)'이란 개념은 크게 둘로 나눌 수 있는데, 그 하나는 '에스닉 네이션(ethnic nation)', 또는 우리말로 '종족적 네이션'이다. 그리고 다른 하나는 '시민적 네이션(civic nation)' 또는 '대중적 네이션(popular nation)'이다. 우리말로 '민족(民族)'은 여기서 말하는 에스닉 네이션, 즉 '종족적 네이션'에 가깝고, '국민'은 '시민적 네이션' 또는 '대중적 네이션'에 가깝다.

'민족(民族)' 즉 '종족적 네이션'의 개념을 제대로 이해하기 위해 '종족(種族, ethnos)', 또는 '종족집단(ethnic group)'의 개념에 대해 먼저 알아보자. '종족' 또는 '종족집단'이란 '일정한 지역에서 장기간에 걸쳐 공동생활을 영위함으로써 혈통과 영토적 경계뿐만 아니라 언어, 역사, 신화, 전통, 풍속과 습관, 생활양식 등 각종 문화적 특징을 공유하는 인간 집단'을 의미한다. '종족'은 요약하자면, '언어와 역사 등 문화적 경계에 의해 구별되는 문화공동체'라 할 수 있다. 여기서 중요한 것은 '언어와 역사' 그리고 '문화공동체'라는 요소다. 쉽게 말해 하나의 종족집단은 '언어와 역사를 공유하는 하나의 문화공동체'라고 할 수 있다.

민족(民族)

그러면 우리말로 '민족(民族)'(즉, '종족적 네이션')은 "정치적 경계(국가 경계)와 문화적 경계(즉, 종족 공동체)가 일치한다는 전제하에서, 스스로를 하나의 정치·문화적 공동체로 인식하는 사람들의 집합체"로 개념화할 수 있다.

이때 정치적 경계와 문화적 경계는 현재(顯在)화되어 있기도 하고(예, 실재[實在]하는 민족국가의 경우), 또는 잠재(潛在)화되어 있기도 하다(예, 분리주의 운동을 펴고 있는 민족의 경우). 우리나라나 일본, 프랑스, 독일 등 많은 '주권국가'는 '민족'과 '국가'의 경계가 일치하며 그 일치가 드러나 있는 경우다. 그러나 북아일랜드나 캐나다의 퀘벡처럼 그 일치가 실현되지 못하고 있는 경우도 있다. 북아일랜드나 퀘벡의 경우, 비록 그 주민들은 자신들을 하나의 민족으로 스스로 생각하고 있지만, 실제의 정치적 지위, 주권국가로서의 지위는 확보하지 못하고 있는 것이다.

'종족집단'이 역사적·문화적 공동체인 것과는 달리 '민족'은 기본적으로 '정치적' 공동체의 성격을 띠고 있다. 그러면 '종족집단'은 언제 '민족'으로 바뀌는가. '종족집단'이 자신의 독자적인 단일의 정치 공동체를 지향하고 이를 적극적으로 추구할 때 비로소 '민족'으로 변전(變轉)된다. 스페인의 바스크(Basque)족이나 터키·이란·이라크·시리아 등지에 산재해 있는 쿠르드(Kurd)족의 경우, 스스로를 하나의 독자적인 정치 공동체로 인식하고 정치적 분리와 독립된 국가를 추구하므로 '민족'이라 부를 수 있다. 반면에 일본 홋카이도의 원주민인 아이누(Ainu) 사람이나 류큐 제도의 류큐인은 일반적인 '일본인'과는 인종적으로 다른 독자적인 종족집단이지만, 자신의 '독자적인 정치 공동체'를 추구하지 않기 때문에 '민족'이라고 부르는 게 적절치 않다. 그러나 '종족'과 '민족', 이 둘 간의 경계는 분명하게 구분하기 어려우며, 일종의 스펙트럼을 가진다고 할 수 있다. 따라서 이 둘은 이분법적으로 나눌 수 있는 게 아니라 정도의 차이가 있다고 하겠다.

국민(國民)

한편 '국민(國民)'(='시민적 네이션' 또는 '대중적 네이션')은 '시민공동체로서의 네이션', 즉 "개인으로서의 자유와 권리, 그리고 천부적인 인권을 가지며, 평등하게 태어난 시민들의 공동체"이다. 이들은 국민국가의 법적인 구성원, 즉 공민(公民)으로서의 성원 자격을 가진 사람들이다.

역사적으로 '시민적 네이션'의 가장 대표적인 예는 1789년 프랑스혁명 이후에 프랑스에 등장한 '공화주의적 네이션'이다. 미국도 대표적인 '시민적 네이션'의 하나이고, 아시아의 신생 독립국 중에서는 말레이시아나 인도네시아가 그 예가 될 것이다.

이들 개념의 관계

이들 여러 개념 간의 관계를 하나의 도표로 나타내보면 대략 다음과 같다(<그림 6-4>). 먼저 네이션(nation)은 우리말로 '민족'과 '국민'의 두 가지 의미를 다 가지는 복합적 개념이라 할 수 있다. 반면에 우리말 '민족'은 '종족성(에스노스)'을 내포하고 있어 'ethnic group'의 특성도 갖고 있다. 그래서 영어로 'ethnic group'은 우리말로 대개 '종족집단'으로 번역하지만, 맥락에 따라서는 '민족'으로 번역해도 무리가 없다.

<그림 6-4> 국민, 민족, 종족집단 개념의 관계

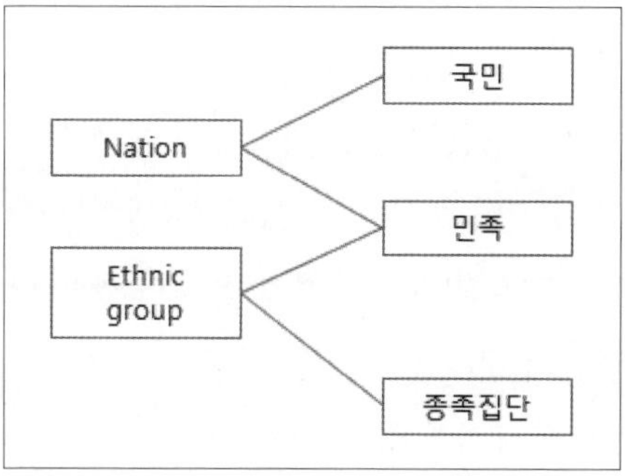

이들 용어와 그 개념이 이렇게 중첩적이고 복합적인 관계로, 이들 용어를 간단하고 명료하게 정의내리고 개념화하는 것은 쉬운 일이 아니다. 왜냐하면 사회과학적 '개념'이란 역사적, 사회적 현상을 제대로 이해하기 위한 '수단'일 뿐이며, 우리가 다루는 이들 여러 개념들은 사회적, 역사적 맥락에 따라 그 의미가 다 다르게 사용되기 때문이다. 그러므로 보다 중요한 것은 특정한 역사적 맥락에서 보다 정확한 의미를 전달할 수 있도록 이들 용어를 적절하게 사용하는 것일 것이다.

'민족'과 '국민' 개념

마지막으로 한 가지 더 지적하고 싶은 것은 '민족'과 '국민'의 관계도, '민족'과 '종족' 개념과 마찬가지로, 둘 사이의 경계를 단순명료하게 나눌 수 있는 게 아니라는 점이다. 이 두 개념 간의 차이도 역시 상대적인 것이며, 또한 이 둘 간의 관계 또한 복합적인 것이다. 똑 같은 한 나라의 정치 공동체의 구성원들이 '민족'의 속성도 가지고 있고, '국민'의 속성도 가지고 있다. 한국에 사는 한국 사람은 '한민족'도 되고 '한국 국민'도 된다.

다시 말해서 모든 네이션에는 종족(種族) 즉, '에스노스(ethnos)의 요소'와 시민(市民), 즉, '데모스(demos)의 요소'가 복합적으로 섞여 있는데, 실제의 네이션을 들여다 보면 다만 그 비율이 다를 뿐이다. 미국의 네이션은 '데모스'의 요소가 상대적으로 아주 많은 비중을 차지하는 예가 되겠고, 한국의 네이션은 '에스노스'의 비중이 극히 높은 예라 하겠다. '에스노스'의 비중이 높은 나라는 앞에서 우리가 이야기했던 '민족적 동질성'이 높은 나라다. 또한 세계의 여러 나라들은 그 주민의 구성에 '에스노스'의 요소가 어느 정도 많은지에 따라 일련의 스펙트럼 위에 배치할 수 있을 것이다.

'네이션(Nation)'의 특성

'상상의 공동체'로서 네이션

'네이션'의 개념을 보다 정확히 이해하기 위해 네이션의 특징을 몇 가지 정리하고 다음 주제로 넘어가기로 한다. 앞에서 우리는 '네이션(nation)'을 '주권을 가진 정치공동체를 구성하는 사람들의 집합체'라 정의했다. 그런데 '네이션'은 단순히 그냥 '사람들의 집합체' 이상의 것이다. 앞에서 또 우리는 '네이션은 스스로를 그 정치공동체의 성원이라 <생각하는> 사람으로 이루어진다.'

고 했다. 여기서 중요한 것은 한 공동체의 구성원으로 '스스로를 인식'하는 것이다.

미국의 정치학자이자 역사가인 베네딕트 앤더슨(Benedict Anderson, 1936~2015)은 자신의 저서 『상상의 공동체(Imagined Communities)』에서 네이션(nation)이 그냥 많은 사람들이 모인 인간의 집합체가 아니라, 이들이 각자 모두 스스로 하나의 공동체로 '상상(想像)'할 수 있어야 비로소 네이션이 창출된다고 했다. 하나의 네이션의 구성원들은 그게 천만 명이 되었든 수억 명이 되었든 모두 하나의 집단의 구성원으로 스스로 '상상'하거나 또는 '인식'한다(Anderson, 2002).

네이션의 특성

앤더슨(Benedict Anderson)은 네이션(nation)의 특성으로 다음 다섯 가지를 들었다. 첫째, 네이션은 '상상된 것'이다. 한 네이션의 구성원들은 아무리 작은 네이션의 경우라도 도대체 같은 구성원들이 누구인지 알지도 못하고 만난 적도 없고, 심지어 그들 각자에 대한 이야기를 들은 적도 없다. 어쩌면 인구 몇백 명 정도의 조그만 마을 공동체 외에는 이보다 더 큰 어떤 인간 공동체라도 다 '상상의 산물'일 것이다. 그럼에도 불구하고 마음속에는 서로에 대한 친근한 감정이 있다. 그러한 '상상된 공동체'의 가장 대표적인 것이 네이션이다.

둘째, 네이션은 '일정한 경계'를 갖고 있다. 네이션은 그 규모가 작을 경우 수천 명이나 수만 명, 많을 경우 몇 억이 될 수도 있을 것이다. 그러나 네이션이 아무리 커도 인류 공동체와 동일할 수 없다. 어떤 민족도 자신을 인류 공동체와 동일시하지 않는다.

셋째, 그렇기 때문에 네이션의 형성에는 '우리집단(we-group)'과 '저들집단(they-group)' 간의 대립·대결이란 요소가 매우 중요하게 작용한다(신채호가 말한 아(我)와 비아(非我) 간의 대결). 민족주의의 핵심이 '우리'와 '저들' 간의 분리이고, '저들'에 대한 '타자화(他者化)'다.

넷째, 네이션은 '주권(主權, sovereignty)'을 가진 것으로 상상된다. '주권'이란 어떤 영토 내의 '최고'의 권력이다. 네이션이 실제로 '주권'을 획득하면, 즉 '주권국가'가 되면 이를 '민족국가(또는 국민국가)(nation-state)'라 부른다. 네이션이 현재 '주권'을 갖고 있지 못할 경우, 끊임없이 주권을 획득하기 위해 노력하고 이것이 내셔널리즘의 기본 동기다.

다섯째, 네이션은 '공동체(community)'로 상상된다. 실제로 하나의 네이션 내에는 수탈과 억압, 불평등이 존재하기 마련이다. 그러나 우리가 하나의 '네이션'을 상상할 때, 우리에게 네이션의 모든 구성원은 언제나 '심오한 수평적 동료의식'으로 상상된다. 그래서 '우리는 하나다.' 라는 생각, 이러한 '형제애'와 '동지애', 그리고 '애국심' 때문에 우리는 이 공동체를 위해 스스로 기꺼이 죽을 수도 있는 것이다(Anderson, 2002).

내셔널리즘과 민족주의

내셔널리즘

'내셔널리즘(nationalism)'이란 "하나의 문화 공동체(그것이 공통의 종족적인 특성에 의한 것이든, 아니면 '만들어진 민족 감정이나 민족의식'에 의한 것이든)가 하나의 정치 공동체를 추구하는 것"을 말한다. 다시 말해 '네이션(nation)과 국가(state)를 일치시키려는 모든 집합적 노력이나 이데올로기'를 내셔널리즘이라고 할 수 있다.

'네이션(nation)'의 개념처럼 '내셔널리즘'의 개념 또한 '에스닉 내셔널리즘

(ethnic nationalism)'과 '시민적 내셔널리즘(civic nationalism)'으로 나눌 수 있다. '에스닉 내셔널리즘' 또는 '종족적 내셔널리즘'은 우리말로 그냥 '민족주의(民族主義)'라 번역할 수 있는데, '시민적 내셔널리즘'은 '국민주의(國民主義)'라는 좀 생소한 용어로 번역한다. 그러나 경우에 따라서 우리는 '민족주의'를 좀 광범위하게 정의하여, 그냥 내셔널리즘 전체를 의미하는 개념으로 쓰기도 한다. (실제로 '국민주의'란 말은 학술적으로나, 일상용어로나 별로 쓰이지 않는다.)

<table>
<tr><td rowspan="2">• 넓은 의미의 '민족주의'
= 내셔널리즘</td><td>• 좁은 의미의 '민족주의'
= 에스닉/종족적 내셔널리즘</td></tr>
<tr><td>• '국민주의'
= 시민적 내셔널리즘</td></tr>
</table>

민족주의

하나의 종족집단이 하나의 정치공동체를 추구할 때 그것은 '에스닉 내셔널리즘', 즉 '민족주의'이다. 역사적으로 우리나라의 민족주의와 독일의 민족주의는 여기에 가깝다. 영국에서 스코틀랜드와 웨일스, 그리고 북아일랜드의 분리주의 운동도 이러한 민족주의에 기초한다. 스페인의 바스크족과 카탈루냐(Catalunya) 지방의 분리주의 운동도 이 민족주의에 속한다.

영국의 예를 들어 한번 설명해 보자. 제5장에서 우리는 영국의 사회통합 문제를 언급하면서 이미 영국의 사례를 살펴본 적이 있다. 우리가 영국(英國)이라 할 때 대개의 경우 '그레이트브리튼 북아일랜드 연합왕국(UK, United Kingdom of Great Britain and Northern Ireland)' 전체를 뜻하는 말로 쓰지만, 이 '연합왕국(UK)'의 구성 국가 중 하나인 잉글랜드(England)를 의미하는 말로 쓰기도 한다.

영국은 아시다시피 잉글랜드, 스코틀랜드, 웨일스, 북아일랜드, 이렇게 네 개의 나라가 연합한 복합국가다(<그림 6-5> 참조). 앞서 공부한 넓은 의미의 영국(즉 UK), 그리고 그 구성 국가인 잉글랜드, 스코틀랜드, 웨일스, 북아일랜드는 모두 '네이션(nation)'이다. 그런데, 앞에서 우리는 '민족'과 '국민'의 개념을 구분해서 정의했다. 영국의 경우 잉글랜드, 스코틀랜드, 웨일스, 북아일랜드에 거주하는 주민들의 공동체는 모두 '민족'이라 규정할 수 있다. 반면 전체 영국, 즉 유나이티드 킹덤(UK)을 구성하는 주민들은 말하자면 '국민'이 된다.

<그림 6-5> 영국(United Kingdom)의 구성 국가

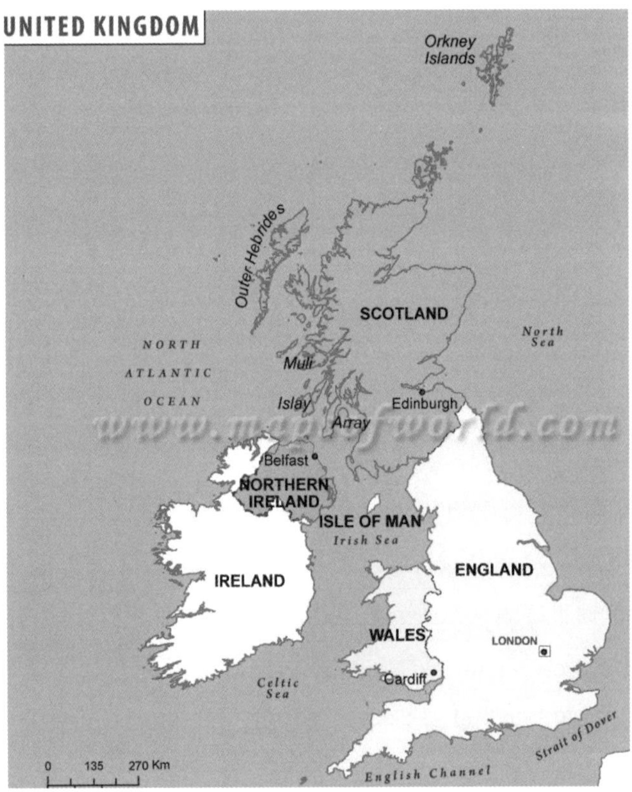

스코틀랜드의 주민은 켈트족(Celts)의 일파인 '스코트인(Scots)'으로 잉글랜드의 '앵글로색슨'계 주민과는 종족 자체가 다르다. 그리고 이들은 언어도 원래 '스코트어'와 '스코틀랜드 게일어'를 썼으며, 오늘날에는 '스코틀랜드 표준 영어'를 쓴다. 국교도 잉글랜드는 성공회, 스코틀랜드는 장로회다. 스코틀랜드의 주민은 잉글랜드의 주민과 언어, 종교, 문화적 정체성, 그리고 종족집단의 기원 등 여러 면에서 차이가 나는데, 이는 북아일랜드도 마찬가지다. 북아일랜드의 주민도 잉글랜드의 주민과 그 종족성(ethnicity)에서 뚜렷이 차이가 난다. 따라서 스코틀랜드와 북아일랜드는 잉글랜드와 구분되는 독자적인 '민족'이다. 그리고 이런 여러 가지 이유로 스코틀랜드, 북아일랜드 등에서 나타나는 자치와 분리 독립의 움직임은 '민족주의' 운동인 것이다.

그러나 모든 종족집단이 반드시 독자적인 정치공동체를 추구하는 것은 아니다. 웨일스(Wales)는 스코틀랜드나 북아일랜드와 비교해서 상대적으로 정치적 자치와 분리에 소극적이다. 웨일스 주민들 중 일부는 여전히 '웨일스어'를 쓰고 있고 웨일스만의 독특한 문화적 정체성이란 것이 있긴 하지만, 웨일스가 잉글랜드에 오래 전에 통합(1536년)된 관계로 현대의 웨일스 문화는 잉글랜드 문화와 큰 차이가 없어졌다. 언어도 주민들 대부분이 보통 영어를 구사하고 있는 등 굳이 잉글랜드와 자신을 구분하고자 하는 정서가 높지 않다. 이 경우 우리는 웨일스 사람들을 '민족'이라 호명하기보다 엄밀하게 말해서 하나의 '종족집단(ethnic group)'으로 간주하는 게 더 적절하다는 것이다.

이는 앞에서 예로 든 일본의 류큐인, 아이누인도 마찬가지이고, 북미의 아메리칸 인디언(Indian), 호주의 원주민들도 마찬가지다. '독자적인 정치공동체'를 추구하지 않는 종족집단은 '민족'으로 부르기 곤란하며, '민족'으로 변전되지 못한 이들 문화공동체는 그냥 '종족집단'인 상태로 남아 있다고 봐야 할 것이다. 요약하자면, 어떤 '문화공동체'가 독자적인 '정치공동체'의 지위를 적극적으로 추구할 때, 또는 그 지위를 획득했을 때, 그것은 '민족'의 반열에 오른 것이고, 이를 위한 주민 공동의 집합적인 노력이나 이를 뒷받침하는 이데올로기를 '민족주의'로 부를 수 있겠다.

단일의 민족 만들기

그러나 앞에서도 말했듯이 종족과 민족, 그리고 국민의 경계는 두부 자르듯이 완전히 깔끔하게 구분되는 것은 아니다. 이들 간의 경계는 강고하거나 뚜렷하지 않으며, 종족은 민족으로, 민족은 국민으로 변화·발전하거나, 아니면 국민이 몇 개의 민족으로 나뉘기도 하고, 민족이 그 자주성과 전투성을 잃고 종족집단으로 전환되기도 한다. 그러나 대체로 대부분의 '민족'과 '국민'은 그 내부의 이질성을 줄이고 '동질화'하려 하는 경향이 있다. 어떤 특정 지역에 여러 다른 문화공동체(즉, 종족집단)가 함께 공존할 때, 사회발전의 추세는 전체를 하나로 통합하는 방향으로 움직이기 마련이다.

역사적으로 '민족'은 끊임없이 그 내부의 종족적 이질성과 분할선을 없애고 그 내부를 동질화하려 해 왔다. 잉글랜드만 해도 고대에 여러 다양한 민족과 종족집단들이 대륙으로부터 잉글랜드로 유입되어 들어왔고, 이들은 오랫동안 함께 공존하고 서로 경쟁했으며, 한 민족이 다른 민족을 정복하고 동화시키고 했다. 그 결과 오늘날 잉글랜드는 하나의 민족, 또는 하나의 네이션으로 발전한 것이다.

그래서 여러 종족집단 또는 문화공동체를 내부에 포함하는 민족(에스닉 네이션)은 민족주의 이데올로기와 프로젝트를 통해 끊임없이 단일의 민족 공동체를 만들어내려 한다. 가까이는 일본이 그러하고, 베트남이 그러하며, 우리는 세계 여러 곳에서 그 예를 찾아볼 수 있다.

'시민적 네이션'에서 민족 공동체로

마찬가지로 '국민' 또한 끊임없이 그 내부의 민족적·종족적 분할선을 없애고 전체를 동질화하려 한다. 여러 민족(에스닉 네이션)으로 이루어진 국민 공동체(시민적 네이션) 는 하나의 민족으로 민족 공동체를 강화 또는 재구성하거나, 아니면 완전히 새로운 '상상의 민족 공동체'를 창조하려 애쓴다. 서구에서는 영국과 프랑스 등이 그 예가 되겠고, 아시아에서는 말레이시아, 인도네시아 등이 그 예가 되겠다.

고대 프랑스는 프랑크족(Franks), 부르군트족(Burgundians), 고트족(Goths), 색슨족(Saxons) 등 게르만인(German)들과 켈트인(Celts), 브리튼인(Britons) 등 다양한 민족으로 구성된 복합적인 민족구성을 갖고 있었고, 오늘날에도 프랑스는 브르타뉴, 알자스, 로렌, 코르시카, 바스크 등 문화와 지역색이 뚜렷이 다른 이질적 집단을 내포하고 있다. 그럼에도 불구하고 프랑스는 18세기 말 프랑스 혁명을 거치면서 국민 전체가 하나의 시민공동체로 거듭났으며, 그로부터 두 세기가 지난 오늘날에는 거의 단일의 '민족 공동체(에스닉 네이션)'로 재구성되고 있다.

아시아에서 말레이시아도 독립 당시 말레이 인, 중국인, 인도인 등 세 개의 주요 민족집단(ethnic nation)으로 이루어진 다민족(multi-national) 국가였으나, 독립 이후 꾸준히 국가가 주도하여 '말레이시아인의 단일민족 국가'를 지향하며 하나의 '네이션'으로 거듭나고자 노력하고 있다. 이는 인도네시아도 마찬가지이다. 이러한 집합적 노력이 앞으로 계속된다면 말레이시아나 인도네시아가 언젠가 하나의 '에스닉 네이션(종족적 네이션)'이 될 날이 올지도 모를 일이다.

3. 민족주의의 근대성과 역사

민족과 민족주의의 근대적 성격

앞에서 우리는 우리나라에서 '민족'이란 용어가 20세기에 들어와서 생겨났다고 했다. 유럽에서 '네이션(nation)'이란 용어도 근대 이후에 생겨났다. 그러면 '역사적 실체'로서의 '민족'이란 인간 공동체는 언제 등장했을까. 우리는 이를 유럽의 역사를 통해 알아보기로 한다.

유럽에서 민족의 기원

유럽에서 프랑스, 독일, 이탈리아 등 여러 민족의 기원은 '게르만족 대이동(Barbarian Invasions/Volkerwanderung)'의 여파로 유럽 각지에 여러 종족(種族)들이 자리 잡은 데서 찾을 수 있다. 4세기부터 6세기까지에 걸쳐 게르만족의 일파인 앵글족(Angles), 색슨족(Saxons), 프랑크족(Franks), 고트족(Goths), 반달족(Vandals) 등 게르만(German)계 종족집단들이 원 거주지였던 북동부 유럽에서 서유럽과 남유럽 등 유럽 각지로 이동했으며, 그 영향으로 그 지역에 살던 켈트계 종족들—즉, 골족(Gauls), 브리튼족(Brions) 등—과 라틴계 종족들도 사회적 격변을 경험했다. 그러나 이들은 모두 근대적 의미의 '민족'은 아니었으며 엄밀히 말하면 일종의 '종족집단(ethnic group)'이었다.

그 후 중세 봉건시대에 영토국가(territorial state)가 발전하고, 언어나 종교 등 종족적·문화적 동질성이 강화되면서 원시적 형태의 '민족 감정(national sentiment)'과 '애국심'이 나타났다. 특히 14~15세기에 백년전쟁(1337~1453)을 치른 영국과 프랑스에서는 각각 강력한 타자(他者)의 존재로 인한 아(我)집단에 대한 자각이 싹트기 시작했다. 백년전쟁이 마무리되어가던 시기에 등장했던 '잔 다르크(Jeanne d'Arc, 1421~1431)'의 활약은 널리 알려져 있다. 잔 다르크는 그녀의 용맹한 활약으로 당시 프랑스 국민의 국민 영웅으로 떠올랐다. 영웅의 탄생은 '민족 형성'에 있어 매우 중요한 요인으로 작용하는 법이다.

그러나 고대에서부터 18세기 중엽까지의 역사적 단계들에서 나타났던 각 민족 또는 국민의 '민족감정'이 곧바로 민족주의의 한 모습으로 지칭될 수는 없을 것이다. 그것은 때로는 지배계급이나 왕조들의 지배력 강화와 확대를 위해 강조된 감정과 태도들이었고, 그것이 의식되거나 표현되었던 범위는 지배집단이나 지식층을 중심으로 하는 일부에 국한되었으며 대부분의 일반 민중에게는 대개 비(非)자발적인 것이었다. 이는 우리나라의 왕조 시대에도 마찬가지였을 것이다.

몇 가지 예를 들어보자. 합스부르크 왕가(House of Habsburg)는 1438년부터 1740년까지 신성로마제국의 황제를 배출했던 막강한 왕가다. 합스부르크 왕가의 가장 전성기라 할 수 있는 시기는 카를 5세(1500~1558)가 신성로마제국의 황제(1519~1556)로 있던 16세기 전반이다. 이 당시 카를 5세의 공식 칭호는 '신성로마제국 황제', '스페인 국왕', '네덜란드 국왕', '오스트리아 대공', '부르고뉴 공작', '로마인들의 왕', '이탈리아의 왕' 등 일곱 개나 된다. 그리고 그가 직접 다스리던 영토는 오늘날의 스페인, 오스트리아, 네덜란드, 벨기에, 프랑스의 부르고뉴 지역, 남부 독일의 일부, 남부 이탈리아의 대부분 지역, 그리고 시칠리아, 사르데냐 등이었고, 이 외에도 그가 신성로마제국 황제로 자신의 영향력이 미치던 지역은 오늘날의 독일 전역, 이탈리아의 나머지 지역과 체코, 폴란드 일부 등이었다(<그림 6-6> 참조). 과연 카를 5세가 다스리던 그 넓은 영토 내의 모든 주민들을 하나의 '네이션(nation)' 또는 '민족'이라 부를 수 있을까. 그의 국가는 수많은 다양한 인종·민족과 종족집단으로 이루어진 다민족·다문화 국가였던 것이다.

<그림 6-6> 16세기 전반 카를 5세 치하의 유럽

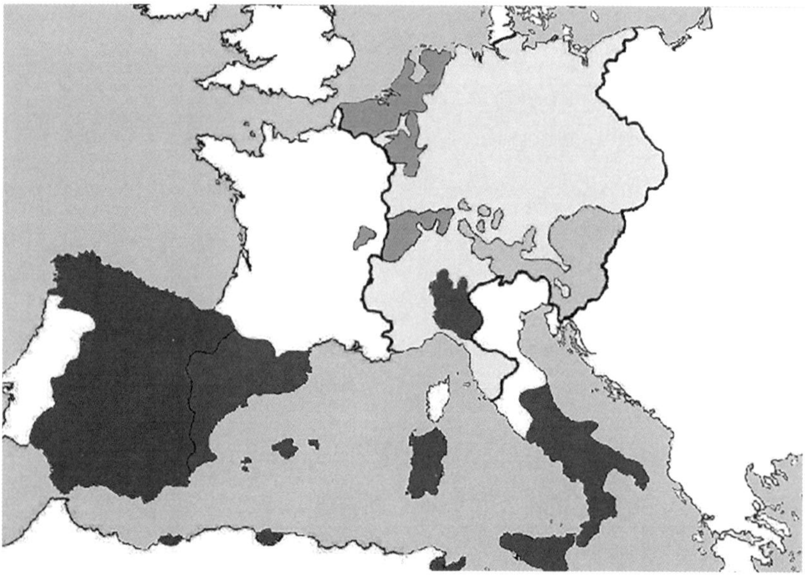

그것이 합스부르크 왕가든, 프랑스의 발루아(Valois) 왕가(1328~1589)나 부르봉(Bourbon) 왕가(1589~1793)든, 영국의 튜더(Tudor) 왕가(1485~1603)나 스

튜어트(Stuart) 왕가(1371~1714)든, 당시 유럽 각국의 군주들은 자신이 다스리는 국가의 주민들과 그리 큰 민족적·정서적 친밀감이나 유대를 가지지 않았다. 오히려 이들은 다른 나라의 다른 왕가의 구성원들에 더 깊은 친밀감을 느꼈다. 유럽의 왕가들은 혼인으로 서로 긴밀히 이어져 있었고, 이러한 혼맥의 네트워크는 매우 잘 발달하여 대부분의 유럽 왕가들이 서로 친척이나 인척 관계로 연결되었던 것이다.

프랑스 앙리 2세(재위: 1547~59)의 왕비 '카트린 드 메디시스(Catherine de Medicis, 1519~1589)'는 이탈리아 메디치 가문의 장녀로, 저 유명한 '로렌초 데 메디치(1449~1492)'의 손녀다. (그녀는 1572년의 '성바르톨로뮤의 학살'로 악명을 날렸는데, 그녀와 앙리 2세 사이에서 3명의 프랑스 왕이 태어났다.) 프랑스혁명 당시 단두대에서 처형된, 루이 16세의 왕비 '마리 앙투아네트(Marie Antoinette, 1755~1793)'는 오스트리아 제국의 공주로 아버지가 황제 프란츠 1세, 어머니가 마리아 테레지아 대제(大帝)다. 프랑스뿐만 아니라 유럽의 주요 군주들은 대부분 자신의 왕비를 다른 나라의 왕실에서 찾았던 것이다.

이러한 왕조 국가에서 전체 국가 또는 정치공동체를 결합시키는 힘은 주민들 간에 공유되는 동료의식, 형제애, 즉 민족적 유대감이 아니었고, 군주의 지배력이었다. 당시 어느 나라든 그 주민들은 시민(citizen)도 아니었고, 국민도 아니었으며, 그냥 군주의 '신민(臣民)'일 뿐이었다. '신민(臣民, subject)'이란 '신하된 사람'으로 군주의 지배의 대상일 뿐이며, 신민은 오로지 자신의 주군(主君)에게 복종할 뿐이다. 이런 왕조국가에서는 공동체의 모든 성원들을 엮는 어떤 특별한 유대도, 연대의식도, 또는 어떠한 '민족 감정(national sentiment)'도 없었던 것이다.

'언어'의 문제

민족을 규정하는 데 있어서 가장 대표적인 기준이 되는 것은 언어(言語)다. 그러나 수세기 동안 비교적 일관된 국경을 유지해 왔고 올바른 언어의 사용법이 가장 발달한 프랑스에서조차 프랑스어가 제대로 된 국민 언어, 즉 국어(langue national)로 쓰인 것은 겨우 프랑스 혁명 이후의 일이다.

프랑스어는 원래 카페(Capet) 왕조의 직할 영토인 파리를 중심으로 하는 일드프랑스(Île-de-France) 지방의 방언이었는데, 16세기에 들어와서 국왕의 칙령에 의해서 비로소 국가어가 된 언어였다. 이 '프랑스어'를 사용한 인구는 1610년 당시 전체 1,700만 프랑스인 중 겨우 10%에 지나지 않았다 한다. 남부 프랑스에서는 프로방스(Provence)어나 다른 방언이 쓰였고, 나머지 지방에도 로망스(Romance)어 계통의 방언들이 사용되었다. 브르타뉴, 알자스, 로렌 등에서는 켈트어와 게르만어가 사용되었다. 심지어 프랑스 혁명이 시작된 1789년 당시에도 프랑스어를 사용한 인구는 2,600만 프랑스인 중 겨우 300만에 지나지 않았다 한다. 1900년에 들어와서야 겨우 프랑스 전체 인구의 약 50%가 프랑스어를 모국어로 사용했다.

프랑스와 비교해 볼 때 다른 나라의 사정은 더 열악했다. 19세기 초 프로이센에서는 여섯 가지의 서로 다른 언어가 사용되고 있었는데, 독일어 외에도 폴란드어, 라트비아어, 루시타니아어, 에스토니아어 등이 사용되었고, 사회의 상류계층은 프랑스어를 사용했다. 한편 이탈리아가 통일되던 1861년 당시 이탈리아어를 일상적으로 사용한 이탈리아인은 전체 이탈리아인 중 겨우 2.5%에 지나지 않았다 한다. 따라서 동일한 언어 사용에 기초한 민족 공동체의 형성은 서유럽의 경우만 봐도 19세기와 20세기의 약 200년 정도에 걸쳐서 이루어진 매우 최근의 역사적 경험인 것이다.

민족과 민족주의의 출현: 유럽

한편 많은 역사가들은 근대 민족주의의 출발을 1789년의 프랑스 대혁명에서 시작된 것으로 본다. 그러나 그렇다고 해서 1789년이란 역사적 순간에 갑자기 프랑스 '민족'이란 것이 하늘에 뚝 떨어지듯 탄생하고, '프랑스의 민족주의'란 게 시작된 것은 아니었다. 18세기 말 이전에 이미 '민족' 또는 '네이션'의 형성을 위한 전제조건이 어느 정도 무르익었을 것이다. 예컨대 '네이션(nation)'이란 용어는 루이 14세 치하인 17세기 중반에 이미 사용되고 있었고, 18세기에 들어와서 그 사용 빈도가 크게 늘었다. 그러나 당시 '네이션'이란 용어는 오늘날과 같은 그런 의미는 아니었고 그냥 '주민' 또는 '사람'이란 중립적 의미를 가졌으며, 그 대신 당시 사용하던 '조국(patrie)'이란 단어가 현재 우리가 말하는 '민족'이란 개념에 더 가까웠다 한다.

그러나 18세기 중엽 이후부터는 당시 부르봉 왕가의 절대군주제에 대항하는 의미로 '네이션'이란 용어가 쓰이기 시작했다. 즉, '군주' 대 '네이션', 또는 군주제와 구체제(앙시앵레짐)를 옹호하는 '왕당파' 세력 대 사회변혁을 추구하는 '혁명적 국민'으로서의 '네이션', 이러한 이항대립적인 구도가 당시 근대 시민혁명으로 나아가던 프랑스의 사회적·정치적 지평을 묘사하는 두 개념틀이 되었다. 그리고 이 '네이션'이 바로 프랑스혁명을 주도한 세력이 되었고, 프랑스혁명이 대변하려는 모든 '시민들의 집합체'가 되었던 것이다.

'네이션'의 탄생이 가장 빨랐던 프랑스에서 이러했으니, 유럽의 다른 지역, 다른 국가에서는 근대적 의미의 '네이션' 또는 '민족'의 창출은 더 늦게 이루어졌다. 독일에서도 '독일 민족'의 창조는 19세기 초에나 가능했다. 독일에서는 나폴레옹 전쟁(1803~1815)의 영향으로 독일의 언어와 문화를 정치적으로 강조하는 작업이 진행되었고, 독일인을 하나의 언어·문화 공동체로 간주하는 움직임이 나타났는데, 이러한 작업의 가운데에는 <독일 국민에게 고함>이란 강연으로 유명한 요한 고틀리프 피히테(Johann Gottlieb Fichte, 1762~1814)가 있었다.

이 시기에 각종 문헌 사료에 대한 연구와 역사 문헌집의 발간이 이루어졌으며, 독일의 고대사에 대한 연구가 본격화되었다. 다시 말해 19세기에 들어와서 비로소 독일의 '역사'가 새로이 창조되었고, 독일의 '민족'이 새로이 창조되었던 것이다.

민족과 민족주의의 출현: 아시아

'민족 만들기'가 근·현대에 들어와 이루어졌다는 사실은 현대 중국과 일본에서도 발견된다. 중국에서 민족이란 개념은 19세기 말까지만 해도 찾아보기 어렵다. 중국에서 제대로 된 반(反)제국주의 민족 운동의 시작은 1919년의 5·4운동이라고 할 수 있다. 이 운동을 전후해서 중국의 민중들은 스스로를 '중국인'으로 자각하고 나라에 대한 애국심과 서구열강과 일본의 제국주의 침략에 대한 저항심으로 단결하여 혁명운동에 참여할 수 있었던 것이다.

한편 일본에서 혈통의 순수성과 단일성, 그리고 인종주의적 차별의식에 기초한 '일본인'에 대한 상상(想像)이 확립된 것은 아주 최근인 제2차 세계대전 이후의 일이다. 일본의 제국주의적 침략이 한창이던 시기에는 오히려 다양한 민족을 포괄해야 하는 상황이었으므로 민족적 다양성이 그나마 인정되는 편이었다. 그러나 2차대전 이후에 오히려 그런 환상이 깨어지고 대신 일본민족의 혈통적 단일성에 대한 신화가 만들어지기 시작했다. 또한 전후(戰後) 일본의 경제적 성공을 강조하면서 일본민족의 우수성에 대한 발명이 진리처럼 자리 잡게 된 것이다.

원초주의(primordialism)

역사학과 인류학 등 사회과학계에 민족과 종족 및 그 집단정체성의 생성과 기원에 대해 몇 가지 서로 다른 관점이 대립되는데, 그 중에 '원초주의(primordialism)'란 것이 있다. '원초주의'란 민족성 또는 종족성을 결정짓는 요인이 혈통, 인종, 언어, 종교, 관습, 생활 터전 등 선험적(先驗的)으로 주어진, 원초적(原初的)인 문화적 속성에 내재해 있다고 보는 관점이다.

지금은 이러한 원초주의적 관점을 아무런 조건 없이 그대로 받아들이는 사람은 드물다. 우리 민족처럼 다른 민족에 비해 민족의 종족적 속성이 매우 강한 민족의 경우에서조차도 원초적이고 본질적인 종족성만으로 민족이 창출된다고 보기는 힘들며, 또 민족의 생성이 고대에 이루어져 오늘날까지 지속적으로 이어져 왔다고 볼 수도 없다. 언어와 관습, 생활양식 등 여러 가지 원초적인 문화적 요인들은 이미 존재해 왔을 수 있지만, 이를 선택하고 동원하여 새롭게 '민족'이란 것을 상상하고, 발명하고, 창출하는 것은 근대 이후의 인간들이 여러 가지 의도와 목적, 이해관계에 따라 한 일인 것이다.

민족주의의 역사적 전개

이처럼 '내셔널리즘'(또는 넓은 의미의 '민족주의')은 서유럽에서 18세기 후반에 정치적, 경제적 변혁의 과정에서 등장했다는 것이 지배적인 견해이다. 이 이념은 19세기 초부터 중엽까지 중부 유럽에 전파되었고, 19세기 후반에는 동부 유럽으로 확산되었으며, 20세기 초부터는 아시아, 아프리카 지역에서도 일어났다.

18세기 말~19세기 전반의 민족주의

프랑스의 '국민주의'

민족감정이 그 표현양식과 지향점에 있어서 새로운 모습으로 재탄생한 것은 앞서 언급했듯이 프랑스 혁명에서였다. 18세기 후반 동안 사회경제적으로 급성장했던 부르주아지(bourgeoisie) 중심의 '제3신분'은 자신들에게 봉쇄되어 있었던 개인적, 국민적 권리를 요구하게 되면서 구(舊)체제(앙시앵레짐)를 타파하는 시민혁명의 대열에 나서게 된다. 그들이 혁명에 나서게 된 데는 자신들의 사회경제적, 문화적 역량에 걸맞은 정치적 역할을 해야 한다는 의식이 크게 작용했다. 혁명 당시 제3신분의 대표이던 에마뉘엘 시에예스(Emmanuel Joseph Sieyés, 1748~1836)가 "제3신분이 곧 국민(Nation)이다." 라고 한 데서 잘 나타나듯이, 그들 혁명세력은 자신들과 '국민(즉, 네이션)'을 동일시했다.

혁명에 참여한 사람들이 목표로 한 것은 '국민 모두가 동일한 법에 의해 보호를 받고, 천부의 권리와 자유를 향유하며, 자신들의 운명을 결정짓는 공적(公的)인 의사결정 과정에 공동으로 참여하는 정치적 공동체'를 만드는 것이었다. 이렇게 하여 프랑스 혁명과 더불어 근대 민족주의의 역사가 시작되었던 바, 프랑스 혁명 당시에 나타난 이런 유형의 민족주의는 '시민적 내셔널리즘(civic nationalism)', 우리말로 '국민주의(國民主義)'라고 부를 수 있는 성격의 민족주의였다.

이렇게 나타난 '민족주의' 또는 '내셔널리즘'이 이전의 '민족감정'이나 '애국심'과 다른 점은 근대의 민족주의(내셔널리즘)가 기존의 문화적이거나 종교적인 감정에서 벗어나, 세속적이고 정치적이었다는 점이다. 이 '민족주의(내셔널리즘)'는 인권과 자유, 평등을 지향하는 새로운 공동체, 즉 '네이션(국민 공동체)'을 상정했으며, 이 '네이션'은 대중을 결집시키는 마법적인 힘을 가지게 되었다. 이제 '네이션(국민)'은 그 어떤 것보다 강력한 충성의 대상으로 되었고, 결국 이미 권위를 상실한 종교(기독교)를 대신하여 초월적인 자리를 차지하게 되었던 것이다.

독일 및 중·동부 유럽의 '민족주의'

그러나 프랑스 혁명이 진행되는 동안 유럽 각국이 이에 대해 반(反)혁명적인 태도를 취하면서 프랑스 혁명에 개입하기 시작하자, 프랑스인들의 민족감정은 대외적으로 공격적인 태도를 취하기 시작했다. 혁명 후 나폴레옹 전쟁 시기를 거치면서 프랑스의 민족주의는 더욱 더 공세(攻勢)적 모습을 띄게 되는데, 자국의 공화주의 체제를 유럽 각국에 전파하고 이식하겠다는 문화적 오만과 자민족중심주의(ethnocentrism)가 드러나기 시작했으며, 민족주의가 처음으로 군사적 성격을 지니게 되는 단초가 마련되었다.

나폴레옹 전쟁의 영향으로 독일 등 중·동부 유럽 곳곳에서는 자유주의와 입헌주의, 그리고 민족주의에 입각한 반체제 혁명 운동이 나타났다. 수많은 영방국가로 나뉘어 있던 독일에서는 앞서 언급한 바와 같이 언어와 혈통, 문화적 전통 등 원초적 종족성의 요소들을 발굴하고, 이를 통해 '독일 민족'과 독일 민족의 '역사'를 새로이 창조하는 작업이 활발하게 이루어졌다. 이것이 이른바 '낭만적 민족주의(Romantic nationalism) 운동'이었다. 또한 오스트리아 제국에 합병되어 있었던 중·동부 유럽에서도 자유주의적 민족주의 운동이 나타났다.

산업화와 민족주의

한편 시민혁명과 동시에 진행된 '산업화(industrialization)'도 공통의 문화와 공통의 언어에 기초한 민족적 정체성(아이덴티티)이 형성되는 조건을 마련하는 데 일조했다. 기존의 농경사회에서는 도시와 농촌 간, 지역 간, 신분 간의 교류와 소통이 봉쇄되어 있었다. 산업화, 그리고 산업화에 의해 추동된 도시화(인구이동), 교역과 시장경제의 발달 등의 사회적 변동은, 이러한 폐쇄성이 사라지고 주민 전체가 공통의 사고방식과 생활양식을 공유할 수 있게 해 주었다. 그 결과 민족 내부의 차이, 다양성과 이질성은 사라지고, 공통의 문화와 공통의 언어를 매개로 한 공동체 형성이 가능해졌던 것이다. 이 과정에서 영국이나 프랑스보다 경제적으로 후발 지역이었던 독일과 이탈리아, 그 밖의 동유럽 각지에서 문화적, 언어적 각성을 우선시켜 그 토대 위에서 정치적 통합을 강화하고자 했다.

19세기 말~20세기의 민족주의

공세적 민족주의(offensive nationalism)

유럽은 1870년대의 대공황을 겪으면서 제국주의 경쟁의 시대로 접어들었다. 이에 따라 유럽의 민족주의도 식민주의(Colonialism)와 결합하면서 그 성격이 보다 배타적이고 폐쇄적인 민족주의로 바뀌었다.

유럽 각국의 민족주의는 자국의 자본과 군부와의 관계 속에서 더욱더 대외 경쟁적이고 공격적이며 팽창주의적 성격을 띠게 되었으며, 아시아와 아프리카의 후진 저개발국가와 지역, 그리고 그 주민들에 대한 지배와 억압을 위한 이데올로기의 역할을 하게 되었다. 그리고 이들 유럽 각국의 침략적·대외팽창적 민족주의의 결과로 나타난 것이 제1차 세계대전이다.

파시즘(Fascism)과 민족주의의 야만성

제1차 세계대전 후 유럽에는 극우적이고 과격한 민족주의 운동이 등장했으니 파시즘(Fascism)이 바로 그것이다. 이는 극단적으로 배타적인 민족주의이자, 인종주의적인 민족주의였으며, 대외적으로는 침략적이고 폭력적이었다. 유럽에서 파시즘과 나치즘(Nazism)의 대두는 결국 세계를 또 다른 전쟁으로 몰고 갔다.

18~19세기에 혁명과 자유, 평등과 해방 등의 진보적 가치를 앞세우고 시작되었던 민족주의는 19세기 말을 거쳐 20세기에 들어와서는 그러한 진보적 가치들과는 무관하게 한 인간집단에 의한 다른 인간집단에 대한 차별과 배제, 억압과 침략의 이데올로기가 되었으며, 식민주의, 제국주의와 결합하여 서구의 제3세계에 대한 침략을 선도하는 이념이 되었다. 결국 서구의 민족주의는 20세기에 두 차례의 세계대전으로 귀결되었고, 그리고 유태인 대학살을 포함, 극단적인 인종차별과 끔직한 인종청소 등 인류역사상 가장 야만적인 만행을 가져오는 데 기여했다.

방어적 민족주의(defensive nationalism)

한편 유럽 제국주의의 식민지로 전락했던 아시아와 아프리카의 여러 지역에서는 20세기 초부터 저항적, 해방적이면서 자기방어적인 민족주의의 움직임이 나타났다. 우리나라에서는 3·1운동이 일어났고, 중국에서는 5·4운동이 일어났다. 이들 지역은 두 차례의 세계대전을 겪으면서 제국주의 지배로부터 해방, 독립하려는 민족주의 운동이 크게 강화되었다.

이들 제3세계의 여러 지역에서 민족주의는 제2차 세계대전 이후 또 다른 모습으로 자신을 드러냈다. 여전히 유럽 각국의 식민지배하에 놓여있던 아시아와 아프리카의 여러 나라에서는 탈식민지 민족 해방을 위한 투쟁에, 그리고 식민지배에서 독립한 여러 나라에서는 근대 민족국가 건설에 민족주의가 동원되었다. 심지어 사회주의 국가인 베트남이나 중국에서도 민족주의는 강력한 민족 독립과 국가 건설의 이데올로기 역할을 했다. 우리나라에서도 1960년대 이후 민족주의는 근대화와 경제발전을 위한 중요한 정신적 자원으로 활용되었다.

민족주의의 배타성과 폐쇄성

이상에서 우리는 근·현대 세계사에 나타나는 민족주의의 흐름을 간략하게 조망해 보았다. 이제 아래에서는 근·현대의 민족주의가 그 의도와 다르게, 기본적으로 얼마나 배타적이고 폐쇄적인지 좀 더 자세히 논의해 보기로 한다.

민족주의의 속성

근·현대 세계사 속에서 민족주의는 늘 양날의 칼이었다. 약소국가가 서구(그리고 일본)의 식민지배에서 벗어나고자 할 때, 그리고 스스로 독립된 민족국가로 자강·자립하고자 할 때, 민족주의란 가치는 선(善)이 될 수 있지만, 강대국이 구사하는, 대외팽창적·침략적 민족주의는 역사적으로 대개의 경우 타 민족과 주민, 그리고 국경 내 소수자 집단에 대한 차별과 배제, 야만적 억압과 폭력성을 보여주는 악(惡)의 면모를 보여주었다.

민족주의의 공통적 특징

그러나 민족주의는 그것이 선진 서구의 민족주의든, 아니면 제3세계, 후진 비서구 사회의 민족주의든, 또는 19세기의 초기 민족주의든, 20세기의 후기 민족주의든, 공통되는 특징을 갖고 있다. 선진 서구의 공세적·침략적 민족주의(offensive nationalism)나 서구에 의한 식민지배의 경험을 가진 비(非)서구 사회의 방어적·저항적 민족주의(defensive nationalism)나 모두 '배타적이고 폐쇄적'인 성격을 띤다. 둘 다 다른 민족집단을 타자화(他者化)하고 배제하며, '우리집단(we-group)'의 동질성과 문화적 우월성을 강조하는 등, 둘 다 공통적으로 '배타성과 폐쇄성'을 보이고 있다.

특히 제3세계의 비서구 국가 중 우리나라처럼 최근 들어 경제적 성공을 이룬 신흥 발전국가의 경우에는, 주변의 다른 후진 저개발국가에 대해서 그들을 얕보고 멸시하고, 배제하려는 극단적, 폐쇄적 민족주의가 나타나기도 한다. 제1장에서 오리엔탈리즘에 대해 논의하면서 '자아 오리엔탈리즘'이란 개념을 소개했던 것을 기억할 것이다. 서구의 '오리엔탈리즘'이나, 비서구의 '자아 오리엔탈리즘'이나, 그 근본적인 속성은 같다는 이야기다.

다문화 사회에서 요청되는 민족주의

앞으로의 글로벌 사회, 다문화 사회에서는 이러한 민족주의의 '배타적·폐쇄적 속성'을 지양하고, 보다 '개방적이고 포용적인 민족주의'로 나아가야 할 필요가 있다. 특히 급속한 사회경제적 발전을 통해 선진국의 대열에 진입하려는 우리나라의 경우 이 점은 더욱 더 그러하다. 우리나라는 이제 더 이상 남의 도움을 받는 약소국이 아니며, 정치·외교적으로는 어엿한 중견국가요, 경제적으로도 선진국의 대열에 들어서고 있다. 이제 이만큼 강해진 우리에게 배타적·폐쇄적 민족주의는 선이 아니라 악이 될 수 있다.

배타적·폐쇄적 민족주의(closed and exclusionary nationalism)
⇨ 개방적·포용적인 민족주의(open and inclusionary nationalism)

우리가 앞으로 어쩔 수 없이 껴안고 살아가야 할 '다문화 사회'라는 새로운 현실에서 우리에게 절실히 필요한 것은 타자(他者)에 대한 좀 더 개방적이고 포용적인 자세일 것이다. 우리의 건국이념은 '홍익인간(弘益人間)', 즉 '널리 인간을 이롭게 하라'는 것 아닌가. 여기서 '홍익'의 대상은 한민족만은 아닐 것이다.

학습정리

우리는 지금까지 우리나라가 '단일민족·단일문화'의 사회였다고 믿어 왔다. 이 장에서 우리는 이러한 기존의 상식적인 관점이 과연 얼마만큼 역사적 사실에 부합하는지 살펴보았다. 또한 우리는 민족 및 민족주의와 관련된 여러 개념에 대해서도 알아보았다. '민족'이란 개념이 매우 복합적이란 사실과 그 개념을 제대로 이해하려면 역사적 맥락을 잘 이해해야 한다는 것도 알았다. 마지막으로 민족주의의 역사적 전개과정을 근대 이후의 세계사적 배경 위에서 간략하게 추적해 보았으며, '민족주의'의 두 가지 서로 다른 개념도 살펴보았다.

7 다문화 교육의 의미와 과제

학습개요

1. 다문화 교육의 의미
2. 주요국의 다문화 교육의 현황
3. 바람직한 다문화 교육을 위한 문제 진단 및 과제

학습목표

1. 다문화 교육의 의미를 생각해 보고, 다문화 교육과 유사한 기존의 다른 형태의 교육과 비교해서 분석해 본다.
2. 미국, 영국, 호주 등 주요국의 다문화 교육의 현황과 특징에 대해 알아본다.
3. 현재 우리나라 교육의 문제점을 진단하고 향후 다문화 교육이 나아가야 할 방향과 과제에 대해 이해한다.

1. 다문화 교육의 의미

문화 교육과 다문화 교육의 정의

문화 교육이란?

'다문화 교육'을 포괄하는 상위의 개념으로 '교육'과 '문화 교육'이란 개념이 있다. 먼저 이들 개념에 대해 알아보자. '교육'은 '우리의 삶에 필요한 지식과 기술, 가치관, 신념체계, 태도 등을 가르치고 배우는 활동'을 말한다. 인간은 교육을 통해 우리가 살아가는 데 필요한 모든 능력과 역량을 세대에서 세대로 전수함으로써 인간 공동체를 계속 유지 존속하게 한다.

그런데 교육이 그 전수의 대상으로 하는 지식, 기술, 가치관, 신념체계 등은 바로 '문화'의 일부다. 지식과 기술, 가치관, 신념체계 등은 바로 우리의 생활방식이요, 사고방식이다. 다시 말해 '교육'은 '문화를 가르치고 배우는 활동'이라 정의할 수 있고, 인간은 교육을 통해 '문화를 후대에 전수하고', 우리의 문화는 교육을 통해 '재생산'된다. 따라서 모든 '교육'은 바로 '문화 교육'이라 해도 틀린 말이 아니다.

'문화 교육'으로서 교육은 인간의 소통(communication) 능력을 향상시켜 더 풍부하고 원활한 공동체(community) 생활을 가능하게 해 준다. 즉 '교육'은 우리의 생활세계를 확대하고 심화시키는 기능을 하는 것이다. 또한 '교육'은 '자신이 처한 상황에 주체적으로 적응하면서 삶의 질이 나아지도록 노력할 수 있는 창조적 능력을 배양하고 육성해 준다.' 고 말할 수 있다.

한편 인간의 가치관과 신념체계 등을 교육의 대상으로 하는 '문화 교육'은 다양한 가치규범들이 서로 갈등하고 경쟁하는 상황에서, 우리가 삶을 영위하는 데 필요한 '문화적 능력'을 배양하게 한다. 즉 '문화 간 교섭과 이해능력을 함양'하게 한다. 이처럼 교육이 '서로 다른 문화권에 속한 사람들 간의 소통을 활성화하여 공존·공생의 지평을 열어간다'는 점에서 모든 교육은 사실상 '다문화 교육'이다.

다문화 교육이란?

'다문화 교육(multicultural education)'이란 '다문화적 상황에서 이루어지는 교육'으로, '그 사회의 모든 문화집단들이 상대방 문화에 대한 상호이해와 상호존중을 증진하고, 다양한 문화적 소수자 집단을 포함한 모든 인간의 존엄성과 교육적 평등을 촉진하고자 하는 교육'이라 정의할 수 있다. 이 개념 정의를 몇 가지 구성요소로 나누어 살펴보면 다음과 같다. 먼저 다문화 교육은 '다문화적 상황' 또는 '문화 다양성'의 상황에서 이루어지는 교육이다. 즉, 이 상황이란 '여러 서로 다른 인종·민족·언어종족집단이 함께 어울려 사는 상황'이고, '다양한 문화권 출신의 인간집단이 공존하는 상황'을 가리키며, 이런 상황에서 이루어지는 교육이 '다문화 교육'인 것이다.

둘째, 다문화 교육의 목표 중 하나는 위와 같은 다문화 사회에 사는 모든 다양한 문화집단과 그 구성원들이 상대방의 문화에 대해 제대로 이해하고,

상대방의 문화를 존중하는 법을 배우도록 하는 것이다. 즉 다문화 교육의 목적은 여러 다른 문화집단에 속하는 구성원으로서 그 사회의 모든 주민들이, 서로에 대한 상호이해와 상호존중을 배우도록 하는 것이다. 그리고 여기서 '그 사회의 모든 주민'은 소수 인종·민족·언어종족 집단뿐만 아니라 그 사회의 주류 인종·민족·언어종족 집단, 즉 문화적 지배집단에 속하는 사람도 포함한다. 한국의 경우 상대방의 문화에 대한 이해와 상호존중을 배워야 할 대상은 외국인 이민자 집단뿐만 아니라, 내국민도 포함되는 것이다.

셋째, 다문화 교육은 또한 모든 인간의 존엄성과 교육에서의 평등을 추구하는 것을 목적으로 한다. 여기서 '모든 인간'에는 그 사회의 소수자 집단인 소수 인종·민족·언어종족 집단의 구성원을 포함한다. 따라서 다문화 교육을 통해 우리는 문화적 소수자들의 인간 존엄성과 평등한 교육기회 확보를 추구해야 한다.

'다문화 교육'의 여러 가지 정의

다음으로 다문화 교육의 전문가들이 말하는 '다문화 교육'의 다양한 정의를 비교해 보기로 하자.

자료: '다문화 교육'의 다양한 정의

- **제임스 뱅크스**(James A. Banks): 다양한 인종·민족·언어·문화 집단의 학생들이 학교 현장에서 동등한 교육의 기회를 받아야 하며, 이를 위해 공교육 체제의 구조적 변화가 필요하다. '다문화 교육'이란 이러한 목표를 추구하기 위한 사상이자, 교육개혁 운동이며, 그 과정이다(Banks, 2004, 2007).
- **크리스틴 베넷**(Christine I. Bennett): 다문화 교육을 교수-학습에 대한 접근의 하나로 보고,

다문화 교육을 '문화적으로 다양한 사회 내에서 민주적 가치와 신념에 기초하여 다문화주의를 촉진하는 일련의 교육활동'으로 정의한다(Bennett, 1986).

- **소냐 니에토**(Sonia Nieto): 다문화 교육을 소수자 집단뿐만 아니라 '모든 학생을 위한 기본교육과 종합적인 학교개혁과정'으로 정의한다. 그녀는 다문화 교육의 일곱 가지 특성을 제시했는데, 다문화 교육은 ① 반인종차별주의적 교육, ② 기본적(basic) 교육, ③ 모든 학생들에게 중요한 교육, ④ 광범위한(pervasive) 교육, ⑤ 사회정의를 위한 교육이고, ⑥ 하나의 과정이며, ⑦ 비판적 교육학에 뿌리를 두고 있다고 했다(Nieto, 1992).

기존의 다문화 교육의 경향

좁은 의미의 다문화 교육은 최근에 들어와서 시작되었지만, 넓은 의미의 다문화 교육은 오래 전부터 있어 왔다. 기존에 다문화 교육은 대체로 다음의 네 가지 서로 다른 형태로 이루어져 왔는데, '다원주의적 문화 교육', '국제이해교육', '반(反)편견 교육', '세계화 교육'이 그것이다(조용환, 2008; 권용희, 2016).

넓은 의미의 다문화 교육은 이 네 가지 형태의 교육을 다 포괄하는 것이다. 이 네 가지 형태의 교육은 사람들의 이주와 교류가 급격하게 증가함으로써 야기된 다문화 상황의 교육이라는 점에서 공통적이지만, 각각의 배경과 특징, 그리고 한계점은 상이하다.

최근에 새로이 등장하고 있는 '다문화 교육'(좁은 의미의)은 바로 기존의 다원주의적 문화 교육, 국제이해교육, 반편견 교육, 세계화 교육 등의 성과에 바탕을 두고, 또한 그 맥락을 공유하면서 새롭게 구성된 것이라 할 수 있다. 따라서 최근의 '다문화 교육'은 내용상으로는 완전히 새로운 형태의 교육은 아니며, 어떻게 보면 교육에 대한 새로운 관점 혹은 접근이라고 볼 수 있다. 아래에서는 이들 각각의 연혁과 내용을 살펴보고, 최근의 다문화 교육(좁은 의미의)과 비교해 본다.

다원주의적 문화 교육

먼저 '다원주의적 문화 교육(pluralistic cultural education)'에 대해서 살펴보자. 이는 미국과 같은 다문화 사회에서 소수 집단을 지배문화에 동화시키고자 취해왔던 이른바 '용광로(melting pot)'식 접근의 한계에 대한 대안교육으로서, 한 사회 내부의 다원적(다양한) 문화를 소극적 포용이 아닌 적극적 활용으로 접근해야 한다는 '문화 다원주의(cultural pluralism)'가 그 철학적 배경이다.

'문화 다원주의' 관점에서 볼 때, 한 사회에 여러 문화가 공존하는 것은 혼란이 아니라 혜택이요, 축복이다. 다원주의적 문화 교육의 전형은 학교 상황에서 소수집단 학생들을 배려하는 '이중언어 교육(bilingual education)'에서 찾아볼 수 있다.

'이중언어 교육'은 가정의 언어와 학교의 언어를 모두 포용하여 숙달하도록 한다는 점에서 바람직해 보이나 이 접근에는 두 가지 취약점이 있다. 하나는 문화를 마치 습득하여 활용하는 일종의 도구적 수단으로 간주한다는 점과 다른 하나는 문화들 간의 공존 형태를 '질적 융합(融合)'이 아닌 '양적 병합(倂合)'으로 본다는 점이다.

우리가 지향해야 할 다문화 교육은 다수의 문화를 병렬하여 그 선택지를 늘리는 데 그치는 것이 아니라 다양한 문화들의 가능성과 한계를 통합하고 이를 비판적으로 전유할 수 있는 주체를 기르는 교육이어야 한다.

국제이해교육

다음으로 '국제이해교육(EIU, Education for international understanding)'에 대해 살펴보자. 이는 유네스코(UNESCO, 유엔교육과학문화기구)가 관심을 가지고 수행해온 교육으로 국제분쟁을 줄이고 세계평화를 확산시키고자 국가들 간의 상호 이해를 문화와 교육 차원에서 증진시킨다는 것이 그 기본 취지다(한경구, 2008; 김현덕, 2009; 한건수·한경구, 2011).

그 취지를 달성하고자 실제 가장 역점을 두고 추진하는 것이 '만남'과 '교류' 프로그램들이다. 이는 여러 서로 다른 문화권의 사람들 간의 인적 교류와 실제적 만남이 상호이해를 증진시킨다는 믿음에서 나온 것이다. 그리고 재정상 한계로 직접적인 인적 교류가 불가할 때에는 정보 및 자료의 교환, 프로그램의 교환, 협력 활동의 개발 등으로 프로그램을 실시해 왔다. 유네스코 중심의 국제이해교육은 하나의 국가를 하나의 문화 단위로 삼고, 주로 국가기구들을 통해서 이루어졌다는 특징이 있다. 국제이해교육은 1970년대부터 시행되어 왔으며, 1974년 유네스코의 다음과 같은 권고안이 중요한 역할을 했다(UNESCO, 1974).

참고자료: 유네스코의 '국제이해교육 권고'

1974년 11월의 제 18차 유네스코 총회에서 채택된 '국제이해와 협력, 평화를 위한 교육과 인권 및 기본권에 관한 교육을 위한 권고(recommendation)', 또는 줄여서 '국제이해교육 권고'는 현대 사회에서 다문화의 공존 상황에 직면하여 세계 각국이 국제이해교육을 통해 각국의 교육정책에서 추구해야 할 일곱 가지 원리를 제시하고 있다.

① 모든 수준과 형태의 교육에서 국제적 차원과 글로벌한 관점(global perspective)을 고려할 것
② 모든 인종·문화·문명·가치·생활방식에 대한 이해와 존중을 강조할 것
③ 사람들과 국가 간의 증가하는 전지구적 상호 의존성에 대해 자각하도록 할 것
④ 타인과 의사소통하는 능력을 함양할 것

⑤ 개인, 사회 집단, 그리고 국가 상호 간에 부여된 권리와 함께 의무도 자각하게 할 것
⑥ 국제적 연대와 협동의 필요성을 이해하게 할 것
⑦ 자신의 지역사회, 국가, 세계 전체의 문제를 해결하는 데 참여할 준비를 갖추게 할 것

반편견 교육

셋째로 '반(反)편견 교육(Anti-bias education)'은 인종, 민족, 성 등에 따른 각종 차별을 없앰으로써 사회정의와 평등을 실현하고자 하는 교육이다. 1980년대에 활성화되었던 반편견 교육은 주로 미국에서 흑백 인종 갈등을 해소하는 데 나름대로 기여했으며, 유럽에서도 소수민족에 대한 차별을 해소하는 데 기여했다. 미국에서의 반편견 교육은 유아교육 전문가인 '루이스 더만 스파크스(Louise Derman-Sparks)' 같은 사람들이 중요한 역할을 했다.

1970년대 이후 페미니즘의 성장은 성 차별에 대한 반편견 교육의 활성화로 직결되었고, 주로 학교에서 사회과 교과교육이나 특별활동 프로그램 형태로 많이 이루어졌다. 반편견 교육에서는 이질적인 문화에 대한 이해를 강조하기는 했지만, 문화를 집중적이고 체계적으로 다루지는 않았다.

세계화 교육

마지막으로 '세계화 교육(GE: globalization education)'은 1990년대 이후 세계무역기구(WTO)가 주도한 무역 자유화, 세계시장 활성화, 지구촌 생활세계 구성 등의 흐름과 연관된다. 세계화 교육은 한편으로는, 세계화 현상을 제대로 이해시키는 방향으로, 다른 한편으로는 세계화에 부합하는 교육체제를 구축하는 방향으로 이루어져 왔다.

그러나 국가와 국민 중심의 질서에서 벗어나 초국적 다중 혹은 세계시민의

질서를 형성한다는 세계화 교육의 논리는 다분히 이데올로기적이다. 모든 국가, 모든 사회의 사람들에게 유익하고 의미 있는 세계화가 어떻게 가능하며, 그것과 관련된 세계화 교육이 어떻게 이루어져야 하는지에 대한 합의는 아직 없다. '세계 문화', '지구촌 문화'라는 신조어가 등장했지만 그것이 무엇을 의미하는지는 아직도 불분명하다.

다문화 교육과의 비교

이상 네 가지 유형의 교육과 다문화 교육은 상당히 유사한 면을 공유하고 있다. '다문화 교육'은 이상 네 가지 교육의 주요 요소를 다 갖고 있다고 할 수 있다. 그러나 다문화 교육이 기존의 교육 형태와 다른 점은 우리 인류의 다양한 문화, 제도, 유산 등을 '비판적 성찰'의 소재로 삼아서 더 나은 삶, 더 나은 세계를 추구하는 데 있다.

다양한 문화권의 사람들과 교류하고, 다양한 문화를 풍부하게 접촉하고, 그 문화를 보다 많이 이해하는 것이 다문화 교육에 필요하기는 하지만, 그보다 더 중요한 것은 후기 현대사회의 우리의 생활세계 자체가 다문화 상황임을 인식하고, 우리의 생존과 실존의 방식을 그에 맞게 재구성하는 일일 것이다.

외국 문화의 이해와 함께 우리 사회의 소수문화, 하위문화, 지역문화 등을 이해하는 것 역시 중요하며, 외부세계와 내부세계, 양자는 서로 별개가 아닌 통합적인 체계 속에서 함께 교류하고 뒤섞이며 융합한다는 사실을 이해해야 한다. 또한 우리의 일상적 삶 자체를 통해 보다 풍부한 다문화적 경험을 하고 다문화적 인식을 몸으로 체득(體得)해야 할 것이다. 즉, 다문화의 이해는 '머리로 하는 것이 아닌 몸으로 하는 것(embodied understanding)'이 되어야 한다.

2. 주요국의 다문화 교육의 현황

미국의 다문화 교육

다문화 교육에 관한 미국 사회의 두 관점

미국에서는 오래 전부터 다문화 사회와 다문화 교육을 둘러싼 두 개의 서로 대립되는 관점이 존재해 왔다. 그 하나는 문화 다양성을 '문제'로 보는 관점이고, 다른 하나는 '가능성'으로 보는 관점이다. (우리는 이미 제4장에서 다문화 사회와 다문화 현상을 바라보는 상반된 두 시각에 관해 상세하게 논의한 바 있다.)

전자(前者)는 미국의 '백인 우월주의(White supremacy)'와 '동화주의(同化主義)' 이데올로기에 그 기반을 두고 있으며, 미국 역사에서 인디언 원주민의 몰살, 흑인들의 노예제도, 소수 인종·민족과 이주민에 대한 사회적 불평등 등으로 나타났다. 후자(後者)는 '문화적 다양성 및 공정과 평등'이라는 이데올로기에 기반을 두고 있으며, 이러한 관점에서 나오는 역사의 흐름은 노예제 폐지, 보통선거권 실시, 노동자의 권리 및 장애인의 평등, 소수자의 권리 신장, 인권 운동 등의 성과를 일구어냈다.

미국 사회와 역사에서 이러한 서로 상충되는 두 개의 관점과 흐름이 첨예하게 충돌하는 현상을 놓고, 이미 1940년대에 '군나르 뮈르달(Gunnar Myrdal, 1898~1987)'은 이를 '미국의 딜레마(American dilemma)'라 표현한 적이 있다(Myrdal, 1996). (뮈르달은 스웨덴의 경제학자요 사회학자이며, 노벨 경제학상(1974년) 수상자이기도 하다.)

그럼에도 불구하고, 대부분의 미국인들은 미국의 학교 교육 제도가 궁극적으로는 모든 다양한 문화적 배경이나 계급·계층 출신의 학생들로 하여금 공교육의 혜택을 골고루 누리게 하여 가까운 미래에 사회 전체의 불평등을 완화하리라는 믿음을 갖고 있었다. 이것이 미국의 교육사상가요 교육개혁가로 '미국 공교육의 아버지'로까지 불리는 '호레이스 만(Horace Mann, 1796~1859)'이 미국의 교육을 '위대한 평형장치(great equalizer)'라고 불렀던 이유이기도 하다(Nieto, 2009).

미국 다문화 교육의 전사(前史)

미국의 다문화 교육은 1970년대 중반에 시작되었다고 할 수 있다. 물론 당시의 다문화 교육이 오늘날 우리가 말하는 그런 수준의 다문화 교육은 아니지만, 다문화 교육의 기본 형태는 이미 그때부터 갖추어졌다고 해도 무방할 것이다. 미국 공교육의 역사를 보면, 현재의 다문화 교육을 가능하게 한 다음과 같은 오랜 역사적 경험이 있다.

미국에서는 이미 1920년대 후반부터 문화간 상호이해를 돕는다는 취지의 '상호문화 교육(intercultural education)'이 시작되어 1950년대 후반까지 이어졌는데, 이것이 미국의 다문화 교육에 있어서 중요한 선례를 남겼다. 당시 미국 사회에 만연했던 민족적·인종적 갈등에 대처하기 위해 발전한 '상호문화 교육'은 학생들의 인종 간, 민족 간 차별을 감소시키고 서로에 대한 이해와 존경을 돕는다는 측면에서 오늘날의 다문화교육과 그 연관성이 깊다.

1950년대에는 학교 현장에서의 분리교육과 교육 불평등에 대한 사회적 논쟁이 있었고 중요한 사법적 결정이 나왔다. 당시 미국 학교교육을 지배했던 것은 흑인과 백인 학생들이 각각 '평등'한 학교에서 '분리'되어 교육을 받는다는 '분리 평등(separate but equal)'의 원칙이었다. 그러나 '평등'한 학교라고 간주되던 흑인과 백인 학교들은 실제로는 매우 불평등한 시설과 환경을 갖고 있었다. 이러한 인종차별 정책의 철폐를 주장하는 사회 일각의 끈질긴 노력이 1954년 '브라운 대 교육위원회(Brown vs. Board of Education)' 재판의 결과로 나타났다. 이 재판은 미국의 학교교육에서 인종차별 정책을 폐지하도록 요청했다. 그러나 그 이후에도 분리주의 교육의 전통은 쉽게 없어지지 않고 오늘날까지도 여전히 남아 있다(김형인, 2006).

1960년대부터 1970년대까지는 '소수민족 연구(ethnic studies)'라 불리는 학술 활동이 활발하게 이루어졌다. 그리고 이를 통해 기존의 아프리카계 흑인뿐만 아니라 멕시코계 미국인, 아시아계 미국인, 아메리칸 인디언 등이 학교교육 과정에 소수민족에 대한 내용을 포함하고, 교육내용에 대한 자신들의 의사결정권을 강화시킴으로써 자신들의 교육적 기회를 향상시켜 달라고 요구하였다. 또한 대학의 교육과정에도 소수민족의 역사와 문화를 반영하고, 대학 교수 임용에 있어서도 다양한 인종적 배경을 가진 교수들을 선발하도록 요구하기에 이르렀다.

마지막으로 '이중언어 교육(bilingual education)'에 대해 잠시 언급하고 넘어가도록 한다. 초중고 학교교육에서 '이중언어 교육'을 실시할 것을 촉구하는 사회운동은 1960년대부터 1990년대까지 오랫동안 지속되어 왔다. 그 중에 특히 히스패닉 등 라틴계 학생과 학부모들이 학교교육에서 스페인어와 영어를 동시에 배울 수 있도록 허용해 달라는 요구가 가장 강력하게 제기되었으며, 이는 학교교육에서 라틴계 학생들의 낮은 학업성취도를 향상시키는 데 큰 도움이 될 것이라고 여겨졌다. 결국 1968년에 '이중언어 교육법(Bilingual Education Act)'이 제정되기도 했다(Nieto, 2009; 권효숙, 2016).

미국 다문화 교육의 실태

1990년대 이후 미국에서는 다시 다문화 교육을 둘러싼 사회적 논쟁이 벌어졌다. 당시 미국의 다문화 교육이 지나치게 급진적이고 빠른 속도로 이루어지고 있다는 비판이 정치적 우파와 보수 진영에서 나왔고, 반면에 미국의 다문화 교육은 여전히 보수적이며 그 발전 속도도 너무 느리다는 비판이 정치적 좌파 또는 자유주의(리버럴) 진영에서 나왔다.

좌파 및 리버럴 진영 내부에서는 또한 다문화 교육의 대상자를 어디까지 포함시킬 것인가에 대한 논쟁도 벌어졌다. 일부는 다문화 교육의 초점을 '유색인종을 위한 평등한 교육기회 제공'에 맞추어야 한다고 주장했고, 여기에 반대하는 다른 일부는 다문화 교육의 대상을 보다 광범위하게 확대해야 한다고 주장했다. 후자(後者)에 속하는 단체 중에는 미국 다문화교육협회(NAME, National Association for Multicultural Education)도 있었는데, 이 협회는 "다문화 교육은 문화, 민족, 인종, 언어, 나이, 성 정체성, 성별, 신념 또는 장애에 관계없이 모든 학생들을 위한 평등을 촉진해야 한다." 고 주장했다.

오늘날 미국 교육에서는 교육과정이나 교육내용, 교사에 대한 교육, 학습자료, 각종 교과 및 비교과 프로그램 등에서 다문화와 관련되는 내용이 매우 발달해 있다. 그런 점에서 미국의 다문화 교육은 최첨단을 걷고 있다고 해도 과언이 아니다. 그리고 다문화 교육의 발전을 위한 연구 및 교육훈련 인프라도 잘 갖춰져 있다. 제임스 뱅크스가 소장으로 있는 워싱턴대학교 다문화교육센터(Center for Multicultural Education)는 대표적인 교육연구 기관이다. 또한 전국다문화교육협회(NAME)같은 단체도 중요한 역할을 수행한다(Nieto, 2009).

그러나 그럼에도 불구하고 미국에서의 다문화 교육 또한 모든 학생과 주민들을 대상으로 다문화에 대한 올바른 인식과 감수성, 소수자 문화에 대한 제대로 된 이해와 태도, 다문화 사회에서의 사회불평등 완화를 위한 사회적 실천 등을 교육하는 데까지 이르지는 못하고 있다.

영국의 다문화 교육

영국의 다문화 교육은 정치적 풍향이 바뀜에 따라 그 방향과 성격이 상당한 정도로 변화하는 경향을 보여준다. 다문화주의와 다문화 교육에 대해 부정적인 보수당(Conservative Party)이 집권하느냐, 아니면 다문화 교육에 우호적인 노동당(Labour Party)이 집권하느냐에 따라 다문화 교육의 내용도 크게 바뀌어 왔다. 아래에서는 다문화 교육이 태동한 1970년대부터 지금까지 영국의 다문화 교육의 동향이 어떻게 바뀌어 왔는지 간단히 살펴보기로 한다.

1960~1970년대 영국의 다문화 교육

1960년대까지만 해도 영국에서 교육은 동화(同化)를 이루기 위한 수단으로 간주되었다. 이 당시 영국의 다문화 교육은 주로 과거 영국령 식민지 국가의 이민자 자녀들을 교육을 통해 영국 국민으로 동화시키기 위한 목적으로 이루어졌다. 그리하여 비영어권 소수자 집단 학생들을 위한 '영어 교육'이 중요한 교육 프로그램으로 간주되었다.

당시 영국의 교사들은 다문화 교육과 관련하여 학교교육의 가장 중요한 과제로 다음 네 가지를 집중적으로 추진했다고 한다. ① 이민자 집단을 위한 영어 가르치기, ② 이민자 학생을 새로운 환경에 적응하도록 돕기, ③ 피부색, 종교, 또는 문화적 소수집단에 속한다는 것의 의미 이해하기, ④ 다인종·다문화 사회의 교육적 필요에 적응하기 등이 그것이다(Tomlinson, 2009).

미국과 마찬가지로 영국 사회에서도 다문화 교육을 둘러싸고 두 가지 서로 대립되는 시각이 충돌해 왔다. 공교육의 과정에 영국의 역사적 유산과 영국 특유의 가치관이 포함되어야 한다는 입장과 과거 제국주의적 시각으로부터 벗어나 보다 새로운 교육과정을 개발해야 한다는 입장이 그것이다. 이는 보수 진영과 진보 진영으로 나뉘어 대립하던 제도정치권의 서로 다른 정책노선과 맞물려 영국의 다문화 교육의 향방에도 큰 영향을 미쳤다.

그러나 1970년대 후반부터 다문화 교육에 대한 정치적·사회적 분위기가 바뀌고, 적어도 초보적인 형태의 다문화 교육이 시작되었다. 1975년에 정부의 한 위원회가 소수집단의 학생들이 학교에서 자신의 문화와 언어를 포기하게 해서는 안된다는 보고서를 제출했고, 영국의 교육과학부(DES)는 1979년부터 소수민족 언어 프로젝트를 지원하기 시작했으며, 전국교사노조(NUT)는 학교에서 소수민족 언어가 영어와 동등한 지위를 가져야 한다고 주장했다. 이러한 변화는 당시 진보 성향의 노동당 정부(1974~1979)가 집권하고 있었던 때문이기도 했다. (참고로 1960년대 이후의 영국 역대 집권당 및 총리는 제10장의 <표 10-3>을 볼 것.)

1980~1990년대 영국의 다문화 교육

1980년대와 1990년대는 마가렛 대처 총리(재임: 1979.05~1990.11)와 존 메이저 총리(재임: 1990.11~1997.05)가 이끄는 보수당 정부가 줄곧 정권을 장악하고 있었다. 꼭 그런 때문은 아닐지라도 이 시기 영국에서 다문화 교육은 그리 큰 진전을 보여주지 못했다.

예컨대 1988년에 시행된 '교육개혁법(Education Reform Act)'은 소수집단 학생들이 교육 시스템에 평등하게 통합되는 것을 어렵게 만들었고, 다문화 교육의 교육과정에 대한 일선 교사들의 논의를 중단시켰다. 이때부터 공교육이 시장경제의 논리에 지배되기 시작했다. 학부모와 학생은 자유롭게 학교를 선택할 수 있게 되었으며, 학교에 대한 정부의 재정지원은 재학생 수에 따라 이루어지게 되었고, 학교 간의 경쟁도 장려되었으며 더욱 치열해졌다. 학부모와 학생들은 학교교육의 소비자가 되었고, 학생들의 시험점수는 공개되었으며, 언론은 학교와 학생들의 학업성취도를 스포츠경기 중계하듯이 일반에 발표했다. 나중에 연구자들은 이러한 변화가 결국 사회계층과 민족집단에 따라 학교를 선택하게 만듦으로써 인종과 민족 간 분열을 악화시켰다는 분석결과를 내놓았다.

특히 1990년대 전반, 메이저 총리가 영국 정부를 이끌던 시기를 일컬어 '영국에서 인종이 "존재하지 않는 존재(absent presence)"가 된 시기' 라고 한다. 그 말은 인종 문제가 영국 정치의 주요 어젠다에서 사라졌다는 말이다. 당시 흑인 학생들이 학교를 중도에 그만 두는 비율이 매우 높았고, 런던 지역 내에 무슬림 학생들을 위한 특수학교가 부족해졌으며, 1993년에는 백인 인종차별주의자들이 한 흑인 학생을 살해하는 사건이 발생하는 등 여러 가지 심각한 현상이 발생했지만, 이 일들이 모두 메이저 정부하에서 일어난 일이라 그랬는지는 몰라도 그리 큰 사회적 관심을 끌지는 못했다.

그럼에도 불구하고 1980년대와 1990년대 영국의 다문화 교육에도 나름대로 제한적인 성과는 있었다. 먼저 1980년대에는 이민자 학생을 위한 모국어 교육이 실시되기 시작했고, 학교 급식에서 소수민족 고유의 음식을 제공했으며, 학교 교과목에서 '민족우월주의'적 요소를 삭제하고 비기독교 종교에 대한 내용을 포함시키는 등의 진전이 있었다. 그리고 1980년대 말에는 지역교육청의 2/3가 다문화 교육 정책을 도입하기에 이르렀다.

그러나 좌파 성향의 학자들은 당시의 다문화 교육이 동화주의적이고, 형식주의적이며, 인종적 평등성을 지지하지 않았다고 비판했다. 반면에 우파 성향의 사람들은 '다민족 단체'가 사회 분열을 초래한다고 공격했다(Tomlinson, 2009).

2000년대 이후 영국의 다문화 교육

이러한 사회적 분위기는 1997년 노동당 정부가 들어서면서 많이 달라졌다. 1997년 5월에 집권한 토니 블레어(Tony Blair) 총리(재임: 1997.05~2007.06)는 자신의 새로운 정부가 '정의로운 사회의 구현을 위한 수단으로서의 교육'에 헌신하겠다고 다짐했다.

블레어 정부는 이를 위해 '사회배제 전담팀(Social Exclusion Unit)'이란 기구를 설치하고, 당시 흑인 학생들이 학교교육에서 배제되던 상황을 조사했으며, 이슬람교 및 소수 종교단체가 성공회 등 다른 주류 종교와 마찬가지로 정부의 지원을 받는 공립학교를 설립하도록 허가했으며, 소수민족을 위한 정부 보조금 제도도 실시하고, 인권법(Human Rights Act)도 공포했다. 또한 소수민족집단의 학부모로 하여금 자녀들의 학업성취와 행동에 더 많은 관심을 기울이도록 설득하고, 흑인 및 소수민족 학생들을 위한 영재교육 프로그램, 학습부진아에 대한 특별 지원, 멘토링 프로그램 등을 실시했다.

2000년대 들어 새로이 설정된 다문화 교육의 이러한 정책 방향은 노동당 정부하에서 상당 기간 실시되었기 때문에 나름대로 정책적 관성을 가지게 되었다. 그리하여 2010년 5월 데이비드 캐머런(David Cameron)이 이끄는 보수당이 정권을 잡았으나, 그 이후에도 당시 설정된 다문화 교육의 방향을 되돌

리려는 정책적 선회는 아직 나타나지 않고 있다.

호주의 다문화 교육

최근 60여 년간 호주의 다문화 교육은 '동화주의' 정책에서 '다문화주의' 정책으로 선회했다. 호주의 다문화 정책에서 교육 부문은 가장 많은 변화를 겪은 분야라 할 수 있다.

동화주의의 폐기와 이민자 교육의 실시

호주는 1960년대까지만 해도 이민자 정책의 기본 노선이 '동화주의'에 입각해 있었으며, 학교 교육 또한 '동화주의' 정책을 따랐고, 비영어권 이민자 집단 출신 학생들을 위한 특별한 교육을 제공하지 않았다. 그러나 1950~60년대에 비(非)영어권, 비(非)앵글로-켈트계 이민자들이 대규모로 유입해 들어오면서, 1960년대 후반부터는 기존의 호주 교육제도가 이들 이민자 집단의 사회적 요구로부터 도전을 받는 상황이 벌어지게 되었다.

이에 호주 정부는 이민자 및 그 자녀들이 호주 사회에 정착하는 과정에서 겪는 가장 어려운 점이 영어 의사소통 능력의 부족이라고 판단하고, 그동안 주로 성인 이민자들을 위해 제공했던 영어교육 특별 지원을 이민자 자녀들에게까지 확대하는 정책을 시작했다. 예컨대 뉴사우스웨일스 주정부는 1969년에 이민자 자녀들에게 ESL(English as a Second Language, 외국어로서 영어) 교육을 제공하는 특별 프로그램을 시작했으며, 그 다음 해부터는 호주 이민부(Department of Immigration)가 직접 이 프로그램에 대한 재정지원을 하게 되었다. 그 후 이민자 자녀들을 위한 ESL 프로그램은 호주 다문화 교육의 중심

프로그램이 되었다. 1970년대 후반에는 호주 학교교육 적응에 어려움을 겪는 아동 이민자들을 위한 영어 심화교육 센터가 설치되어 새로 이주해온 이민자들이 중등학교 과정의 집중적인 영어지도를 받을 수 있게 되었다.

한편 그 외에 이민자 자녀들을 위한 모국어 교육도 병행되었다. 당시 호주의 내국민들이 배우던, 라틴어, 프랑스어, 독일어, 중국어와 같은 '제2외국어'와 구분하기 위해, 소수민족 출신 이민자들이 쓰는 모국어를 '커뮤니티 언어(community language)'라 불렀다. 이들 커뮤니티 언어의 교육을 위해 정부는 비영리 소수민족 단체들이 운영하는 방과후 '소수민족 학교(ethnic schools)'에서 이민자를 위한 언어교육이 이루어지도록 재정적인 지원을 했다. 또한 특정한 소수민족 언어를 사용하는 학생이 많은 일반 초등학교에 해당 소수민족 언어 전문교사를 배치하는 조치도 취했다(Inglis, 2009).

이민자 교육에서 다문화 교육으로의 전환

1990년대 이후 호주의 다문화 교육은 '이민자 교육' 위주의 다문화 교육에서 진정한 의미의 다문화 교육으로 이행하는 몇 가지 진전을 보여주었다. 먼저 다문화 교육의 초점이 단순히 이민자들을 위한 언어교육과 학교적응 위주에서 벗어나 보다 폭넓게 '학교 문화' 자체를 변화시키고, '숨겨진 교육과정'을 통해 다문화 인식을 제고하는 것으로 이동했다. 이 정책은 이민자 집단의 다양한 문화적 배경을 보다 긍정적으로 일반 학생들에게 가르침으로써 기존에 앵글로·켈트계 문화가 지배적이었던 학교교육의 현장에 문화 다양성의 긍정적 측면과 비(非)앵글로·켈트계 문화의 우수성을 보여줌으로써 학생들의 다문화 마인드를 제고하고, 이민자 집단의 학생과 학부모들의 자부심을 높여주는 계기도 되었다.

또한 학교교육과정에 '다문화 관점'을 포함시키고 상호문화 이해를 위한 의사소통을 중요한 교육 내용으로 포함했다. 이를 위해 문학, 역사, 사회과학, 미술, 그리고 음악 등 다양한 교육과정 분야가 상호문화 이해와 문화간 차이 및 다양성을 반영하기 위해 수정되었다. 이러한 숨겨진 교과과정은 주류집단과 소수집단 간에 서로에 대한 이해를 북돋우고 이들의 지식, 태도, 행동을 변화시켜 상호 간에 긍정적 관계를 형성하는 데 기여할 수 있을 것이다(Inglis, 2009).

그러나 호주가 전 세계에서 '다문화주의' 정책을 실시하는 대표적인 국가로 널리 알려져 있는 것과는 달리, 아직 다문화 교육에 있어서 호주는 선진국으로서의 면모를 제대로 보여주지 못하고 있는 것 같다. 특히 2013년 9월에 집권한 자유당·국민당 연립정부는 다문화 정책에 대해 상당히 보수적인 입장을 유지하고 있어 향후의 정책 방향이 어떻게 바뀔지 귀추가 주목된다.

3. 바람직한 다문화 교육을 위한 문제 진단 및 과제

우리나라 다문화 교육의 문제점

다문화 교육 개념의 혼란과 혼용

현재 우리나라의 다문화 교육은 그 개념 정립이 명확히 이루어지지 못한 상태에서 이루어지고 있다. 현재 우리나라에서 실시되는 다문화 교육의 사례를 죽 살펴보면, 우리나라에서 다문화 교육은 매우 다양한 의미를 갖고 있으며, 교육 내용과 교육 대상 측면에서 많은 혼란을 보이고 있는 것으로 보인다.

먼저 다문화 교육은 '다문화가정의 자녀를 대상으로 한 교육'으로만 이해되는 경우가 많다. 아직도 우리의 다문화 교육은 외국인 근로자 자녀나 국제결혼이주자 자녀를 주요 대상으로 하며, 교육 내용은 한국어 및 한국 문화에 대한 교육을 위주로 하는 것으로 이해되고 있다.

이러한 개념상의 혼란은 다문화 교육의 교육대상, 교육목적 및 교육내용, 또는 다문화 교육 프로그램이나 교육과정 개발에 커다란 걸림돌이 되고 있다. 그동안 다문화 교육 담론은 당면한 사회적 필요성에만 치중되어 왔으며, 개념

정립에 대한 심층적이고 학술적인 고민은 생략된 채 현실의 정책 수립과 실행에 몰두해 왔다.

참고자료: 다문화 교육의 개념에 대한 다양한 견해

- 일부 교육실천가나 교육정책 실무자들 사이에서는 다문화 교육을 '한국 문화를 세계에 알리는 것'으로 이해되고 있으며, 같은 맥락에서 또 다른 일부는 다문화 교육을 '세계화 시대에 국제경쟁력을 강화하는 교육'으로 여기기도 함
- 기존의 '국제이해교육'을 실시해오던 시범학교 교사들은 다문화 교육을 '국제이해교육'의 일환으로 봄
- 학교나 시도교육청에서는 다문화 교육을 '귀국자 자녀 교육'과 혼동하기도 함
- 호주 등의 나라에서는 다문화 교육을 국가 통합, 국민 통합을 위한 교육으로 해석하는 데 반해, 우리나라와 같은 전형적인 단일민족국가에서는 다문화 교육을 국가를 해체하고 국민을 분열시키는 것으로 이해하는 경향도 있음

교육 내용의 문제점

우리나라 다문화 교육의 교육 내용은 주로 소수자(외국인 이주민)가 주류사회에 적응하도록 하는 '동화주의(同化主義)'에 입각해 있다. 우리는 아직도 다문화 교육을 '한국화' 교육으로 이해하고 있으며, 교육 내용의 대부분이 이를 중심으로 편성되어 있다. 그리고 교육 현장에서 실시되는 실제 프로그램을 보면 외국인 근로자, 국제결혼이주자, 그리고 그들의 자녀를 대상으로 한국어, 한국 문화 교육, 상담 프로그램 운영, 다문화가정의 지역 문화 체험, 다문화가정과 일반 가정의 결연 활동 등에 집중되어 있다.

한편 다문화가정의 한국인 남편이나 시댁가족을 대상으로 하는 교육은 거의 부재한 편이다. 다문화가정의 한국인 아버지들에게 다문화를 이해하고 문화 간 차이를 인정하고 극복할 수 있도록 돕거나, 다문화가정의 긍지를 느낄 수 있도록 자신감을 심어주는 아버지교육 등은 거의 없다.

또한 교육의 내용이 생략·축소되거나 과장되어 있다. 실제로 다양한 구성을 가진 소수자들에 대해서, '한국말을 못하고 학습부진과 왕따로 소외된 불쌍한 코시안', '속아서 팔려와 매 맞는 결혼 이주여성', '헐벗고 굶주린 탈북자' 등의 잘못된 고정 관념과 편견을 교육 내용에 반영하고 있다. 또한 부분적인 사실을 전체적인 사실로 확대 과장하는 '성급한 일반화의 오류'도 많은데, 예컨대 아예 외국인 근로자 자녀, 다문화가정 자녀는 학업성취 능력이 낮다고 간주하고 이들에 대한 교육에 임하거나 또는 이러한 내용을 교육 내용에 포함하기도 한다.

다음의 문제점은 다문화 교육의 관점이 지나치게 '단일문화적'이라는 것이다. 실제로 시도 교육청이 주관하여 열리는 다문화가정 자녀 교육의 내용을 보면, 지역 문화 유적지 탐방, 전통 예절 교육, 한국의 '효' 사상 교육 등 한국의 문화와 정신 교육에 치중하는 것이 많다. 이처럼 한국인의 관점에서만 다문화 교육을 바라볼 경우, 우리가 갖고 있는 단일문화적 관점이 소수집단에게 강요되어 진정한 의미의 다문화 교육과는 거리가 멀게 된다. 문화적 소수집단이 갖고 있는 문화에 대한 관점은 우리의 것과 다를 수 있으며, 그들의 관점에서 보는 한국 문화는 상당히 다를 수 있다는 점을 염두에 두어야 할 것이다.

다문화 교육은 서로의 공존을 위해, 우리만의 관점이 아닌 그들의 관점도 수용하여 이를 교육 내용에 반영해야 한다. 다문화 사회인 미국의 경우, 다문화 교육에 대한 접근이 오랫동안 유럽계 백인의 관점으로만 이루어져 전체 사회의 통합에 걸림돌이 되었다고 비판받는 실정이다. 우리의 경우, 우리의 관점으로만 소수자들을 바라보면 이와 똑같은 시행착오를 되풀이할 것이다.

또한 모든 소수자 집단을 동질한 문화집단으로 간주하는 것도 우리가 피해야 할 오류 중 하나다. 즉 예를 들어 한국에 와 있는 동남아 지역의 이주노동자들에 대해, 이들의 문화를 모두 동일하게 취급하고 이들 문화 간의 차이를 인지하지 못하는 경우가 많다. 동남아 지역에도 여러 다른 나라가 존재하고 있고, 수많은 문화권의 다양한 인간집단이 모여 살고 있다. 동남아 지역 내에 존재하는 여러 국가와 여러 문화집단 간의 차이도 인지할 수 있는 교육도 필요한 것이다.

교육 대상자의 문제점

우리나라의 다문화 교육의 대상은 주로 인종적 소수자 중심으로, 주로 외국인 근로자나 결혼이주자를 대상으로 이루어진다. 그러나 다문화 교육이 더 필요한 교육 대상은 소수자 집단이 아니라 다수자 집단, 즉 우리 일반 내국민일지 모른다. 소수의 외국인 이민자 집단을 대상으로 하는 특별 교육도 필요하지만, 우리 사회의 모든 구성원이 새로이 변화하는 다문화 사회에 제대로 적응하여 남과 더불어 살아갈 수 있는 능력을 신장시키는 교육으로서의 다문화 교육이 매우 절실한 상황이다.

다문화 교육은 타인에 대한 이해, 특히 문화적 소수자에 대한 이해를 바탕으로 모든 유형의 인간들과 '더불어 잘 살아가기'를 하나의 교육철학으로 삼고, 이러한 교육철학을 기반으로 주류 한국인들도 문화적 소수자들에 대한 제대로 된 이해를 도모할 수 있도록 하는 인식 차원의 교육이어야 한다. 또한 여러 다양한 다른 문화집단의 구성원들과 그들의 문화적 특성을 존중한다는 차원을 넘어서서, 인간의 본성에 대한 성찰과 이해를 통해 서로를 수용하고 포용할 수 있도록 인간관과 세계관의 근본적인 변화를 도모할 수 있는 교육이어야 한다.

이런 점에서 다문화 교육은 '소수자 대상의 교육'에 머물러서 안 되고, '다수자 대상의 소수자 이해 교육'이 되어야 한다. 초·중·고등학교 학교교육에서도 다문화가정 자녀만을 대상으로 다문화 교육을 실시하려 하지 말고, 내국민 일반 학생들을 대상으로 그들의 다문화 이해와 다문화 마인드 제고를 위한 교육을 실시해야 할 필요가 있다.

바람직한 다문화 교육을 위한 과제

학교에서의 다문화 교육

다문화 교육은 특정 교과, 특정 교사가 맡아서 할 교육이 아니라, 모든 교과, 모든 교사가 다 같이 실시해야 한다. 국어, 외국어, 사회, 예술, 철학 등 어느 계열의 교과라도 다문화적·비교문화적 접근이 필요하다. 심지어 수학이나 과학 등의 교과에도 다문화적·비교문화적 접근은 필요하다. 인류학자의 현지연구 결과, 수학과 과학은 문화에 따라서 다양한 방식으로 이해되고 접근되어 왔다고 한다. 즉, 민속수학(ethno-mathematics)과 민속과학(ethnoscience)이 가능한 것처럼, 수학이나 과학 그 자체가 일종의 문화로 인류가 생존과 실존을 도모하는 과정에서 발생한 산물인 것이다.

이처럼 다문화 교육은 모든 교과를 다문화 교육의 관점, 원리, 방법으로 가르치고 배우는 것이다. 교수·학습뿐만 아니라 평가에 있어서도 다문화적 감수성과 고려 속에서 평가 도구를 개발·실행하고, 그 결과를 해석해야 한다.

다문화 교육은 또한 수업뿐 아니라 수업 이외의(extra-curricular), 교실 안팎의 모든 시간·활동·관계에 녹아있어야 한다. 즉 학생의 태도와 행동에 대한 지도, 회의·상담·소풍·견학 등 모든 과정에 걸쳐서 다문화 교육이 이루어져야 한다는 것이다. 민족, 언어, 문화 등의 배경과 상관없이 모든 학생이 학교생활 전반에 걸쳐서 자원과 기회를 공정하게 누릴 수 있도록 배려하는 것이 중요하다. 그리고 민족, 언어, 문화 배경이 서로 다른 다문화 집단 학생들의 체험을 학교 교육에 적극적으로 활용할 필요도 있다.

또한 다문화 교육은 학생과 함께 교사, 학부모에게도 행해져야 한다. 다문화 교육이 학교에서 충실하게 이루어지려면 교육행정 관료와 학교장의 교육, 문화 교육, 다문화 교육에 대한 인식이 바뀌어야 한다. 학교 문화 전반에 걸쳐 획일성을 줄이고 다양성을 늘리는 조치가 필요하다. 결국 학교의 다문화적 상황에 대한 모든 구성원의 인식이 공유되어야 하는 것이다.

더 나아가 '다문화가정 자녀'만이 아니라 모든 학생이 사실은 다양한 문화적 배경을 가졌음을 주목해야 한다. 외국의 문화만이 아니라 우리 사회 내부의 소수문화, 하위문화, 지역문화, 계층문화 등이 모두 다문화적 상황을 구성하는 요인임을 인식해야 한다.

참고자료: 바람직한 다문화 교육을 위한 제임스 뱅크스의 제안

① 교육의 내용과 예시에 광범위한 문화적·역사적 전통을 통합적으로 반영함
② 학교에서 다루어지는 지식의 전제, 근거, 구성 전반에 다문화적 기준을 적용함
③ 인종, 민족, 성 등에 대한 편견을 배제하고 민주적 관계를 형성함
④ 학교교육 전반에 걸쳐서 불평등을 제거하고 공정성을 확보함
⑤ 학교의 조직과 문화에서 모든 구성원이 소외되지 않고 힘을 가진 주체가 되도록 함

(출처: Banks, 2004)

가정에서의 다문화 교육

다음으로 가정에서의 다문화 교육의 중요성에 대해 알아보자. 근대 공교육 제도 수립 이후 교육은 학교에 집중되어 가정은 교육적 기능을 상실하게 되었다. 그런데 최근 들어 탈학교, 자유학교, 대안학교 등 가정과 부모의 교육적 역

할에 대한 재인식을 강조하는 움직임이 있어 왔다. 어떤 교육도 학교교육만으로는 완전할 수 없고, 특히 가정에서의 '초기 사회화'는 생애 전반에 큰 영향을 미치기 때문에 다문화 교육 역시 가정에서의 교육이 중요하다.

그런데 모든 가정은 다문화적 상황을 가진다. 가령 남성과 여성, 성인과 미성년자가 문화적으로 상이한 배경 속에서 공생하는 곳이 가정이다. 국제결혼으로 이루어진 가정만이 다문화적 가정이 아니라, 광의의 의미에서는 국내결혼으로 이루어진 가정도 다문화적 상황에 있다고 할 수 있다. 우리나라의 가정에서는 가부장적 문화로 말미암아 여성과 미성년자는 오해, 편견, 차별을 감수해야 할 가능성이 매우 높다. 그러므로 가정에서 다문화 교육을 충실히 하려면 무엇보다 먼저 가정을 다문화적 상황으로 보는 인식의 전환이 있어야 한다.

이웃과 사회의 '다문화가정', 이주노동자, 외국인여행객, 소수집단 등에 대한 관심이 나 배려는 이러한 가정 안에서의 다문화 교육에 기초해야 한다. 다문화 교육은 부모가 자녀에게 일방적으로 행하는 것이 아니라, 부모가 먼저 자신의 언행과 태도를 다문화 교육의 관점에서 부단히 점검해야 하는 것이다. PET(parent effectiveness training, 효과적인 부모 역할 훈련)와 같은 체계적인 부모 교육 프로그램을 다문화 교육의 취지에 맞추어 개발할 필요도 있고, 교육방법에 있어서는 가정교육의 특성상 별도의 지시나 훈육보다 일상적 모범이 더 중요함을 인식할 필요가 있다.

사회에서의 다문화 교육

사회에서의 다문화 교육은 먼저 담론에 초점을 맞출 필요가 있다. '담론(談論)'은 실천적 지향성을 가진 논의 및 행위로서 단순한 의견이나 이론의 개진

보다 훨씬 더 구체적이고 현실적인 개념이다. 한 사회의 '지배적 담론'은 다른 담론들의 가능성을 차단하므로, 어떤 문제에 대해서든 한 사회의 '지배적 담론'을 검토하고 개선해나가는 일은 대단히 중요하다.

우리 사회는 아직까지는 '단일 문화 담론'이 지배적이다. 우리와 다른 사람, 다른 문화를 보면 거부감을 드러내거나, 아니면 필요 이상으로 경외(敬畏)하거나 혹은 폄하하는 태도를 보이기도 한다. 그리고 문화적 잡종(雜種)·이종(異種)·변종(變種)에 대한 부정적인 풍토가 강하다. 이러한 문화적 쇄국주의는 매우 위험하므로, 우리사회의 다문화 교육에서 이런 점에 대한 관심과 주의가 필요한 것이다 .

사회에서의 다문화 교육은 대중매체를 활용하거나 박물관, 미술관, 도서관, 극장, 공연장, 전시관, 캠프, 마을회관 등을 활용할 수 있다. 이때 교육의 운영 주체는 국가기구나 공공기관 및 단체일 수도 있고 민간단체일 수도 있다. 그러나 온전한 다문화 교육은 생활세계 전반에 걸쳐서 모든 시민이 함께 참여하는 것이어야 한다. 시장, 직장, 길거리, 공원 등 모든 생활공간을 다문화 교육의 관점에서 점검하고 개선해나가야 한다.

사회에서의 다문화 교육은 기획, 실행, 평가 등 모든 면에서 체계성이 약할 수밖에 없으나, 그 교육적 영향력은 학교나 가정에 비해서 결코 작지 않다. 특히 대중매체의 위력은 지대하므로 방송통신위원회와 같은 대중매체 관리기구에서 다문화 교육을 중요한 부문으로 설정하여 이를 수행할 필요가 있다. 또한 각 지역, 직장 단위에서 다문화 교육을 손쉽게 할 수 있도록 일종의 패키지 프로그램을 개발하여 보급하거나, 각종 문화 기관 또는 문화단체에서 일할 다문화 교육 지도자의 육성도 이루어져야 한다.

앞으로 한국의 다문화 교육이 어느 방향으로 나아가야 할지 결정하는 일은 다문화 교육의 내용과 프로그램을 개발하기 이전에 먼저 이루어져야 할 과제로, 이러한 문제에 대해 유럽이나 미국은 이미 많은 고민과 논쟁을 한 경험이 있다. 이러한 다문화 선진국의 경험은 우리에게 타산지석이 될 수 있을 것이다.

우리나라 다문화 교육이 지향해야 할 교육 방향

한국 다문화 교육이 지향해야 할 새로운 교육 방향은 '다양성을 인정하는 다원화의 방향'일 것이다. 새로운 외국인 이주자들의 문화 및 정체성을 그대로 인정하고 이를 함양하도록 하는 데 초점을 맞출 필요가 있다. 또한 주류 사회의 다수집단과 새로운 이주자 집단을 있는 그대로 인정하고 나란히 가는 다원화를 강조하되, '우리' 안에 한국인과 사회 소수자를 융합(融合)하는 다문화 교육이 필요하다.

한편 이주자들이 그들의 정체성을 인정받으면서 한국에 적응하도록 독려하고 이들의 사회 참여를 촉진하고자 적극적인 재정적·법적 지원도 필요하다. 또한 사회의 주류 집단인 한국인들도 이주자들에게 적응하도록 단일민족 중심적인 사고를 완화하는 방향으로, 그들도 변하고 우리도 그들에게 맞추어 어느 정도 변화를 모색하는 가운데, 사회의 주류와 소수자를 모두 통합(統合)하는 교육이 필요하다.

우리나라의 다문화 정책의 방향은 '소수자와 다수자의 통합을 지향'해나가는 쪽으로 잡는 것이 적절할 것이다. 이러한 방향으로 나아가려면 앞으로 다문화 교육의 내용도 '소수자 적응 교육' 차원을 넘어 이들의 정체성 함양 교육과 함께 주류 사회의 '다수자를 대상으로 하는 소수자 이해 교육'에도 초점을 맞추어야 한다.

다문화 교육의 대상 집단과 관련한 과제

다문화 교육의 다양화와 발전을 위해서는 교육 대상을 명확히 하는 것이 필요하다. 교육 대상을 누구로 하는가에 따라 다문화 교육의 내용에도 많은 변화가 있을 것으로 예상되기 때문이다. 현재 시행되는 다문화 교육은 새로운 이주민 집단을 대상으로 그들이 한국 사회에 잘 적응하고 정착해서 살 수 있도록 도와주는 '동화교육'이 그 핵심이다.

앞으로 다문화 교육의 주요 대상을 지금과 같은 한국 사회의 소수집단 중심으로 진행할 것인가, 만일 이들을 주요 대상으로 한다면 지금과 같은 동화교육에 초점을 맞출 것인가, 아니면 소수집단의 정체성 교육뿐만 아니라 이들의 평등과 권익 보호를 위한 교육으로까지 발전시킬 것인가 등의 과제에 대해 진지한 고민이 필요하다.

또한 우리나라의 다문화 교육은 한국 사회의 일반 내국민들을 대상으로 다문화에 대한 이해를 증진시키고 소수집단에 대한 편견을 없애고 관용을 가르치는 것이 주 목적인가, 아니면 평등의 관점에서 사회 내의 소수 문화집단의 자아정체감과 자존심을 높이고 소수집단의 사회 참여를 촉진하기 위해 이들을 적극적으로 지원하는 것이 주목적인가에 대해서도 제대로 된 논의와 사회적 합의가 이루어져야 한다.

교육 대상자에 대한 고민과 함께 다문화 교육에서 다루어야 할 '소수자 집단(minority group)'의 범주에 대한 논의도 이루어져야 한다. 인종·민족 집단의 기준만 적용할 것인가, 아니면 좀 더 확장하여 성·사회계층·종교·장애집단까지 포함해야 하는가에 대한 논의도 필요하다. 다문화 교육에서 다문화는 단순히 다양한 인종이나 민족 집단만을 의미하는 것이 아니라 다양한 소수집단을 의미한다. 따라서 우리나라 상황에 맞는 다문화 교육에서 다룰 소수집단은 어떤 기준에 따라 분류한 집단이어야 하는가에 대해서도 논의되어야 한다.

참고자료: 다문화 교육에 관한 정책적 방향

- 다문화 교육은 다양한 문화적 자원을 섞어 하나로 획일화시키고 동화시키는(melting pot) 것이 아니라, 다양성이 공존하고 상호작용하면서 새로운 문화를 창출하는 교육이어야 한다.
- 주류 문화의 기준으로 하위문화를 재단하여 편입·동화시키는 교육이 되어서는 안 된다.
- 다문화 교육은 '인간의 배움' 그 자체에 목적을 두고 이루어져야 한다.
- 다문화 교육은 학교와 학교 밖 교육을 아우르는 '다문화 학습망(multicultural learning web)'의 형태로 거듭나야 한다.
- 다문화 교육 공동체가 만들어져야 한다.
- 학계의 연구 노력도 다문화적 관점에서 새로워져야 한다.

학습정리

이 장에서는 문화 교육과 다문화 교육의 의미, 그리고 다문화 교육 이전의 다원주의적 문화교육, 국제이해 교육, 반편견 교육, 세계화 교육의 의미에 대해서 살펴보았다. 또한 미국, 영국, 호주 등 세계 주요국의 다문화 교육의 현황과 특징에 대해서도 살펴보았다. 그리고 이들 나라의 다문화 교육과 비교하여 우리나라의 현행 다문화 교육의 문제점을 검토해 보고, 다문화 교육의 바람직한 발전을 위해 향후 어떤 과제를 고민하고 논의해야 할 것인지 알아보았다.

8 세계 각국의 다문화 현황과 정책 1

학습개요

1. 세계 주요국의 다문화 현황과 정책의 비교
2. 캐나다의 다문화 현황과 정책
   1) 캐나다의 사회적·역사적 배경
   2) 캐나다의 다문화 정책

학습목표

1. 현재 다문화 정책을 펴고 있는 세계 여러 나라는 각자 서로 다른 특징을 갖고 있으며, 이러한 특징은 그 나라의 사회적·역사적 배경에 기인하는 바 크다. 우리는 각국의 다문화 정책의 특성 및 그 문제점과 한계를 살펴보고, 이것이 그 나라의 사회적·역사적 특수성과 어떻게 연관이 있는지 알아본다.
2. 세계 여러 나라 중 가장 먼저 '다문화주의'를 국가 정책으로 채택한 캐나다의 다문화 현황과 정책에 대해 알아본다.

1. 세계 주요국의 다문화 현황과 정책의 비교

세계 주요국의 다문화 현황 비교

민족·종족집단 구성

우리는 제8장부터 12장까지 5개 장에서, 현재 다문화 정책을 펴고 있는 캐나다, 호주, 미국, 영국, 프랑스, 스웨덴, 일본, 말레이시아, 싱가포르, 인도네시아 등 세계 주요 국가 10개국의 다문화 현황과 정책을 서로 비교해 볼 것이다. 이들 국가의 지역별 분포는 아시아 4개국, 유럽 3개국, 북미 2개국, 대양주 1개국이다.

이를 위해 먼저 이들 국가의 '다문화 현황'을 비교하는 기준을 소개한다. 우리가 살펴볼 '다문화 현황'이란 다름이 아니라, 이들 국가의 주민을 이루는 인종, 민족, 종족 및 언어문화 집단의 구성이 어떠한가 하는 것이다. 그리고 외국인 이민자에는 어떤 유형의 집단이 있는가 하는 것이다. <표 8-1>은 이들 10개국의 민족·종족 구성을 서로 비교해 보기 위해 만든 것으로, 각국의 주민을 구성하는 주요 인종·민족·종족집단을 몇 개의 범주(category)로 나누어 보았다.

<표 8-1> 세계 각국의 주민을 구성하는 주요 집단 유형

<table>
<tr><th colspan="2">유 형</th><th>사 례</th></tr>
<tr><td colspan="2">주류 민족집단
(Dominant nation or ethnic group)</td><td>·캐나다·호주의 영국계 주민
·프랑스의 프랑스인</td></tr>
<tr><td rowspan="2">소수 민족집단
(Ethnic minority or minority group)</td><td>일반 소수 민족집단</td><td>·캐나다·호주의 비(非)영국계 주민
·미국의 아일랜드인</td></tr>
<tr><td>분리주의 또는
적극적·행동적 민족집단
(Separatist or active nation)</td><td>·캐나다 퀘벡의 프랑스계 주민
·영국의 북아일랜드인</td></tr>
<tr><td colspan="2">원주민
(Natives; indigenous people)</td><td>·미국·캐나다의 아메리칸 인디언
·호주의 애보리진</td></tr>
<tr><td rowspan="2">이민자
(Immigrants)</td><td>구(舊) 이민자
(올드커머, old comers)</td><td>·캐나다·프랑스의 경우 2차대전 이전의 이민자
·호주의 경우 '백호주의' 정책 폐지(1973년) 이전의 이민자</td></tr>
<tr><td>신(新) 이민자
(뉴커머, new comers)</td><td>·캐나다·프랑스의 경우 2차대전 이후의 이민자
·호주의 경우 '백호주의' 정책 폐지(1973년) 이후의 이민자</td></tr>
</table>

주류 민족집단

여기서 먼저 '주류 민족집단'이란 그 사회의 가장 지배적인 민족집단을 말하는데, 전체 주민 구성에서 차지하는 비중도 가장 크지만, 사회경제적 영향력이나 정치적 역할 등에서도 다른 인종·민족·종족집단을 압도하는 위상을 갖고 있다. 한국이나 일본의 경우처럼 그 나라 인구의 거의 대부분을 차지하

는 경우도 있고, 캐나다처럼 전체 인구에서 차지하는 비중이 상대적으로 낮은 경우도 있다. 나중에 자세히 다시 다루겠지만, 잠시 몇몇 주요 국가의 주류 민족집단과 그 구성원이 그 나라 전체 인구에서 차지하는 비율을 살펴보기로 하자.

- 캐나다 : 주류 민족집단은 영국계 캐나다인. 이들은 전체 주민의 40~45% 정도
- 프랑스 : 주류 민족집단은 프랑스인. 프랑스에서는 인종·민족구성에 대한 통계를 공식적으로 집계하지 않기 때문에 프랑스인이 정확히 전체 주민의 몇 %를 차지하는지 알 수 없음. 그러나 2010년 조사에 따르면 프랑스인이 대략 전체 주민의 80%가 넘을 것으로 추정됨.
- 일본: 주류 민족집단은 일본인. 일본인이 전체 주민의 98.5% 차지

참고: 각국의 인종·민족·종족 구성 관련 통계자료 독해시 유의사항

이 장과 이 다음에 이어지는 각국의 범주별 인구 구성 관련 자료를 참고할 때 유의해야 할 점이 있는데, 그것은 여기서 제시하는 수치가 엄밀하고 정확한 수치가 아니라는 점이다.

어느 나라든 그 나라의 정확한 인종·민족·종족집단의 구성원 규모를 밝히는 것은 매우 어려운 일이다. 해당 국가의 공식 인구총조사(센서스)의 결과도 그리 쉽게 해석할 수 있는 게 아니다.

예컨대 캐나다나 호주의 경우 센서스 항목이나 질문에서 제시되는 민족·종족집단의 범주에는 English(잉글랜드계), French(프랑스계), German(독일계), Italian(이탈리아계), Chinese(중국계), Indian(인도계) 등의 항목뿐만 아니라 Canadian(캐나다인)(또는 Australian[호주인])이란 항목도 포함되어 있다. 이 경우 본인이 잉글랜드 출신이면서도 캐나다인으로 답할 수도 있고, 본인이 프랑스계이면서도 캐나다인으로 답할 수도 있다. 호주의 경우도 마찬가지다.

뿐만 아니라 인구구성과 관련하여 여러 기관에서 제공되는 자료는 그 자료의 출처 또는 조사기관에 따라서도 제 각각이다. 이 책에서 제시하는 각종 통계치는 각국의 공식 인구센서스

자료와 미국 CIA(중앙정보국)에서 제공하는 World Factbook 자료를 가지고 필자가 적절히 조정한 수치다. 따라서 이들 수치는 각국의 민족·종족 구성에 관한 대략적인 추정치임을 감안하고 참고하길 바란다.

소수 민족·종족집단

다인종·다민족·다문화 사회에서 '주류 민족집단'이 아닌 인종·민족·종족 집단은 엄밀히 말하면 다 '소수 민족 또는 종족집단', 또는 영어로 'ethnic minority'다. 그런데 이들 소수 민족·종족집단 중에는, 제6장에서 우리가 논의했듯이, 스스로를 독자적인 정치공동체로 인식하는 집단도 있고 그렇지 않은 집단도 있다. 우리는 전자(前者)를 민족(ethnic nation), 후자(後者)를 종족집단(ethnic group)으로 구분해서 부르기로 했다.

그런데 다시 전자(前者) 중에는 일정한 지역에 거주하기 때문에 이 지역을 중심으로 정치적 자치나 독립을 주장하고 이를 달성하기 위한 집합적 노력을 기울이는 집단도 있고, 그렇지 않고 여러 지역에 흩어져 살기 때문에 지역적 분리나 독립을 주창하기 곤란한 집단도 있다. 영국의 아일랜드인이 전자(前者)의 예라면, 미국의 아일랜드인은 후자(後者)의 예가 되겠다. 전자와 같은 민족집단을 우리는 '분리주의 민족집단' 또는 '적극적·행동적 민족집단'이라 부를 것이다.

이들 분리주의 정치세력 또는 적극적·행동적 민족집단은 '독자적인 정치공동체(또는 국가)를 추구하거나 상당한 정도의 정치적 자율성을 주장'한다. 캐나다의 프랑스계 주민이 대표적인데, 이들은 캐나다 퀘벡(Quebec)주에 집중적으로 거주하면서 퀘벡을 캐나다로부터 분리 독립시킬 것을 주장한다. 그 외에 프랑스의 바스크(Basque)인이나 코르시카(Corsica)인들도 여기에 포함된다. 세계 여러 나라에는 이런 분리주의 운동을 펴는 민족집단이 아주 많다. 앞으로 우리가 다룰 10개국에 포함되지는 않지만, 앞 장에서 소개한 중국의 위구르인과 티베트인, 스페인의 바스크인과 카탈루냐인 등이 그 예가 되겠다.

원주민

다음으로 '원주민(原住民)'이 있다. 이들은 영어로 'natives' 또는 'indigenous people'로 불린다. '원주민'이란 아주 오래 전 선사시대나 고대로부터 특정 지역에 거주하던 주민들로, 미국과 캐나다 등 북미의 인디언(Indian)과 애보리진(Aborigine)이라 불리는 호주의 원주민이 대표적인 예다. 이들은 주류 인종·민족집단인 백인들이 자신들의 민족국가(nation-state)를 수립하는 과정에서 핍박받고 수탈당하며 배제되었다. 미국의 인디언이 백인들에 의해 자신들의 삶의 근거지를 빼앗기고 모든 것을 박탈당한 채 주변부로 쫓겨난 과정은 세계사적으로도 중요한 사례가 되겠다.

이민자

마지막으로 '외국인 이민자' 집단을 들 수 있다. 그런데 여기서 우리가 말하는 '이민자'는 일반적인 의미의 '이민자'와는 좀 차이가 있다. 미국, 캐나다, 호주 등 애초에 이민자를 주축으로 나라가 형성된 '이민자 국가'의 경우는 그 대부분의 주민이 이민자와 그 자손으로 이루어져 있기 때문에, 원주민인 아메리칸 인디언이나 애보리진 외에는 다 이민자라 할 수 있다. 그러나 여기서 우리가 말하는 '이민자'는 초창기에 그 사회의 주류 세력을 이루었던 사람들은 제외하고, 그 이후 유입되어 들어온 '이민자'를 가리킨다.

예컨대 미국과 영국의 경우 19세기 이후의 이민자들을, 캐나다와 프랑스의 경우 19세기 중반 이후의 이민자들을, 호주나 일본의 경우는 20세기의 이민자들을 가리킨다. 과거에 외래 이민자들이 거의 없었거나 아니면 민족구성에서 이민자 집단이 가지는 의미가 별로 없는 스웨덴의 경우는 2차대전 이후의 이민자들만 우리의 논의 대상이 된다.

이들 '이민자 집단'은 다시 과거 오랜 기간에 걸쳐 들어온 '구(舊) 이민자'와 비교적 최근에 들어온 '신(新) 이민자'로 나눌 수 있다. 영어로는 구 이민자를 '올드커머'(old comer), 신 이민자를 '뉴커머'(new comer)라 부른다. '구 이민자'와 '신 이민자'의 구분이 되는 역사적 계기가 대체로 어느 시기인가 하는 것은 나라마다 조금씩 다르다. 예컨대 이민의 역사가 오래된 미국·캐나다·프랑스 등의 경우 제2차 세계대전을 경계로 구 이민자와 신 이민자가 갈린다. 그러나 이민자의 유입이 비교적 늦게 이루어진 일본·싱가포르의 경우, 1980년대 이후의 이민자를 '뉴커머'라 부른다.

구 이민자와 신 이민자 집단은 민족구성에서 상당한 차이를 보인다. 캐나다·프랑스·호주의 경우 구 이민자 집단은 주로 유럽계 백인 위주로 이루어졌고, 신 이민자 집단은 주로 아시아·아프리카 등지로부터의 이민자로 구성되었다.

다문화 집단의 구성에 따른 국가별 다문화 유형

이들 여러 민족, 종족집단, 그리고 외국인 이민자 집단을 이제부터 편의상 간단히 '다문화 집단'이라 포괄해서 부르기로 하자. 여기서는 이들 '다문화 집단'의 구성이 어떠한가에 따라 우리가 다룰 10개 국가를 몇 가지 유형으로 나누어 본다.

먼저 분류하는 기준은 다음과 같다. 앞에서 다룬 네 가지 범주의 다문화집단, 즉 ① 분리주의 민족집단, ② 원주민, ③ 구 이민자, ④ 신 이민자, 이상 네 집단의 존재 여부에 따라 우리는 10개국을 <표 8-2>와 같이 5개의 범주로 나눌 수 있다.

<표 8-2> 다문화 집단의 구성에 따른 국가별 다문화 유형

유형	대상 국가	분리주의 민족집단	원주민	이민자	
				구 이민자	신 이민자
A	캐나다	o	o	o	o
B	미국, 호주, 스웨덴 일본, 말레이시아	x	o	o	o
C	영국, 프랑스	o	x	o	o
D	싱가포르	x	x	o	o
E	인도네시아	o	x	o	△

- A형 : 먼저 캐나다는 이들 4개 집단이 다 존재하는 유형이다. 구 이민자와 신 이민자 외에 적극적·행동적인 분리주의 민족집단도 존재하고, 원주민도 존재한다. 캐나다에는 퀘벡의 분리독립을 주장하는 프랑스계 주민들이 있고, 인디언과 이누이트(Innuit)인 등 원주민도 있다.
- B형 : 미국과 호주는 구 이민자와 신 이민자 외에 원주민이 존재하는 유형이다. 이 두 국가는 캐나다와 달리 분리독립을 주장하는 민족집단은 없다고 볼 수 있다. 이는 스웨덴이나 일본, 말레이시아도 마찬가지다. 미국에는 아메리칸 인디언, 호주에는 애보리진, 일본에는 아이누(Ainu)인, 말레이시아에는 오랑아슬리(Orgna Asli)라 불리는 원주민이 있다.
- C형 : 영국과 프랑스의 경우 원주민이라 부를 만한 집단이 따로 없다.

선사시대부터 영국과 프랑스에 거주하던 사람부터 그 후 꾸준히 유입해 들어온 외래 이주민까지 다양한 민족·종족집단이 함께 어우러져 오늘날의 영국인과 프랑스인을 형성했다. 따라서 따로 구분해서 다룰 만한 규모나 성격의 원주민 집단은 없다고 할 수 있다. 그러나 영국에는 스코틀랜드와 아일랜드의 주민들이, 프랑스에는 브르타뉴와 코르시카의 주민들이 적극적인 분리주의 민족집단으로 간주될 수 있을 것이다.

- D형 : 싱가포르는 구 이민자와 신 이민자만 존재하는 유형으로 볼 수 있다.
- E형 : 마지막으로 인도네시아의 경우, 구 이민자는 있으나 신 이민자 집단은 그 규모가 미미하거나 큰 사회적 의미가 없다 할 수 있다. 인도네시아의 경우 수마트라의 아체(Aceh)인을 비롯해서 다수의 적극적 분리주의 민족집단이 존재한다.

각국별 다문화 정책의 유형

다음으로 다문화 집단의 구성에서 이렇게 차이가 나는 이들 10개국이 과연 어떤 '다문화 정책'을 펴 왔는지 다시 유형별로 나누어 살펴보기로 한다. 여기서 '다문화 정책'이란 이민자에 대한 정책이나 이민자의 사회통합에 관한 정책, 그리고 소수민족이나 원주민에 대한 정책을 모두 포괄하는 의미로 사용한다.

우리가 각 국가를 다문화 집단의 구성에 따라 여러 가지로 유형을 나누어 보는 이유는 각국의 다문화주의와 다문화 정책의 등장 배경이 각국의 사회적, 역사적 배경에 따라 다 다르기 때문이다. 그 나라의 역사적, 사회적, 문화적 맥락을 바로 알아야, 그 나라의 다문화 정책이 등장한 배경을 알게 되고, 그래야 그 정책의 의미와 한계를 알게 된다.

여기서 우리나라는 이 5개 유형에서 어디에 가장 가까운지 한번 생각해 보고, 우리나라에서는 어떤 다문화 정책이 적합할지에 대해서도 한번 생각해 볼 필요가 있을 것이다. 아래의 <표 8-3>에서는 이들 6개국의 다문화 정책을 크게 3 가지 유형으로 나누어 보았다.

<표 8-3> 세계 각국의 다문화 정책의 유형

유형	주장	사례
동화주의 정책 (assimilationist policy)	·소수민족의 문화가 주류 민족의 문화에 동화되는 것을 주된 목표로 삼음 ·소수자 집단의 문화와 정체성을 인정하거나 허용하지 않는 편임.	프랑스 일본
다문화주의 정책 (multi-culturalist policy)	·소수자 집단의 문화와 정체성을 인정하고 허용함 ·외국인 이민자들에게도 내국민과 동등한 기본권과 사회경제적 권리를 인정함. ·외국인 노동자들에게 내국민 노동자들과 동등한 조건에서 일할 수 있도록 허용함.	캐나다 호주 스웨덴 말레이시아 싱가포르 인도네시아
복합적/혼합형 정책 (mixed policy)	·동화주의와 다문화주의 정책을 복합적으로, 병행하여 적용함.	미국 영국

동화주의 정책(assimilationist policy)

먼저 프랑스와 일본은 동화주의 정책에 가깝다고 할 수 있다. '동화주의' 정책이란 외국인 이민자나 소수민족 집단을 주류 민족집단과 그 문화에 동화시키려는 정책이다. 정도의 차이가 있기는 하나, 동화주의 입장에 있는 국가에서는 기본적으로 소수자 집단의 문화와 정체성을 인정하거나 허용하지 않는다. 우리나라의 다문화 정책도 기본적으로 여기에 속한다고 할 수 있다.

다문화주의 정책(multiculturalist policy)

반면에 캐나다, 호주, 스웨덴 등의 다문화 정책은 소수자 집단의 문화와 정체성을 인정하거나 허용하면서 외국인들에게도 내국민과 동등한 사회경제적 권리를 인정하려 한다는 점에서 '다문화주의' 관점에 입각하고 있다고 평가할 수 있다. 말레이시아, 싱가포르, 인도네시아의 소수민족 정책이나 이민자 정책도 이 유형에 가깝다.

복합적/혼합형 정책 (mixed policy)

마지막으로 미국과 영국은 이 두 입장이 복합적으로 혼재하는 사례라고 볼 수 있다.

그러나 이상은 매우 단순화한 유형 구분이다. 실제로는 어떤 국가의 다문화 정책도 이런 식으로 '동화주의'나 '다문화주의'의 이분법으로 깔끔하게 나누어지는 것이 아니다. 실제로는 아마 거의 대부분의 국가의 다문화 정책이 '동화주의'와 '다문화주의', 이 두 유형이 복합되어 있는 혼합형일 것이다.

미국과 영국뿐만 아니라 프랑스와 일본도 최근에는 '다문화주의'에 입각한 다문화 정책을 시행하고 있다. 다만 프랑스와 일본을 '동화주의' 유형으로 분류한 이유는 프랑스와 일본에는 역사적으로 동화주의적 요소들이 뿌리깊이 남아 있어 이들 정부의 다문화 정책에 여전히 동화주의적 요소가 상대적으로 많기 때문이다.

캐나다와 호주도 마찬가지다. 원래 캐나다와 호주는 가장 적극적으로 '다문화주의'를 정책에 반영한 국가들이다. 그러나 이들 국가의 정책에도 최근 들어 '다문화주의'의 후퇴라고 보이는 그런 변화들이 감지되고 있다. 그런 점에서 캐나다와 호주 또한 순수하게 '다문화주의'적 정책을 펴고 있다고 보기는 어렵다.

이처럼 세계 각국은 자신의 사회적 상황에 맞추어 끊임없이 정책 노선을 점검하고, 수정해 나가고 있다. 따라서 각국의 다문화 정책의 유형을 정확히 파악하기는 쉽지 않다.

2. 캐나다의 다문화 현황과 정책

캐나다의 사회적·역사적 배경

캐나다의 민족 구성

- 캐나다의 주요 민족 구성

2016년 현재 캐나다에는 약 3,630만 명의 주민이 살고 있다(세계은행 자료). 캐나다의 전체 인종·민족 구성을 보면, 유럽계 백인이 전체 인구의 약 75~80%정도를 차지하고, 원주민이 5~6% 정도, 그리고 나머지는 아시아, 아프리카, 라틴아메리카, 대양주 등으로부터의 이민자들로 구성된다. 캐나다의 인종·민족 구성을 좀 더 자세히 살펴보면 다음의 <표 8-4>와 같다.

<표 8-4> 캐나다의 주요 민족 구성

구분	특성	전체 인구에서 차지하는 비중
영국계 캐나다인 (British Canadian)	- 캐나다의 주류 민족집단 - 잉글랜드, 스코틀랜드, 아일랜드 등에서 이주해 온 사람들과 그 후손	40~45%
프랑스계 캐나다인 (French Canadian)	- 소수 민족집단 중 가장 중요한 집단 - 퀘벡주의 분리·독립을 추구한다는 점에서 '적극적·행동적 민족'으로 볼 수 있다.	13~16%
기타 유럽계 백인 (Other European whites)	- 영국인과 프랑스인을 제외한 여타 유럽 지역으로부터의 이민자 - 독일인, 이탈리아인, 우크라이나인, 네덜란드인, 폴란드인 등 - '구(舊) 이민자' 그룹의 다수를 형성한다.	15~20%
원주민 (Aboriginal Canadian)	- 인디언(First Nations), 이누이트족(Innuits), 메티스인(Metis)	5~6%
비(非)유럽계 유색인종 (Non-European colored people)	- 아시아인, 아프리카인, 히스패닉 등 - 아시아인이 가장 많고, 그 중에서 중국인이 가장 많다. - '신(新) 이민자' 그룹에 속한다.	15~20%

▶ 각 인종·민족집단이 전체 인구에서 차지하는 비중은 대략적 추정치다. 캐나다의 인구센서스 자료와 미 CIA의 World Factbook 자료를 함께 참조했다.

• 영국계 캐나다인

먼저 캐나다의 주류 민족은 '영국계 캐나다인'이다. 이들은 17세기 초부터 잉글랜드, 스코틀랜드, 아일랜드 등으로부터 캐나다에 건너온 이민자들의 후손이다. 이들 영국계 초기 이민자들이 바로 캐나다를 세운 건국의 주역이다.

이들 영국계 주민의 수는 통계자료에 따라 조금씩 다른데, 대체로 캐나다 전체 인구의 40~45%를 구성하는 것으로 추정되며, 자료에 따라서는 50% 이상이라는 자료도 있다. 예컨대, 미 CIA World Factbook에 따르면, 2011년 기준 캐나다 주민들 중 잉글랜드계(English)가 19.8%, 스코틀랜드계(Scottish)가 14.4%, 아일랜드계(Irish)가 13.8%로, 영국계 캐나다인은 전체 인구의 48%를 구성하는 것으로 되어 있다.

• 프랑스계 캐나다인

다음으로 중요한 민족집단은 프랑스계 캐나다인이다. 프랑스인들은 캐나다의 건국 과정에서도 매우 중요한 역할을 했으며, 현재도 영국계 백인을 제외한 소수민족집단 중 가장 중요한 정치사회적 세력이다. 그러나 전체 인구에서 차지하는 비중은 그 정치사회적 비중에 비해서는 아주 높은 편은 아니다. 프랑스계 백인은 전체 인구의 약 15%를 차지하며, 대부분 퀘벡주에 거주한다(<그림 8-1> 참조).

<그림 8-1> 캐나다의 여러 주

퀘벡(Quebec)은 캐나다의 10개의 주(州) 중 하나로 캐나다는 10개의 주(州, province)와 3개의 준주(準州, territory)로 구성된다. 10개의 주에는 서쪽의 브리티시컬럼비아(British Columbia)주로부터 동쪽의 뉴펀들랜드(Newfoundland)주까지가 포함되고, 3개의 준주(territories)는 북쪽에 있는 유콘(Yukon), 노스웨스트(Northwest), 누나부트(Nunavut) 등이다. 프랑스계 백인은 이 중에서 동쪽에 있는 퀘벡주에 주로 거주하는데, 캐나다에서 프랑스어를 제1언어로 쓰는 사람의 약 85%가 퀘벡주에 거주한다고 한다.

• 기타 유럽계 백인

영국계와 프랑스계를 뺀 유럽계 백인은 캐나다 인구의 15~20%를 구성한다. 유럽계 백인 중 주요 민족집단은 그 인구규모로 독일인(9.6%), 이탈리아인(4.6%), 우크라이나인(3.9%), 네덜란드인(3.2%) 순이다(2016 인구센서스 기준 추정치). 뒤에 다시 논의하겠지만, 이들은 주로 올드커머(old comer), 즉 구(舊) 이민자 그룹의 중심을 이룬다.

• 원주민

다음으로 캐나다의 원주민에 대해 이야기해 보자. 현재 캐나다에는 대략 200~220만 명 정도의 원주민이 살고 있고, 이들은 600여 개의 종족집단으로 구성되어 있다. 그리고 이들 원주민들의 반수(半數) 정도는 보호구역에서 살고 있다 한다.

그런데 캐나다 헌법에서 공식적으로 인정하는 원주민은 인디언(Indian), 이누이트(Innuit), 메티스(Metis) 이상 세 집단이다. 원주민에 대한 자세한 내용은 아래 자료를 참조할 것.

참고자료: 캐나다 원주민의 종류

- **인디언**: 공식 명칭은 '퍼스트네이션(First Nations, 제1민족)'이다. 인구수가 약 150만 명 정도로 전체 원주민의 2/3 정도를 차지

<그림 8-2> 이누이트(에스키모) 사람

- **메티스** : 유럽인과 인디언의 혼혈로 55~60만 명 규모
- **이누이트** : 우리가 보통 '에스키모'라 부르는 사람들. 주로 어로와 수렵에 종사함. 전체 원주민의 약 5%를 차지. 이들 이누이트족의 약 85%가 누나부트(Nunavut) 준주에 거주함

- 비유럽계 유색인종

마지막으로 비유럽계 이민자 집단이 있다. 이들은 아시아, 아프리카, 라틴아메리카 등 다양한 지역에서 유입되어 왔다. 이들 비유럽계 이민자와 그 후손들은 캐나다 전체 인구의 15~20%를 구성하는데, 아시아계 주민이 14~15%, 히스패닉이 3~4%, 아프리카계 주민이 3% 정도다(2016 인구센서스 기준 추정치). '히스패닉(Hispanic)'은 중남미(라틴아메리카) 출신의 이민자나 그 후손을 가리킨다.

아시아계 주민 중에서는 중국인이 수적으로 가장 많아 170여 만 명이며, 그 다음으로 인도인, 필리핀 등의 수가 많다 한다. 이들 비유럽계 이민자들은 신(新) 이민자들로 분류할 수 있다.

캐나다의 언어 및 언어정책

캐나다에서는 공용어(official language)로 영어와 프랑스어, 두 가지가 쓰인다. 이런 점에서 캐나다의 공식적인 언어정책은 '이중언어 정책(bilingualism)'이라 볼 수 있다.

전체 인구의 약 60%가 영어를 사용하고, 23% 정도가 프랑스어를 사용한다. 캐나다의 언어 사용에 대한 자세한 내용은 아래 자료를 참조할 것.

참고자료: 캐나다의 언어 사용

- 인구의 약 60%가 영어, 약 23%가 프랑스어, 나머지 17% 인구는 그 외의 다른 언어를 사용함.
- 프랑스어가 영어와 더불어 공용어의 하나로 포함된 것은 1969년의 '공용어(公用語)법(Official Languages Act)'의 시행에 따른 일이다. 이 법에 따라 기존에 공용어인 영어 외에 프랑스어가 공용어로 추가되었다.
- 영어, 프랑스어 외에 많은 사람이 제1언어(first language)로 사용하는 언어로는 중국어, 펀자브어(Punjabi), 스페인어, 타갈로그(Tagalog), 아랍어, 독일어, 이탈리아어 등이다.

캐나다의 역사 개관

다음으로 캐나다의 역사에 대해 알아보자. 여기서는 역사적으로 아주 중요한 사항만 골라 캐나다 역사의 흐름을 간단히 점검해 보기로 한다.

- 영국과 프랑스의 캐나다 진출

캐나다에 영국인과 프랑스인이 처음으로 진출한 것은 17세기 초의 일이다. 영국인은 노바스코샤(Nova Scotia)에 처음 진출한 후, 18세기 말까지 뉴펀들랜드, 뉴브런즈윅(New Brunswick), 프린스에드워드섬(Prince Edward Island), 그리고 허드슨만(Hudson Bay) 연안에 식민지를 건설했다. 반면에 프랑스인은 같은 시기에 세인트로렌스(St. Lawrence) 강 연안에 퀘벡, 몬트리올(Montreal) 등의 식민지를 건설했다.

• 영국의 식민지배

영국과 프랑스는 18세기 내내 유럽의 패권을 차지하기 위해 서로 대결했으며, 이는 100년을 넘는 오랜 기간 계속되었다. 역사가들은 이를 '제2차 백년전쟁(the Second Hundred Years' War, 1689~1815)'이라고도 부른다. 유럽에서의 국경분쟁과 왕위계승을 둘러싸고 벌어진 이 대결은 유럽뿐만 아니라 북아메리카, 동남아시아, 아프리카 등지에서 영국과 프랑스의 해외식민지를 둘러싼 쟁탈전도 포함하고 있었다.

18세기 영국과 프랑스 간 대결의 주요 무대 중 하나가 바로 7년전쟁(Seven Years' War, 1756~1763)이었다. 7년전쟁에서 영국이 승리하고 1763년 파리조약이 체결되었는데, 승전국인 영국은 프랑스로부터 캐나다에 있는 프랑스의 식민지와 미국의 미시시피 강 동쪽의 루이지애나 전역을 빼앗았다. 이때부터 캐나다는 완전한 영국의 식민지배를 받게 되었다. (<그림 8-3>과 <그림 8-4> 참조)

<그림 8-3> 1750년경의 북미

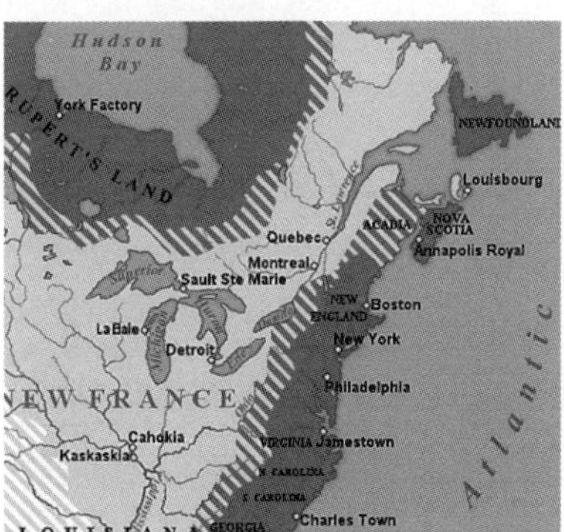

<그림 8-4> 7년전쟁 후(1763년)의 북미

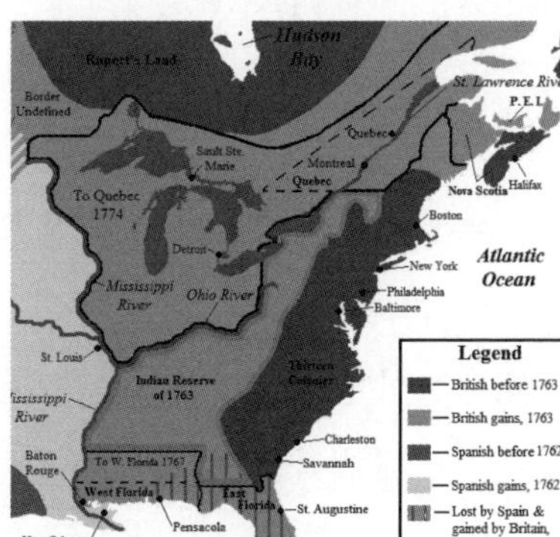

• 캐나다의 독립과정(1867~1951년)

1867년에 온타리오(Ontario), 퀘벡, 노바스코샤, 뉴브런즈윅, 이상 4개주가 영국의 식민지배에서 벗어나 '캐나다 자치령(Dominion of Canada)'으로 독립했다. 그 후 1870년에 매니토바(Manitoba)주와 노스웨스트 준주(Northwest Territory)가, 1871년에는 브리티시컬럼비아주가, 1873년에는 프린스에드워드주가 차례로 캐나다 자치령에 합세하게 되었다. 노스웨스트 준주로부터 그 후 1898년 유콘(Yukon) 준주가 떨어져 나갔으며, 1905년에는 앨버타(Alberta)주와 서스캐처원(Saskatchewan)주가, 1999년에는 누나부트(Nunavut) 준주가 각각 분리되어 나갔다.

1949년에 뉴펀들랜드주가 마지막으로 캐나다 자치령에 합세함으로써 오늘날 우리가 보는 캐나다가 완성되었으며, 캐나다의 완전한 독립이 법적으로 공인되었다. 그 후 1951년 12월 국명이 '캐나다 자치령'에서 '캐나다'로 변경된다.

• 퀘벡(Quebec) 문제

퀘벡은 1763년 파리조약에 의해 영국이 프랑스로부터 빼앗은 옛 프랑스 식민지다. 캐나다에서 유일하게 프랑스어를 공용어(official language)로 채택하고 있는 주다. 현재 주 전체 인구가 약 800만 명이고, 전체 주민의 약 80%가 프랑스어를 사용하는 프랑스계(French Canadian)다.

퀘벡에서 민족주의 움직임이 본격화된 것은 1960년대로, 프랑스계 주민의 다수가 퀘벡을 캐나다에서 분리·독립시키고자 했다. (앞서 언급한 것처럼) 1969년의 '공용어법'으로 프랑스어도 공용어로 쓰도록 하는 등 연방정부가 프랑스계 주민에 대한 각종 융화정책을 취하고 있으나, 퀘벡 문제는 오히려 더 악화되고 있다.

퀘벡을 캐나다 연방으로부터 분리·독립시키려는 정치세력(그 대표적인 정당이 퀘벡 당[黨])이 1970년대 이래 현재까지 끊임없이 퀘벡의 분리 독립을 추구하고 있으나, 퀘벡 주의 독립안은 주민선거에서는 근소한 표차로 번번이 부결되고 있다.

캐나다 이민의 역사

다음으로 캐나다 이민의 역사를 살펴보자. 캐나다는 미국이나 호주와 마찬가지로 주민의 대부분이 이민에 의해 이루어진 이민자 국가다.

캐나다로의 이민은 17세기 초에서 19세기 중엽까지는 매우 제한적이었다. 이 시기에는 영국계, 프랑스계 주민과 원주민이 캐나다의 주된 거주자들이었고, 캐나다 서부지역에 아주 적은 수의 중국인들이 살고 있었다. 캐나다로의 이민의 흐름이 본격적으로 시작된 것은 19세기 후반 이후의 일이다. 아래에서는 캐나다의 이민자를 제2차 세계대전을 중심으로 그 이전의 구(舊) 이민자와 그 이후의 신(新) 이민자, 2개의 범주로 나누어 살펴본다.

- 캐나다의 구 이민자
  19세기 말부터 제2차 세계대전 이전까지의 이민자 집단
- 캐나다의 신 이민자
  제2차 세계대전 이후의 이민자 집단

- 구(舊) 이민자 (1890년대~1920년대)

캐나다는 1890년대~1920년대 사이에 적극적인 이민정책을 편다. 이 시기가 캐나다 이민사의 첫 번째 대규모 이민의 물결이 일어난 시기이고, 이 기간에 들어온 이민자들이 주로 '구(舊) 이민자' 집단을 형성하게 된다.

이 시기의 캐나다의 이민정책은 영국, 프랑스 등 서(西)유럽계 백인을 최우선적으로 배려했고, 그 다음이 남부와 동부 등 여타 지역 유럽계 백인들이었다. 반면에 아시아인들은 별로 환영받지 못했으며, 특히 아시아인의 대부분을 차지했던 중국인에 대해서는 1885년에 '중국인 배척법'을 제정해 이주를 억제하기도 했다.

그리하여 이 시기에는 주로 유럽으로부터 백인들이 많이 이주해 왔으며, 이들이 주로 구(舊) 이민자 그룹을 형성하게 되었다. 이민자 규모 면에서 보면, 우선 영국(UK)에서 가장 많은 이민자들이 들어왔고, 그 다음으로 프랑스, 독일, 이탈리아, 우크라이나 순으로 이민자들이 유입되어 왔다(최종렬 외, 2008).

- 신(新) 이민자 (1945년 제2차 세계대전 이후)

1930~1940년대에는 대공황과 제2차 세계대전의 영향으로 이민자의 유입이 크게 줄었다. 이민의 물결은 2차대전 이후 다시 재개되었는데, 그 이유는 전후(戰後)의 급속한 경제성장으로 노동력이 크게 부족했기 때문이다. 우리는 캐나다에서 제2차 세계대전 이후의 이민자들을 '신(新) 이민자'라 부른다.

그런데 1962년의 '이민법'의 개정은 캐나다에서 이들 신 이민자 집단의 증가에 큰 작용을 했다. 이들 '신(新) 이민자' 집단은 '구 이민자'와는 달리 유럽뿐만 아니라 세계 곳곳으로부터 다양한 민족들이 유입되었는데, 그 중에서도 아시아계 민족의 비중이 매우 높다.

각 연도별 전체 이민자 중에서 비(非)유럽계 유색(有色)인종이 차지하는 비율은 1970년대에 52%에서 1980년대 68%, 1990년대 73%로 계속 증가하고 있다. 이들 중 절반은 아시아인들이고, 그 외에 라틴아메리카와 아프리카로부터도 많은 이민자들이 들어왔다. 그리고 이 중에서 무엇보다도 중국인이 압도적으로 많았다. 특히 2000년대 이후의 경우 캐나다로의 이민자들의 대부분이 아시아계 이민자이며, 이들은 토론토, 밴쿠버, 몬트리올 등 대도시에 주로 집중 거주하고 있다 한다(문영석, 2005; 최종렬 외, 2008).

캐나다의 다문화 정책

캐나다 다문화정책의 사회적·역사적 배경

캐나다의 다문화정책은 캐나다의 독특한 민족구성과 역사적 배경에 기인한 바가 크다. 미국 사회는 보통 와스프(WASP: White Anglo-Saxon Protestant)라 불리는 영국계 백인들이 단일의 주류 민족세력으로 미국의 건국을 이끌고 초기 미국 국민국가 건설을 주도했다. 그러나 캐나다는 미국과 사정이 좀 다르다.

캐나다에서도 영국계 신교도들이 주도적인 민족세력이지만, 이들이 자신들 위주로만 캐나다 연방 전체를 이끌고 나가기에는 프랑스계 주민들의 세력이 상대적으로 매우 큰 편이었다. 그래서 영국 식민지 시대부터 캐나다는 영국계와 프랑스계, 이 두 집단이 각자 자신의 언어와 문화를 인정받으면서 일종의 '이중언어·이중문화(bilingualism- biculturalism)' 사회를 유지해 왔다.

20세기에 들어와 프랑스계 주민들의 정치적 영향력이 점점 더 커지고, 퀘벡 문제 또한 표면화되면서 캐나다의 정치적 지평에는 영국계 중심의 '연방주의자'와 퀘벡을 분리·독립시키고자 하는 프랑스계 '분리주의자' 간의 대립이 중요한 정치적 쟁점으로 떠올랐다. 프랑스계는 또한 주류 영국계 문화에 동화(同化)되지 않고, 자신들의 언어와 문화적 정체성을 견지해 나가려는 자세와 노력을 지속해 왔다.

프랑스계 민족세력이 가장 먼저 주장한 것은 프랑스어를 영어와 함께 캐나다의 공용어(公用語)로 지정하자는 것이었고, 이러한 '이중언어 정책'은 1969년부터 캐나다의 공식 정책이 된다. 즉, '이중언어 정책'은 프랑스계 주민과 퀘벡 주가 연방에 그대로 남기를 바라는, 그리고 캐나다를 단일 국민국가로 유지하고자 하는 영국계 주류 세력과 프랑스계 민족집단 간의 타협의 소산이었다고 볼 수 있다. 주류 민족집단인 영국계는 프랑스계를 제압하여 동화시키려 하거나 차별·배제하려 하지 않고, 프랑스계의 존재를 인정하고 그들의 언어와 문화를 용인해 주는 등 융화 정책을 폈다. '이중언어' 정책은 그 결과물이었고, 영국계와 프랑스계 집단 간의 이러한 타협과 공존의 문제해결 방식은 다른 이민자 집단에게도 그대로 적용되면서 결국 '다문화주의' 정책으로 발전되었다.

영국계 주민과 프랑스계 주민 간의 이러한 대타협을 계기로 캐나다는 세계에서 가장 먼저 다문화주의 정책을 시행한 나라가 된다. 그러나 위와 같은 사회적·역사적 배경은 캐나다 다문화 정책의 문제점과 한계로 작용하고 있기도 한데, 이에 대해서는 뒤에 다시 논의할 것이다.

캐나다의 이민정책

캐나다의 다문화 정책에 큰 영향을 미친 또 다른 요소는 '이민정책'이다. 아래에서는 캐나다의 이민정책을 '1890년대~1920년대'와 '1945년 이후'의 두 시기로 나누어 분석해 보기로 한다. 앞에서도 언급한 바와 같이, 전자는 바로 캐나다에 '구 이민자'가 유입되었던 시기이고, 후자는 '신 이민자'가 유입되었던 시기다.

1890년대~1920년대

19세기 말에 유럽으로부터 캐나다로 대규모 이민의 물결이 일어난 이유는 크게 두 가지다. 하나는 캐나다의 국내적 요인으로, 캐나다 중서부 평원 지역을 개척하기 위해 대규모의 농업 이민자가 필요했다는 사정이 이민을 자극한 흡인요인(pull factor)으로 작용했고, 다른 하나는 유럽의 정치적·경제적 불안정으로 인해 유럽인들의 국외 이주의 필요성이 발생한 것이 위한 압출요인(push factor)으로 작용했다.

이에 1890년대 들어 캐나다의 자유당 정부는 보다 개방적이고 적극적인 이민정책을 실시했다. 그 결과 과거에 볼 수 없었던 대규모의 이민자들이 1920년대까지 유럽으로부터 캐나다로 이주해 들어왔다. 당시 대부분의 이민자들은 농업 이민자들로, 미국의 서부 개척에 자극을 받은 캐나다 정부에 의해, 그리고 대륙횡단철도를 건설 중이던 철도회사에 의해, 캐나다 중부의 평원 지역에 정착하게 되었다.

그러나 이러한 개방적 이민정책에 대한 기존의 캐나다 국민들의 반응은 영국계나 프랑스계 모두 상당히 부정적이었다. 영국계 주민들은 자신들이 전통적으로 멸시해 온 동부와 남부 유럽의 이민자들이 증가함에 따라 캐나다 사회에서 영국적 가치관과 문화가 위협받는 것을 우려했다. 한편 프랑스계 주민은 연방정부의 개방적 이민정책이 자신들을 궁극적으로 여러 소수민족의 하나로 전락시키게 될 것을 우려했다.

국외로부터의 대규모 이민은 또한 캐나다의 기존의 모든 노동자들에게 자신들의 안정적인 고용상태를 위협하는 요소로 인식되었다. 이러한 반(反)이민 정서 외에도 1930년대의 세계 대공황은 캐나다로의 이민의 물결을 급격히 위축시켰다.

제2차 세계대전 이후

제2차 세계대전이 끝난 1945년 이후 캐나다의 경제는 크게 부흥하기 시작했고 산업구조 또한 급격한 변화를 경험했다. 이러한 사회변동은 이민정책에도 큰 변화를 가져왔다. 이전에 중서부 평원 개발과 관련하여 농업노동자와 미숙련 노동자 위주로 이민을 받아들이던 데서 숙련 노동자와 전문직 종사자, 자영업자 등에 대한 이민 문호가 크게 확대되었다. 또한 유럽의 경제부흥으로 유럽 내의 노동력 수요가 크게 높아지는 바람에 인력 부족 현상이 생겨, 이 시기 캐나다로의 이민은 주로 유럽 이외의 제3세계 지역, 특히 아시아 지역에서 주로 충원되었다.

1967년에는 '이민법'이 다시 개정되어 기존의 백인 우선주의에 입각한 인종차별적 요소가 삭제되고, 인종이나 민족, 피부색, 혈통과 상관없이 누구나 평등하게 이민을 신청할 수 있도록 바뀌었다. 또한 이민 신청자의 교육, 기술, 보유 자산 수준에 따라 이민을 허용하는 새로운 제도가 채택되었다. 이민정책의 이러한 변화는 1970년대 들어 '다문화주의' 정책이 시작되는 데 긍정적인 영향을 미쳤다.

이러한 제도적 변화로 인해 1970년대부터 비유럽계 유색인종의 유입이 크게 늘어났고, 이제 캐나다는 세계에서 가장 다양한 인종구성을 가진 다인종·다민족·다문화 사회 중 하나가 되었다. 앞에서 본 것처럼 최근의 통계에 따르면, 이제 영국과 프랑스를 제외한 세계 다른 지역에서 이주해 온 이민자들이 전체 인구에서 차지하는 비율이 35 내지 40%에 달한다.

이러한 변화는 캐나다의 종교 분포 또한 크게 바꿨다. 캐나다의 가장 주된 종교인 기독교 신자의 비율은 1991년 캐나다 전체 인구의 83%에서 2001년 77%, 2011년 67.3%로 지속적으로 하락한 반면, 이슬람교도의 비율은 1991년 0.9%에서 2011년 3.2%로, 힌두교도는 1991년 0.6%에서 2011년 1.1%로, 불교도는 1991년 0,6%에서 2011년 1.5%로 계속 늘고 있다.

'다문화주의' 정책

1971년 '다문화주의'를 공식적 국가 정책으로 채택

캐나다는 1971년 '다문화주의(Multiculturalism)'를 공식적인 국가 정책으로 채택했는데, 이로써 캐나다는 전 세계에서 다문화주의를 국가정책으로 천명한 최초의 나라가 되었다. 당시 다문화주의 정책의 채택을 주도한 것은 자유당 정부를 이끌고 있던 피에르 트뤼도(Pierre Trudeau) 총리였다. 곧이어 연방정부에 다문화 정책을 담당하는 중앙부서가 설치되었고, 1977년에는 '캐나다 인권법(Human Rights Act)'이 제정되었다(문영석, 2014).

참고자료: 피에르 트뤼도 총리

- 캐나다의 제15대 총리인 피에르 트뤼도(Pierre Trudeau)는 퀘벡 주 몬트리올 태생이고, 아버지가 프랑스계, 어머니가 스코틀랜드계다. 몬트리올은 퀘벡 주에서 가장 큰 도시이자, 캐나다에서 두 번째로 큰 도시로 '캐나다 다문화의 거점'이라 할 수 있다.
- 트뤼도 총리는 몬트리올대학교에서 학부를 졸업하고, 몬트리올에서 변호사 생활을 했다. 이런 여러 가지 출신 배경이나 경력으로 볼 때, 트뤼도야말로 캐나다의 여러 정치지도자 중에서도 다문화주의를 주도할 만한 가장 적임자였다 하겠다.
- 트뤼도는 두 차례에 걸쳐(재임: 1968.04~1979.06; 1980.03~1984.06) 캐나다의 총리를 역임했다.
- 제23대 총리인 쥐스탱 트뤼도(Justin Trudeau)는 그의 장남이다.

1977년의 '인권법'은 인종, 피부색, 출신민족, 출신국가, 출신지역, 언어, 종교에 따르는 차별뿐만 아니라 성별, 성정체성, 정치적 이념, 사상, 사회적 신분 등 모든 영역에서의 사회적 차별을 금지하는 법률이다. 이와 더불어 캐나다 정부는 캐나다 내에 존재하는 여러 서로 다른 문화의 공존을 인정하고, 소수민족의 문화를 장려하는 여러 가지 정책을 펴기 시작했다.

1988년에는 '다문화주의 법(Multiculturalism Act)'이 시행되었는데, 이에 따라 캐나다 내의 모든 소수 민족집단은 헌법이 보장하는 모든 자유와 권리를 인종, 민족, 피부색, 종교에 관계없이 누릴 수 있게 되었으며, 자신들의 언어와 문화의 보존을 법적으로 보장받게 되었다. 캐나다 '다문화주의법'의 구체적인 내용은 다음과 같다.

- 캐나다의 모든 시민들은 자신의 문화적 전통(언어, 종교를 포함한)을 보존, 강화, 공유할 수 있는 자유를 누린다.
- 자신의 출신민족·국가·지역·종교에 상관없이 캐나다의 모든 개인과 공동체는 동등한 권리를 가진다.
- 캐나다의 모든 민족·종족집단들은 서로 간에 상호 존중해야 한다.
- 원주민과 소수민족은 자신의 문화를 향유할 권리를 가진다.
- 영어와 프랑스어를 공용어(official language)로 공인하되 캐나다의 시민들은 그 외의 다른 언어도 사용할 권리가 있다.

1991년에는 연방정부에 장관급 부서로 '다문화·시민권부(Ministry of Multiculturalism and Citizenship)'가 설치되었다. 이 부서는 나중에 '고용이민부(Ministry of Employment and Immigration)'와 합쳐져서 지금은 '이민, 난민 및 시민권부(Ministry of Immigration, Refugees and Citizenship)'가 되었다.

모자이크(Mosaic) 사회로 불리는 캐나다 다문화사회

캐나다의 다문화주의 정책을 은유적으로 표현하기 위해 '모자이크(Mosaic)'란 용어를 자주 쓴다. '모자이크'란 각각의 개별 민족집단의 특성과 정체성이 인정되고 존중받는 사회를 은유적으로 나타내는 표현이다(유정석, 2007; 최종렬 외, 2008)).

즉 소수 민족집단의 언어와 문화가 존중되며 그들의 역사와 문화적 정체성을 보존할 수 있도록 정책적 배려를 하는 것을 말한다. 이는 개별 민족의 특성을 없애며 주류 민족으로의 동화를 유도하는 미국의 '용광로(melting pot, 멜팅 팟)' 유형의 정책과 대조적이다. 미국이 나중에 다문화주의 정책을 펴게 되면서 다문화 사회로서의 미국을 표현하는 은유로 '샐러드 볼(salad bowl)'이란 말이 사용되었다(문영석, 2014).

원주민에 대한 다문화 정책

제2차 세계대전 이전의 과거 캐나다의 원주민 정책은 철저한 '동화(同化)정책' 또는 '분리정책'이었다. 18세기 후반부터 캐나다 정부는 원주민에 대해서 유럽 백인 문화에 동화시키든지 아니면 철저하게 분리하는 정책을 썼다. 원주민 어린이들은 따로 기숙학교에 강제 수용하여 인디언의 문화와 언어를 배우지 못하게 하고 백인 문화를 배우도록 하는 동화정책을 썼다. 또한 20세기 초에는 원주민들의 토지를 빼앗고 이들을 일정한 보호구역으로 몰아넣어 격리·거주시키는 분리정책을 쓰기도 했다.

그러나 제2차 세계대전 이후 원주민들에 대해 보다 유연한 정책을 시행하게 되는데, 원주민들의 전통의식을 허용하였고, 여러 주(州)에서 원주민들의 투표권이 허용되었다. 1956년에는 원주민들에게 공식적인 시민권이 부여되었고, 1960년에는 모든 원주민들이 연방선거에 참여할 수 있게 허용되었다. 미국이 1920년대에 이미 원주민을 시민으로 인정하고 투표권을 부여한 것과 비교하면, 상당히 늦은 편이라 할 수 있다.

오늘날 시행하고 있는 원주민에 대한 대표적인 다문화 정책들을 들면 아래와 같다(최종렬 외, 2008).

- 원주민에 대한 토지소유권, 자치권, 문화적 권리 인정
- 원주민들에 대한 소수자 우대조치(affirmative action)
- 학교 교과과정에 원주민의 역사, 원주민의 문화, 원주민과 백인의 관계에 대한 교육을 포함시키고 있음.

캐나다 다문화 정책의 한계와 문제점

다음으로 캐나다의 다문화 정책의 몇 가지 문제점을 알아보기로 한다. 캐나다는 세계에서 처음으로 다문화주의 정책을 시작한 나라이긴 하지만, 캐나다가 안고 있는 역사적, 사회적 특성 때문에 그 다문화 정책 또한 일정한 한계를 갖고 있다.

캐나다에서 '다문화정책'은 영국계와 프랑스계 민족집단이 서로 대립하고 있는 캐나다의 사회적·역사적 특수성에 기인하는 바 크다. 지배세력인 영국계가 프랑스계 주민들의 불만을 다독이고, 그들의 분리·독립 움직임을 완화하기 위한 방편으로 제시한 것이 '이중언어·이중문화' 정책이고, 이것이 보다 전향적으로 확대된 것이 캐나다의 '다문화주의' 정책이라고 볼 수 있다. 원래 프랑스계 주민들이 자신들의 입지를 강화하기 위해 문제를 제기한 것인데, 이것이 다민족·다문화 국가인 캐나다에서 다른 수많은 다양한 소수민족과 원주민 집단 모두의 문제로 확대된 것이라 하겠다.

다문화 정책에 대한 영국계와 프랑스계 주민의 서로 다른 시각

영국계 주민들과 프랑스계 주민들의 이해관계가 서로 다르다 보니, 현재의 다문화주의 정책에 대해서 영국계 주민들과 프랑스계 주민들이 모두 다 비판적인 시각을 가지고 있다. 주류 영국계 주민들은 현재 캐나다의 다문화 정책이 소수민족에 대해 지나치게 관대하고 그들의 다양한 문화적 정체성을 지나치게 존중하기 때문에 주류 지배집단의 가치관이 위협받는다고 염려한다.

반면에 프랑스계 주민들은 현재의 다문화주의 정책이 캐나다에서 프랑스계 캐나다인들의 상대적인 영향력 약화를 가져오고 있다고 염려한다. 다문화주의 정책으로 인해 다른 유럽계 민족집단이나 비(非)유럽계 민족집단들의 영향력이 상대적으로 커지는 것에 대해 염려하는 것이다.

이들 프랑스계 주민들은 심지어 캐나다 정부가 '이중언어' 정책에서 '다문화주의' 정책으로 정책을 바꾼 것을 두고, 프랑스계를 약화시키고 자신들의 주도권을 공고히 하려는 영국계 주민들의 계산된 정책, 일종의 '세력균형' 전략 또는 '이이제이(以夷制夷)' 전략이 아닌가, 음모론적 시각에서 의심하기까지 한다. 위와 같은 이유로 영국계 주민과 프랑스계 주민 모두 현행 다문화 정책에 대해 부정적이고 회의적이다(최종렬 외, 2008).

소수자 집단의 불평등과 차별

한편 '다문화주의' 정책에도 불구하고, 아시아계 이민자 등 유색인 집단의 정치경제적 불평등은 사라지지 않고 있다. 법적, 공식적으로 서로 다른 민족집단·문화집단 간의 차별과 불평등을 금지하고 있지만, 이것이 모든 사람들의 인식과 일상생활에까지 파고든 것은 아니다. 이들 아시아계 주민들이 일상생활에서 늘 경험하는 차별이나 불공정한 대우, 편견과 배제는 여전하다. 문화는 사람들의 사고방식과 사람들이 살아가는 삶의 방식이다. 제대로 된 다문화 사회가 되려면 그 사회의 문화가 바뀌어야 한다. 따라서 아직 캐나다에서 진정한 의미의 다문화주의는 여전히 실현되고 있지 않다고 볼 수 있다.

뿐만 아니라 '집단과 개인'의 문제, '다문화 집단 내의 소수자' 문제 또한 여전히 남아 있다. 퀘벡주 내의 주류 민족집단은 프랑스계 주민이며, 프랑스어만이 퀘벡주의 공식 언어다. 이런 까닭에 퀘벡주 내의 프랑스계가 아닌 다른 민족 출신의 주민들은 역차별을 받는다. 언어뿐만 아니라 일상생활 곳곳에서 이런 차별이 존재한다. 직장에서나 각종 상거래에서나 프랑스어를 하지 못하거나 서툰 사람들은 엄청난 불이익을 감수해야 한다. 퀘벡주 내 이민자 자녀들의 경우 학교 선택권이 프랑스어를 사용하는 학교로만 제한되어 있다. 이러한 정책은 프랑스 주민들에게는 자신들의 문화와 정체성을 지킨다는 명분에서 나온 것이지만, 퀘벡주 내의 소수자들에게는 차별과 불평등의 요인이 된다(최종렬 외, 2008).

캐나다인의 정체성 문제

마지막으로 캐나다인의 정체성과 관련한 문제가 있다. 앞에서 모자이크라는 용어가 잘 보여주듯이 캐나다에서 다문화 정책의 결과로 수많은 민족집단과 문화적 정체성이 모여 공존하고 조화를 이룰 수는 있겠지만, 이들이 모여 완전한 화학적 융합이나 통합을 이루어 진정한 '캐나다인'으로서의 새로운 정체성을 창출하는 데까지는 이르지 못하고 있다. 이는 캐나다뿐만 아니라 세계 각국의 모든 다문화 사회에 다 해당하는 문제이기도 할 것이다(최종렬 외, 2008).

학습정리

현재 세계의 많은 나라들이 그 민족 구성이 복합적이고 여러 다른 나라로부터 이민자들이 많이 들어와 함께 사는 다민족·다문화 사회를 이루고 있다. 그리고 이들 나라에서는 여러 가지 유형의 다문화 정책을 펴고 있다. 그런데 이들 다문화 정책은 그 추구하는 목표나 지향점, 그리고 그 내용이 서로 다른데, 각국의 다문화 정책의 이러한 서로 다른 특성들은 그 나라의 역사적·사회적 배경과 깊은 관련이 있다.

우리는 이 장에서 캐나다의 다문화 정책의 특성, 그리고 그 문제점과 한계를 살펴보고, 이것이 그 나라의 역사적·사회적 특수성과 어떤 연관이 있는지 알아보았다. 캐나다의 경우 다문화 정책의 시행이나 그 한계성이 캐나다의 민족구성과 깊은 관계가 있음을 알았다.

9 세계 각국의 다문화 현황과 정책 2

학습개요

1. 호주의 다문화 현황과 정책
   1) 호주의 사회적·역사적 배경
   2) 호주의 다문화 정책
2. 스웨덴의 다문화 현황과 정책

학습목표

1. 현재 다문화 정책을 펴고 있는 세계 여러 나라는 각자 서로 다른 특징을 갖고 있으며, 이러한 특징은 그 나라의 사회적·역사적 배경에 기인하는 바 크다. 우리는 각국의 다문화 정책의 특성 및 그 문제점과 한계를 살펴보고, 이것이 그 나라의 사회적·역사적 특수성과 어떻게 연관이 있는지 알아본다.
2. 세계 여러 나라 중 다문화 정책의 모범적 사례로 꼽히는 호주와 스웨덴의 다문화 현황과 정책에 대해 알아본다.

1. 호주의 다문화 현황과 정책

호주의 사회적·역사적 배경

호주(오스트레일리아) 개관

오스트레일리아(Australia)는 그 이름도 길고 또 비슷한 이름의 유럽 국가, 오스트리아(Austria)와 혼동하는 경우도 많아, 우리나라에서는 한자 음역을 따서 '호주(濠洲)'라는 이름으로 더 많이 통용되고 있다. 또한 대한민국 주재 오스트레일리아 대사관에서도 '주한 호주 대사관'이라는 명칭을 공식 명칭으로 사용하고 있다. 우리도 편의를 위해 아래에서는 '호주'라고 부르기로 한다.

호주는 대양주(오세아니아)에 속하는 나라로 면적이 774만 제곱킬로미터로 세계에서 6번째로 면적이 넓은 나라다. 호주의 인구는 2016년 현재 2,410만 명이고, 인구밀도는 제곱킬로미터당 2.8명으로 캐나다보다 더 낮아 세계 여러 나라 중에서도 가장 낮은 편에 속한다. (호주보다 인구밀도가 더 낮은 나라는 아시아에서 몽골, 아프리카에서 나미비아 정도다.) 그러나 경제 수준은 매우 높아, 2016년 1인당 국민총소득(GNI)이 54,420달러로 세계 주요국 중에서 아홉 번째로 높은 대표적 선진국이다(이상 세계은행 자료).

호주는 캐나다와 유사하게 6개의 주(州, state)와 2개의 준주(準州, territory)로 이루어진다. 6개의 주는 뉴사우스웨일스(New South Wales), 빅토리아(Victoria), 퀸즐랜드(Queensland), 웨스턴오스트레일리아(Western Australia), 사우스오스트레일리아(South Australia), 태즈매니아(Tasmania) 등이며, 2개의 준주는 노던 준주(Northern Territory)와 수도(首都) 준주(Australian Capital Territory)다. (<그림 9-1> 참조)

<그림 9-1> 호주의 여러 주

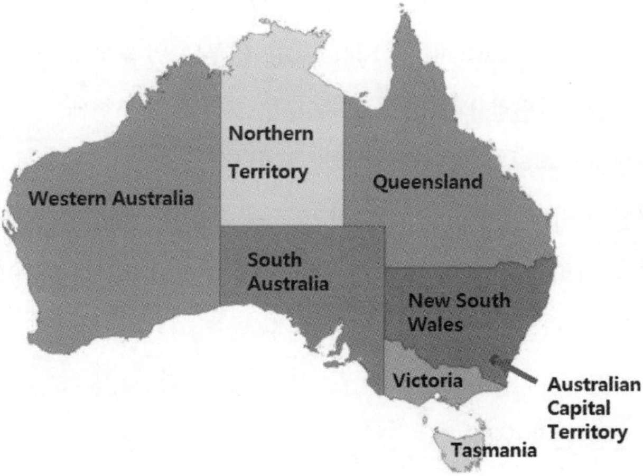

인구의 대부분이 뉴사우스웨일스, 빅토리아 등 동남부 해안 지역에 거주하고 이 지역에 주요 도시가 몰려 있다. 호주의 수도는 캔버라(Canberra)(인구 약 40만)이고 주요 도시로는 시드니(Sydney, 510만), 멜버른(Melbourne, 500만), 브리즈번(Brisbane, 240만), 퍼스(Perth, 200만), 애들레이드(Adelaide, 130만) 등이 있다.

호주의 대도시는 대부분 각 주의 주도로, 시드니는 뉴사우스웨일스주, 멜버른은 빅토리아주, 브리즈번은 퀸즐랜드주, 퍼스는 웨스턴오스트레일리아주, 애들레이드는 사우스오스트레일리아주의 주도다. 호주의 수도인 캔버라는 미국의 워싱턴, 브라질의 브라질리아처럼 20세기 초에 행정수도로 완전히 새로 건설된 계획도시다. 캐나다의 수도가 오타와(Ottawa)로 결정된 것이 온타리오주와 퀘벡주 간의 경쟁관계와 관계있는 것처럼, 호주의 수도 캔버라 또한 호주의 중심 지역인 뉴사우스웨일스주와 빅토리아주 간의 경쟁 때문에 시드니와 멜버른, 두 도시의 중간 지점에 새로이 건설되었던 것이다.

호주의 공식 국호는 '오스트레일리아 연방(Commonwealth of Australia)'이다. 호주의 공식 국호가 보여주듯이 호주는 영국, 캐나다, 뉴질랜드 등과 함께 영국 연방(Commonwealth of Nations)을 이루고 있다. 따라서 국가원수는 엘리자베스 2세 여왕을 대표하는 총독이며, 호주의 정부형태도 영국과 마찬가지로 입헌군주제하의 의원내각제다. 그러나 실질적으로 호주를 통치하는 사람은 연방 총리이며, 하원 다수당의 대표가 총리를 맡는다. 호주의 연방 의회는 영국식 의회제도를 본 따 상하 양원으로 구성되며, 하원이 연방정부를 운용하는 권한을 가져 상원보다 더 중요하다.

호주의 인종·민족 구성

미국이나 캐나다와 마찬가지로 호주 또한 이민자들이 만든 나라로서 여러 다양한 인종·민족집단이 살고 있는 다민족·다문화 사회다. 2016년 현재 호주의 인구는 약 2,410만 명인데(세계은행 자료), 인종·민족별 구성은 <표 9-1>과 같다.

<표 9-1> 호주의 주요 인종·민족 구성

구분	특성	전체 인구에서 차지하는 비중
영국계 백인 (또는 앵글 로켈트계 백인) (British or Anglo-Celtic Whites)	- 호주의 주류 민족집단 - '앵글로-켈트계'란 영국계 주민을 말하며, 잉글랜드뿐만 아니라, 스코틀랜드, 웨일스, 아일랜드 등에서 이주해 온 사람들과 그 후손	60~65%
비영국계 유럽인 (European Whites)	- 영국인을 제외한 여타 유럽 지역으로부터의 이민자 - 이탈리아인, 독일인, 그리스인, 네덜란드인 등	15~20%
아시아인 (Asian)	- 중국인, 인도인, 필리핀인, 베트남인, 말레이시아인, 스리랑카인, 한국인 등 - '백호주의' 폐지 이후 이민 온 사람들로, '신(新) 이민자' 그룹에 속함	10~15%
원주민 (Indigenous people)	- '애보리진(Aborigine)'이라고 불림 - 백인이 들어오기 전부터 살았던 원주민들로 약 65만여 명	2.7%
기타	- 뉴질랜드, 피지, 미국, 남아공 등으로부터의 이민자와 그 후손	3.5%

▶ 각 인종·민족집단이 전체 인구에서 차지하는 비중은 대략적 추정치다. 호주의 인구 센서스 자료와 미 CIA의 World Factbook 자료를 함께 참조했다.

• 영국계 백인

호주에서 가장 중요한 주류 민족집단은 영국계 백인이다. 이들을 '앵글로 켈트계 백인'이라 부른다. 원래 호주는 영국의 식민지였다가 1901년에 비로소 독립을 했기 때문에 영국계 백인은 당연히 호주의 가장 중요한 인종·민족세력이다.

• 비영국계 유럽인

1850년대 호주에서 금광이 발견되자 세계 각지에서 이민자들이 유입되었는데, 이를 호주의 골드러시(Gold Rush)라 한다. 당시 영국계 백인뿐만 아니라 독일 등 유럽의 다른 지역에서도 이민자들이 들어왔다. 이들 유럽계 이민자들은 제2차 세계대전 이후 그 수가 더욱 많아지는데, 이들이 또 다른 중요한 민족집단을 구성한다.

여러분은 '백호주의'(白濠主義, White Australia policy)란 말을 들어본 적이 있을 것이다. '백호주의'란 바로 유색 인종의 이민을 제한하고 호주를 백인 중심의 사회로 만들고자 하는 정책이다. 백호주의 정책이 실시된 1880년대부터 1950년대까지의 호주로의 이민은 주로 유럽계 백인 위주로 이루어졌다. 이들 1950년대까지의 이민자들을 '구(舊) 이민자'로 분류할 수 있는데, 이들 구 이민자들의 대부분은 유럽계 백인들이다.

• 아시아인

1850년대 골드러시 당시 많은 중국인들이 호주로 이주해 갔다. 그러나 백호주의 정책 때문에 이들의 이민은 크게 제약을 받았다. 중국인 등 아시아인의 호주로의 이주가 다시 재개된 것은 대략 1960년대 이후의 일이다. 1958년에 이민법이 개정되면서 비유럽계 이민자들의 호주 이민이 훨씬 수월해졌는데, 이때부터 아시아 각지로부터 호주로 이민이 크게 증가했다. 1960년대 이후의 이민자 집단은 '신(新) 이민자'로 볼 수 있는데, 이들 중 비유럽계 유색 인종이 차지하는 비중이 1960년대 이전보다 크게 늘어나게 되었다.

• 원주민(Indigenous people) 또는 애보리진(Australian Aborigine)

이들 이민자 집단 외에 또 하나 빠뜨릴 수 없는 인종집단이 바로 원주민들이다. 일반적으로 '애보리진'(Aborigine)이라 불리는 이 사람들은 영국인이 호주에 들어오기 훨씬 전부터 이 지역에 살았던 사람들이다. 현재 호주에는 약 65만 명의 원주민이 200개의 부족으로 나뉘어 살고 있는데, 이들은 지금도 수렵이나 채집 등 원시적 생활을 하고 있다.

호주의 언어와 종교

• 호주의 언어

호주에서는 영어가 공용어로 인구의 80%가 영어를 제 1언어로 사용하고 있고, 나머지 20%는 여러 다양한 언어를 사용하는데 중국어(2.3%), 이탈리아어(1.6%), 그리스어(1.3%), 아랍어(1.2%) 등의 순이다. 이민 1세대나 2세대의 대부분은 두 가지 이상의 언어를 사용한다고 한다. 최근의 인구센서스 조사에 따르면 가정에서 사용하는 언어가 400개나 되는 것으로 조사되었다.

유럽인이 호주에 처음 도착했을 때, 원주민들이 사용했던 토착 언어는 200~300개 정도가 되었다 한다. 그러나 현재는 약 70개만 살아남았으며, 토착 언어를 사용하는 인구는 약 5만 명에 지나지 않는다.

• 호주의 종교

호주에는 국교가 없다. 2011년 인구센서스 조사에서 호주인의 61.1%가 기독교를 믿는 것으로 나타났는데, 이 중 로마가톨릭이 25.3%, 호주성공회가 17.1%, 기타 기독교가 18.7%이다. 그 외에 불교 2.5%, 이슬람교 2.2%, 힌두교 1.3%, 유대교 0.5%, 기타 0.8%, 무종교 22.3%, 무응답 9.4% 라는 결과가 나왔다. 언어뿐만 아니라 종교에서도 호주는 다문화 사회라고 할 만하다.

호주의 역사 개관

유럽인들이 호주를 처음 발견한 것은 1606년 네덜란드인들에 의해서다. 유럽인들의 호주 발견 이전, 수만 년 전부터 호주에는 원주민들이 살고 있었다. 유럽인들이 처음 왔을 당시 호주에는 100만 명 가량의 원주민들이 살고 있었던 것으로 알려져 있다.

1770년에는 영국의 제임스 쿡(James Cook) 선장이 호주의 동부 해안 지역에 처음 도착하여 이 지역을 영국의 영토로 선언하고, 이 지역을 '뉴사우스웨일스'라 명명했다. 오늘날 뉴사우스웨일스주의 역사가 이때부터 시작되었다.

- 영국 죄수들의 유형 식민지로서 호주

1788년부터 영국은 뉴사우스웨일스 지역으로 죄인들을 이송해서 이 지역에 수용하기 시작했다. 이곳으로 유배를 온 죄수들은 이 지역에 식민지를 건설하고 농토를 개척했으며 식량을 자급자족하기 시작했다. 호주는 이후 19세기 중반까지 영국의 범죄자들을 유배(流配)시키는 일종의 '유형(流刑) 식민지'가 되었다.

유배 정착민들의 수가 늘게 되면서 식민지도 확장되어 나갔으며, 뉴사우스웨일스 지역을 넘어 서부 지역으로 식민지 개척이 계속되어 다섯 개의 자치 식민지가 추가로 건설되었다. 1830년대까지 호주로 이주해 온 사람들의 40%가 죄수였다고 한다. 영국에서 호주로 죄수들의 유배 이주는 1788~1868년까지 약 80년간 지속되었는데, 이 기간 동안 호주로 이송되어온 죄수들의 수는 약 16만 명에 달한다고 한다.

한편, 이들 유배 죄수들과는 별도로 1790년대부터 영국으로부터 많은 자유 정착민들이 호주로 이주해 왔다. 빅토리아와 사우스오스트레일리아 식민지는 오로지 자유 정착민들에 의해 개척되었다. 특히 사우스오스트레일리아에는 프로이센으로부터도 상당수의 이민자들이 유입되어 왔다.

• 19세기 호주의 역사

1810년대에는 양모 생산을 중심으로 목축업이 발달하면서 호주 발전의 제1기가 시작되었다. 그 후 1850년대에는 뉴사우스웨일스와 빅토리아 지역에서 금광이 발견되면서 호주 발전의 제2기가 시작되었다. 당시 금광을 채굴하려는 이민자들이 세계 각지에서 몰려드는 '골드러시(Gold Rush)'가 일어났다.

1850년의 호주 인구가 약 40만이었는데, 1860년에 115만, 1880년에 223만으로 주민 수가 급증했다. 금광의 개발과 더불어 다른 경제활동도 활발해졌는데, 이로 인해 시드니, 멜버른 같은 대도시가 발달하는 등 19세기 후반 호주는 큰 사회경제적인 변화를 겪는다.

호주에서 19세기의 이민은 주로 주류 민족집단인 영국인을 중심으로 이루어졌다. 골드러시로 인해 중국인 등 아시아계 이민자들도 상당수 들어오긴 했지만, 1880년대부터 소위 '백호주의' 정책이 실시되어 비유럽계 유색인종의 이민은 크게 제한되었다. 따라서 18세기 말부터 20세기 초까지의 호주는 대체로 앵글로-켈트계(Anglo-Celtic) 단일인종, 단일문화의 사회를 유지했다고 봐도 무방하다.

• 20세기 전반 호주의 역사

1901년 1월 1일, 6개의 식민지(현재의 주)가 연합하여 '호주 연방'을 발족하고 영국의 자치령(dominion)으로 영 연방의 일원이 되었다. 이와 함께 기존의 6개의 식민지는 '호주 연방'의 각 주(state)로 새 출발을 했다.

그러나 호주의 완전한 독립은 그 후 몇 단계를 더 거쳐야 했다. 1942년 웨스터민스터 법령에 따라 외교 및 국방의 권한을 영국 본국으로부터 획득했으며, 1986년에 비로소 독자적인 헌법을 제정하고 완전한 자주 독립국가가 되었다. 입법권과 사법권의 독립도 이때 비로소 이루어졌는데, 영국 의회의 호주 내 입법권이 정지되고 사법권도 영국의 추밀원에서 호주 고등법원으로 이관됨으로써 입법권과 사법권을 확보하게 되었다.

호주는 또한 제1차 세계대전과 제2차 세계대전에서 연합군 측에 가담하여 참전했다. 호주는 1차대전에서 6만여 명, 2차대전에서 4만 명 가까이 전사자를 냈다. 호주는 또한 한국전쟁과 베트남전쟁에도 참전해서 수백 명의 희생자를 내기도 하는 등 늘 자유민주 진영에서 싸워왔다.

1901년 호주의 독립 이후 점차 영국 이외의 유럽 지역으로부터 이민자들이 들어오기 시작했다. 그리고 제2차 세계대전이 끝난 뒤부터는 본격적으로 유럽 전역으로부터 이민자들이 대거 들어오게 되었다.

2차대전이 끝났을 때 호주 인구는 겨우 1,100만 명에 불과했으며, 이 적은 인구로는 국가 방위가 힘들다는 우려가 확산되었다. 또한 전후 경제발전을 위해 많은 산업 노동력이 필요했다. 반면에 2차대전으로 크게 고통을 겪은 일부 유럽 국가(독일, 이탈리아 등)에서는 외국으로 이민을 희망하는 사람들이 많았다. 이런 상황에서 호주 정부는 국가안보와 경제발전을 위해 적극적인 이민정책을 실시했으며, 저임금 산업노동자로 활용 가능한 비영어권 유럽 이민자들을 대거 받아들이게 되었다.

그리하여 남유럽과 동유럽으로부터 호주로 이민 오는 사람들이 크게 늘어났다. 이 중에 이탈리아인이 가장 많았고, 그리스, 유고슬라비아, 유태인 난민 등이 들어왔다. 반면에 영국계 이민자의 수는 크게 줄어들었다.

• 20세기 후반 호주의 역사

1960년대부터 유럽뿐만 아니라 유럽 이외의 지역으로부터 대규모로 이민자들이 들어오기 시작했다. 즉, '신 이민자'들의 물결이 시작되었는데, 이들 신 이민자들의 대부분은 인도, 중국, 베트남, 필리핀, 대만, 홍콩, 말레이시아, 스리랑카 등으로부터 온 아시아인들이었다. 여기에는 호주의 급속한 경제발전으로 노동력이 크게 필요했다는 점도 작용했지만, 지리적 접근성이 좋은 인근 아시아 지역과의 경제적 교류가 크게 늘어났다는 점도 작용했다.

이러한 변화로 인해 기존의 백호주의 정책에 균열이 발생했다. 결국 1973년에 '백호주의' 정책이 공식 폐지되었고, 호주의 다문화 정책이 '다문화주의'로 선회한다. 그 결과 아시아로부터의 이민은 더욱 더 늘어났다. 1970~71년 기간에 전체 이민자 중 아시아인의 비중은 5.4%에 불과했다. 그러나 백호주의 정책이 폐지된 지 10년이 지난 1983~84년에는 33%로 증가했다. (호주 정부는 호주가 1980년대부터 '유럽 국가'에서 '아시아·태평양 국가'로 전환되었음을 공식 선언했다.)

한편 1970년대 이후 영국과 서유럽으로부터의 이민은 급격하게 감소한 반면, 유럽 중에서도 구 소련 지역과 유고슬라비아, 발트해 국가, 폴란드 등에서 오는 이민자 수는 크게 증가했다. 또한 뉴질랜드와 남아공에서 오는 백인 이민자들도 크게 늘어났다. 이처럼 유럽, 아시아, 오세아니아, 아프리카 등 세계 각지로부터 다양한 인종·민족집단이 이주해 오면서 호주는 빠른 속도로 다인종·다민족·다문화 사회로 이행했던 것이다.

호주의 정치체제

- 호주의 정당 구도

호주에는 세 개의 주요 정치정당이 있다. 도시의 산업자본가와 중산층을 기반으로 하는 자유당(Liberal Party)과 지방의 농업과 목축업자 계층을 기반으로 하는 국민당(National Party), 이 둘은 우파 정당이다. 이 두 정당은 서로 협력하여 오랫동안 연립정부(Coalition)를 구성해 왔다. 그리고 좌파 정당으로 노동조합을 기반으로 하는 '호주 노동당(Australian Labor Party)'이 있다.

• 최근의 정치 지형

1996년 3월 총선에서 존 하워드(John Howard)가 이끌던 우파 자유·국민당 연합이 압승했다. 하워드는 그 후 11년 9개월을 집권하게 된다. 2007년 11월 총선에서는 케빈 러드(Kevin Rudd)가 이끌던 노동당이 존 하워드가 이끌던 보수연립 정부에 승리했고 이후 6년간 집권한다.

2013년 9월 총선에서 야당이던 자유·국민당 연합이 다시 승리함으로써 정권은 다시 노동당의 손에서 우파 연립정부의 손으로 넘어갔으며, 당시 당 대표이던 토니 애벗(Tony Abbot)이 총리에 취임했다. 그 후 2015년 9월, 총리직은 당내 대표 경선에서 이긴 맬컴 턴불(Malcolm Turnbull)에게로 넘어갔으며, 2018년 8월에는 다시 자유당 대표가 스콧 모리슨(Scott Morrison)으로 교체되면서 총리직도 따라서 교체되었다.

<표 9-2> 호주의 역대 정부, 1949년~최근

기간	집권당	총리	재임기간
1945~1949	노동당	벤 치플리(Ben Chifley)	1945.07~1949.12
1949~1972	자유당·국민당 연합	로버트 멘지스(Robert Menzies)	1949.12~1966.01
		해럴드 홀트(Harold Holt)	1966.01~1967.12
		존 맥윈(John McEwen)	1967.12~1968.01
		존 고튼(John Gorton)	1968.01~1971.03
		윌리엄 맥마흔William McMahon	1971.03~1972.12
1972~1975	노동당	고프 휘틀럼(Gough Whitlam)	1972.12~1975.11

1975~1983	자유·국민 연합	맬컴 프레이저(Malcolm Fraser)	1975.11~1983.03
1983~1996	노동당	밥 호크(Bob Hawke)	1983.03~1991.12
		폴 키팅(Paul Keating)	1991.12~1996.03
1996~2007	자유·국민 연합	존 하워드(John Howard)	1996.03~2007.12
2007~2013	노동당	케빈 러드(Kevin Rudd)	2007.12~2010.06
		줄리아 길라드(Julia Gillard)	2010.06~2013.06
		케빈 러드(Kevin Rudd)	2013.06~2013.09
2013~현재	자유당·국민당 연합	토니 애벗(Tony Abbot)	2013.09~2015.09
		맬컴 턴불(Malcolm Turnbull)	2015.09~2018.08
		스콧 모리슨(Scott Morrison)	2018.08~현재

호주의 다문화 정책

과거 호주의 이민제한 정책 및 동화주의 정책

1960년대까지 소수 민족집단, 애보리진, 그리고 이민자들에 대한 호주 정부의 기본 정책은 '동화(同化, assimilation)' 정책이었다. 호주의 앵글로-켈트계 지배세력은 호주 국민이 정치적·문화적으로 분리되지 않은 단일의 문화집단을 이룰 것을 바랬고, 이를 위해 소수자나 이민자 집단이 주류 문화인 앵글로-켈트 문화에 동화되기를 원했다.

이들은 영국의 언어와 앵글로-켈트적인 문화적 정체성을 강조하고 이러한 주류 문화에 이민자들을 동화시키고자 했는데, 이는 호주의 국민공동체의 구성을 백인 문화와 영국적 전통에 두고자 한 것이었다. 이와 함께 이민정책 또한 앵글로-켈트 문화에의 '동화가 어려운' 유색 인종을 배제하기 위해 '유럽계 백인' 위주의 '백호주의(白濠主義)' 정책을 폈던 것이다.

호주의 백호주의

'백호주의'란 호주가 시행했던 비(非)유럽계 유색인종에 대한 이민 제한 정책이다. 좀 더 정확히 말해서 중국을 비롯한 아시아와 태평양 제도의 여러 지역에서 오는 이민자들의 이민을 제한하는 각종 정책을 포괄적으로 부르는 용어다. 백호주의가 공식적으로 시작된 것은 1901년이고, 공식적으로 폐지된 것은 1973년이다. 그러나 백호주의 이민 제한 정책이 실제로 시작된 것은 19세기 후반부터이며, 백호주의 정책의 기조에 변화가 일어나고 이민 제한 정책이 조금씩 완화되기 시작한 것은 1947년부터이다.

먼저 19세기 후반에 시행되었던 호주의 이민 제한 정책부터 살펴보자. 앞서 설명한 것처럼 호주에서는 1850년대에 금광이 발견되자 골드러시가 일어났는데, 이는 해외로부터 수많은 이민자가 호주로 몰려드는 계기가 되었다. 그중에서 특히 중국인들의 이민이 많았는데 1881년까지 중국인 이민자 수는 5만 명에 달했다. 이러한 중국계 이민자들의 대량유입은 백인 노동자들의 임금을 크게 저하시키는 결과를 초래했으며, 영국계 노동자들과 중국인 노동자들 간의 갈등과 중국인들의 이민을 반대하는 백인 노조들의 정치적 압박은 호주 정부로 하여금 이민정책을 수정하게 만들었다.

뿐만 아니라 당시 퀸즐랜드 지방에는 사탕수수 플랜테이션이 크게 발달했는데, 이 농장에 필요한 노동력 수요를 태평양 여러 제도에서 오는 이민자들로 충당했었다. 백인 노동자들은 이들 오세아니아의 유색 이민자들의 유입에 대해서도 반대했다. 이에 호주 각 지역 식민지 정부는 1875년부터 시작해서 비백인 유색인종의 이민을 제한하는 여러 가지 입법조치를 취했다. 1888년부터 중국인의 이민이 완전히 제한되었으며, 1895년에는 호주 전역의 식민지 주정부가 모여 모든 유색인종의 이민을 제한하는 협약을 체결했다.

또한 1901년 호주 연방이 성립된 직후, 호주 정부는 '이민제한법(Immigration Restriction Act)'이란 것을 제정하면서 백호주의 정책을 공식화하기에 이르렀다. 당시 이민을 제한하는 조치 중의 하나로 영어 '받아쓰기' 시험이 부과되기도 했는데, 이민의 허용 여부가 전적으로 이민청 관리들의 재량권에 달려 있어 비영국계 이민자들이 이 시험을 통과해서 입국이 허용되는 것은 거의 불가능했다. 이후에도 이민을 제한하는 여러 가지 유사한 조치들이 계속 시행되면서 제2차 세계대전까지는 비영국계 이민이 크게 제한되기에 이르렀다(이용승, 2007; 문경희, 2008).

그러나 제2차 세계대전이 끝나고부터 백호주의 정책에는 상당한 변화가 나타나기 시작한다. 앞서 언급한 것처럼 군사안보 및 경제적 이유로 비영국계, 비백인 이민의 필요성이 높아졌으며, 호주 정부도 이민정책의 변화를 모색하게 되었다.

원주민에 대한 차별정책, 인종차별 정책

호주의 백호주의 정책은 이민자들뿐만 아니라 원주민들에게도 적용되었다. 비유럽계 이민자들이나 원주민들에게 호주는 자유롭고 평등한 근대사회라기보다 일종의 신분사회요, 카스트 사회였다. 호주에서 원주민들은 오랫동안 카스트 위계질서의 가장 밑바닥에서 사회경제적, 정치적 권리와 혜택을 박탈당한 채 살아왔다. 원주민들은 주류 사회에 완전히 동화(同化)되든지, 아니면 차별과 배제를 감수해야 했다.

• '애보리진 보호법'

원주민에 대한 '동화정책'의 대표적인 예가 1869년부터 실시된 '애보리진 보호법(Aboriginal Protection Act)'이란 것이다. 이는 말만 '보호'일 뿐 일종의 '점진적 인종청소(ethnic cleansing)'나 다름없는 정책이었다. 이는 애보리진 아이들(특히 여자아이)을 그 부모와 가족으로부터 강제적으로 분리시켜 백인 가정으로 입양하거나 강제수용 시설에 수용하여 키움으로써 애보리진 자체를 소멸하려는 의도를 가진 정책이었다. 이렇게 강제 입양 또는 수용당한 원주민 어린이들은 최소 10만 명 이상으로 추정되며, 이들의 상당수는 우울증 등 정신질환을 앓는 등 큰 고통을 겪었다. 이 제도의 일부분은 1960년대까지도 계속 시행되었다.

• 혼혈인 문제

원주민과 백인 사이에 태어난 혼혈인들의 문제도 적지 않은 사회적 문제였다. 앞에서 본 것처럼 19세기 말과 20세기 초에 많은 유럽계 백인들이 호주로 이주해 왔는데, 이들의 상당수는 젊은 독신 남성이었다. 그 결과 백인 이주민 남성들과 원주민 애보리진 여성 사이에 적지 않은 수의 혼혈인이 태어났다. 스페인이 지배했던 라틴아메리카에서는 이들을 메스티소(Mestizo)라 부르고, 식민지배에서 독립한 후에는 라틴아메리카의 여러 국가에서 이들이 주민의 다수를 이루면서 사회의 주류가 되었지만, 호주에서는 그렇지 않았다. 호주에서는 이들 혼혈인들은 원주민이나 마찬가지로 카스트적인 위계질서의 가장 밑바닥 층을 이룬 소외 집단이었다.

이들 혼혈인 집단은 호주의 주류집단의 입장에서는 사회의 통합을 해치는 장애물이었고, 이들 혼혈인 자녀들 또한 원주민 공동체로부터 강제로 분리시켜 고아원에 입양하여 백인의 전통과 문화, 종교를 교육시켰던 것이다. 이렇게 성장한 아이들은 애보리진의 문화와 정체성을 잃어버리고 백인 문화에 동화되었으며, 이들은 심지어 애보리진 문화를 경멸하고 혐오하기까지 했다. 백인들 입장에서는 백인 피가 섞인 이들 혼혈인들이 백인문화에 동화되기가 더 용이할 것으로 생각하여 이런 비인간적인 정책을 자행했던 것이다(최종렬 외, 2008).

- 애보리진에 대한 분리배제와 차별

한편, 애보리진들에는 상당히 오랫동안 호주의 시민권이 부여되지 않았다. 애보리진에게 시민권이 부여된 것은 1967년에 와서의 일이었다. 이때까지 대부분의 애보리진은 시민권을 갖지 못했고, 극히 일부 원주민들(원주민의 전통 및 생활과 단절하고 완전히 백인화된 사람들)에게만 시민권이 부여되었다.

원주민들은 또한 거주이전의 자유, 직업선택의 자유도 없었다. 이들은 주거지를 바꾸거나 일자리를 구할 때도 주정부의 허가를 받아야 했고, 심지어 결혼할 때도 정부의 허락을 받아야 했다. 학교, 병원, 극장 등 공공장소에서도 이들은 백인들과 격리되고 차별받았다. 원주민들에 관한 한 호주는 아파르트헤이트(즉, 흑백인종분리) 정책을 폈던 남아공과 별로 다를 게 없었다(문경희, 2008; 최종렬 외, 2008).

1970년대 이후 호주의 다문화 정책

이민정책의 변화

제2차 세계대전 종전 이후 백호주의 이민정책에는 변화가 나타나기 시작한다. 앞서 언급한 것처럼 안보 및 경제적 이유로 비(非)영국계, 비백인 이민의 필요성이 높아졌으며, 이에 따라 호주 정부도 이민정책의 변화를 모색하기 시작했다. 그리하여 1947년 이후 1960년대까지 호주의 이민정책에는 지속적으로 변화가 일어났으며, 결국 1973년 고프 휘틀럼 총리(재임: 1972~1975)의 노동당 정부가 다문화정책을 시행하면서 백호주의는 공식적으로 철폐되었다.

먼저 1947년에 벤 치플리 총리(재임: 1945~1949)의 노동당 정부가 비유럽계 이민자들이 호주에 영구 정착하는 것을 허용함으로써 처음으로 '이민제한법'을 완화하는 조치를 취한다. 이어 멘지스 총리 정부(1949~1966)하에서는 비유럽계 난민들의 정착을 허용하고, 15년 이상 장기체류한 비유럽계 이민자들에게 시민권을 부여하는 조치를 취했다. 또한 1958년 '이민법' 개정을 통해 '받아쓰기 시험'을 폐지하는 대신 이보다 훨씬 완화된 이민자 테스트를 도입하고, 일부 고학력·숙련직의 아시아인들에게 이민을 허용하기 시작했다(최종렬 외, 2008).

호주 정부의 동화주의/백호주의 이민정책에 대해 사회적으로 문제가 제기되기 시작한 것은 1950년대 말부터의 일이라 한다. 한편으로는 이민자들의 정체성을 단시일 내에 없애고 호주의 주류 문화에 동화시키려 하는 것이 과연 호주의 통합과 발전에 도움이 될 것인지에 대한 비판이 제기되었으며, 다른 한편으로는 호주가 주변의 아시아 경제와 점점 더 긴밀한 관계를 맺어가는 상황에서 과연 백호주의 정책을 고수하는 것이 바람직한가에 대한 문제 제기가 있었다.

당시 비백인·비영어권 이민자들은 그들의 모국어와 문화가 철저히 배제되고 있다고 느끼고 호주의 주류 문화의 배타성에 항의하기 시작했다. 이들은 그들의 자녀들이 언어와 인종차별 때문에 학교교육을 제대로 받지 못한다는 데 대해 강하게 저항했던 것이다. 한편, 비영국계 백인들은 자신들의 정체성과 문화가 인정받지 못하고 있다는 점 때문에 정부정책에 불만을 제기하기 시작했다. 특히 당시 상당한 규모로 노동자 세력을 형성하고 있었던 유럽인 이민자들은 노동쟁의나 파업 등 과격하고 투쟁적인 방법으로 정부에 문제 제기를 했던 것이다. 그리하여 1966년에는 새로 출범한 해럴드 홀트(재임: 1966~1967) 정부가 이민정책을 더욱 완화하는 조치를 취하게 되는데, 비유럽계 이민을 더욱 폭넓게 허용하기 시작했으며, 이들 비유럽계 이민자들의 영주권 취득 요건 또한 크게 완화했다(이용승, 2004; 2007).

원주민에 대한 정책의 변화

원주민들 또한 제2차 세계대전 이후 지속적으로 자신들의 권리를 주장하고 이를 쟁취하기 위한 사회운동을 펼치기 시작했다. 마침내 1966년에는 '연방중재위원회(Commonwealth Arbitration Commission)'에서 원주민 노동자도 백인 노동자와 마찬가지로 동일한 임금을 받고 동일한 근로조건하에 일할 수 있게끔 하는 조치가 취해졌다. 1967년에는 국민투표에 의한 헌법 개정을 통해 원주민들에게 시민권이 부여되었다. 한편 기존의 헌법에는 '애보리진의 인구를 호주 인구센서스에서 제외하도록' 규정되어 있었다. 1967년 헌법 개정은 이러한 조항도 폐지시켰다.

그리고 마침내 2008년에는 노동당 출신의 케빈 러드(Kevin Rudd) 총리가 국가지도자로서 처음으로 원주민들에게 과거 호주 정부가 그들에게 자행했던 잘못에 대해 공식 사과를 했다. 2007년까지 재임한 전임 존 하워드(John Howard)의 자유·국민 연립정부에서는 호주 정부의 원주민 말살 정책이 이전 정권의 일이었다는 이유로 애보리진에 대한 사과나 보상에 소극적 태도를 보였다. 그러나 2007년 12월 집권한 러드 총리는 집권 직후인 2008년 2월, 애보리진에 대한 범정부 차원의 공식 사과문을 발표하고, 이를 연방의회에서 만장일치로 통과시키는 등, 적극적인 사과활동을 했다.

다문화 정책의 시행

호주에서 백호주의 정책은 1973년 공식적으로 폐지된다. 그리고 1975년에는 인종차별 금지에 관한 법률이 제정되면서 인종에 따른 이민 차별 정책이 불법화되었다.

휘틀럼 총리의 노동당 정부는 1973년 이민법 개정을 통해 과거의 인종차별적 내용을 제거하는 일련의 조치를 취한다. 1973년 이민법 개정의 주요 내용은 다음과 같다. ① 세계 보편적 기준 적용: 호주는 이민과 인종에 관한 모든 국제사회의 규범을 준수한다. ② 시민권 획득 조건의 완화: 모든 이민자는 (인종·민족·출신국에 상관없이) 3년간 호주에 체류하면 시민권을 획득할 수 있다. ③ 인종 차별 철폐: 이민을 허용하는 기준에 있어서 인종차별적 요소를 완전히 철폐한다.

또한 1973년 당시 이민부 장관이던 앨 그래스비(Al Grassby)가 '미래를 위한 다문화사회(Multicultural Society for the Future)'라는 담화를 발표한 것이 호주가 시작한 새로운 이민정책을 '다문화(multicultural)정책'이라 칭하는 계기가 되었다(이용승, 2004; 문경희, 2008). 1975년에는 호주 정부가 '인종차별금지법(Racial Discrimination Act)'을 제정하는데, 이 법은 인종차별적 요소를 어떠한 공적인 목적으로도 사용할 수 없게 금지했다.

1978년에는 호주의 다문화 정책에서 매우 중요한 의미를 가지는 갈볼리 보고서(Galbally Report)라는 것이 당시 맬컴 프레이저 총리(재임: 1975년 11월~1983년 3월)의 자유·국민당 연립정부에 제안되었는데, 여기서 제시된 다문화주의 원칙은 당시 프레이저 정부의 이민정책 및 소수자 정책의 수립과 구체적인 프로그램의 입안에 결정적인 역할을 했다. '갈볼리 보고서'가 정식화한 다문화주의의 네 가지 원칙은 다음과 같다.

호주의 갈볼리 보고서(Galbally Report)(1978년)에 제시된 다문화주의 원칙

- 모든 사람에게 동등한 기회가 보장되어야 하고, 공적 서비스에 대한 공평한 접근이 보장되어야 한다.
- 모든 사람은 편견 없이 자신의 문화를 보유할 수 있어야 한다.
- 모든 이민자들에 대해 특별한 서비스와 프로그램이 제공되어야 한다.
- 이러한 프로그램과 서비스는 (그 수혜자인) 당사자들과 협의를 통해 입안되고 운영되어야 한다.

1978년의 갈볼리 보고서는 호주의 다문화 정책이 한 단계 진일보하였음을 보여준다. 호주의 다문화정책은 처음에는 이민정책의 개선으로 시작되었지만, 그 후 그 지향점이 더욱 확장되어 인종간·민족간 차별을 철폐하고, 소수자 집단의 문화와 정체성을 보호하며, 더 나아가 모든 주민의 법 앞의 평등을 실현하는 것으로 확대되어 갔다. '갈볼리 보고서'는 이러한 방향성을 보여준 문건이었다.

호주 다문화 정책의 이러한 확장성의 또 다른 사례는 1996년 호주 의회가 채택한 '인종적 포용에 관한 성명서'에도 나타난다. 여기에는 다음과 같은 내용이 담겨 있다.

- 호주 의회는 모든 주민들이 동등한 권리를 갖고 있으며, 인종, 피부색, 출신에 의해 차별받지 않음을 재확인한다.
- 이민정책은 인종, 피부색, 신념, 출신배경에 따르는 차별을 두지 않는다.
- 원주민(애보리진과 토레스 스트레이트섬 주민)들이 뿌리 깊은 사회경제적 불이익을 받아온 것을 감안하여 재화합의 과정을 거친다.
- 민주적 제도와 가치를 통해 '문화적 다양성, 포용, 개방된 사회'로서 호주를 유지한다.
- 어떤 형태의 인종차별도 철폐한다.

이러한 다문화 정책의 결과로 오늘날 호주는 전세계의 다양한 지역에서 온 이민자들이 비교적 차별 없이 더불어 함께 사는 다인종·다민족사회가 되었으며, 캐나다와 더불어 가장 강력한 다문화주의 정책이 시행되는 나라로 간주되고 있다(Banting and Kymlicka, 2006).

최근의 인구총조사에 따르면 전체 인구의 1/4 정도가 해외에서 출생한 것으로, 그리고 45%가 부모 중 적어도 1명이 해외에서 출생한 것으로 나타났다 한다. 이처럼 호주의 민족적, 문화적 다양성의 정도는 세계에서 가장 높은 편이다. 뿐만 아니라 개방적이고 포용적인 이민정책과 인종·민족 등 여러 측면에서 차별이 없는 사회를 이루고 있다.

호주 다문화 정책의 한계와 문제점

- 다문화 정책에 대한 비판과 저항

그러나 호주의 다문화 정책은 시행된 지 얼마 되지 않아 여러 가지 비판과 저항에 직면한다. 호주 정부 내에서도 이러한 비판과 저항이 나타났다. 1980년대 중반부터 '다문화주의적 이민정책은 호주의 아시아화(Asianization)를 가져온다.' 며 다문화 정책을 비판하는 목소리가 커지기 시작했는데, 이들 비판자들은 또한 '다문화 정책이 여러 문화 간의 생산적이고 창조적인 공존을 가져오는 것이 아니라, 사회적 분열을 조장하고 결과적으로는 호주의 주류문화(즉, 영국적 호주문화)를 훼손할 것'이라고 비판했다.

이러한 비판적 분위기에 편승하여 호주의 다문화 정책이 후진하는 상황이 벌어지는데, 이는 특히 다문화 정책에 대한 가장 대표적인 비판자인 존 하워드(John Howard) 총리의 재임 기간(1996.3월~2007.12월) 중 주로 나타났다. 하워드 총리는 자신의 집권 기간 중 기존의 동화주의 정책을 부활시키고 영국계 중심의 주류사회의 전통문화를 다시 강조하는 등 호주 다문화 정책의 변화를 꾀했다. 이는 다문화주의 후퇴요, 과거의 동화주의로의 회귀인 셈이다(문경희, 2008).

하워드 총리 재임 기간(1996~2007) 중 나타난 다문화 정책의 후퇴 사례

- 하워드 총리는 백인 우월주의 성향을 강하게 지닌 정치지도자로 11년 동안 자유·국민당 연립정부를 이끌었다.
- 그의 집권 기간 동안 호주는 다문화주의 정책이 상당한 정도로 후퇴했다.
- 그는 '다문화주의에 앞서 호주의 전통적 가치(Australia's traditional values)가 우선되어야 한다.' 고 강조하고, '호주 내 모든 소수민족 커뮤니티(minority community)가 동등한 입장 아래 호주의 주류사회(mainstream)에 동화(assimilate)되어야 한다.' 고 주장했다.
- 이는 다시 말해 호주의 전통적 가치, 즉 '앵글로-켈트계 문화'를 우선하고, 다른 문화는 여기에 동화할 것을 요구한 것이다.
- 2006년에는 이민부의 명칭을 Department of Immigration, Multiculturalism and Indigenous Affairs(이민, 다문화주의 및 원주민문제 담당부)에서 '다문화주의'란 용어를 빼버리고 '시민권'이란 용어를 추가하여 Department of Immigration and Citizenship(이민·시민권부)로 바꾸었는데, 이 또한 호주 '다문화주의 정책의 후퇴'를 보여주는 좋은 예가 된다(이용승, 2007).

- 호주 다문화정책의 문제점과 한계

또한 호주의 다문화 정책은 소수 민족집단의 문화적 정체성의 '인정(recognition)'에만 집중해왔다는 한계를 가진다. 그래서 경제적 불평등이나 일상생활 속에서의 편견과 차별 등의 문제를 해결하는 데에는 등한시했던 것이다. 이런 점에서 호주 역시 캐나다와 마찬가지로 아직 진정한 의미의 다문화주의 실현에는 미치지 못했다고 평가된다.

호주 다문화 정책의 또 다른 한계로 지적되는 것은 다문화 정책의 도입 과정이 '수동적'으로 이루어졌다는 점이다. 호주 정부가 다문화정책을 도입한 것은 '다문화주의'에 대한 강력한 비전과 신념에 의한 능동적·적극적인 것이 아니라 주변 상황에 의해 이루어진 수동적인 정책결정이었다(이용승, 2004).

뿐만 아니라 호주 정부의 다문화 정책의 도입은 도덕적·정치적으로 반드시 필요해서 이루어진 당위적인 정책결정이 아니라, 수단적(手段的)인 성격이 강했다. 호주 정부는 호주를 둘러싼 국내외의 사회경제적 상황(즉, 아시아권으로부터의 이민 증가, 아시아 지역과의 긴밀한 경제적 관계 증진)이 다문화 정책의 도입을 필요로 했기 때문에 다문화주의로 선회했던 것이다. 또한 호주의 다문화 정책 도입이 광범위한 국민적 합의 과정을 거치지 않고, 정책 수뇌부의 정책적 판단으로 이루어졌다는 한계도 지적되곤 한다.

2. 스웨덴의 다문화 현황과 정책

스웨덴의 사회적·역사적 배경

스웨덴의 민족 구성

지구상에서 가장 부유한 나라들이 모여 있는 북유럽의 국가 중 하나인 스웨덴은 2016년 1인당 국민총소득(GNI)이 54,630달러로 세계 주요국 중 여덟 번째로 부유한 나라다. 스웨덴은 캐나다나 호주와는 달리 민족구성이 비교적 단순하다. 주된 민족인 스웨덴인 위주로 민족구성이 이루어져 있고, 이민자들도 비교적 최근에 들어와서 이민자들의 민족구성도 그리 복잡하지 않다.

2016년 현재 스웨덴의 인구는 약 990만 명인데(세계은행 자료), 이 중에 75%가 스웨덴인이다. 스웨덴의 자세한 민족구성에 대해서는 <표 9-3>을 참고할 것.

<표 9-3> 스웨덴의 주요 인종·민족 구성

구분	특성	전체 인구에서 차지하는 비중
스웨덴인(Swede)	- 스웨덴의 주류 민족집단	75%
핀란드계 스웨덴인 (Sweden Finns)	- 스웨덴에서 고대로부터 존재해 왔던 유일한 소수 민족집단 - 약 5만 명으로 핀란드와의 국경 지역인 최북단 북극권 지역에 거주	0.5%
원주민 (Indigenous minority)	- 사미(Sami)족, 인구 약 1만 명 - 수천 년 전부터 스칸디나비아 북단의 북극권 지역에 거주해 온 민족으로 라프(Lapp)족이라고도 불림 - 스웨덴뿐만 아니라 노르웨이, 핀란드, 러시아에 걸쳐서 거주	0.1%
핀란드인 (Ethnic Finns)	- 핀란드로부터 이민 온 제1~2세대 이민자 집단 - 약 45만 명으로 '구(舊) 이민자' 그룹에 속함	4.5%
기타 이민자 집단 (Foreign-born immigrants)	- 유럽과 아시아로부터의 이민자 - 특히 서남아시아 아랍권 국가로부터 온 이민자들이 큰 비중을 차지	20%

▶ 각 인종·민족집단이 전체 인구에서 차지하는 비중은 대략적 추정치다. 스웨덴의 인구 센서스 자료와 미 CIA의 World Factbook 자료를 함께 참조했다.

• 이민자 집단

이민자의 출신지는 핀란드, 폴란드, 구(舊) 유고슬라비아, 독일, 노르웨이, 덴마크 등 유럽 각국과 시리아, 이라크, 이란, 터키 등 서남아 국가들이 주를 이룬다. 이 중에서 '이민자로서의 핀란드인'은 원래 핀란드에 거주하던 핀란드인이 여러 가지 이유로 스웨덴으로 이민 온 사람들이고, 위의 <표 9-3>에서 말한 '핀란드계 스웨덴인'은 '소수민족으로서의 핀란드인'으로 주로 스웨덴 최북단의 핀란드와의 국경지대에 오랫동안 살아 온 소수민족을 말한다.

이민자의 출신국가를 지역별로 나누어 보면, 대체로 다음과 같다. 북유럽(핀란드, 노르웨이, 덴마크), 동유럽(폴란드, 유고슬라비아, 루마니아), 기타 유럽(독일, 영국), 서남아시아(시리아, 이라크, 이란, 터키), 기타 지역(소말리아, 아프가니스탄, 태국, 중국, 인도, 칠레 등). 대체로 1970년대 이전 '구(舊) 이민자'들이 주로 북유럽 지역 국가로부터 이주해 왔다면, 1970년대 이후 '신(新) 이민자'들은 서남아시아와 동유럽으로부터 유입되었다고 할 수 있다.

최근 들어 서남아시아 지역으로부터의 이민자 수가 크게 늘어 2003년 통계에 의하면 이 지역으로부터 이민자 수가 30만 명을 넘어섰다고 한다. 특히 그 중에서 시리아로부터의 이민이 가장 많은데, 최근 통계에 따르면 난민을 포함해서 시리아로부터의 이민자가 15만 명(2017년 현재)이 넘는다.

스웨덴의 언어와 종교

스웨덴의 공용어(official language)는 스웨덴어(Swedish)다. 그 외에 핀란드어, 사미어, 로마니(Romani)어, 이디시(Yiddish)어, 메엔키엘리(Meankieli)어 등 국가가 공인하는 다섯 개의 소수민족 언어가 있다.

참고자료: 스웨덴어의 특징

- 스웨덴어는 게르만 어파(語派)(Germanic language subfamily)에 속하며, 그 중에서도 스칸디나비아어(Scandinavian languages)에 속한다.
- 스웨덴어는 같은 스칸디나비아어에 속하는 노르웨이어, 덴마크어 등과 언어학적으로 매우 가까운 관계에 있어 서로 의사소통마저 가능하다. 즉, 스웨덴인과 노르웨이인끼리는 각자의 언어로 이야기해도 서로 의사가 통한다.

스웨덴의 종교 분포를 보면, 스웨덴의 국교(國敎)인 루터교(Lutheran)가 가장 주된 종교로 전체 인구의 약 80%가 그 신도다. 그 외에 전체 인구의 약 10%는 가톨릭, 동방정교, 침례교, 이슬람교, 불교 등 다른 종교를 믿고 있으며, 약 10% 정도는 무종교다.

스웨덴의 이민의 역사

스웨덴 이민사는 크게 두 시기로 나눌 수 있다. 첫 번째 시기는 1940년대부터 1960년대까지의 시기이고, 두 번째 시기는 1970년대 이후다. 1940년대 이전에는 스웨덴은 해외로 이민을 내보내는 이민 송출국이었으나, 제2차 세계대전을 거치면서 이민자가 유입되는 국가로 바뀌었다.

- 1940~1960년대

먼저 1940~1960년대 사이에는 주로 핀란드, 노르웨이 등 북유럽의 스칸디나비아 국가들로부터 이민이 들어왔다. 제2차 세계대전 기간 동안 스웨덴은 이웃나라들인 독일과 소련의 침공을 받는 가운데에서도 엄정 중립을 견지했는데, 그 결과 중립국인 스웨덴으로 많은 정치적 난민이 쏟아져 들어왔던 것이다.

특히 소련의 침공을 받은 핀란드와 독일의 침공을 받은 노르웨이로부터 많은 난민이 들어왔고, 그 외에도 다른 이웃 국가들인 덴마크, 아이슬란드 등으로부터도 피난민이 많이 들어왔다. 뿐만 아니라 종전 무렵에 전쟁의 피해가 극심했던 독일로부터도 많은 난민들이 스웨덴으로 몰려왔다.

제2차 세계대전 이후인 1950년대와 1960년대에는 전후 복구를 통한 산업 발전의 영향으로 노동이민의 유입이 눈에 띄게 늘어났다. 특히 스칸디나비아 국가들은 1952년, 자유무역협정을 맺어 역내 노동시장을 통합하고 노동자들의 국가간 이동을 자유롭게 허용한다. 이를 계기로 북유럽 국가들, 특히 핀란드로부터 많은 노동자이 스웨덴으로 유입되어 들어왔다.

• 1970년대 이후

1970년대 이후부터는 그리스 등 남유럽으로부터 노동이민의 유입이 본격화되었고, 비(非)유럽 국가인 라틴아메리카(칠레)나 서남아시아로부터의 이민자들도 스웨덴에 유입되기 시작했다. 이들 이민자 중에는 정치사회적 위기나 국제분쟁으로 인한 난민들이 특히 많았다.

1990년대에는 동유럽 공산권 국가의 붕괴로 인해 구 유고슬라비아 연방으로부터의 정치적 난민이 대거 스웨덴으로 유입되어 들어왔다. 그리고 2003년~2007년 사이에는 이라크 전쟁으로 인해 이라크로부터의 난민이 대거 스웨덴으로 이주해 왔다. 최근에는 시리아 내전으로 시리아로부터의 난민 유입이 급증하고 있다.

이상에서 보는 바와 같이 스웨덴에서 구(舊) 이민자와 신(新) 이민자의 경계는 1970년대를 기점으로 두 시기로 나뉜다. 즉, 1940년대부터 1960년대까지의 이민자는 구 이민자로, 1970년대 이후 현재까지의 이민자는 신 이민자로 간주되는 것이다.

- **구 이민자**
  - 1940년대부터 1960년대까지의 이민자
  - 북유럽으로부터의 이민자
- **신 이민자**
  - 1970년대 이후의 이민자
  - 남유럽, 동유럽으로부터의 이민자
  - 서남아시아 등 유럽 이외의 지역으로부터의 이민자

스웨덴의 노동 및 복지정책

스웨덴은 높은 경제수준과 완전 고용에 가까운 취업률, 그리고 원만한 노사관계를 자랑하는 나라다. 고용 및 노동, 그리고 복지 면에서 유럽에서도 가장 앞서 있는 나라로, 교육·의료·실업보험·연금·노인복지 등 공공서비스가 완전 무료로 제공된다.

이처럼 스웨덴은 유럽의 선진국들 중에서도 가장 경제와 사회가 안정되어 있는 나라 중의 하나로, 매우 높은 생활수준과 문화수준을 자랑한다. 그러나 최근 들어 동유럽과 아랍권의 난민 유입의 증가로 사회질서와 안정이 흔들리고 있는 실정이다.

스웨덴의 다문화 정책

1950~1960년대의 이민정책

1950년대와 1960년대는 핀란드, 노르웨이, 덴마크 등 언어·문화적 동질성이 강한 스칸디나비아 국가들로부터 이민자들이 들어오던 시기였다. 그 결과로 이 시기의 스웨덴의 이민정책은 '자유방임적'이었다. 즉, 이민에 대한 제한도 거의 없었고, 이주해 온 이주노동자들에 대해서도 자국민과 동등한 대우를 했다.

1970년대의 이민자 '통합 정책'

1970년대 들어 남부 유럽 출신의 이주노동자 문제를 제대로 다룰 필요성이 생기자, 스웨덴 의회는 1975년 '통합 정책(Integration Policy)'이란 것을 승인했다. 이 정책은 기존의 '자유방임주의' 정책에서 '다문화주의' 정책으로 전환하는 중요한 계기가 되었다.

기존의 '자유방임주의' 정책이 '다문화 상황에 대한 국가 개입을 최소화한 것'이었다면, 새로운 '통합 정책'은 '다문화 상황에 대한 국가의 적극적 개입'을 공식화한 것이었다. 따라서 1975년의 '통합 정책'을 출발점으로 해서 스웨덴의 다문화 정책이 본격적으로 시작되었다고 할 수 있다(최종렬 외, 2008). 캐나다와 호주에 비해 몇 해 늦긴 했으나 스웨덴의 다문화 정책은 캐나다나 호주, 그리고 미국 등에 비해서도 훨씬 더 적극적이고 진취적이었다고 평가된다.

참고자료: 1975년 '통합 정책'의 세 가지 목표와 내용

① 평등(Equality)

- 스웨덴에서 계속 거주하는 외국인 이주노동자들은 스웨덴 시민과 똑 같은 노동 및 복지 혜택을 받는 등 스웨덴 시민과 동등한 권리를 누린다.

② 선택의 자유(Freedom of choice)

- 외국인 이주노동자들은 자신의 본국의 문화를 그대로 유지할 것인지, 아니면 스웨덴의 문화에 동화될 것인지 스스로 선택할 자유를 가진다.
- 예를 들어, 이주노동자들의 자식은 자신의 언어를 배울 기회를 가진다.

③ 파트너십(Partnership)

- 이주노동자의 문화 선택과 상관없이 이주노동자들은 스웨덴의 가치 및 문화와 갈등하지 않는 파트너십을 가져야 한다.
- 이주노동자는 지방자치단체 수준에서 참정권을 가진다.

스웨덴 다문화 정책의 특징

이렇게 시작된 스웨덴의 다문화주의 정책은 1980년대 이후 더욱 강화된다. '이민자 통합정책'을 근간으로 하는 스웨덴 정부의 다문화 정책의 기본 원칙과 그 특징을 살펴보면 다음과 같다.

먼저 스웨덴 다문화 정책의 기본 원칙은 첫째, '다문화 사회는 문화적 다양성, 상호이해, 다른 민족집단에 대한 존경에 기초해야 한다'는 것이고, 둘째, '외국인 이주노동자나 스웨덴의 내국민 노동자나 모두 동일한 권리를 누려야 한다'는 것이다. 요약하자면, '문화적 다양성'과 '평등', 이 2가지 원칙이 스웨덴 다문화 정책의 근간이 되는 원칙이라 할 수 있다.

• 문화적 다양성의 원칙

- 스웨덴은 문화적 다양성을 존중한다.
- 외국인 이민자를 포함, 스웨덴에 거주하는 모든 주민은 자신의 언어 및 문화를 사회적으로 인정받고 존중받아야 한다.

• 평등의 원칙

- 스웨덴에 거주하는 모든 주민들은 동일한 임금과 근로조건, 동일한 사회복지체계를 누린다. (따라서 외국인 이주노동자들도 내국민 노동자와 동일한 임금, 근로조건, 사회복지체계를 누릴 수 있도록 해야 한다.)
- 스웨덴에 거주하는 모든 주민들은 법 앞에서 평등하다. (외국인 이민자들에게도 법률적인 차별을 적용하지 않는다. 스웨덴에는 「노동생활에 있어 인종차별 금지법」이 있어 외국인들도 이 법에 의해 고용과 노동조건에 있어서 어떤 차별도 받지 않을 권리를 가진다.)
- 이주노동자들도 노동조합의 가입과 단체협약의 적용에 있어 스웨덴의 내국민 노동자와 동일한 대우를 받는다.

그 외에 국적 취득 요건이나 이민에 대한 개방 정도를 보면 스웨덴이 얼마나 적극적인 다문화 정책을 펴고 있는지 짐작할 수 있다. 먼저 국적 취득 요건을 보면, 스웨덴은 국적 취득 요건에 있어 '거주지주의'란 걸 채택하고 있어, 일정한 기간만 스웨덴에서 거주하면 국적을 취득할 수 있도록 하고 있다. 예컨대, 북유럽 지역의 국민인 경우 거주기간 2년이 지나면 자동적으로 스웨덴 국적을 얻을 수 있고, 난민의 경우 4년, 그 외에 일반적인 이주민의 경우 5년 이상 스웨덴에 거주하면 국적을 취득할 수 있다.

이는 프랑스나 미국에서 채택하고 있는 '속지주의' 원칙과 비교해 봐도 국적 취득이 훨씬 더 용이함을 알 수 있다. '속지주의'란 특정 국가에서 태어난 사람은 부모의 국적에 상관없이 그 나라 국적을 취득할 수 있게 한 원칙으로, 이민자들에게는 매우 유리한 국적 취득의 원리다. 그러나 스웨덴이 채택하고 있는 '거주지주의'란 것은 이보다 더 국적 취득이 용이한 정책인 것이다.

그렇다고 해서 스웨덴의 이민정책이 완전하게 개방적인 것은 아니다. 스웨덴에서 노동을 희망하는 외국인들은 먼저 스웨덴 정부로부터 노동허가(work permit)를 받아야 한다. 또한 3개월 이상 일하고자 하는 경우에는 체류허가도 받아야 한다(최종렬 외, 2008). 스웨덴에서 고용기회는 어느 국가의, 그리고 어느 지역 출신인가에 따라 차등적으로 적용된다. '스웨덴 시민', '스웨덴에 거주하는 외국인', '유럽연합(EU)의 시민' 등의 순서대로 고용에 있어 우선권을 가진다. 따라서 '유럽 이외의 국가로부터 스웨덴으로 이주하여 노동하고자 하는 사람'이 항상 고용기회를 얻을 수 있는 것은 아니다.

스웨덴 다문화정책에 대한 평가와 문제점

• 스웨덴 다문화 정책에 대한 평가

스웨덴은 다른 어떤 나라보다 '다문화주의'에 충실한 정책을 펴 왔다고 볼 수 있다. 스웨덴은 이주노동자를 포함, 모든 외국인들에게 자신의 언어, 문화, 문화적 정체성을 유지할 수 있도록 허용한다.

그리고 스웨덴은 일단 스웨덴에 입국하여 거주하게 되면, 스웨덴 시민과 거의 같은 자유와 권리, 기회를 누릴 수 있게 허용한다. 또한 스웨덴은 다른 나라에 비해서 외국인 이민자 등 다문화 집단을 위해 '사회경제적 평등'과 '결과로서의 평등'을 실현하는 데 더 광범위한 정책적 노력을 기울인다.

• 캐나다, 호주와의 비교

'영국계와 프랑스계 간의 정치사회적 갈등과 국민국가의 통합을 유지하기 위한 정치적 고려' 등의 이유로 다문화주의를 채택한 캐나다나 '아시아 경제권과의 사회경제적 교류·협력 확대 및 적절한 인구 및 경제 규모의 확장 필요성' 등 여러 가지 사회경제적 목적을 위해 다문화주의를 채택한 호주에 비해, 스웨덴의 다문화 정책은 도구적·수단적(instrumental) 성격이 적은 편이라고 평가할 수 있다(Banting and Kymlicka, 2006). 이런 이유로 스웨덴의 다문화 정책은 다른 나라에 비해 상대적으로 더 '다문화주의' 원칙에 충실하다고 볼 수 있다.

또한 스웨덴에서는 다문화주의 원칙에 대한 국민적인 공감대도 폭넓게 형성되어 있고, 다문화 정책에 대한 반발이나 저항도 크지 않다. 정부나 정치권 내부에서도 다문화주의에 대한 반대 목소리가 적은 편이다. 이 점은 캐나다나 호주에 비해 스웨덴에서 다문화 정책이 훨씬 더 전향적, 적극적으로 시행될 수 있는 배경이 된다.

• 다문화 정책에 대한 문제점과 비판

그러나 최근 들어 스웨덴의 다문화 정책이 초래한 여러 가지 사회문제가 터져 나오고 있다. 특히 2015년 이후 급증하고 있는 중동 지역으로부터의 무슬림 이민자들과 시리아 난민들에 대한 우려가 커지고 있다. 이들 이민자들이 자행하는 범죄가 크게 늘고, 특히 살인, 강간, 폭행 등 중범죄에 연루되는 이민자들의 수가 크게 증가하면서 일반인들 사이에서도 우려하는 목소리가 높아지고 있다.

이런 이유로 2010년대 후반부터 정치권에서도 스웨덴의 다문화 정책을 재고해야 한다는 비판적 목소리가 강해지고 있다. 개방적 이민 정책에 반대하는 우파 성향의 스웨덴 민주당뿐만 아니라 2014년 이후 집권세력인 좌파연립정부의 주축을 이루는 스웨덴 사회민주당마저도 현재와 같은 다문화 정책에 대해 비판하고 있다.

뿐만 아니라 일반 시민들의 인식도 바뀌고 있는데, 2014년 스웨덴 사람들을 대상으로 시행한 한 설문조사에서는 응답자의 23%만이 이민자들과 함께 어울려 살고 싶다고 답했다. 또한 많은 스웨덴인들은 여전히 유색인종과 접촉하는 것을 꺼려하고 있으며, 이슬람교에 대해서도 부정적인 시각을 가진 사람들이 여전히 많은 편이다. 특히 최근 들어 급증하고 있는 난민들에 대해서는 대부분의 스웨덴인들이 심각한 우려를 가지고 있다.

학습정리

이 장에서는 호주와 스웨덴 2개국을 선정하여 이들 국가의 다문화 정책의 특성, 그 문제점과 한계를 살펴보고, 이것이 그 나라의 역사적·사회적 특수성과 어떤 연관이 있는지 알아보았다.

호주의 경우 호주가 갖고 있는 여러 가지 사회경제적 이유로 인해 백호주의를 폐지하고 다문화 정책을 시작했음을 알았고, 스웨덴의 경우 그 특수한 민족구성과 이민의 역사로 인해 보다 적극적인 다문화 정책을 시행할 수 있음을 알았다.

10 세계 각국의 다문화 현황과 정책 3

학습개요

1. 미국의 다문화 현황과 정책
   1) 미국의 사회적·역사적 배경
   2) 미국의 다문화 정책
2. 영국의 다문화 현황과 정책

학습목표

1. 현재 다문화 정책을 펴고 있는 세계 여러 나라는 각자 서로 다른 특징을 갖고 있으며, 이러한 특징은 그 나라의 사회적·역사적 배경에 기인하는 바 크다. 우리는 각국의 다문화 정책의 특성 및 그 문제점과 한계를 살펴보고, 이것이 그 나라의 사회적·역사적 특수성과 어떻게 연관이 있는지 알아본다.
2. 이 장에서는 그 중에서 가장 대표적인 이민자 사회인 미국과 최근 들어 이민자로 인해 여러 가지 사회적 갈등을 겪고 있는 영국의 다문화 현황과 정책에 대해 알아본다.

1. 미국의 다문화 현황과 정책

미국의 사회적·역사적 배경

미국의 인종 및 민족 구성

미국은 캐나다나 호주와 마찬가지로 이민으로 이루어진 나라라고 해도 과언이 아니다. 미국에 사는 주민들은 극소수의 원주민을 제외하면 모두 이민자이거나 아니면 이민자의 후손인 것이다. 유럽과 아프리카, 아시아, 라틴아메리카 등 전 세계 각지로부터 온 이민자들과 그 후손들이 미국의 주민을 구성하다 보니, 미국은 세계에서 가장 대표인 다인종·다민족 사회가 되었다.

오늘날 이들 인종·민족집단들은 모두 하나로 융합되어 새로운 '아메리카 민족'을 구성해 가고 있는 중이다. 2017년 현재 미국의 총인구는 약 3억 2,660만 명으로 추정되는데(미 CIA 자료), 이들을 몇 개의 주요 인종 및 민족집단으로 나누어보면 <표 10-1>과 같다.

<표 10-1> 미국의 주요 인종·민족 구성

구분	특성	전체 인구에서 차지하는 비중
백인(White)	- 영국계(잉글랜드, 스코틀랜드, 웨일스, 아일랜드) 백인 - 영국 이외 유럽계 백인	72.4%
히스패닉 (Hispanic)	- 푸에르토리코 등 라틴아메리카의 미국령 주민 - 멕시칸 아메리칸 - 기타 라틴아메리카로부터의 이민자 및 그 후손	16.3%
흑인(Black)	- 아프리카 흑인 노예의 후손 - 아프리카 또는 라틴아메리카로부터의 흑인 이민자와 그 후손	12.6%
아시아인(Asian)	- 중국, 일본, 한국, 인도, 필리핀, 베트남 등 아시아로부터의 이민자와 그 후손	4.8%
북미 원주민 (Natives)	- 북아메리카 인디언(Amerindians) - 알래스카 원주민(Alaska Natives)	0.9%
태평양 원주민	- 하와이 원주민(Native Hawaiian) - 기타 태평양 도서 원주민(Other Pacific Islanders)	0.2%
기타		6.2%
혼혈		2.9%

출처: 미 중앙정보국(CIA), World Factbook 자료, https://www.cia.gov/library/publications/resources/the-world-factbook/

미국 통계청은 미국의 공식적인 인구 총조사 시 히스패닉(Hispanic)을 독립된 범주로 따로 구분하여 조사하지 않는다. 히스패닉 주민은 그 인종적 특성에 따라 백인 또는 흑인으로 구분하여 조사한다. 다른 자료에 의하면 미국의 히스패닉 주민의 수는 2017년 현재 전체 인구의 약 16.3%로 추산된다(미 CIA, World Factbook 자료). 그러나 백인으로 간주되는 히스패닉과 흑인으로 간주되는 히스패닉의 수가 정확히 어느 정도인지는 확인할 수 없다.

• 백인(White American)

백인 중에서 유럽계 백인이 대다수를 차지하며, 그 중에서도 출신 국가별로 잉글랜드계, 아일랜드계, 독일계 등이 가장 많다. 미국에 최초로 이주해 온 것은 잉글랜드인과 네덜란드인이며, 이 밖에 독립할 때까지 독일인, 프랑스인 등이 추가로 유입되었지만 초기 미국 이주민의 중심은 역시 잉글랜드인이었다. 이들이 바로 와스프(WASP: White Anglo-Saxon Protestant), 즉 '앵글로색슨계 백인 개신교도'들이고, 이들이 미국 주류 민족집단 중에서도 핵심집단이다.

앞에서 여러 차례 언급한 바 있지만, 미국의 주류 민족세력은 이들 잉글랜드인을 중심으로 한 영국계 백인으로, 여기에는 스코틀랜드, 웨일스 등에서 건너온 사람들도 포함된다. 그러나 1860년대의 남북전쟁 이후에는 종래의 서유럽과 북유럽계의 이민에 비하여 이탈리아인·슬라브인 등 남유럽과 동유럽으로부터의 이민자의 비중이 높아졌다.

• 히스패닉(Hispanic American)

비(非)백인 가운데 가장 큰 인구를 가진 소수민족은 히스패닉으로 이미 아프리카계 미국인의 수를 넘어섰다. 중남미(라틴아메리카) 출신의 이민자나 그 후손을 미국에서는 히스패닉(Hispanic)이라 부른다. 그리고 히스패닉 중에는 백인 히스패닉(White Hispanic)도 있고, 흑인 히스패닉(Black Hispanic)도 있다.

잘 아시다시피 라틴아메리카는 백인, 원주민(인디오), 흑인, 아시아인, 혼혈인 등 기본적으로 여러 인종이 모여 사는 다문화 사회다. 따라서 이들 중 미국인이 되거나 미국으로 이주해 간 사람들을 보면 여러 인종 출신들이 뒤섞여 있다. '백인 히스패닉'은 라틴아메리카에서 크리오요(Criollo)나 메스티소(Mestizo) 등 유럽인 또는 유럽계 혼혈인의 후손으로서 미국으로 이민 간 사람들을 가리킨다.

라틴아메리카에는 또한 오래 전부터 아프리카에서 건너온 흑인들이 많이 살고 있었다. 흑인들은 라틴아메리카의 여러 나라에 그 비중에서 차이는 있지만 조금씩은 거주하고 있는데, 특히 카리브해 지역 몇몇 국가의 경우 전체 인구에서 차지하는 흑인의 비중이 아주 높다. '흑인 히스패닉'은 라틴 아메리카에 사는 이들 흑인이나 흑인 혼혈인의 후손으로서 미국으로 이민 간 사람들을 지칭한다.

미국의 여러 지역 중에서도 과거 스페인의 지배하에 있었거나 멕시코의 일부였던 지역에서 전체 인구에서 차지하는 히스패닉의 비중이 특히 높다. 예컨대 캘리포니아, 뉴멕시코, 텍사스, 플로리다 등지에 히스패닉 주민들이 많이 거주한다.

• 흑인(Black American)

흑인은 미국 전체 인구의 12~13%를 차지하는 인종 집단으로 대략 4천만 내지 4천5백만 명 정도 되는 것으로 추산된다. 이들은 17세기부터 서아프리카 등지에서 강제 이주한 흑인 노예의 후손들이거나, 아니면 19세기 이후 카리브해 지역 등 라틴아메리카에서 이주해 온 흑인 또는 흑인 혼혈인들의 후손인 경우가 대부분이다. 전자는 '아프리카계 미국인(African American)'으로도 불리고, 후자는 히스패닉으로 분류되기도 한다.

• 아시아계 미국인(Asian American)

19~20세기 중에 아시아인의 미국으로의 이민 유입이 가장 활발했던 시기는 1880년부터 제1차 세계대전까지의 기간이다. 그 이전만 하더라도 유럽으로부터의 이민자들이 다수를 차지했지만, 19세기 말부터는 미국 전체 이민자 중 중국인·일본인·한국인·필리핀인 등 아시아로부터의 이민자들이 차지하는 비중이 점차 증가하게 된다.

아시아계 미국인들의 수는 아직 흑인이나 히스패닉과 비교해 볼 때 상대적으로 적은 편이긴 하나, 2000년대 이후 그 증가폭이 상당히 빠른 속도로 늘고 있다. 1980년대 이후 최근까지 아시아 국가들 중 미국으로의 이민자들이 가장 많은 국가는 중국, 인도, 필리핀, 베트남, 한국, 파키스탄, 이란, 대만, 방글라데시, 이라크, 태국, 일본 순이다.

미국 이민의 역사

그러면 이제 미국 이민의 역사를 간단히 살펴보기로 한다. 미국 이민사에서는 아래에서 설명할 네 개의 시기가 아주 중요한데, 이 기간 중에 세계 여러 곳에서 미국으로의 이민 유입이 크게 늘었던 것이다. 이 네 시기는 미국 이민사의 중요한 계기를 이룬다고 할 수 있다.

• 제 1기: 17세기 초~18세기 말

이 시기는 1607년 영국(잉글랜드)의 식민지 개척에서 시작해서 미국이 독립한 1776년까지의 기간이다. 이 때 잉글랜드의 백인 청교도들이 최초로 이주해 온 후 본격적인 백인 주류세력이 형성되었다. 이들은 매사추세츠, 코네티컷, 로드아일랜드, 뉴햄프셔 등 미국의 북동부 지역에 식민지를 개척했다. 한편 네덜란드인들도 초기부터 미국에 식민지를 개척했는데, 오늘날의 뉴욕

(New York)에 뉴암스테르담(New Amsterdam)이란 도시를 만들고 이를 거점으로 교역을 시작했다.[7]

이 시기에는 또한 스코틀랜드인들과 아일랜드인들도 많이 미국으로 건너왔다. 이 당시 영국은 아일랜드의 원활한 통치를 위하여 스코틀랜드인을 대거 아일랜드로 강제 이주시키는 정책을 폈다. 아일랜드의 척박한 땅과 좋지 않은 환경 속에서 아일랜드에 제대로 정착하지 못한 많은 스코틀랜드인들이 새로운 기회를 찾아 미국으로 이주해 오게 되었던 것이다. 이들과 더불어 당시 흉작과 기근 등으로 생존에 어려움을 겪던 많은 아일랜드인들도 함께 미국으로 이주해 왔다. 1740년대 초 감자 불황으로 인한 아일랜드의 대기근은 특히 유명한데, 이 당시 아일랜드 인구 중 200만 명이 사망하고 200만 명이 해외로 이주했다 한다.

이 시기에는 또한 상당수의 독일인들도 본국의 혼란과 어려움을 피해 미국으로 이주해 왔다. 이들 독일인 이민자들은 비(非)영국계 이민자인데다 언어도 달라서 한때 외국인 배척운동의 주 대상이 되기도 했지만, 미국 주류문화(즉 WASP 문화)에 동화되기 위해 열심히 노력한 덕분에 비교적 일찍 미국의 주류세력에 합류할 수 있었다.

- 제 2기: 1830~1880년

이 시기는 미국이 독립하고 미국 건국의 주류세력이 구축된 후 다시 한번 대규모 이민의 물결이 재개된 시기다. 이 기간 동안에 독일, 아일랜드, 영국, 스

7 제 2차 영국·네덜란드 전쟁(Anglo-Dutch War)에서 영국이 승리한 뒤 1667년 브레다 조약(Treaty of Breda)이 체결되었는데, 뉴암스테르담은 이때 네덜란드에서 영국으로 이양되었으며 이름도 뉴욕으로 바뀌었다.

칸디나비아 등 서유럽으로부터의 미국 이주가 크게 증가했다.

이 당시 유럽의 상황은 그리 좋지 않아 많은 사람들이 생활고에 허덕이고 있었는데, 특히 인구 급증과 산업혁명 등 급격한 사회변동의 후유증으로 많은 유럽인들이 신대륙에 새로운 관심을 가지게 되었다. 그리고 증기선 등 보다 크고 빠른 수송수단이 개발되었고 동시에 운임은 하락하여 미국으로의 이주가 더 용이하게 되었다. 또 우편제도가 보급되어 미국의 소식이 유럽 전역에 손쉽게 전달되었다.

미국 이민사에서 무엇보다 획기적인 사건은 1848년 캘리포니아에서 금광이 발견된 일인데, 이로 인해 소위 '골드러시(Gold Rush)'가 일어났다. 이는 미국 내에서도 금광을 개발하려는 수많은 이주민들이 캘리포니아로 몰려드는 결과를 가져왔지만, 외국으로부터의 이민자들의 유입이 급증하게 된 계기가 되었다. 캘리포니아는 1850년에 정식으로 미국의 한 주(state)로 승격되었으며, 이 해부터 아시아로부터의 이민자들이 본격적으로 미국으로 들어오기 시작했다.

참고자료: 제 1~2기 동안의 주요 이민자 집단 현황

흑인 이민자

- 미국 역사를 보면, 흑인들은 백인들과 거의 같은 시기에 북미 대륙으로 이주해온 셈인데 이들은 처음에는 노예 신분으로 차별을 받았다. 미국에서는 1861년까지 흑인에 대한 노예 제도가 실시되었다.
- 19세기 말에는 남부 각주에서 통상 '짐 크로 법(Jim Crow Laws)'이라 불리던 흑인에 대한 차별법, 흑인단속법이 제정되어 흑인과 백인 간의 접촉을 차단하고 흑인들에게 열등한 대우를 강요했다.
- 흑인에 대한 차별 철폐를 위한 투쟁은 19세기 이래 법정투쟁을 중심으로 전개되어 왔

는데, 20세기에 들어서면서 '흑인지위향상협회(NAACP: National Association for the Advancement of Colored People)'가 큰 역할을 수행해왔다.

- 흑인들은 제1차 세계대전 이후 그 사회적 지위와 이들에 대한 인식이 크게 향상되었으며, 1960년대 민권운동의 결과로 흑인의 인권 보장 면에서 광범위한 개선이 이루어졌다.

아일랜드인 이민자

- 주로 개신교도들이었던 이전의 이민자들과는 달리 아일랜드 이민자들의 종교는 가톨릭이었고, 이들은 주로 대도시 지역에 몰려 살았다.
- 도시지역에 게토를 형성하고 실업자로 전락한 아일랜드인은 도시 빈민층의 근간을 형성했다.
- 한편, 가톨릭으로부터 종교의 자유를 찾아온 잉글랜드계 백인 청교도들의 눈에는 종교적으로나 경제적 기회의 측면에서나 대규모 이민자로 몰려온 아일랜드인들이 달가울 리가 없었다.
- 이런 배경하에 아일랜드인은 1850년대 외국인 배척운동의 주요 표적이 되었다.

스칸디나비아인 이민자

- 이들은 아일랜드인들과 같은 시기에 미국으로 이주해 왔지만, 아일랜드인들과 달리 크게 배척받지 않았다.
- 이들은 동부의 도시지역보다는 당시 기득권 세력과의 경쟁에서 비교적 자유로운 중서부의 농촌 지역에 주로 정착하여 농사나 벌채업과 같은 일에 종사하였고, 생활은 상대적으로 안정적이었다.

중국인 이민자

- 아시아인으로서는 처음으로 대규모로 미국으로 이주해 왔다.
- 1840년대 후반 미국 전역에 걸친 골드러시(Gold Rush)와 1860년대 대륙 간 횡단철도 건설을 위한 값싼 노동력의 필요는 중국인들의 대규모 이주를 이끌어냈다.
- 중국인들의 문화는 유럽 이민자들의 문화와는 다르고, 중국인들의 높은 집단 결속력과 근면함을 통한 빠른 성장은 백인 기득권 세력에게 큰 위협이 되었다.
- 이후 경제 불황기가 시작되자 중국인들은 외국인 배척 운동의 가장 큰 희생자가 되었고, 급기야는 1882년에 '중국인 이민금지법(Chinese Exclusion Act)'이 제정되어 중국인들은 본격적으로 배척을 받게 되었다.

• 제 3기: 1880~1930년

지금까지 미국으로의 이민자들의 주축이 주로 북서 유럽인들이었던 데서 벗어나 이 시기에는 남유럽과 동유럽 지역으로부터 많은 이민자들이 미국으로 들어왔다. 특히 이탈리아와 그리스, 러시아로부터의 이민자들이 크게 늘었다.

그런데 이들은 미국이 어느 정도 개발이 되어 새로운 개척지가 이미 많이 사라진 상태에서 변변한 경제적 능력이 없이 이주해 왔다. 특히 이들의 종교는 미국의 주류 종교인 개신교가 아니라 가톨릭이나 그리스정교였으며, 이탈리아 이민자들의 경우 마피아와 같은 자민족 집단 중심의 범죄조직을 형성하는 등 많은 사회문제를 일으키기도 해서 당시 미국 사회의 큰 골칫거리가 되었다. 이런 상황에 직면하자 백인 주류 집단은 이들 이민자 집단을 미국의 정체성을 위협하는 존재로 심각하게 인식하기 시작했다.

결국 미국 정부는 1924년 이민법을 개정하여('Immigration Act of 1924') 이민을 본격적으로 제한하기 시작한다. 그 후 1965년에 이민법이 다시 개정되기 전까지 미국으로의 대규모의 이민 흐름은 일시적으로 정체하게 되었다.

• 제4기: 1965년 이후

미국으로의 대규모의 이민이 다시 부활한 것은 1965년 이후의 제 4기라 할 수 있다. 1965년에 이민법이 다시 개정되었는데('1965년 이민국적법[Immigration and Nationality Act of 1965]'), 그동안 이민자들을 제한하기 위해 국가별 할당제를 실시했던 것이 반구(半球)별 할당제로 바뀌었고, 고학력 기술 인력, 가족 초청이민의 문호가 넓어졌다.

1965년의 이민법 개정을 계기로 그동안 가장 많은 부분을 차지하던 유럽계 이민이 격감하기 시작했고, 그 대신 중남미와 아시아 국가로부터의 이민이 급증하기 시작했다. 또한 1990년 소비에트 연방의 붕괴 후에는 과거 소비에트 연방에 속해 있던 국가로부터의 이민이 크게 증가했다.

한편 2017년 공화당의 트럼프 행정부가 출범한 이후에는 이민을 제한하고 불법체류를 규제하는 방향으로 이민정책이 선회하고 있다.

참고자료: 중남미와 아시아로부터의 이민 증가

- 1965년 이민법 개정 이후 멕시코를 비롯한 중남미국가로부터의 이민이 급증하기 시작했는데 최근까지지도 계속 증가하는 양상을 보이고 있다.
- 또한 이 시기에는 1924년 이민법 개정 이후 소강상태에 있던 아시아인들의 이민도 급격하게 늘어났다.
- 아시아 이민자들은 다른 이민자들보다 상대적으로 교육수준이 높고, 주로 대도시지역에 정착하여 자영업 중심으로 근면하고 성실하게 일하여 경제적으로 성공을 거두기 시작했다.
- 특히 자녀교육에 적극적인 아시아인들은 이민 세대가 거듭될수록 짧은 이민 역사에도 불구하고 경제적 위치가 급부상했다.
- 이들 중남미와 아시아로부터의 이민자들은 이민 후 미국인들이 기피하는 힘들고 어려운 저임금의 일들을 도맡아 해 왔다.

미국의 다문화 정책

미국 이민 정책의 변화

- 1880년대 이전

미국의 경우 19세기 후반에 이르기까지 실제적으로 이민을 제한하는 이민법은 존재하지 않았다. 각 주별로 자체적으로 이민에 대해 규제를 했지만, 연방 차원에서 이민을 법적으로 제한하지는 않았다. 미국의 발전을 위해서는 많은 이민자들을 필요로 했고 또 이민자들의 대부분이 유럽계 백인이었던 관계로 인종 갈등도 크게 염려할 필요가 없었다. 따라서 미국으로의 이민은 권장의 대상이었지 규제의 대상은 아니었다.

물론 초기의 이민법에서도 비(非)영국계 유럽 이민자들에 대한 차별조항이 있긴 했지만, 그들은 주류집단이었던 영국계와 같은 백인이고 유럽문화라는 문화적 동질성을 가진 사람들이었기 때문에 어렵지 않게 영국계에 동화되어 백인 주류세력으로 자리 잡아 나갈 수 있었다. 초기의 이민에 대한 규제는 주로 범죄자 등 공공의 위협이 될 수 있는 사람들의 미국 내 유입을 저지하기 위한 것이 그 주된 목적이었다(최종렬 외, 2008).

• 1880년대~1910년대

미국에서 본격적으로 이민을 제한하기 시작한 것은 1880년대부터의 일이다. 이 시기는 남북전쟁 후 미국의 재건이 한창 진행되던 시기였고, 국가의 사회적 인프라 확충을 위한 철도 건설이 진행되면서 급속한 산업화가 시작되던 시기다. 이러한 사회적 환경은 다수의 노동력을 요구했고, 이 당시 유럽과 아시아 등으로부터 들어온 이민자들은 이러한 경제적인 필요를 충족시키기 위한 것이었다.

그러나 대량의 이민자 유입은 많은 사회적 문제를 초래했는데, 문화적으로 동질적인 유럽계 백인들과 달리 아시아로부터의 이민자들은 특히 사회갈등의 주된 요인이 되었고 이는 아시아계 이민자에 대한 배척 운동으로 이어졌다. 그리고 그 배척운동의 주 대상은 중국인이었다. 그 결과 1882년에 '중국인 배척법'이 시행되었는데, 이 법을 통한 중국인의 차별은 건국 초기부터 시작된 원주민과 흑인에 대한 차별과 성격이 거의 같은 것이라고 할 수 있다. 뿐만 아니라 1907년에는 일본과의 협약을 통해 일본인의 미국 이민을 사실상 중단시켰

다(최종렬 외, 2008; 김남국, 2010)

• 1920년대

1921년부터는 이민에 대한 양적 통제를 하기 시작했다. 1921년 할당이민법(Quota Act of 1921) 또는 존슨법이 발효되었는데, 이 법을 통해 이민 할당제(quota system)를 실시함으로써 매년 국가별로 미국으로의 이민자 수를 제한하기 시작했다. 1924년에는 이를 더욱 강화한 '이민제한법'이 시행되었다.

참고자료: 존슨법 및 이민제한법의 내용

- 1921년의 존슨법: ① 연간 총 이민자 수를 35만 7천명으로 제한함. ② 당시 외국출생의 미국인들을 모두 그 출생국별로 분류하고, 특정 국가 출신의 이민자 수를 미국 내 해당 출생국 인구의 3%를 넘지 않도록 제한함.
- 1924년의 이민법: ① 연간 총 이민자 수를 기존의 절반으로 축소함. ② 각국 이민자 수를 미국 내 해당국 인구의 2% 이하로 제한함. ③ 그 기준연도를 1890년으로 함.
- 그 결과 1924년의 이민법은 1921년보다 더욱 엄격한 이민 규제의 효과를 낳았고, 특히 1890년대에 미국 내 인구가 그리 많지 않았던 아시아계 이민자들에게 특히 불리하게 작용했다.

국가별 이민할당제는 그 당시 이민자 중에서 점점 더 그 비중이 높아지고 있던 동유럽과 남유럽, 아시아와 중남미 출신들의 이민을 효과적으로 제한하기 위한 것이었다. 이 제도의 시행으로 당시 인구의 다수를 차지하고 있던 잉글랜드, 스코틀랜드, 독일, 아일랜드인 등 주로 서유럽 이민을 중점적으로 받아들일 수 있게 되었으며, 그 결과 그때까지 미국의 헤게모니를 잡고 있던 세력이 강화되거나 또는 유지될 수 있게 되었다.

이처럼 1920년대의 이민제한법은 미국의 주류 세력과 주류 문화가 서유럽 중심으로 계속 유지되는 데 중요한 역할을 하였고, 이후의 이민자들이 기존의 문화와 관습에 동화되도록 하는 미국화(Americanization)의 기본적인 틀을 구성하는 토대가 되었다.

• 1965년의 '이민국적법'

1920년대부터 1950년대까지는 이민제한 정책으로 이민자 규모가 크게 줄어든 시기다. 이 시기에 미국은 두 차례의 세계대전과 경제공황 등을 겪으면서 급속한 사회 변화를 경험한다. 그러나 제2차 세계대전 후 동유럽과 소련 등지에서 유태인에 대한 탄압이 자행되자 인종주의에 대한 비판이 가해졌고 유럽 거주 유태인들의 이민을 더 많이 허용하라는 압력이 미국 내에서 강하게 나타났다. 또한 1950년대의 경제적 호황은 1960년대에 들어오면서 낮은 실업률과 노동시장의 안정을 가져왔고, 동시에 저임금 노동력에 대한 경제적 수요도 커졌다. 한편 그때까지의 엄격한 이민 규제 정책으로 인해 이민자 수는 줄곧 줄어들었고, 이는 전체 인구에서 차지하는 이민 1세대의 비율을 떨어뜨려 이민자에 대한 전반적인 사회적 반감도 많이 누그러진 상태였다. 이런 여러 가지 사회 환경의 변화는 이민 정책의 전환을 가져왔다.

1965년에 지금까지의 서북부 유럽 위주의 이민법이 개정되어 새로운 '이민국적법(Immigration and Nationality Act of 1965)'이 만들어졌다. 새로운 이민국적법으로 기존의 국가별 할당제는 폐기되었고, 이민 신청자들의 개인적인 신상정보를 바탕으로 이민의 심사가 이루어졌으며, 미국 내 가족과의 관계에 따라 우선순위를 두어 이민을 허가하는 방식이 도입되었다. 이에 따라 아시아와 중남미로부터의 이민자들이 크게 늘었다.

'1965년 이민국적법'이 시행되기 전까지는 독일, 캐나다, 영국, 이탈리아 순으로 이민자의 수가 많았는데, 이들의 비율은 전체 이민자의 85%를 차지했다.

그러나 새로운 이민법의 시행 이후 서유럽인과 캐나다인의 수는 전체 이민자의 17%까지 낮아졌고, 반대로 멕시코, 필리핀, 한국, 중국 등 아시아와 중남미 출신 이민자들이 전체의 81%를 차지하게 되었다(최종렬 외, 2008).

• 1960년대 미국 이민 정책의 변화의 의미

1960년대 이전의 미국의 이민 정책은 기본적으로 '동화주의' 정책이라고 평가할 수 있다. 미국은 캐나다와 달리 오랫동안 문화적 다양성을 인정하기보다는 인종의 '멜팅 팟(melting pot)', 즉 '용광로' 관점에 입각해서 소수 문화의 백인 주류(WASP) 문화로의 동화정책을 추구해 왔다.

이 시기에 미국의 공교육 체제는 이주민들과 그 자녀들을 미국인으로 개조하는 일종의 사회적 기제였다. 그 결과 외국인 이민자들은 자신들의 문화적 다양성을 포기하고 미국의 주류 문화에 용해되어 새로운 미국인으로 다시 태어나야했다. 이를 '아메리카화(Americanization),' 즉 '미국화'라 부른다.

그러나 1960년대부터 이러한 동화주의 정책에 대한 비판의 목소리가 나타나기 시작했다. 여기에는 당시 '민권 운동'으로 인해 흑인 등 소수자의 인권 존중에 대해 새로운 자각이 싹튼 것이 큰 영향을 주었다. 이는 1960년대 이후 활발히 전개된 반전 운동과 더불어 새로운 다문화주의 이론의 확산에 큰 영향을 주었다. 새로운 다문화주의 이론의 확산과 함께 미국의 이민정책을 기존의 '멜팅 팟' 정책에서 보다 다원적인 관점으로 바꾸자는 주장도 나타났는데, 이와 함께 '샐러드 볼(salad bowl)'이나 '모자이크(Mosaic) 사회', 그리고 '무지개 연대(rainbow coalition)'등의 다양한 개념들이 등장했다.

참고자료: 문화적 다원주의 이론

- 동화주의, 즉 멜팅 팟 정책에 반기를 들고 문화적 다원주의(cultural pluralism)이론을 제기한 사람 중에 호레이스 캘런(Horace M. Kallen)이란 사람이 있다.
- 호레이스 캘런은 "민주주의 대 용광로(Democracy versus the Melting-Pot)"라는 저작을 통해 이민자들이나 소수자 집단에 대해 강제적으로 문화적 동화를 시도하는 것은 미국의 민주주의와 상충되는 것임을 지적했다(Kallen, 1915).
- 그의 이론은 1960년대 이후 활발히 전개된 민권운동, 여성해방운동, 베트남 반전운동 등과 더불어 새로운 다문화주의 이론의 확산에 큰 영향을 주었다.

- 1980년대 중반 이후

그 후 미국 이민법은 1986년, 1990년, 1996년 등 몇 차례 개정되었는데, 이때의 법 개정은 한편으로는 불법이민과 불법체류를 막기 위한 것이었고, 다른 한편으로는 고급 인력의 이민을 선별적으로 장려하기 위한 것이었다. 특히 멕시코 등 중남미로부터의 불법이민은 이들 이민법 개정의 주된 이유가 된다.

먼저 '1986년의 이민개혁통제법(Immigration Reform and Control Act of 1986)'은 불법체류와 이민을 막기 위해, 불법 이민자임을 알고도 고용한 고용주를 처벌하는 것을 주된 내용으로 했다. 이는 불법 이민자를 직접 단속하기보다는 미국에서 일자리를 찾기 어렵게 함으로써 불법 이민을 막는 것이 더 효과적이라는 생각에서 나온 제도 개선이었다. 반면에 미국에 오랜 기간 불법체류하면서 실질적으로 노동을 해왔던 불법 체류자들을 사면하고 그 주거를 합법화하는 내용도 들어있다(최종렬 외, 2008).

'1990년 이민법(Immigration Act of 1990)'은 연간 이민 쿼터를 27만 명에서 70만 명으로 확대하면서 전문적인 기술자와 고급 노동력에 이민의 문호를 더 개방하고, 자본 유입을 위해 투자 이민을 할 수 있게 하였다. 이는 당시 미국 경제가 호황을 누리면서 중남미와 아시아로부터의 이민자들이 제공하는 노동력에 대한 긍정적인 사회적 분위기에 힘입은 바 크다.

그러나 1996년의 '불법이민 개혁 및 이민자 책임법(Illegal Immigration Reform and Immigrant Responsibility)'은 다시 이민을 규제하는 내용을 담고 있다. 이 법은 불법 이민자들이 사소한 범죄만 저질러도 이들의 추방이나 구금이 가능하도록 법적 규제 기준을 강화한 것이 그 특징이다(최성수·한주희, 2006; 최종렬 외, 2008).

이민법과 관련하여 빼놓을 수 없는 것은 2001년 9/11 테러 직후에 제정된 '애국법(Patriot Act)'이다. 이는 테러 방지를 위한 수사의 목적으로 시민의 기본권을 제한할 수 있게 함으로써 테러 용의자를 구치하고 수상한 단체를 감시하고 용의자에 대한 수색을 가능하게 하고 있다. 이 애국법은 불법이민과 불법체류 또한 크게 위축시켰다(김남국, 2010)

1980년대 이후의 이민정책은 이처럼 계속되는 불법이민을 근절하는 한편, 장기간 체류하면서 일해 온 불법 체류자에게는 합법적인 체류 자격을 주고 고급 인력의 이민과 투자 이민을 장려하는 것으로 요약할 수 있다. 그러나 이 시기의 이민 정책이 일정한 방향성 없이 왔다 갔다 하면서 미국 내에서 큰 정치 사회적 갈등을 야기했고, 이민 문제는 정치적으로도 매우 민감한 이슈가 되었다.

1986년 이민법 개정 이후 이민자의 수는 계속적으로 증가하고 있고, 불법체류자도 함께 증가하고 있다. 또한 중남미 출신 이민자 집단의 규모가 상대적으로 더욱 커지게 되었고, 서유럽계 백인 중심의 문화적 지형은 축소되었으며, 중남미를 위시한 다양한 지역 출신 이민자들이 미국 사회를 이루는 새로운 핵심적 구성원으로 등장하고 있다. 이로 인해 미국의 인종적·민족적·문화적 다양성은 더욱 확대되었다고 볼 수 있다.

미국의 동화주의 다문화 정책에 대한 비판

과거 미국 다문화 정책의 근간은 19세기부터 1960년대까지 지속되어온 '멜팅 팟(melting pot)' 정책, 즉, '미국화(Americanization)' 정책이라 할 수 있다. 멜팅 팟 정책은 유럽계 백인 중심의 문화가 곧 미국의 주류 문화가 되고 그 속에 소수의 문화가 녹아 들어가는, 동화주의적 통합 이데올로기라 할 수 있다. '멜팅 팟'이란 비유(메타포)는 미국화 캠페인을 정당화하기 위한 것으로, 이민자들의 문화적 전통을 모두 제거하고 이들에게 미국 주류 집단의 태도와 신념, 가치관 등을 주입시키는 것이라 하겠다.

이러한 미국의 동화정책은 다음 몇 가지 관점에서 비판을 받아 왔다. 첫째, 유럽계 백인 이외의 이민자 수의 급증으로 미국 사회의 인적 구성이 기존의 주류집단과 분리 및 괴리가 발생했다는 점이다. 초기 미국으로의 이민은 주로 영국계를 중심으로 하여 유럽 지역의 백인들이 주종을 이루었는데, 백인 중심의 이민자들의 동화과정에서는 '멜팅 팟 메타포'가 조화로운 미국의 건설이라는 측면에서 필수불가결한 것이었고, 실제로도 유럽의 다양한 문화는 미국 중심의 문화에 쉽게 융합될 수 있었다. 그리고 그 결과 사회적으로도 멜팅 팟 메타포는 쉽게 받아들여졌던 것이다.

그러나 앞서 살펴본 바와 같이 점차 유럽 이외의 지역, 즉 아시아와 중남미 등지로부터 이민이 급증했다. 그래서 과연 전 세계의 그 수많은 지역과 사회에서 온 다양한 인종, 민족, 문화집단이 하나의 동질적인 문화로 융합될 수 있는가, 또 그렇게 되는 것이 과연 바람직한가 하는 비판이 제기되었던 것이다.

둘째, 미국의 동화정책이 서로 다른 인종·민족집단 간의 '생물학적 융합'까지 포함하는 것이냐 하는 점이다. 이 질문에 대해 미국의 기존의 '멜팅 팟' 관점은 모호한 입장을 취해 왔다. 그동안 미국 내 서로 다른 인종·민족집단 간의 생물학적 융합은 주로 유럽계 백인 민족들을 중심으로 적용되어 왔다고 할 수 있다. 그리고 최근에는 히스패닉과 아시아계와 같은 소수민족들의 경우도 결혼을 통해 생물학적 융합의 가능성이 높아지고 있다.

그러나 흑인은 예외적으로 인종적 고립양상을 보여주고 있는데, 인종 간, 민족 간의 결혼 비율이 흑인의 경우 5~10% 정도로 낮아, 다른 인종들 간의 혼인 비율이 25~30%에 이르는 것과 비교하면 상당히 낮은 수준이다. 따라서 멜팅 팟이 생물학적 융합까지 의미하느냐 하는 문제에서 미국의 동화정책은 여전히 한계를 갖고 있다고 하겠다.

셋째, 미국의 동화정책이 이민자들에게만 변화를 강요하는 일방적인 동화정책이라는 점이다. 미국의 동화정책은 이민자의 유입과 다문화의 상황이 여러 문화가 서로 영향을 미치는 쌍방향적인 과정이라는 점을 인식하지 못하고 있다고 할 수 있다. 사실 미국에 유입되어 들어온 이민자들 또한 기존의 사회와 문화에 적지 않은 영향을 미치기도 하는데, 미국의 동화정책은 이를 고려하지 못하고 있다는 것이다.

최근 미국의 다문화주의 정책

미국의 다문화주의 정책의 핵심은 개인의 자유로운 선택을 존중하고, 국가의 개입은 개인들 간의 자발적인 계약을 보호하는 최소한의 역할에 머문다는 것이다. 그리고 국가가 적극적으로 개입하는 경우라 하더라도, 그것은 개인의 자유를 보호하고 신장하기 위한 목적에 국한된다.

미국과 비교해서 상대적으로 동질적인 문화적 기초에서 출발했던 유럽의 여러 국가들과 달리, 미국은 건국 초기부터 다양한 이민자들의 사회로 출발했다. 이러한 다양한 인종·민족과 문화가 공존하는 상황에서, 미국은 미국식 법의 지배를 존중하는 한, 개별 소수 인종·민족집단들이 가져오는 문화적 이질성과 다양성은 미국 문화에 풍요로움을 더해 줄 것이라는 낙관적·긍정적 입장을 갖고 있다. 다시 말해 이민자 등 소수자 집단과 문화적 다양성에 대해 이를 긍정적으로 포용하면서, 그 단점과 문제점에 대해서는 적당히 눈감아 주는 태도를 취하는 소위 '선의의 묵인(benign neglect)'의 입장을 취해 왔던 것이다(김남국, 2010).

이런 기본적인 사회적 정향 덕분에 미국의 다문화 정책은 다른 나라들과 비교해서 상당히 선진적인 면을 갖추고 있다. 미국은 일찍이 1954년에 연방대법원이 '브라운 대 교육위원회' 재판에서 인종분리와 차별을 금지하는 판결을 내렸고, 1964년 '민권법(Civil Rights Act of 1964)'의 제정을 통해 이를 제도화했다. 또한 1965년부터는 '소수자 우대조치(affirmative action)'을 공적 제도로 정착시켰다.

이러한 '비차별의 제도화' 단계를 넘어 최근 들어서는 소수자 집단에 대한 문화적 권리를 적극적으로 지원하는 정책을 시행해 오고 있다. 미국에서는 특정 인종·민족집단이나 특정 종교가 공공의 영역에서 자신의 정체성과 문화를 드러내는 일이 미국 정부의 '선의의 묵인'하에 광범위하게 허용되고 있다. 아일랜드인, 중국인, 필리핀인, 그리고 유대교도, 이슬람교도 등은 공공장소에서 자신의 민족, 자신의 종교와 관련된 축제를 하는 것이 허용된다. 공공장소에서 전통 복장을 하는 것도 별 문제되지 않으며, 자신들만의 축일을 기리고 축하하는 데 대해서도 사회적 압력이나 불만이 가해지지 않는다.

정부는 특정의 종교단체에 세금 면제 혜택을 주기도 하고, 주정부 등 지방정부는 지역의 특정 종교단체에 재정보조를 하기도 한다. 이중국적은 적대국의 장교로 복무하지 않는 한 특별한 제한 없이 허용된다. 아메리칸 인디언을 위해서는 보호구역 지정과 재정적 보조 등으로 지원하고 있다. 이처럼 어떤 사안에 대해서는 적절한 '무시(neglect)' 또는 방관이란 전략을 통해, 또 어떤 사안에 대해서는 적극적인 지원과 정책적 개입을 통해, 문화 다양성과 소수자 권리를 보호하고 후원하고 있는 것이다.

• 소수자에 대한 적극적 우대조치

미국에서 '다문화주의적' 다문화 정책이 본격적으로 시행된 것은 1990년대부터라고 볼 수 있으나, 그 이전에 이미 미국 다문화 정책의 역사에서 매우 의미 있는 조치가 취해진 바 있으니 그것은 1960년대부터 시작된 '소수자에 대한 적극적 우대조치(affirmative action)' 또는 간단히 '소수자 우대조치'다 (곽준혁, 2007).

1964년의 '민권법' 제7장은 인종, 피부색, 종교, 성, 출신국에 따른 모든 종류의 차별을 금지하고 있다. 이에 근거해서 1965년 출범한 고용평등위원회 (Equal Employment Opportunity Commission)는 고용과 직장생활에서 소수자들에 대한 '적극적 우대조치'를 시행하기 시작했다. 이 법은 기업주들에게 인종과 성 등 기준에 따른 고용 보고서를 의무적으로 제출하게 함으로써 이 법이 실질적인 효과를 발휘하게 했다. '소수자 우대조치'는 이후 고용 및 직장생활에서 나아가 공교육 현장에서 소수자에 대한 차별을 시정하는 데까지 확대되었고, 그 후 삶의 여러 측면에서 소수자에 대한 각종 차별을 해소하는 데까지 영향을 미쳤다.

이 '소수자 우대조치'는 미국의 여러 다문화주의 정책 중에서 아직도 가장 대표적인 정책으로 간주되고 있다. 원래 소수자 우대조치는 인종차별을 근절하고 제도적으로 이루어져 온 불평등한 관계를 개선하기 위해 소수민족을 포함하여 모든 인종, 민족 집단에게 동일한 출발점을 제공하기 위한 것이었다. 또한 더 나아가 흑인이나 히스패닉 등 소수민족의 부족한 전문직 인력을 확보함으로써 소수자 집단의 지역사회를 발전시키기 위한 조치였다. 이 정책은 결과적으로 소수인종, 소수민족 집단이 일상생활에서 받는 차별과 배제의 문제를 해소하고, 이들이 기존의 백인 주류집단에 대한 영향력을 높이는 데 크게 기여해 왔다.

그러나 이처럼 소수자 우대조치가 장점을 가지지만, 최근 소수자 우대조치에 대한 주류 백인집단의 도전은 점점 거세지고 있다. 백인들은 그들이 백인이라는 이유로 오히려 차별을 받을 수 있다는 '역차별'의 문제와 과거의 잘못된 제도적 차별의 결과를 아무 잘못 없는 현재의 백인들이 감당해야 한다는 데 대해 불만을 표출하고 있다. 소수자 우대조치 제도를 통한 멜팅 팟 즉, 동화(同化)의 시도는 다양한 소수민족, 소수인종이 미국 주류사회를 변화시키기가 여전히 힘들다는 것을 보여준다. 결국 미국의 다문화주의는 백인중심의 주류 문화 속에 다양한 민족적, 인종적 문화를 포섭해서 동화시키려고 노력하는, '제한적인 다문화주의'라고 할 수 있다(최종렬 외, 2008; 김남국, 2010).

• 2000년대 이후의 다문화주의 정책의 예

2001년에 도입된 '드림법(DREAM Act)' 즉, '이민자 자녀의 발달과 지원, 교육을 위한 법(Development, Relief, and Education for Alien Minors Act)'은 이민자의 자녀들을 대상으로 이들의 미국 사회로의 통합을 유도하기 위한 목적으로 제안되었다. 이 법안의 골자는 15세 이전에 미국으로 이민 온 학생들이 최소 5년 이상 미국에 거주하면서 고등학교를 졸업하고 대학에 들어가거나 군 복무를 하면 시민권을 부여하는 것이다(심미경, 2016). 이 법은 또한 이민자 가정 자녀들의 학비 부담을 줄여주는 내용도 포함하고 있다.

앞서 언급한 '소수자 우대조치'는 그 혜택을 받지 못하는 주류 세력으로부터 오랫동안 역차별적 조치라는 비판과 함께 반(反)헌법적이라는 지적을 받아왔다. 그러나 2003년 미시간대학교의 입학허가를 둘러싸고 벌어진 몇 가지 소송이 소수자 우대조치의 적법성과 적절성을 둘러싸고 전국적인 논쟁을 불러일으켰다. 결국 미국 연방대법원은 판결을 통해 소수자 우대조치가 미국 헌법에 위배되지 않는다는 결론을 내렸다.

마지막으로 9/11 사태 이후 미국 이민정책의 변화 양상에 대해 간단히 언급하고 끝내기로 한다. 9/11 사태 이후 이민법의 개정 논의는 한편으로는 국가안보를 어떻게 강화하느냐 하는 문제에, 다른 한편으로는 이민을 집단이 아니라 개인적 관점에서 다루는 방향으로 그 초점이 바뀌었다. 국가안보에 대한 강조는 특정 민족·종교집단에 대한 이민 규제로 나타났다. 이와 더불어 이민 허가 여부가 기존에 언어, 민족, 종교, 피부색 등 개인의 집단 정체성, 즉 인종적·문화적 정체성과 관련되는 요소를 중심으로 이루어졌던 데서, 학력이나 언어 구사 능력, 기술과 전문성, 전문직 종사여부 등 개인의 능력 및 지위를 중심으로 결정되는 방향으로 변화하고 있다(김남국, 2010).

최근의 이러한 변화는 그 해석이 간단치 않은, 상당히 복합적인 것이다. 이는 미국 다문화 정책에서 '문화 다원주의'의 퇴조를 암시하는 현상이긴 하나, 그렇다고 이것이 '자유주의적 다문화주의'로의 이행이라고 볼 수 있을지, 아니면 '다문화주의'의 역전(逆轉)이라고 봐야 하는지 여부는 아직은 판단하기 이르다 하겠다.

2. 영국의 다문화 현황과 정책

영국의 사회적·역사적 배경

영국 개관

영국(UK, United Kingdom)은 제5장에서 이미 살펴본 바와 같이 잉글랜드(England), 스코틀랜드(Scotland), 웨일스(Wales), 북아일랜드(Northern Ireland), 네 개의 나라로 이루어진 연합왕국이다. 독일, 프랑스와 더불어 유럽을 대표하는 강대국 중 하나로, 2016년 국민총소득(GNI) 2조7,823억 달러로 세계 5위를 기록하고 있다. 1인당 국민총소득(GNI)은 42,390달러로 독일(43,660달러)보다는 조금 낮고, 프랑스(38,950달러)보다는 조금 높은 편이다(이상 세계은행 자료).

영국의 인종 및 민족 구성

영국의 인구는 2016년 현재 6,560만 명으로 프랑스(6,690만)와 비슷하다(세계은행 자료). 영국 주민들의 인종·민족별 구성을 2011년 인구센서스 조사결과에 따라 나누어 보면 <표 10-2>와 같다.

<표 10-2> 영국의 주요 인종·민족 구성

(2011년 인구센서스 결과)

<table>
<tr><th colspan="2">구분</th><th colspan="2">전체 인구에서 차지하는 비중</th></tr>
<tr><td colspan="2">백인(Whites)</td><td colspan="2">87.1%</td></tr>
<tr><td colspan="2">기타 백인(Whites: Gypsy, Traveller, Irish Traveller)</td><td colspan="2">0.1%</td></tr>
<tr><td rowspan="5">아시아인
(Asian)</td><td>인도인</td><td>2.3%</td><td rowspan="5">7.0%</td></tr>
<tr><td>파키스탄인</td><td>1.9%</td></tr>
<tr><td>방글라데시인</td><td>0.7%</td></tr>
<tr><td>중국인</td><td>0.7%</td></tr>
<tr><td>기타</td><td>1.4%</td></tr>
<tr><td colspan="2">흑인(Black)
(아프리카, 카리브 해, 영국계 흑인)</td><td colspan="2">3.0%</td></tr>
<tr><td colspan="2">혼혈 또는 복합민족 (mixed or multiple ethnic groups)</td><td colspan="2">2.0%</td></tr>
<tr><td colspan="2">기타 (other ethnic groups)</td><td colspan="2">0.9%</td></tr>
</table>

출처: 2011년 영국 인구 센서스 자료; 미 CIA의 World Factbook

- 백인

영국에서 가장 중요한 주류 민족집단은 영국계 백인이다. 이들은 과거에는 앵글로색슨족, 켈트계 제 민족, 아일랜드인 등 여러 민족집단으로 나뉘어 있었지만, 근대 이후에는 모두 하나의 영국인으로 간주되고 있다. 잉글랜드인(English), 스코틀랜드인(Scottish), 웨일스인(Welsh), 아일랜드인(Irish), 콘월인(Cornish) 등이 모두 이 범주에 속한다.

• 아시아인 또는 아시아계 영국인(Asian British)

1920년대부터 영국으로 이주해 온 이민자들과 그 후손들이다. 영국의 식민지배를 받았던 인도, 파키스탄, 방글라데시 등의 지역으로부터 온 이민자들이 아시아계 이민자들의 주축을 이룬다. 그 외에 중국인 이민자들도 많다.

• 흑인(아프리카, 카리브해 등) 또는 영국 흑인(Black British)

아프리카 여러 지역과 카리브해(서인도제도) 등으로부터 온 흑인 이민자들과 그 후손들이다. 아프리카의 영국 식민지와 카리브해의 영국 식민지들로부터 유입해 온 이민자들이 대부분이다. 나이지리아, 케냐, 우간다, 잠비아 등 아프리카 국가나 자메이카, 가이아나 등 중남미 국가로부터 온 흑인 이민자들이 영국 흑인의 주축을 이룬다.

영국의 언어와 종교

• 영국의 언어

영국의 공용어는 영어로 영국 주민의 대부분이 사용하고 있다. 그 외에 아주 소수의 사람들이 스코틀랜드어, 웨일스어, 아일랜드어, 게일어, 콘월어 등을 사용하고 있는데, 그 수는 점점 줄고 있다.

인도인, 중국인 등 일부 이민자 가정에서 모국어를 사용하는 경우가 적지 않으나, 공적 영역에서는 영어의 사용이 압도적이라 언어 문제는 영국 사회에서 그리 큰 사회문제가 되지 못한다. 영어는 글로벌 공용어이기도 하므로 이민자 등 소수자 집단에서도 영어를 사용하는 데 큰 거부감이 없으며, 언어를 가지고 문화적 정체성의 표상으로 주장하는 경우도 그리 많지 않다.

• 영국의 종교

영국의 국교는 '잉글랜드 성공회(Church of England)'지만 종교의 자유가 보장된다. '잉글랜드 성공회'를 '영국 국교회'라고도 부르는데, '잉글랜드 성공회'는 '세계 성공회(Anglican Church)'의 일부다.

최근의 영국 인구 총조사에 따르면, 성공회 신자가 전체 인구의 59.5%, 로마 가톨릭 신자가 25.7%, 힌두교도가 4.4%, 이슬람교도가 1.9%, 기타 종교가 1.3%, 무종교가 7.2%로 나타났다.

영국 이민의 역사

현재 영국의 주류 민족은 중세 초기의 '민족대이동' 당시 브리튼섬으로 이주해 온 게르만 사람들의 후예라 할 수 있다. 원래 영국에는 원주민이라 할 수 있는 켈트족(Celts)이 오랫동안 살고 있었는데, 5세기 중반 민족대이동의 일환으로 앵글족(Angles)과 색슨족(Saxons) 10만여 명이 브리튼섬을 침략하게 된다. 이들 앵글족과 색슨족을 합해서 앵글로색슨(Anglo-Saxon)족이라 부르는데, 이들이 바로 영국 민족의 핵심을 이루게 된다.

이렇게 보면 영국 또한 엄밀한 의미에서 미국처럼 이민자의 나라로 볼 수도 있을 것이다. 그러나 영국으로의 대규모 이민의 흐름은 이후 오랫동안 끊겼으며, 대규모 이민의 유입이 다시 이어진 것은 19세기 중반 이후의 일이다. 실질적인 영국 이민의 역사는 이때부터라 할 수 있다.

• 19세기~20세기 초까지의 영국으로의 이민

아시다시피 유럽 여러 나라 중 영국에서 맨 먼저 산업혁명이 일어났다. 영국의 산업혁명은 18세기 말에 시작되었으나, 19세기 초를 거치면서 각종 제조업이 크게 발달하고 상업과 무역이 발달하는 등 본격적인 산업혁명이 이루어졌고, 도시로의 대규모 인구이동이 일어났다. 이로 인해 도시의 산업 부문에서 노동력에 대한 수요가 급증했으며, 이 상황에서 아일랜드가 영국 산업부문을 위한 노동력 공급의 주요 공급원이 되었다.

한편 아일랜드에서는 1822년과 1846년 두 차례에 걸쳐 큰 기근이 있어났으며, 이는 아일랜드 농민이 대규모로 영국, 미국, 호주로 이주하는 계기가 되었다. 이리하여 1851년 당시 영국에 거주하게 된 아일랜드인은 약 70만 명에 달했다고 한다.

또 다른 주요 이민자 집단은 동유럽의 유대인들이었다. 1875년~1914년 기간에 러시아에서 발생한 유대인 대량학살을 피해 약 12만 명의 동유럽 유대인들이 영국으로 들어왔다. 이들은 대부분 런던의 이스트엔드(East End) 지역에 정착하게 되는데, 이들은 영국에서도 인종주의적 차별의 대상이 되었다. 또한 이들이 주로 거주하던 이스트엔드 지역은 영국의 대표적인 게토(ghetto) 지역으로 가난과 범죄의 대명사처럼 되었다(염운옥, 2014).

- 제2차 세계대전과 영국으로의 이민

제2차 세계대전은 영국으로의 대규모 이민 유입을 촉발하는 중요한 역사적 계기가 되었다. 2차대전 당시 영국은 군인의 수도 부족했을 뿐 아니라 군수산업 등 각종 산업인력도 부족했다. 영국은 부족한 노동력을 자국의 해외 식민지 주민들로 충당했다. 아시아, 아프리카, 카리브해 등지의 과거 영국의 식민지에서 많은 노동자와 군 입대자들이 영국으로 몰려왔다. 이들은 전쟁이 끝난 후에도 자국으로 돌아가지 않고 영국에 남아 정착하게 되었으며, 자신들의 가족과 친지들마저 불러들이게 된다.

제2차 세계대전 종전 후에도 영국의 전후 복구와 산업발전을 위해 대규모 노동력의 공급이 계속 필요했다. 아일랜드는 또 다시 영국의 전후 복구를 위한 노동력 공급의 최대 공급처가 되었다. 영국 정부는 또한 폴란드, 헝가리 등 동유럽으로부터의 이민을 적극 유치했다. 특히 1951년까지 영국으로 들어온 폴란드 출신의 이민자 수는 16만 명이 넘었다.

폴란드 외에도 에스토니아, 라트비아, 리투아니아 등 발트해 3국과 우크라이나, 루마니아, 불가리아 등 동유럽 국가로부터도 많은 노동자들이 이주해 왔다. 영국 정부는 이들 유럽 각국의 노동이민에 대해서는 적극적으로 이를 권장하는 정책을 폈다.

• 유색인종의 영국 이민

제2차 세계대전이 끝난 뒤부터 흑인과 아시아인 등 유럽의 백인과 인종적으로 다른 이민자들이 큰 규모로 영국으로 이주해 오기 시작했다. 아프리카와 카리브해의 영연방 국가로부터 흑인 이민자들과 인도, 파키스탄 등 남아시아로부터의 아시아계 이민자들은 영국민들과 종교 및 문화적으로 달랐다. 이들 중에는 무슬림, 힌두교도, 시크교도 등이 포함되어 있었다. 이것은 영국이 본격적으로 다인종·다문화 사회로 이행해 가는 첫 계기가 되었다.

1960년대 들어 영연방 각국으로부터 영국으로의 이민이 더욱 대규모화되었다. 1961년 한 해에만 13만 명이 넘는 이민자가 영국으로 들어왔다. 1967~1968년에는 케냐에 거주하던 아시아인들이 대거 영국으로 이주해 오는 일이 벌어졌다. 이 기간 중 매달 천여 명의 아시아계 케냐인들이 영국으로 이주해 왔다.

1946년 이후 2000년대까지 영국으로 들어온 각 지역으로부터의 이민자 수는 남아시아(인도, 파키스탄, 방글라데시) 100만, 아프리카 100만, 서인도제도(자메이카 등) 40만, 아랍 20만, 중국 32만 등이다. 이리하여 영국은 2010년대 말 현재 아시아인과 흑인 등 소수인종 출신(이민자 및 그 후손)이 전체 인구의

10%가 넘는 다민족·다문화 사회로 변모한 것이다.

영국의 정치체제

• 영국의 정당 구도

영국은 역사적으로 근대 의회민주주의의 발상지이자, 17세기 이래 오랫동안 정당정치를 구현해 온 민주적인 정당정치의 모범적인 국가다. 정치체제는 입헌군주제로, 군주는 형식적인 국가원수다. 실질적인 통치는 의회 다수당이 구성하는 내각에 의해 이루어지며, 의회 다수당의 대표가 총리를 맡는다.

영국에는 역사적으로 중도우파 정당인 보수당(Conservative Party)과 중도좌파 정당인 자유당(Liberal Party)이 오랫동안 양당체제를 이루어 왔는데, 1900년에 노동당(Labour Party)이 등장하여 제1차 세계대전 이후 그 세력이 크게 성장하면서 자유당을 대체하게 되었다. 1920년대 이후에는 자유당의 세력이 크게 약화되어 군소정당의 하나로 전락하게 되었고, 이후 보수당과 노동당, 양당 체제가 현재까지 유지되고 있다.

• 최근의 정치 지형

1979년 5월 총선에서 마가렛 대처(Margaret Thatcher)가 승리하면서 보수당은 20년 가까운 기간 장기집권을 하게 되었다. 그리하여 1980년대와 1990년대는 영국에서 보수우파가 집권한 시기라 할 수 있다. 그 후 1997년 5월 총선에서 토니 블레어(Tony Blair)가 승리하면서 노동당의 좌파 정권이 2010년까지 집권하게 된다. 2010년 5월 총선에서 노동당이 패배하면서 정권은 다시 보수당으로 넘어갔고 최근까지도 보수당의 집권이 계속되고 있다. 이처럼 지난 1980년대 이후 보수당과 노동당은 시계의 추처럼 집권과 퇴진을 반복해 왔는데, 1980년대와 1990년대는 보수당의 집권기, 2000년대는 노동당의 집권기, 그리고 2010년대는 보수당의 집권기라 요약할 수 있겠다(<표 10-3> 참조).

<표 10-3> 영국의 역대 정부, 1960년대~최근

기간	집권당	총리	재임기간
1964~1970	노동당	해럴드 윌슨(Harold Wilson)	1964.10~1970.06
1970~1974	보수당	에드워드 히스(Edward Heath)	1970.06~1974.03
1974~1979	노동당	해럴드 윌슨(Harold Wilson)	1974.03~1976.04
		제임스 캘러헌James Callaghan)	1976.04~1979.05
1979~1997	보수당	마가렛 대처(Margaret Thatcher)	1979.05~1990.11
		존 메이저(John Major)	1990.11~1997.05
1997~2010	노동당	토니 블레어(Tony Blair)	1997.05~2007.06
		고든 브라운(Gordon Brown)	2007.06~2010.05
2010~현재	보수당	데이비드 캐머런(David Cameron)	2010.05~2016.07
		테레사 메이(Theresa May)	2016.07~

영국의 다문화정책

영국의 이민정책

• 초기의 이민 규제 정책

20세기 초 영국의 초기 이민정책은 외국인 이민을 억제하고 이민자들을 규제하는 정책으로 시작되었다. 당시 러시아로부터 유대인 이민자들이 대거 유입되어 들어오자, 영국은 1905년 외국인법(Alien Act), 1914년 외국인규제법(Alien Restriction Act) 등을 제정해서 이에 대응했다. 1905년의 '외국인법'은

자기 자신과 자기 가족을 부양할 능력이 없거나 범죄를 저지를 가능성이 있는 사람에 대해 내무장관이 자신의 권한으로 이민을 거부할 수 있도록 했다. 이 법은 그동안 해외 이민에 비교적 개방적이었던 영국이 처음으로 이민 규제정책을 적용한 사례가 되었다. 더 나아가 1914년의 '외국인규제법'은 내무장관에게 외국인 거주자의 입국과 추방에 대한 전적인 권한을 부여하였다(염운옥, 2014).

• 제2차 세계대전 이후의 선별적 이민 정책

제2차 세계대전 종전 후 영국은 전후 복구와 경제발전을 위해 부족한 노동력을 확보하기 위해 아일랜드나 동유럽의 이민자들을 적극 유치하는 정책을 폈다. 영국 정부는 외국인 노동력 확보를 위한 '외국인노동자위원회(Foreign Labour Committee)'를 설치하여 이 위원회로 하여금 2차대전시 영국군에 참전했던 폴란드 군인 125,000명을 영국에 영주(永住)시키는 결정을 내렸다(염운옥, 2014). 영국 정부는 또한 독일, 이탈리아, 그리고 동유럽과 발트해 연안 국가로부터 이주노동자의 영국 이민도 유치하는 노력을 기울였다.

그러나 영국은 남아시아나 서인도제도의 영연방 국가로부터의 이민자에 대해서는 이와 상반된 태도를 보여주었다. 1950년대에 이들 구 식민지에서 영국인들과 인종과 종교가 다른 많은 이민자들이 유입되었고, 이들과 영국의 내국민들 간에 인종적·문화적 갈등이 심화되었다. 1958년에는 전후 처음으로 런던 교외 노팅힐(Notting Hill)에서 흑백 인종 갈등으로 인한 폭동이 일어났다(김남국, 2010). 이러한 인종 갈등은 유색인종 이민자들이 영국의 통합과 안정에 위협요인이 될 수 있다는 우려를 낳게 되었다.

• 1960년대의 이민 규제 정책

그 결과 1960년대에는 유색인종의 영국 이민을 규제하는 이민 제한 정책이 실시되었다. 1962년 영연방이민법(Commonwealth Immigration Act)은 다분히 인종차별적 이민 제한을 내용으로 하고 있었다. 이 법은 이민자들을 직업 유무와 숙련도에 따라 세 개의 범주로 나누고, 비숙련 노동자에 대한 이민을 제한하는 내용을 담고 있었는데, 이는 결과적으로 흑인과 아시아인 등 유색인종의 이민을 크게 감소시켰다.

영국 이민법은 1968년, 1971년에 연이어 개정되었는데, 1968년의 이민법 개정은 당시 급증했던 케냐 거주 인도계 아시아인들의 영국 이주를 막기 위한 것이었다. 개정된 이민법은 본인이나 부모, 조부모 중 적어도 한 명이 영국에서 출생·입양·귀화한 경우에만 시민권을 허용함으로써 아프리카 출생 아시아인들의 영국 유입을 제한하고자 했다. 1971년의 이민법 개정은 여기에서 한 걸음 더 나아가 과거 이민자들에게 영주권을 자동적으로 부여하던 제도를 폐지함으로써 아시아와 카리브해의 영연방 국가로부터의 비숙련 노동자의 이민을 크게 제한했다. 이제 영국으로 들어오는 해외 비숙련 이주노동자들에게는 영주권 대신 취업허가증이 주어지게 되었다(김남국, 2010; 염운옥, 2014).

1960~70년대의 인종관계법 제정과 '인종평등위원회'

영국의 이민정책이 유색인종의 영국 유입을 제한하는 방향으로 시행된 것과는 반대로, 영국의 '인종관계법(Race Relations Acts)'은 영국 내에서 인종차별을 타파하는 방향으로 전개되었다. 1962년 이후 영국의 '이민법'은 영국으로 들어오려는 사람들을 가려 받는, 즉 해외 이민자들의 영국 출입의 문턱을 더욱 높이는 정책이었던 반면에, '인종관계법'은 일단 영국 내에 들어온 모든 사람, 이민자들까지 포함하여 현재 영국 내에 거주하는 모든 주민들에 대해 그 인종적·민족적 평등을 보장하는 진보적 정책이었다.

1970년대의 보수당(1970~74년)과 노동당(1974~79) 정부는 이민정책에 관한한 공통된 입장을 갖고 있었으니, 그것은 1960년대에 시작된 이민 규제 정책을 계속 유지하는 것이었다. 양당 모두 영국의 시민권에 대해 보다 명확한 규정을 제시함으로써 이민을 효과적으로 통제하자는 입장이었다. 그 결과 양당의 합의로 1981년 영국국적법(British Nationality Act)이 제정되었는데, 그 내용은 캐나다, 호주, 뉴질랜드, 남아공 출신 영연방 국민들에게는 영주권을 허용하는 대신, 남아시아와 서인도제도 등 신(新)영연방 국민들의 이주는 규제하는 것이었다(김용찬, 2007).

그러나 이처럼 통제적인 이민정책과는 대조적으로 국내에 이미 거주하고 있는 사람들에 대해서는 보다 전향적인 정책이 적용되었다. 1965년 해럴드 윌슨(Harold Wilson)의 노동당 정부가 주도하여 처음 제정한 영국의 '인종관계법'은 인종차별을 공식적으로 금지하는 것을 골자로 하였다. 이 법에 근거하여 1976년 노동당 정부는 '인종평등위원회(CRE, Commission of Racial Equality)'를 중앙정부 차원에서 설치했고, 각 지역에서는 지구별 '인종평등평의회(RECs, Race Equality Councils)'가 설치되어 소수 인종에 대한 차별을 없애고 인종·민족집단 간 평등을 제고하는 노력을 기울였다. 이것이 영국 '다문화주의' 정책의 출발이라 할 수 있다.

1980년대 이후 다문화 정책의 실시

• 인종평등위원회와 영국의 다문화 정책

영국의 다문화 정책은 '문화적 다양성'과 '기회균등'의 보장을 핵심으로 한다. 소수 인종이나 이민자를 포함, 모든 영국의 시민들은 '공적 영역'에서 동등한 정치적·사회적·경제적 권리를 누릴 수 있다는 것이다. 또한 가정생활이나 종교생활 등 '사적 영역'에서는 개인의 권리와 정체성, 그리고 문화적 다양성이 보장되어야 한다고 본다. 이런 점에서 영국의 다문화 정책은, 우리가 앞에서 이미 다룬 바 있지만, '자유주의적' 다문화 정책이라 볼 수 있다.

인종평등위원회(CRE)에 따르면 유색인종을 포함하여 영국에 거주하는 모든 사람들은 모든 사회적 기회에 동등한 권리를 가지며, 동시에 가능한 모든 수준에서 사회를 위해 공헌해야 할 의무가 있다고 강조한다. 또한 기존의 영국의 내국민들은 새로이 이주해 온 이민자들이 가져오는 문화적 다양성이라는 사회변화를 적극적으로 수용해야 하며, 동시에 이민자들 또한 영국 사회의 통합을 위해 스스로 변화할 필요가 있다고 지적한다. 사회통합을 위한 영국 내국민과 이민자들의 동등한 사회참여와 평등, 그리고 상호작용을 강조하고 있는 것이다(김용찬, 2007).

• 문화적 다양성과 사회통합의 균형

그러나 소수 인종집단의 문화적 다양성을 강조한다고 해서 영국의 다문화 정책이 영국의 전통과 영국 고유의 가치를 경시한다는 것은 아니다. 새로운 문화적 요소들을 수용한다 하더라도 그것은 영국의 문화적 전통과 영국 고유의 가치, 즉 사상과 신앙의 자유, 표현의 자유, 평등의 가치, 법의 지배, 관용 등 자유민주주의의 기본 가치를 손상하지 않는 범위 내에서 가능한 일이다. 즉, 영국의 다문화 정책은 '영국다움(Britishness)'을 존중한다는 것을 전제로 한다.

보수당에 비해 다문화 정책에 비교적 적극적인 노동당 정부의 토니 블레어 총리는 2006년 12월 행한 '우리 국가의 미래(Our Nation's Future)'란 연설에서 '문화적 다양성'과 '사회통합'의 균형을 강조하면서, '영국의 가치(British Values)'를 공유하는 것이 사회통합을 위해 매우 중요하다고 지적했다. 그는 또한 다문화 사회로서 영국에서 문화적 '차이'가 분리주의로 이어지는 것을 경계하면서, 이를 막기 위해서라도 영국의 모든 '시민'들이 영국의 가치를 공유해야 한다고 강조했다(김용찬, 2007). 노동당 정부의 총리로서 한 연설치고는 이례적으로 영국적 가치와 사회통합의 중요성을 강조한 것이다.

• 영국 다문화 정책의 특징

이러한 영국의 다문화 정책은 '자유주의적(liberal) 다문화주의' 정책이라 규정할 수 있다. 영국의 다문화 정책은 국가의 강력한 개입을 통해 이민자 등 소수 민족집단을 주류 집단에 '동화'시키거나 영국 사회 전체에 '통합'시키려는 정책이 아니다. 영국의 다문화 정책은 국가의 개입을 최소화하는 '최소주의적 국가'와 '국가의 중립'을 특징으로 한다. 영국에서 국가의 역할은 사회 여러 집단 간 갈등을, 중립적이고 공정한 입장에서 조정하는 조정자 역할에 국한되는 것이다(김남국, 2010).

이런 입장에서 보면 소수자 집단을 다수자 집단에 동화시키는 정책은 국가가 중립성의 의무를 위반하는 것이 된다. 반대로 소수자 집단에 특별한 지위를 부여하여 보호하는 것 또한 국가가 그 중립적 위치를 벗어나서 자의적 판단이 개입될 소지가 크므로 바람직하지 않다는 것이다. 영국에서는 다문화의 도전에 따르는 사회통합의 과제는 실제 서로 다른 문화끼리 충돌이 일어나고 문화적 갈등이 발생하는 현장에서, 또는 지역 차원에서 해결되어야 한다고 본다. 따라서 이런 문제의 해결은 중앙정부 차원이 아니라, 각 지역 차원의 기구나 조직, 또는 각급 법원의 구체적인 판결에 맡기는 경향이 있다.

영국의 다문화주의에 대한 최근의 도전 및 과제

1970년대 인종차별 철폐를 위한 영국 정부의 노력에도 불구하고, 그리고 1980년대 이후 본격적인 다문화 정책의 시행에도 불구하고, 유색 인종과 이민자 등 소수자 집단에 대한 차별은 크게 줄어들지 않고 있고, 유색 인종 이민자들의 수는 더욱 늘어나면서 인종갈등으로 인한 사회불안이 점차 가중되었다. 이러한 사회불안의 요소는 1980년대에 흑백 인종갈등으로 촉발된 폭력적인 시위와 봉기로 나타났다. 1981년에서 1985년 사이 수도 런던의 각지에서는 흑인들에 의한 인종폭동이 일어났는데, 이는 영국 정부가 보다 적극적인 다문화 정책을 시행하게 만든 계기가 되었다(김남국, 2010).

그 후에도 다문화주의에 도전하는 사회갈등과 불안의 요소는 사라지지 않았다. 2001년 5월에는 영국 중부 맨체스터 근처의 올덤(Oldham), 리즈(Leeds), 브래드퍼드(Bradford) 등에서 파키스탄 무슬림 청년들에 의해 광범위한 소요사태가 벌어졌다. 이는 아시아인들에 의해 자행된 최초의 인종폭동이었다(김남국, 2006; 2010; 염운옥, 2014). 2005년 7월에는 영국 태생의 무슬림들에 의한 런던 버스 자살폭탄 테러 사건이 일어났다. 52명의 사망자와 700여 명의 부상자를 낸 이 사건은 영국에서 태어나고 자란 소수자 집단의 구성원이 일으킨 테러라는 점에서 영국 사회에 큰 충격을 안겨주었다. 이처럼 끊이지 않는 인종갈등과 폭력사태는 영국의 다문화주의와 다문화 정책에 대한 심각한 도전이 되고 있다.

학습정리

이 장에서는 미국과 영국 2개국을 선정하여 이 두 국가의 다문화 정책의 특성, 그 문제점과 한계를 살펴보고, 이것이 그 나라의 역사적·사회적 특수성과 어떤 연관이 있는지 알아보았다.

이민자 사회인 미국의 경우 인종 간 갈등과 인종차별의 역사, 그리고 이를 극복하기 위한 미국인과 미국 정부의 여러 가지 노력과 시도가 미국의 다문화 정책에 영향을 미쳤음을 알았다. 영국의 경우 '자유주의적 다문화주의' 관점과 '전통적 통합주의' 관점이 서로 긴장 관계를 이루며 영국의 다문화 정책에 영향을 미치고 있음을 알았다.

11 세계 각국의 다문화 현황과 정책 4

학습개요

1. 프랑스의 다문화 현황과 정책
   1) 프랑스의 사회적·역사적 배경
   2) 프랑스의 다문화 정책
2. 일본의 다문화 현황과 정책

학습목표

1. 현재 다문화 정책을 펴고 있는 세계 여러 나라는 각자 서로 다른 특징을 갖고 있으며, 이러한 특징은 그 나라의 사회적·역사적 배경에 기인하는 바 크다. 우리는 각국의 다문화 정책의 특성 및 그 문제점과 한계를 살펴보고, 이것이 그 나라의 사회적·역사적 특수성과 어떻게 연관이 있는지 알아본다.
2. 세계 여러 나라 중에서 최근 들어 무슬림 이민자들의 폭동 등 사회적 갈등을 겪고 있는 프랑스와 이웃나라 일본의 다문화 현황과 정책에 대해 알아본다.

1. 프랑스의 다문화 현황과 정책

프랑스의 사회적·역사적 배경

프랑스의 역사와 민족 구성 개관

프랑스는 미국, 캐나다, 호주 등의 이민자 사회와는 달리, 고대로부터 프랑스 지역에 계속 거주해 온 주민들이 있었다. 그리고 프랑스는 미국에 비해서는 인종적·민족적 동질성이 비교적 높은 편이나, 우리나라나 일본 같은 나라에 비해서는 그 인종·민족 구성이 아주 복잡한 편이다.

- 프랑스 민족 구성의 역사

프랑스의 그 복잡한 민족 구성이 어떻게 이루어졌는지, 프랑스의 역사를 간단히 개관해 보면서 살펴보도록 하자. 프랑스는 유럽 여러 국가 중에서도 가장 다문화적인 국가라 할 수 있다. 특히 프랑스인의 형성 자체가 여러 민족과 문화가 유입되어 형성된 다문화적 과정이었다는 특징을 갖고 있다.

프랑스인의 원형을 이루는 민족을 골(Gaul)족 또는 갈리아(Gallia)인이라 부르는데, 이들은 켈트(Celt)계 민족의 하나로 그 형성과정이 아주 복잡하다. 선사시대부터 유럽 대륙에 흩어져 살고 있던 스칸디나비아인, 알프스인, 지중해인 등 게르만계와 라틴계의 여러 인종과 민족이 프랑스로 들어와 정착해 살면서 골족의 기원을 이루었다 한다. 기원전 1세기에는 로마제국이 '골' 지방, 즉 당시 로마 사람들이 '갈리아'라 부르던 이 지역을 정복하게 되는데, 이때 라틴족들이 대거 프랑스에 유입되었다.

그리고 4세기 말부터 시작된 민족대이동 시기에는 프랑크족, 반달족, 서고트족, 부르군트족 등 게르만계 여러 민족들이 남하하여 프랑스 사회의 주요 구성원이 된다. 그 후 10세기에는 노르만(Norman)족이 대거 침입하여 대규모로 현재의 노르망디(Normandie) 지역에 정착했다. 이처럼 다양한 민족들이 유입되어 현재의 프랑스인(人)을 형성한 관계로 프랑스는 '유럽 문명의 축소판'이라 부르기도 한다.

- 프랑스의 인종 및 민족구성

2016년 현재 프랑스의 인구는 6,690만 명인데, 이 중에서 외국인 이주민(외국에서 태어나 프랑스로 이민 온 이민 1세대)의 수가 550만(전체 인구의 8.2%)이 넘는다 한다. 여기에 부모 중 한 사람이 이민자인 이민 2세대의 주민 수 650만 명까지 합하면, 대략 1,200만 명(총인구의 약 18%)이 이민자 집단으로 구분할 수 있다. 이런 점에서 보면 프랑스 또한 완전히 다민족·다문화 사회가 되었다고 할 수 있을 것이다.

여기에다 19세기부터 유럽 각국으로부터 이민 온 사람까지 합하면, 비록 미국, 캐나다, 호주와 같은 근본적으로 이민자 사회인 국가들과 비교할 수는 없다 하더라도, 프랑스 또한 이민자가 차지하는 비중은 매우 높다. 19세기 중반 이후 프랑스로 이민 온 사람들은 이탈리아, 스페인, 포르투갈 등 유럽국가 출신과 알제리, 모로코, 튀니지 등 북부 아프리카 출신이 많고, 그 외에 중부 아프리카나 인도차이나, 터키 출신의 이주민들도 적지 않다. 그 외에 난민이나 정치적 망명자가 약 12만 명 정도 체재하고 있는데, 해마다 2만 명 정도가 프랑스로의 망명을 신청하며 그 중 약 5분의 1이 허가를 받는다고 한다.

아래 <표 11-1>은 프랑스의 주민을 구성하는 인종·민족집단의 구성비를 소개하고 있는데, 프랑스 헌법은 1789년 프랑스 혁명 정신에 입각하여 국가가 주민들의 인종·종족적 출신 배경에 관해 공식적으로 자료를 수집하는 것을 법적으로 금지하고 있다. 따라서 프랑스 국민을 구성하는 인종·민족·종족 집단의 구성비를 정확히 파악하는 것은 거의 불가능하다. <표 11-1>의 자료는 여러 자료를 통해 종합적으로 파악한 대략적인 추정치다.

<표 11-1> 프랑스의 주요 인종·민족 구성

구분	특성	전체 인구에서 차지하는 비중
프랑스인(French)	- 프랑스의 주류 민족집단	85%
소수 민족집단	- 브르타뉴인, 코르시카인, 바스크인 등 고대부터 존재해 온 민족집단	
유럽계 백인	- 이탈리아, 스페인, 포르투갈, 폴란드, 그리스 등으로부터의 이민자	
북아프리카 출신 이민자	- 알제리, 모로코, 튀니지, 리비아 등 '마그레브' 지역으로부터의 이민자	7~10%
기타 아프리카(사하라 이남) 출신 이민자	- '마그레브' 지역 이외의 아프리카의 프랑스령 식민지로부터의 이민자	3~4%
아시아 출신 이민자	- 인도차이나, 터키 등의 이민자	1.5~2%

• 프랑스의 소수민족

프랑스에는 여전히 민족적 특수성을 유지하고 있는 여러 소수민족집단이 존재하는데, 코르시카(Corsica)인과 브르타뉴(Bretagne/Brittany)인도 그 중에 속한다. 코르시카, 브르타뉴 등 소수민족들은 정복과 합병, 이주 등에 의해 프랑스에 통합되었다.

<그림 11-1> 프랑스의 행정구역

지도(<그림 11-1>)에서 보면 프랑스 동남부 지중해상의 섬이 바로 코르시카다. 이 섬은 18세기 중엽부터 프랑스의 지배하에 있었는데 최근 들어 분리 독립을 주장하고 있다. 브르타뉴는 프랑스 북서부에 있는 지역으로 이 지역의 주민들은 프랑스의 국어인 프랑스어가 아닌 독자적인 언어를 쓰는 등 자신들의 문화적 정체성을 유지하고 있다. 마지막으로 바스크(Basque)인은 프랑스와 스페인의 국경인 피레네(Pyrénées) 산맥 서부지역에 거주하는데 스페인의 바스크인들과 마찬가지로 분리 독립을 염원하고 있다. 아래에 프랑스의 소수민족 현황에 대해 정리한 것을 참고할 것.

참고자료: 프랑스의 소수민족 현황

코르시카(Corsica)

- 프랑스 동남부 지중해상의 섬
- 이 섬의 최초의 주민은 이베리아인과 리그리아인이었으며, 오랫동안 카르타고, 로마, 비잔틴, 아랍 제국, 롬바르드 등 여러 민족의 지배를 받다가 14세기부터 18세기까지는 제노바 왕국의 지배하에 있었음.
- 1768년의 베르사유 조약으로 제노바가 프랑스에 이 섬을 매각하여 프랑스에 편입됨.
- 1790년부터 프랑스의 최상위 행정구역인 레지옹(region)으로 지정되었음. (현재 프랑스의 22개 레지옹 중 하나)
- 1976년 '코르시카 민족해방전선(Front de liberation nationale de la Corse)'이 결성되어 프랑스 중앙정부와 프랑스의 중앙집권체제에 저항하며 분리주의 운동을 펼치고 있음.

브르타뉴(Bretagne)

- 프랑스 북서부의 지방으로 프랑스의 22개 레지옹 중 하나를 이룸.
- 5세기에 색슨(Saxon)인의 압박을 피해 켈트족이 집단 이주한 지역임
- 상당수 주민이 현대 프랑스에서는 드문 켈트어파 언어인 브르타뉴어를 쓰고 있지만, 국어인 프랑스어에 밀려 지금은 그 사용이 줄어들고 있는 추세임.
- 약 300만 명의 전체 주민 중 26만 명 정도가 브르타뉴어 사용

- 코르시카와 함께 민족적·문화적 정체성이 강하게 남아있는 지역임.

바스크(Basque)

- 바스크인은 피레네 산맥 서부에 거주하는 민족으로 스페인과 프랑스에 걸쳐 거주함.
- 언어는 바스크어를 사용하고 독자적 문화를 고수하는 등 강한 민족주의 성향을 띠고 있음.
- 프랑스 지역의 바스크족은 프랑스 남서부에 있는 주(데파르트망, Département)인 '피레네 자틀랑티크(Pyrénées-Atlantiques)'에 주로 거주함.
- 스페인 지역에 사는 바스크족의 분리주의 운동이 더욱 강력하지만(폭력적이고 조직적인 무장투쟁까지 동원함), 프랑스 지역에 사는 바스크족 또한 그 정도는 덜하지만 자신들의 문화적 정체성을 유지하려는 경향이 강하다.

- 프랑스로의 이민자

1815년 나폴레옹 전쟁이 끝난 후 프랑스에서 본격적으로 산업혁명이 시작된다. 앞서 18세기 말에 산업혁명을 이룩한 영국에 뒤이어, 1820년대~1850년대 기간에 프랑스의 산업혁명이 이루어졌다. 프랑스에서의 급속한 경제적 발전은 많은 노동 이민을 요구했으며, 유럽 각지로부터 많은 이민자들이 프랑스로 유입되어 들어왔다.

그러나 프랑스 역사에서 이보다 더 의미 있는 이민자들은 1920년대부터 프랑스의 구 식민지, 특히 아프리카 각지로부터 들어온 이민자들이었다. 그 중에서도 통칭 '마그레브(Maghreb)'라 불리는 북서 아프리카 지역으로부터의 이민자들은 오늘날 프랑스 이민자 집단의 근간을 이루고 있으며, 다문화 사회로서 프랑스를 대표하는 소수 민족집단으로 자리 잡고 있다.

'마그레브(Maghreb)'(<그림 11-2>)는 사하라 이북의 북아프리카 중에서도 서부 지역을 일컫는 말로 알제리(Algeria), 리비아(Libya), 모로코(Morocco), 튀니지(Tunisia), 모리타니(Mauritania), 서사하라(Western Sahara) 등의 나라를 포함하는 지역이다. 이 나라들은 대부분 과거 프랑스의 식민지였다. 마그레브 지역에 사는 주요 민족은 아랍인과 베르베르(Berber)인이며, 아랍어를 공용어로 쓰고 있고, 수니파 이슬람교를 국교로 하고 있다. 이 지역으로부터의 무슬림 이민자들의 유입과 이로 인한 여러 가지 사회문제가 현재 프랑스 사회가 안고 있는 중요한 사회적 이슈 중 하나다.

<그림 11-2> 마그레브(Maghreb) 지역

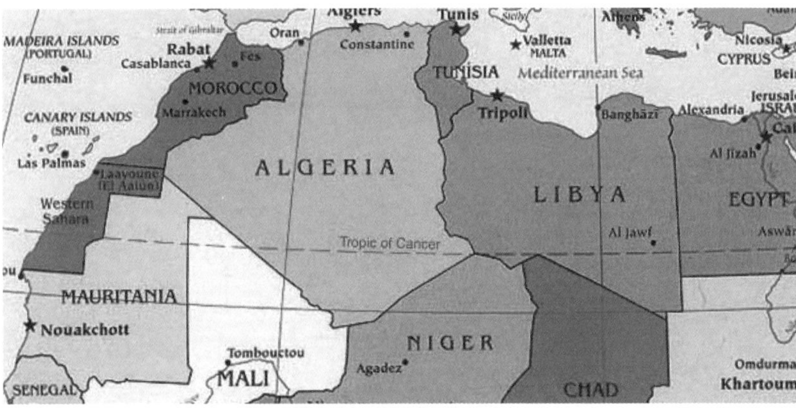

언어와 종교

프랑스는 언어나 종교에 관한 한 다문화 사회라는 말이 무색할 정도다. 분리 독립을 주장하는 소수 민족집단도 존재하고, 인종적으로 완전히 구별되는 다양한 이민자 집단도 존재하지만, 언어와 종교에 있어서만은 프랑스는 문화적 다양성이 낮은 편이다.

프랑스에서 프랑스어의 지위는 절대적이다. 이민자들이 대부분 프랑스어를 사용하는 과거 프랑스 식민지에서 유입되어 왔다는 이유도 있고, 프랑스 정부의 강력한 단일언어 정책에 기인하는 점도 있지만, 프랑스에서는 거의 대부분의 인구가 프랑스어를 사용하고 있다고 봐도 무방하다. 또한 알자스로렌 등

일부 지방에서 지역 방언이 사용되고, 이민자들의 경우 가정 등 사적 공간에서 자신의 고유한 언어를 사용하고 있긴 하나, 프랑스어를 제외한 다른 소수 언어에 대한 공적 지위는 전혀 인정되지 않는다.

종교도 로마 가톨릭이 지배적이다. 최근 들어 이민자들의 유입으로 무슬림이 차지하는 비중이 높아지긴 했으나 여전히 가톨릭 신자들의 비중이 높다. 최근 통계에 따르면, 가톨릭 신자 수가 전체 국민의 87%이고, 그 외에 개신교도가 2%, 이슬람교도(무슬림)가 3%, 유대교도가 2%를 차지하며, 나머지는 무종교라 한다.

프랑스 혁명과 공화주의

여기서 잠시 이야기를 바꾸어 프랑스 혁명에 대한 이야기를 좀 할까 한다. 1789년에 일어난 프랑스 혁명은 영국 혁명, 미국의 독립혁명과 더불어 근대사회의 문을 연 계기가 된 3대 시민혁명 중 하나로 세계사적으로 중요한 사건이다.

그런데, 이 프랑스 혁명에서 '공화주의(Republicanism)'의 전통이 확립되었다는 점은 잘 알려져 있지 않다. 프랑스 혁명 당시 프랑스 정부는 인종과 민족, 문화에 상관없이 프랑스 국내에 거주하는 모든 사람들을 프랑스인으로 간주하고, 이들이 공화주의 원칙에 동의하는 한 모두가 프랑스 네이션(nation)의 구성원이 될 수 있으며, 공민(公民)으로서의 자유와 평등이 부여된다고 선언했던 것이다.

참고자료: 프랑스 공화주의의 내용

- 앞의 제6장에서 프랑스 혁명이 근대 민족주의 탄생의 아주 중요한 계기가 되었고, 프랑스 혁명을 통해 나타난 민족주의는 '시민적 내셔널리즘(civic nationalism)', 또는 '국민주의'라 부를 수 있는 성격의 민족주의였다고 했다.
- 프랑스 혁명을 통해 '프랑스 네이션(French nation)', 또는 '프랑스라는 정치공동체'를 이루는 모든 시민들이 자유와 평등을 누리면서 공적 영역과 정치적 과정에 자율적으로 참여할 수 있는 자격을 획득했다.
- 프랑스 혁명을 통해 만들어진 프랑스의 공화주의는 자유와 평등, 박애의 가치를 지향하면서 정치와 종교의 분리라는 세속주의 원칙을 확인했다. 이 공화주의 원칙하에서 개인은 공민(公民)으로서 공공활동에 적극적으로 참여해야 했고, 이러한 공적 영역에의 참여를 통해 개인의 자유를 스스로 완성해야 했으며, 국가는 공공의 가치, 공공선(公共善)을 보호하고 육성해야 했다.

프랑스의 정치체제

- 프랑스의 정부 형태와 정치 구도

프랑스는 대통령제 국가다. 국민의 직접선거로 선출하는 임기 5년의 대통령이 국가 원수이고, 대통령이 임명하는 총리가 정부 수반으로 내각을 통할한다. 입법부는 상하 양원으로 구성되어 있으며, 하원인 국회(National Assembly)가 국정의 중심이 된다.

주요 정치정당으로는 공화당과 사회당이 있는데, 최근 들어 급진 중도정당인 '레퓌블리크 앙 마르슈(Republique En Marchel, '전진하는 공화국'이란 뜻, 약칭 REM)'이 약진하여 현재 정권을 잡고 있다. 사회당은 사회민주주의를 표방하는 좌파 정당이며, 공화당은 중도우파 정당으로 그 전신은 대중운동연합(UMP)이다.

• 1980년대 이후 최근까지의 정치 지형

최근 프랑스의 정치 지형을 간단히 요약하면, 1980년대와 1990년대 전반은 좌파 사회당 집권기, 1990년대 후반과 2000년대는 우파 집권기라 할 수 있다. 그리고 2010년대 전반에는 다시 좌파가 집권했고, 후반부터는 급진 중도파인 REM이 집권하고 있다.

1995년 대선에서 자크 시라크(Jacques Chirac)의 우파 공화국연합(RPR: Rassemblement pour la République)이 승리함으로써 프랑수아 미테랑(François Mitterrand)이 이끌던 14년간의 좌파 사회당 정부가 막을 내렸다. 그 후 니콜라 사르코지(Nicolas Sarkozy)를 거치면서 17년 간 우파 세력이 집권하게 된다.

그러나 2012년 대선에서 사르코지가 사회당의 프랑수아 올랑드(François Hollande)에게 패배하면서 정권은 다시 좌파 사회당으로 넘어갔다. 그 후 5년 뒤인 2017년 대선에서는 REM(La République En Marche!)의 대표인 에마뉘엘 마크롱(Emmanuel Macron)이 대통령에 당선됨으로써 사회당의 집권은 종식되었다.

<표 11-2> 프랑스의 역대 정부, 1969년~최근

대통령	집권당 (대통령소속정당)	이념적 성향	재임기간
조르주 퐁피두 (Georges Pompidou)	프랑스 국민연합	우파	1969.06~1974.04
발레리 지스카르 데스탱 (Valéry Giscard d'Esting)	독립공화당 /프랑스민주동맹		1974.04~1981.05
프랑수아 미테랑 (François Mitterrand)	사회당	좌파	1981.05~1995.05

대통령	집권당 (대통령소속정당)	이념적 성향	재임기간
자크 시라크 (Jacques Chirac)	공화국연합 (RPR)	우파	1995.05~2007.05
니콜라 사르코지 (Nicolas Sarkozy)	대중운동연합 (UMP)		2007.05~2012.05
프랑수아 올랑드 (François Hollande)	사회당	좌파	2012.05~2017.05
에마뉘엘 마크롱 (Emmanuel Macron)	REM	중도	2017.05~2022.05

프랑스의 다문화정책

프랑스 이민의 역사

프랑스의 다문화정책을 살펴보기에 앞서, 이를 제대로 이해하기 위한 선행 자료로서 프랑스 이민의 역사에 대해 먼저 간략하게 살펴보기로 한다.

- 제 2차 세계대전 이전

프랑스에 이민자들이 본격적으로 유입되기 시작한 것은 프랑스의 산업혁명 직후인 1850년대와 1860년대의 일이다. 이 기간 동안에 프랑스에 유입되어 온 이주 노동자의 수는 80만 명에 이르는데, 그 대부분이 인접 국가인 벨기에와 이탈리아 출신이었다고 한다. 1870년대 이후에도 프랑스는 지속적인 출산율 저하에 따라 더 많은 노동자들이 필요했고, 부족한 노동력은 이민을 통해 해결했다.

20세기에 들어와서 프랑스로 많은 이민자들이 유입되기 시작한 것은

1920년대의 일이다. 프랑스는 제1차 세계대전에서 많은 인명 손실을 겪게 되는데, 이러한 인명 손실과 전후(戰後) 복구의 필요성 때문에 1차대전 이후 유럽 각국, 특히 이탈리아와 폴란드로부터 많은 노동자들을 받아들였다. 그리하여 1931년 당시 외국인 이주민 수가 전체 인구의 7%인 3백만 명에 이르렀다.

한편, 1920년대부터 처음으로 아프리카와 아시아 지역의 옛 프랑스 식민지로부터 이민자들이 들어오기 시작했다. 1931년 당시 외국인 이주민 3백만 명 중 약 10만 명 정도가 북아프리카로부터 온 이민자들이었다.

1930년대에는 주로 남부 유럽과 동부 유럽으로부터 이민자들이 프랑스로 유입되어 왔다. 그러나 1930년대에 들어오면서 세계 경제공황의 여파로 전체 이민자 규모는 1920년대에 비해 크게 줄어들었다.

• 제2차 세계대전 이후

제2차 세계대전 이후 1950년대부터 프랑스로의 이민자들의 유입이 다시 시작되었고 1960년대와 1970년대에는 그 규모가 크게 늘었다. 2차대전 이후에는 2차대전 이전에 비해 유럽 지역보다 북아프리카로부터의 이민이 상대적으로 더 많았다. 프랑스 정부는 2차대전 후 중앙정부에 이민 관련 부서를 설치하고, 알제리, 모로코, 튀니지 등 마그레브 지역과 세네갈, 말리 등 아프리카의 과거 프랑스 식민지에서 조직적으로 이주노동자를 선발하여 프랑스로 이주를 시켰다. 유럽에서는 포르투갈로부터 많은 이민자들이 프랑스로 들어왔다.

1960년대와 1970년대 초 마그레브 지역으로부터 100만 명 이상의 이민자들이 유입되었으며, 특히 1962년 알제리가 프랑스로부터 독립한 이후에는 알제리로부터 대규모의 이민이 프랑스로 들어왔다. 특히 알제리에 거주하던 알제리 태생의 유럽계 백인(대부분 프랑스인) 100만여 명도 프랑스로 이주해 왔다. 1970년대 이후 최근까지 프랑스에서는 이민제한 정책과 이민허용 정책이 번갈아 가며 시행되어 왔는데, 프랑스가 현재의 인구를 유지하기 위해서는 앞으로도 더 많은 이민자가 유입되어야 할 필요가 있다고 한다(김복래, 2009).

이상에서 보는 바와 같이 프랑스의 경우 제2차 세계대전을 기점으로 그 이전의 구(舊) 이민자들은 주로 유럽 지역으로부터, 그 이후의 신(新) 이민자들은 유럽 이외의 지역으로부터 주로 이주해 왔다. 이와 관련하여 박스 안의 설명 자료를 참조할 것.

프랑스의 구(舊) 이민자와 신(新) 이민자

구 이민자(올드커머)

- 제2차 세계대전 이전의 이민자
- 주로 유럽 내 다른 국가들로부터 유입되어 옴
- 포르투갈, 이탈리아, 벨기에, 스페인, 폴란드 등

신 이민자(뉴커머)

- 제2차 세계대전 이후의 이민자
- 북부 아프리카, 중부 아프리카, 인도차이나, 터키 등으로부터 유입됨
- 특히 알제리, 모로코, 튀니지 등 마그레브 지역으로부터의 이민자들이 대종을 이룸
- 이민자 중 무슬림의 비중이 크게 높아졌음

프랑스의 이민자 사회통합 정책

- 1970년대 이전의 이민정책

1970년대 이전만 하더라도 프랑스에서는 이민자 문제가 큰 사회적인 이슈가 되지 못했다. 샤를 드골(Charles De Gaulle) 대통령이 집권하던 1960년대 말까지만 해도 프랑스에서 이주노동자들은 한시적으로 프랑스에 머무는 것으로 간주되었고, 프랑스 사람들은 프랑스 노동시장에서의 그들의 역할이 끝나

면 이주노동자들은 당연히 본국으로 귀환할 것이라고 믿었다. 그러나 대부분의 이주노동자들은 프랑스를 떠나지 않았고, 오히려 그 수는 점점 더 증가했다. 그리고 1970년대 초부터 프랑스의 경제성장 추세가 둔화되고, 1973~74년과 1978~80년, 두 차례에 걸친 석유 파동으로 경제위기가 심화되자 프랑스의 실업률이 높아갔고 반 이민자 정서도 팽배해졌다(최종렬 외, 2008: 108).

• 1970년대의 이민정책과 사회적 변화

1970년대 프랑스는 우파 정당이 집권하고 있었다. 프랑스에서 이민자들, 특히 무슬림 이민자들에 대한 반대 정서가 확산되자, 1974년 대통령에 선출된 지스카르 데스탱(Giscard d'Esting)은 이민자의 유입을 규제하는 이민제한 정책과 차별적 이민정책을 펴게 된다. 이는 새로운 이민은 규제하고, 기존의 이민자 중에서도 공공질서를 불안하게 하는 사람을 추방하며, 이들의 노동허가를 갱신하지 못하게 함으로써 특정 이민자들을 강제 귀국시킬 수 있게 하는 것을 그 주 내용으로 하였다. 이러한 내용의 이민제한 정책은 북아프리카 출신 무슬림 이민자들을 주된 타깃으로 하고 있었으며, 무슬림 이민자들을 여타의 다른 이민자들에 비해 차별하고 배제하는 결과를 가져왔다.

그러나 다른 한편으로는 이미 체류하고 있던 합법적인 이민자들의 사회적 지위를 개선하여 프랑스 사회에 통합시키는 내용도 포함하고 있었다. 1976년 시행된 '가족 재결합(regroupement familial) 정책'은 이미 프랑스에 체류하고 있는 이민자들이 자국의 아내와 자식을 데려올 수 있도록 허용하는 인도적 정책이었다. 이 정책을 계기로 '기간계약 노동이주'가 '정착 이주'로 자리 잡게 되었고, 이 정책을 기점으로 마그레브 출신 이민자들의 가구 구성이 기존에 청년층 독신 남성 위주였던 데서 완전한 가정을 이루게 됨으로써 프랑스에서 '마그레브 이민자 공동체'가 본격적으로 형성되기 시작했다(박단, 2006a; 최종렬 외, 2008; 108~9).

• 1980년대의 이민정책

이러한 차별적 이민정책에 대해 좌파 성향의 정치집단은 강하게 반발했다. 1981년 5월, 오랫동안의 우파 집권을 마감하고 프랑수아 미테랑(Francois Mitterrand) 대통령의 사회당 정권이 들어섰다. 이와 함께 이민자들에 대한 그동안의 여러 가지 차별 정책에 적지 않은 변화가 일어난다. 당시 미테랑 정부는 13만 명의 불법 이민자에게 합법적인 체류지위를 부여했고, 가족 재결합과 관련한 여러 가지 제한조치를 해제하여 25만 명의 추가 이민자를 받아들였으며, 이민자들에 대한 사회경제적 처우를 개선하는 조치를 취했다.

그러나 1980년대 중반 이후 프랑스 경제가 여러 가지 어려움에 처하게 되면서 이민자들에 대한 사회적 분위기는 크게 변하기 시작했다. 이민자들의 유입에 매우 비판적인 극우 정당인 '국민전선(FN, Front National)'(오늘날의 국민연합[RN, Rassemblement National]의 전신)이 약진하기 시작했고, 제도정치권 내에서는 좌우 관계없이 불법이민을 용납하지 않는 분위기가 팽배해졌으며, 이는 이민자 통합을 더욱 어렵게 만들었다.

• 1990년대~2000년대의 동화주의적 이민자 통합 정책

1993년 내무장관인 샤를 파스쿠아(Charles Pasqua)가 주도해서 입안한 '파스쿠아 법(lois Pasqua)'은 외국인들의 국적 취득을 제한하는 등 이민자들에게 크게 불리한 내용을 담고 있었다. 그리고 1995년부터 집권한 자크 시라크(Jacques Chirac) 대통령의 우파 정부(1995~2007)하에서 다시 통제적인 이민정책과 보수적인 이민자 통합정책이 부활되었다.

2002년 5월 재선에 성공한 시라크 대통령은 그해 10월 이민자들에 대한

새로운 사회통합 정책으로 '통합수용계약'이란 것을 실시하게 된다. 이 정책은 프랑스의 동화주의적 이민정책을 보여주는 대표적인 조치다. 아래 박스에서 통합수용계약 프로그램과 2003년 이후 프랑스 이민자 통합정책에 대한 자세한 설명을 참조할 것.

참고자료

2002년의 '통합수용계약(CAI, Contrats d'Accueil d'Intégration)'

- '통합수용계약'은 신규로 국적을 취득하는 이민자와 프랑스 정부 간에 맺어지는 양자계약이다.
- 이 계약에 따르면 신규 국적 취득자는 프랑스어 능력을 키우고 시민성을 함양하기 위한 일정한 교육과정을 반드시 이수해야 하며, 정부는 이들의 프랑스어 능력을 평가해 상응하는 프랑스어 수업을 제공해야 한다.
- 이 조치를 통해 프랑스 정부는 신규 국적 취득자들이 새로운 국민적 정체성을 획득하기를 기대한다.
- '통합수용계약'은 대표적인 '동화주의' 정책의 하나이다. 프랑스 정부는 이 프로그램을 통해 소수의 이민자 집단이 언젠가는 프랑스의 주류 집단에 동화될 것으로 기대한다.

2003년 이후 이민자 통합정책

- 2003년 4월에는 '통합수용계약'에 국가가 일부 부담금을 제공하는 정책을 새로 도입했는데, 프랑스어교육 및 시민교육, 개인차를 고려한 사회적 지원, 프랑스 생활교육, 고용지원 등을 통해 새 이민자는 공화국의 가치와 제도들을 습득하도록 유도하고 있다.
- 2006년에는 '이주와 통합에 관한 법률'이 제정되어 결혼에 의한 국적취득 기간을 종래의 2년에서 4년으로 연장하고, 이민자의 가족결합에 필요한 거주기간 역시 12개월에서 18개월로 연장했다.

프랑스 다문화 정책의 원칙

프랑스 이민자 사회통합정책의 근간은 '동화주의'적 관점에 기초하고 있다. 프랑스는 인종적, 민족적, 문화적 다양성을 프랑스적 가치, 즉 '공화주의'적 가치와 전통에 통합하고자 오랫동안 동화주의 정책을 펴 왔다. 공화주의(Républicanisme)는 평등한 개인들의 집합체로서 하나의 정치공동체를 상정하고, 이 정치공동체의 구성원, 즉 시민은 인종이나 민족에 상관없이 누구라도 그 자유와 권리가 인정되어야 한다고 보는 정치사상이다,

이러한 프랑스의 '공화주의적 전통'은 '사적 영역'과 '공적 영역'을 분명히 구분하고, 공적(公的) 영역에서의 시민의 권리와 평등, 그리고 공공선을 매우 중요한 가치로 여기고 이를 적극적으로 수호하려 한다. 반면에 사적(私的)인 영역은 가능한 국가가 개입하지 않으려 하는데, 예컨대 개인의 민족, 문화, 종교적 정체성 등의 사안은 공적 영역이 아니라 철저하게 사적 영역으로 취급되어 국가의 개입을 받지 않는다(최종렬 외, 2008; 한승준, 2008; 김복래, 2009; 김남국, 2010).

이처럼 프랑스의 공화주의적 전통은 자연스럽게 다문화주의 관점 중에서도 '자유주의적' 입장과 긴밀하게 연관되는 것이다. 그러나 공화주의가 자유주의와 다른 점은 자유주의적 전통에서는 국가가 중립적 조정자로서 가능한 한 시민사회에 개입하지 않으려 하는데 반해, 공화주의적 전통에서는 국가는 정치과정의 중요한 주체로서 전체 정치공동체가 지향하는 핵심 가치를 수호하고 육성하기 위해서라도 시민사회에 적극 개입한다는 것이다(김남국, 2010).

이러한 공화주의 전통하의 프랑스에서는 이민자나 외국인 개개인이 자신의 가정이나 사생활의 공간에서 신앙생활을 어떻게 하든, 어떤 옷을 입고 다니든, 어떤 문화적 취향을 보이든 이는 전적으로 개인의 자유에 속하는 문제가 된다. 그러나 공공(公共)의 영역에서는 이야기가 달라진다. 학교나 직장, 군대 등 공적인 공간에서는 프랑스의 주류 문화와 전통에서 크게 벗어나는 사고방식이나 생활양식을 지켜나가기가 어려운 게 프랑스다. 또한 누구라도 공공 영역에서 특수한 인종적, 민족적, 문화적 이유로 특별대우를 받지 못한다.

프랑스는 최근까지만 해도 문화적 동질성과 단일성이 사회적 규범으로 간

주되어 왔으며, 문화적 다양성이 그리 환영받지 못해온 편이다. 그런 점에서 프랑스의 다문화 정책의 기본 기조는 동화주의라고 할 수 있다. 그러나 1970년대 이후 무슬림 이민자를 중심으로 비유럽계 이민의 대량 유입은 프랑스의 이민정책과 다문화 정책의 특성을 단순하게 '동화'로 규정하기 곤란하게 만들었다. 영국과 같은 다른 유럽 국가와 마찬가지로 프랑스에서 인종적·문화적 다양성이 증대되면서 '동화주의'는 시대에 뒤떨어진 원리로 취급받게 되었다.

이런 이유로 현재 프랑스의 이민정책과 다문화 정책을 가리키는 용어로 '동화(assimilation)'라는 말보다 '통합(intégration)'이란 용어가 더 선호되고 있다. 프랑스에서 '동화'는 프랑스 사회에 완전히 통합되기 위해 이민자들이나 외국인들이 자신의 문화적 정체성이나 전통, 관습 등을 완전히 포기하는 것을 전제한다. 반면에 '통합'은 자신의 언어, 종교, 문화와 정체성을 유지하면서 프랑스 사회가 요구하는, 프랑스 '시민(市民)'으로서 지켜야 할 프랑스적 가치와 규범, 그리고 전통을 준수하는 것을 의미한다(박단, 2006b; 2007; 최종렬, 2008: 104~105).

프랑스의 국적법

일반적으로 국적법에는 두 개의 전통이 존재하는데, 프랑스에서 발전된 '속지주의(屬地主義)' 전통과 독일에서 발전된 '속인주의(屬人主義)' 전통이 있다. '속인주의'는 국적 취득의 원칙을 혈통으로 보려는 입장이고, '속지주의'는 국적 취득을 출생지에 근거해서 부여하려는 입장이다. 속인주의는 독일뿐만 아니라 대부분의 서구 국가에서 국적법의 원칙으로 받아들여지는 반면, 프랑스는 1854년 국적법이 제정된 이래 속지주의에 입각한 국적법의 전통을 이어오고 있다.

1789년 프랑스혁명 직후에 반포된 프랑스의 '인권선언' 제 1조는 '모든 인간은 태어나면서부터 자유롭고 평등한 권리를 가진다.' 라고 규정하고 있다. 인간은 누구나 자유롭고 평등하게 태어났으므로 인종·민족·혈통, 그리고 출신 지역과 종교 등을 불문하고 프랑스에서 태어나 살고 있는 사람은 누구나 똑같은 권리를 누릴 수 있다는 것이다. 이러한 공화주의 원칙에 따라 프랑스에서는 프랑스에서 태어나서 교육받은 사람이면 부모의 국적과는 상관없이 원칙적으로 누구나 프랑스 국적을 취득할 수 있다.

프랑스의 국적법은 또한 이중국적을 허용하고 있다. 프랑스의 경우 이중국적을 법률로 명문화하고 있지는 않지만 민법 제 23조는 '본인이 국적 상실을 신고하지 않는 한 이중국적을 보유한다.' 라고 명시하고 있다. 프랑스의 국적법은 프랑스인과 외국인이 결혼해 자녀가 태어나면 그 자녀는 프랑스 국적은 물론 외국인 배우자의 국적법에 따라 그 나라 국적도 얻도록 허용하고 있다(최종렬 외, 2008: 110~112).

그러나 1993년의 '파스쿠아 법'은 속지주의 원칙에 근거한 프랑스의 국적 부여의 원칙을 제한하는 내용을 담고 있다. 즉, 프랑스에서 태어난 외국인의 자녀라 해서 자동적으로 시민권을 부여하는 것이 아니라, 이들이 만 18세가 되었을 때 프랑스 국적 취득의 의사를 표명해야 하고, 그로부터 5년 동안 프랑스에 거주해야 하며, 이 기간 동안 범죄 기록이 없을 경우에만 국적을 부여하게 된 것이다(김남국, 2010). 이는 프랑스 국적법의 속지주의 전통에 앞으로 상당한 변화 가능성이 있음을 예고하는 것으로 볼 수 있다.

프랑스 다문화 정책의 한계와 문제점

- 무슬림 이민자들의 유입

앞서 언급한 바와 같이 신(新) 이민자 집단, 즉 1950년대 이후에 프랑스에 유입되어 들어온 이민자들 중에는 이슬람교를 믿는 무슬림 이민자들의 수가 크게 늘어났다. 이들의 대부분은 북아프리카의 마그레브 지역에서 이민 온 아랍인들과 베르베르인들이다. 프랑스에서 다문화 사회의 존재가 일반인들에게 크게 인식되기 시작한 것도 바로 1970년대 이후 이들 무슬림 이민자들이 대거 이민 오기 시작하면서부터인데, 그 이유는 이들 무슬림 이민자 집단이 주류 프랑스인과 인종적, 종교적, 문화적으로 확연하게 구분되는 특징을 보였던 때문이다.

기존에 벨기에, 이탈리아 등 유럽 내의 다른 지역에서 온 이민자들이 프랑스인과 문화적, 종교적 가치관을 상당히 공유하는 관계로 프랑스 사회에 무리 없이 동화된 것과는 대조적으로, 1970년대 이후 새로 등장한 비유럽 출신 무슬림 이민자들은 문화와 종교의 차이 때문에 주류 사회에 쉽게 통합되지 못했다. 이들은 또한 사회경제적으로도 프랑스의 내국민들과 차이가 났다. 이들 대부분은 저임금의 육체노동에 종사했고, 가난했으며 사회경제적으로 소외되었다. 이들의 거주지역 또한 대도시 외곽에서 주류 집단과 분리된 일종의 게토(ghetto)를 이루면서 거주했다. 이들의 자손인 이민 2세대와 3세대들도 대부분 프랑스 사회에 쉽게 통합되지 못하고 사회 하층민으로 전락해서 소외된 삶을 영위해 나갔다.

아래에서는 프랑스의 이민자 통합정책 또는 다문화 정책의 한계를 1990년대 이후 최근까지 벌어진 대표적인 두 사건을 중심으로 살펴보기로 한다. 하나는 '히잡 사건'이고, 다른 하나는 '이민자 폭동'이다.

- 히잡 사건

공화주의적 원칙하에 시행되는 프랑스의 동화주의적 다문화 정책은 여러 가지 사회문제를 낳고 있다. 우선 '히잡 사건'이란 걸 예로 들어 프랑스의 공화주의적 다문화 정책이 어떤 문제점을 낳고 있는지 살펴보자.

'히잡(hijab)'이란 무슬림 여성들이 머리와 상반신을 가리기 위해 쓰는 스카프로, 공공장소에서는 이를 착용하는 게 이슬람의 전통이다. 프랑스에서 '히잡 사건'이란 바로 프랑스에 거주하는 무슬림 여성들이 학교 등 공공장소에서 히잡 착용을 고집하는 바람에 사회적으로 문제가 된 사건들을 말한다.

1989년 이후 최근까지 이런 일이 여러 차례 반복되고 있는데, 1989년의 사건의 개요를 살펴보면 다음과 같다. 1989년 9월에 파리 근교의 한 중학교에서 세 명의 무슬림 여학생이 수업시간에 히잡을 착용했다는 이유로 학교에서 추방된 사건이 일어났다. 그 학교는 전교생 876명 중 500명가량이 마그레브계 이민 2세 또는 3세였다고 한다.

이후 이 사건은 교실 안에서는 히잡을 착용할 수 없지만, 복도와 계단 등 교실 밖에서는 히잡 착용을 허용하는 것으로 정리되었고, 추방된 학생들의 복교를 허용하는 선에서 일단락되었다. 한편 당시 프랑스의 최고행정재판소는 '교내에서 히잡을 착용할 수는 있지만, 종교적 선동이나 선전으로 해석될 경우 퇴학시킬 수 있다.' 는 매우 애매모호한 판결을 내놓았다.

그러나 이 사건은 그 후 계속해서 프랑스 사회에 큰 반향을 일으키고 사회적인 논쟁거리가 되었다. 2003년 들어 또 다른 '히잡 사건'이 발생하자, 프랑스 의회는 마침내 2004년 3월 '종교적 상징물 착용 금지법'이란 걸 통과시키게 되었고, 이를 계기로 많은 학생들이 퇴학당하는 사례가 발생했던 것이다.

무슬림 여성들의 히잡 착용은 단순한 패션의 문제가 아니다. 이 문제가 얼마나 심각한 문제인가 하는 것은 당시 프랑스 국민들의 83%가 무슬림의 히잡 착용을 '프랑스의 문화와 전통을 심각하게 위협하는 이슬람 근본주의 세력의 도전'으로 이해하고 있다는 점에서도 알 수 있다. 다시 말해 프랑스혁명 이후 '교회와 국가의 분리'라는 세속주의 원칙하에 공공영역에서 종교의 역할을 허용하지 않았던 프랑스에서 무슬림의 '히잡 착용' 논쟁은 '공화주의에 대한 중대한 도전'으로 간주되었던 것이다.

• 이민자 폭동

2005년 10월 27일부터 약 20일간 프랑스 전국 약 300개의 도시와 마을에서 무슬림 청년들의 폭력적인 소요사태가 일어나는데, 수천 대의 자동차와 수많은 공공건물이 불타고 두 명의 사망자를 포함 수백 명이 부상하는 등 이 사태는 매우 과격하고 폭력적으로 진행되었다. 그 결과 1,500여 명이 체포되었으며, 프랑스 정부는 3개월여의 기간 동안 비상사태를 선포하기에 이르렀다. 이 소요사태를 계기로 프랑스에서는 기존의 이민자 정책과 사회통합 정책을 전면적으로 재검토해야 한다는 요구가 커졌다(박단, 2006b; 최종렬 외, 2008: 102~103).

그러나 프랑스에서 이민자들에 의한 폭동은 그 이후에도 계속 이어졌다. 2006년 3월에는 파리 외곽의 생드니(Saint-Denis)시에서 폭동이 발생했는데, 150명에 달하는 폭도가 도심의 상업지역으로 몰려가 3시간 동안 가게 유리창을 부수고 각종 물품을 털어가는 사건이 벌어졌다. 2007년 11월에는 프랑스 파리 북부의 한 도시에서 무슬림 청년들에 의한 폭동이 발생했는데, 이 폭동은 2005년의 폭동보다 훨씬 더 격렬하게 전개되었다. 이번에는 시위자들이 경찰에 총을 발사하기도 했다.

이러한 무슬림 이민자들의 대규모 폭동은 프랑스의 동화주의적 통합정책과 차별금지정책의 한계를 여실히 드러낸 것으로 파악할 수 있다. 이민자 폭동은 첫째, 프랑스가 오랫동안 추구해온 동화주의적 이민자 통합정책이 적어도 '프랑스의 주류 집단과 문화적으로 차이가 큰 무슬림 이민자 집단'에게는 그리 효과적이지 못하다는 것을 보여준다.

둘째, 프랑스에서의 이민자 폭동에는 무슬림 이민자들이 겪는 사회경제적 불평등, 또는 '결과에서의 불평등'이 크게 작용한다. 프랑스의 다문화 정책은 이민자들에게 사적 영역에서 문화와 종교적 특수성은 인정하고 그 자유를 허용해 주고 기회의 평등은 제공했지만, 결과로서의 평등에 대해서는 외면해 왔다. 이민자들의 폭동은 그 결과라고 하겠다(박단, 2006b; 한승준 2008).

• 프랑스 다문화 정책의 전망

향후 프랑스의 이민자 사회통합정책이나 다문화 정책은 '다문화주의'의 이념을 어느 정도 받아들이기는 하겠지만, 스웨덴이나 호주에서 보듯이 급격하게 다문화주의로 전환될 것 같지는 않다. 이렇게 보는 이유는 프랑스의 사회적 분위기가 전반적으로 이민자들에 대해 부정적이고 배타적이며, 정치지형 또한 좌파적 성향에서 우파 또는 중도로 선회하고 있기 때문이다.

먼저 2007년 5월부터 5년간 집권했던 니콜라 사르코지(Nicolas Sarkozy) 대통령이 이끌던 우파 대중운동연합(UMP, Union pour un Mouvement Populaire) 정부의 다문화 정책에 대해 살펴보자. 사르코지 대통령은 이민자들에 대한 '불관용'(제로 톨레랑스, zero tolerance) 정책으로 유명한 사람이다. 그는 이미 자신이 내무장관으로 있던 2005년 10월에 일어난 무슬림 이민자들의 폭동 당시, 폭동에 가담했던 무슬림 청년들을 '쓰레기'로 불러 화제가 되기도 했다. 그는 2005년과 2007년의 이민자 소요사태에서 타협 없는 강경한 진압 정책을 펼쳤다. 사르코지 집권하의 우파 정부는 이민의 억제, 국적 취득의 통제, 통합 교육의 강화 등 사회통합을 보다 효과적으로 작동시킬 수 있는 정책들을 강한 의지를 가지고 추진했다.

이러한 제한적 다문화 정책은 프랑수아 올랑드(François Hollande)의 좌파 사회당 정권(2012.05~2017.05)하에서도 큰 변화를 보이지 못했다. 현재 대다수의 프랑스인들은 유럽의 일반적인 '다문화주의' 정책의 최대 약점으로 지적되고 있는 국가 정체성의 약화와 다양한 문화집단들 사이의 갈등으로 인한 사회적 분열을 크게 우려하고 있다. 이러한 여러 가지 사회적·정치적 제약 때문에 에마뉘엘 마크롱(Emmanuel Macron)의 중도 REM 정부는 그 이민정책이나 다문화 정책에서 별다른 획기적인 변화 없이 기존의 동화주의적 기조를 그대로 유지하고 있는 것으로 보인다.

3. 일본의 다문화 현황과 정책

일본의 사회적·역사적 배경

일본의 민족구성

일본 국민은 대부분 일본인으로 구성되어 있다. 일본은 한국과 더불어 세계 여러 나라 중에서 그 주민의 민족적 동질성이 가장 높은 나라의 하나인데, 다른 많은 나라들과 비교해 볼 때 민족적 구성이 상대적으로 단순하고 소수민족의 비율도 아주 낮은 편이다.

현재 일본 인구는 1억 2,700만 명 정도인데(2016년 현재, 세계은행 자료), 이들의 대부분이 일본인으로, 일본인이 전체 인구의 98.5%를 차지한다. 그러나 이 일본인에는 전통적인 부락민, 류큐인, 아이누인 등 소수민족 집단들이 포함된다.

'부락민(部落民),' 또는 일본 말로 '부라쿠민'은 일종의 천민집단으로 일본에서 가장 큰 규모의 소수민족집단이지만, 인종적·문화적으로 주류 일본인과 별 차이가 없어 굳이 따로 구분하지 않는다. 한편, '류큐(Ryukyu)인'은 오키나와(Okinawa)섬을 비롯한 류큐 제도(Ryukyu Islands)에 거주하는 원주민이고, '아이누(Ainu)인'은 일본 북부 홋카이도(Hokkaido)섬에 거주하는 원주민이다(<그림 11-3> 참조).

<그림 11-3> 일본 지도

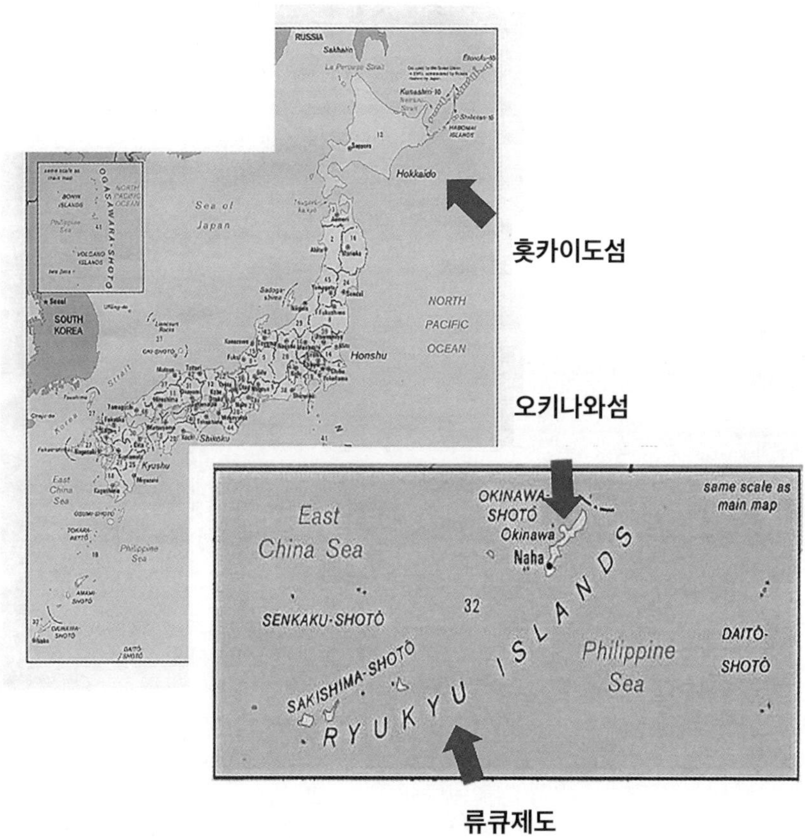

이들 일본인 외에 나머지 1.5%, 즉 190만 명에 달하는 주민들은 이민자 또는 그 후손들이다. 이들은 60만명 정도의 한국인, 56만 명의 중국인, 23만 명

의 브라질인, 그 외에 필리핀인 등 세계 여러 곳에서 유입되어 온 이민자들로 구성되어 있다. 아래에 제시된 <표 11-3>에서 일본 내의 소수민족 집단에 대해 자세히 살펴보고, 외국인 이민자들 중 재일 한인과 최근의 이민자 집단에 대해 살펴보기로 한다.

<표 11-3> 일본 내의 주요 소수민족과 외국인 이민자

구분		특성
일본 내 소수민족	부락민	- 가장 큰 규모의 소수민족 집단 - 현재 일본 내 6천여 개의 부락에 300여 만 명이 있는 것으로 추정 - 일종의 천민집단으로 간주됨. 엄밀한 의미에선 민족집단이라기보다 일종의 카스트 집단이라 볼 수 있음 - 주류 일본인과 인종·언어·문화적으로 별 차이가 없어 대체로 따로 구분하지 않음
	류큐인	- 일본 남부 류큐 제도(행정구역으로 오키나와현)에 오랫동안 정착해 살아오고 있는 민족으로 오키나와(Okinawa)인이라고도 부름 - 이들은 인종적으로 본토의 일본인과 구분됨 - 대부분 일본에 거주하나 대만, 하와이, 캘리포니아, 캐나다 등에도 일부 살고 있음 - 총 인구수는 130여 만 명으로 추정
	아이누인	- 일본 북부 홋카이도섬에 거주하는 원주민 - 인구수는 약 2만 5천 명 정도 - 일부는 러시아 영토인 쿠릴열도와 캄차카반도에도 거주함 - 오랫동안 일본 사회에서 주류 일본인으로부터 철저하게 분리·배제되어온 소수민족 집단으로주로 관광객을 상대로 하는 직업에 종사하고 있음

구분		특 성
외국인 이민자	재일 한인	- 대부분 일제 식민지 시대에 일본으로 건너간 한국인들의 후손 - 식민지시기에 노동이민이나 강제징용으로 일본에 건너갔던 200여 만 명의 한인 중, 해방 후에도 여러 이유로 귀국하지 못하고 일본에 체류하게 된 약 60여 만 명의 사람들이 오늘날 '재일 한인' 집단을 이루고 있음. - 이들 대부분은 오랫동안 귀화하지 않고 외국인(비국적자)으로 살아오면서 다른 일본인으로부터 차별을 받아 왔음 - 그러나 시간이 지날수록 재일 한인의 내부구성도 바뀌어 현재는 2~4세가 주류를 이루고 있으며, 그 80% 이상이 일본인과 결혼하고 있고, 일본인으로의 귀화도 꾸준히 증가하고 있음
	재일 중국인 등 구 이민자	- 1970년대까지 일본에 들어온 이민자들 - 주로 중국, 대만 등으로부터 유입되어 왔으며, 재일 한인과 더불어 대부분 '구 이민자'에 속함
	신 이민자 (뉴커머)	- 1980년대 이후 일본에 들어온 이민자들 - 그 비중은 중국, 브라질, 필리핀, 페루, 미국 등의 순임

일본 이민의 역사

다음으로 현대 일본의 이민 역사에 대해 살펴보기로 한다. 20세기에 들어와서 지금까지 외국인의 일본으로의 유입은 크게 두 시기로 나누어 이루어졌다. 첫째는 20세기 초부터 1970년대까지이고, 둘째는 1980년대 이후 지금까지다. 1970년대까지의 이민자들을 올드커머(old-comer) 즉, 구(舊) 이민자라 부르고, 1980년대 이후의 이민자들을 뉴커머(new-comer), 즉 신(新) 이민자라 부른다.

1910년대부터 1945년 제2차 세계대전이 끝날 때까지는 주로 일본의 식민지였던 한국과 대만, 중국 등지에서 많은 한국인들과 중국인들이 고용의 기회를 찾아 일본으로 이주해 들어왔다. 특히 2차대전 기간에는 징병과 징용 등의 형태로 많은 한국인과 중국인들이 강제로 일본으로 끌려가서 강제노동에 동원되었다. 이들이 2차대전 이후에도 그래도 남아 오늘날 재일 외국인의 주류를 이루고 있다.

그러나 이러한 외국인 이주민의 존재에도 불구하고 일본의 문화적 전일성(全一性)은 전혀 영향을 받지 않았다. 우선 이들 재일 한인, 재일 중국인 외에는 외국인이 많지도 않았고, 재일 한인이나 중국인은 스스로 밝히지 않는 한 일본인과 외모상으로 구별하기가 곤란했다. 또한 주류 일본인과 인종적으로 구분되는 아이누인이나 류큐인은 그 수가 적기도 하거니와 특정 지역에 집중해서 살고 있었다. 이런 이유로 인해 일본의 대부분의 지역에서 일반 내국민 일본인들이 '체감'하는 인종적·민족적 다양성은 실제보다 훨씬 더 작았다고 할 수 있다. 그래서 제2차 세계대전 이후 1970년대까지만 해도 적어도 민족문제에 관한 한 일본은 '단일민족' 사회처럼 보일 수 있었다. 또한 우리나라처럼 일본도 '단일민족' 이념이 정치사회적으로 강하게 지배해 왔다.

그러나 1980년대부터 전 세계적인 글로벌리제이션의 영향을 받아 일본 사회가 본격적으로 개방되고 국제화되면서 일본의 민족적 구성에는 커다란 변화가 나타났다. 특히 1980년대 이후 본격화된 인적 교류와 노동력의 이주는 일본 사회를 하루가 다르게 다민족·다문화 사회로 만들고 있다.

그 결과, 제2차 세계대전 이후 오랫동안 민족문제와 관련해 큰 변화가 없었던 일본 사회는 현재 이념적 차원에서나 제도적 실천 면에서 커다란 도전에 직면하고 있으며, '민족문제'에 대한 대처는 향후 일본 사회의 생존에 매우 중요한 과제가 될 것이 분명하다. 일본 사회의 이러한 변화는 우리나라와 매우 유사한 면을 띠고 있다 하겠다.

일본의 다문화 정책

1970년대까지의 일본의 소수민족 정책

1970년대까지 소수민족이나 이민자, 외국인 주민에 대한 일본의 관점과 정책은 기본적으로 '민족적 동질성 신화'에 입각해 있었고, '분리와 배제' 정책 또는 '동화 정책'에 입각해 있었다. 우리나라도 오랜 기간 그러했지만, 일본의 경우에도 공식적 이념 차원에서 '민족적 동질성'에 대한 믿음은 현대 일본 사회의 확고한 신화 중 하나다. 즉, '일본은 민족적으로 동질적인 사회'이며, '일본은 어떤 민족문제에서도 해방되어 있다'라는 입장인 것이다. 이는 일반 일본인들의 생각일 뿐만 아니라, 일본 정부의 기본 입장이기도 하다.

이러한 일본의 '동질성 신화'가 잘 드러나는 것은 1960년대와 1970년대에 유행했던 '니혼진론' 즉 '일본인론(日本人論)'이란 것이다. '일본인론'은 1960~70년대에 일본 사회에서 '일본인'과 '일본문화'를 강조하는 일종의 문화적 유행으로 나타났다. '일본인론'의 중요한 명제 중 하나는 바로 '일본인의 인종적·문화적·언어적 동질성과 순수성'이다. 물론 일본 내에 부락민, 아이누인, 류큐인, 재일 한인을 비롯해 다양한 소수민족집단이 존재하지만, '일본인론'은 애써 이를 외면하고 그 의미를 축소했던 것이다.

이러한 민족적 동질성에 대한 지배적 믿음에도 불구하고 앞에서 살펴본 것처럼 일본 사회에는 다양한 소수민족집단이 존재해 왔다. 이들 소수민족집단에다 재일 한인 등 외국인 이주민 집단을 합치면 600만 명이 넘는다. 전후(戰後) 일본 정부의 공식적 입장은 이들 소수민족집단의 존재를 부정하거나, 또는 이들을 주류 일본 사회로 동화시키려는 '동화주의' 정책으로 특징지을 수 있다.

참고자료: 일본의 전통적 소수민족 정책

- 예를 들어 법적 지위가 외국인임에도 불구하고, 대다수의 재일 한인이 사적 영역에서 쓰는 '본명(本名)'과 별개로 일본식 이름을 쓰고 있는데, 이것은 이들이 느끼는 일본의 동화주의 압력이 결코 만만치 않음을 보여준다.
- 일본에서는 재일 한인이 '본명 선언'을 하게 될 경우, 그것은 마치 동성애자가 '커밍아웃'을 하는 것과 같은 정도의 의미를 가진다고 한다.
- 재일 한인은 일본인들과 인종적으로 크게 차이가 나지 않을 뿐만 아니라, 2~4세들은 언어를 비롯해 의식이나 문화적 취향에서도 일본인들과 구분이 잘 안 되기 때문에, 일본학교를 다니고 일본식 이름을 쓸 경우 소수민족으로서의 정체성은 거의 나타나지 않게 된다.
- 부락민의 경우는 거주지역이 대개 분리되어 있어서 의도적으로 알고자 할 경우에는 그 정체를 알 수 있지만, 일상생활의 맥락에서는 보이지 않는 존재가 되어 버린다고 한다.
- 한편, 류큐인이나 아이누인은 인종적으로 구분은 되지만, 아이누인의 경우는 워낙 그 수가 적고, 류큐인도 오키나와 지역에 주로 살고 있기 때문에 '주류' 일본 사회에서 일상적으로 만나거나 인지되는 경우는 매우 드물다.
- 이처럼 기존의 일본의 소수민족이나 재일 한인은 일본 사회에서 거의 '보이지 않는(invisible)' 소수자 집단이 되어버렸고, 이들에 대한 일본 정부의 공식 정책은 '분리/배제 정책' 또는 '동화 정책'으로 규정할 수 있겠다.

1980년대부터의 일본의 다문화 정책

- 신 이민자' 또는 '뉴커머(new comer)'의 등장과 일본의 다문화 정책

그러나 1980년대 이후 일본 사회에서는 이질적인 인구집단이 급격히 증가하기 시작했고, 제2차 세계대전 이후 수십 년간 민족적 구성에 큰 변화가 없던 일본 사회에, 수십만 명이 넘는 외국인 노동자, 결혼이주여성, 인도차이나 반도 출신의 난민 등이 들어와 일본은 '본격적인 다민족 사회'로 이행하게 되었다.

1980년대 이후 일본에 들어오는 이민자들을 일본에서는 '뉴커머(new comer)' 즉 '신 이민자'라 부르는데, 이들 '뉴커머'의 수도 크게 증가하기 시작

했을 뿐만 아니라 그 출신국도 매우 다양해졌다. 2003년 말의 한 자료에 따르면, 외국인 이민자들의 출신국가 수가 무려 186개국에 달했다 한다.

일본에서 '뉴커머'의 출신국별 비중을 보면 중국, 브라질, 필리핀, 페루, 미국 등의 순으로 나타나고 있는데, 이들 '뉴커머'의 수적인 증가로 인해 과거에 비해 일본에서 문화적으로 이질적인 집단이 '눈에 띄는 정도(visibility)'가 매우 커졌다. 인종적으로 일본인과 구분이 안 되고 문화적으로도 거의 동화되어 있던 '올드커머'에 비해, '뉴커머'의 급증은 일상적인 영역에서도 이들의 가시성을 크게 높여 일본이 다문화 사회로 진입했다는 인식을 사회 전반에 크게 확산시켰다.

참고자료: 뉴커머의 독자적 거주 공간

- '뉴커머'들은 도시 중심부나 특정 산업이 분포한 지역에 거주하면서 다른 일본인들과 분리된 자신들만의 거주공간을 만들어 내기도 한다.
- 특정 외국인들은 한 지역에 밀집해 살면서 일본 안에 자신들만의 독자적인 '문화세계'를 만들어내고 있다.
- 예컨대, 브라질인들이 많이 거주하는 군마(群馬)현의 오이즈미(大泉)나 아이치(愛知)현의 도요타(豊田)시 등엔 브라질 레스토랑, 음식재료 상점, 비디오대여점, 브라질인 미용실 등이 갖춰져 있고, 포르투갈어로 된 정보지와 신문·방송도 있으며, 브라질인들만의 사회적 연결망이 형성되어 있다 한다.

• 외국인 노동자의 유입

다음으로 이들 신 이민자(뉴커머) 집단 중에서 외국인 노동자에 대해 좀 더 자세히 살펴보자. 최근 30여 년간 일본 사회에는 노동력 부족에서 기인하는 외국인 노동자들의 유입이 확대되는 현상이 뚜렷하게 나타나고 있다.

일본에서 외국인 노동자 유입의 첫 단계는 1970년대 후반부터 1980년대 중반까지로, 태국, 필리핀 등 동남아시아와 한국, 대만 등으로부터 많은 '불법 노동자'가 유입된 시기다. 한편 이 시기에 일본에 들어온 불법노동자 중 상당수는 여성들로서 흥행비자로 일본에 들어와서 주로 유흥업소나 엔터테인먼트 산업 등에 종사하였다.

외국인 노동자 유입의 두 번째 단계는 1980년대 후반으로 남성 외국인 노동자가 대규모로 들어오기 시작한 시기다. 이 시기의 남성 노동자들은 필리핀, 파키스탄, 방글라데시, 중국, 네팔, 태국, 말레이시아, 인도네시아, 한국, 이란, 이라크 등 아시아 여러 지역에서 들어왔다. 이들은 주로 제조업과 건설업 중에서도 일본인들이 기피하는 3K 산업 현장에서 일하거나 소매업이나 식당, 호텔 등 서비스 업종에 주로 종사했다. (우리가 보통 3D라 부르는 '더럽고 힘들고 위험한[Dirty, Difficult, Dangerous]' 일을 일본에서는 '3K 업종'[기타나이きたない, 기츠이きつい, 기켄きけん]이라 부른다.)

이 시기에 외국인 노동자들이 수적으로 급증하고 과거에 비해 훨씬 가시화되면서 일본에서 '외국인 노동자' 문제가 중요한 사회문제로 대두되기 시작했다. 이 당시 일본 정부는 과거 서유럽 국가들의 경험에 비추어 대량의 외국인 노동자 유입이 결국 장기적인 이민자 집단의 정주(定住)를 초래하지 않을까, 이것이 심각한 정치사회적 갈등의 원인이 되지 않을까 하는 우려에서 소극적인 이민정책을 펼쳤다.

외국인 노동자 유입의 세 번째 단계는 개정된 '출입국관리 및 난민인정법'이 적용되기 시작한 1990년 6월 이후다. 통상 줄여서 '입관법(入管法)'이라 불리는 '출입국관리 및 난민인정법' 개정의 핵심은 외국인 노동자를 양분해서, 전문적 지식과 기술을 가진 사람들의 이민을 확대수용하고 비숙련의 '단순노동자'의 유입을 제한하는 것이다. 즉 전문직종에서는 외국인이 합법적으로 일할 수 있는 범위를 확대하는 한편, '불법' 외국인 노동자를 고용하는 고용주에 대한 처벌을 매우 강화했던 것이다.

• 일본계 브라질인

뉴커머(new comer)의 또 다른 대표적 집단은 일본 말로 '닛케진(日系人)'이라 불리는 '일본계 브라질인'이다. '닛케진'이란 원래 1868년부터 1973년 사이에 다른 나라로 이민 갔던 일본인들의 자손을 지칭하는 말이다. 그러나 일본에 들어와 있는 외국인 노동자와 관련해서 쓸 때는, 특히 남미, 그 중에서도 주로 브라질과 페루 국적의 일본인 후손과 그 배우자를 가리킨다.

일본에서 닛케진의 존재가 크게 부각된 것은 1990년 '출입국관리법' 개정 이후의 일이다. 이 법은 닛케진과 그 배우자에게 취업에 관한 아무런 조건 없는 정주자격(3년마다 갱신가능)을 부여했던 것이다. 이를 계기로 브라질 등 남미 출신의 닛케진이 대거 입국하게 되었고, 특히 그 수가 많았던 '닛케(日系) 브라질인'은 일본 경제에서 가장 중요한 '합법적인 외국인 단순노동자' 집단으로 등장했다.

참고자료: 닛케진의 종사업무 및 특징

- '이들은 주로 제조업 부문의 중소기업이나 대기업의 하청·재하청 기업에 고용되어 일본인들이 더 이상 하고 싶어 하지 않는 '3K 업종'을 담당하고 있다.
- '현재 일본에 거주하고 있는 브라질인은 20만 명이 넘는데 그 대다수가 닛케진이라 한다.
- '닛케진은 일본인의 후손이기 때문에 다른 외국인들보다 일본 사회에 더 잘 통합될 수 있을 것이란 기대에도 불구하고, 문화적으로는 완전히 일본과 다른 남미계 외국인으로서의 행태를 보여주기 때문에 많은 일본인을 당황하게 만들고 있다 한다.
- '이러한 사례에서 보듯이 '닛케진'이 혈통적으로는 아무리 일본인의 후손이라 하더라도, 다른 문화에 태어나서 오랜 기간 그 문화 환경에서 살다 보면 개인들의 문화(사고방식이나 생활양식)가 완전히 달라짐을 알 수 있다.

일본의 다문화주의적 정책의 모색

1990년대 이후 일본 사회에서는 다민족·다문화집단들이 함께 '공생(共生)'할 수 있는 가치관과 제도적 틀을 만들어가야 한다는 목소리가 커지고 있다. 그리하여 일본 사회 내부에서 민족차별을 철폐하고 다문화적 가치와 관행을 마련해야 한다는 여러 가지 이론과 주장들이 나타나는데, "내부의 국제화"니, "다문화 공생(共生)"이니 하는 개념이 등장하고 있는 것이다. 그러나 아직도 여전히 일본의 다문화 정책은 '다문화주의'에 입각한 정책이라기보다 기존의 '동화주의'의 틀에서 벗어나지 못하고 있다 하겠다.

다만 한 가지 고무적인 현상은 중앙정부의 보수적이고 전통적인 다문화 정책에 비해, 오히려 지역사회와 지방정부에서 보다 전향적이고 적극적인 다문화 정책이 시험적으로 적용되고 있다는 점이다. 예컨대 일부 지방정부에서는 외국인 이민자들을 단순히 일시적으로 체류하는 외국인 노동자로 생각하지 않고, 지역공동체의 동등한 일원으로 간주하고 함께 살아가야 할 대상으로 대우하고자 하는 움직임이 나타나고 있다. 그리고 이를 위해 이들에 대한 언어소통 지원, 생활 지원(거주, 교육, 노동, 의료보건, 복지 등의 영역에서)을 지방정부 차원에서 시행하고 있다. 또한 학교현장에서는 다문화가정 자녀를 위해 소위 '민족교사'를 배치하여 이들에게 자국의 민족 교육을 시킨다든가, 보육원에 외국인 보모를 채용하여 활용한다든가 하는 노력을 기울이고 있으며, 지방정부에서도 외국어 가능 직원을 배치하고 각종 자료를 다국어로 간행한다든가 하는 노력을 하고 있다.

학습정리

이 장에서는 프랑스와 일본 2개국을 선정하여 이 두 국가의 다문화 정책의 특성, 그 문제점과 한계를 살펴보고, 이것이 그 나라의 역사적·사회적 특수성과 어떤 연관이 있는지 알아보았다.

프랑스의 경우 공화주의 전통에 입각한 동화주의가 프랑스 다문화 정책의 기조를 이루고 있음을 알았다. 일본의 경우 비교적 동질적인 민족구성과 강력한 민족적 동질성에 대한 믿음으로 인해 일본의 다문화 정책이 상대적으로 소극적인 수준에 머물고 있음을 알았다.

12 세계 각국의 다문화 현황과 정책 5

학습개요

1. 말레이시아의 다문화 현황과 정책
2. 싱가포르의 다문화 현황과 정책
3. 인도네시아의 다문화 현황과 정책

학습목표

1. 말레이시아의 최근 다문화 정책의 특성 및 그 문제점과 한계를 살펴보고, 이것이 말레이시아의 사회적·역사적 특수성과 어떻게 연관이 있는지 알아본다.
2. 싱가포르의 최근 다문화 정책의 특성 및 그 문제점과 한계를 살펴보고, 이것이 싱가포르의 사회적·역사적 특수성과 어떻게 연관이 있는지 알아본다.
3. 인도네시아의 최근 다문화 정책의 특성 및 그 문제점과 한계를 살펴보고, 이것이 인도네시아의 사회적·역사적 특수성과 어떻게 연관이 있는지 알아본다.

1. 말레이시아의 다문화 현황과 정책

말레이시아의 사회적·역사적 배경

말레이시아 개관

말레이시아는 동남아시아에 있는 연방제 입헌군주국이다. 말레이시아는 13개의 주(Negeri/State)와 3개의 연방 직할구(Wilayah Persekutuan/Federal Territory)로 구성되어 있는데, 크게 말레이(Malay)반도 남단 지역과 보르네오(Borneo)섬 북부 지역으로 나뉜다. 전자를 서(西)말레이시아, 후자를 동(東)말레이시아라 부른다.

말레이반도 지역에는 수도인 쿠알라룸푸르(Kuala Lumpur)와 새로이 건설된 행정수도인 푸트라자야(Putrajaya) 등 2개의 직할구와 말라카(Malacca/Melaka), 느그리슴빌란(Negeri Sembilan), 슬랑오르(Selangor), 페락(Perak), 페낭(Penang), 크다(Kedah), 퍼를리스(Perlis), 클란탄(Kelantan), 트렝가누(Terengganu), 파항(Pahang), 조호르(Johor) 등 11개의 주가 위치하고 있다. 한편 보르네오(Borneo)섬에는 사바(Sabah)와 사라왁(Sarawak) 등 2개의 주와 라부안(Labuan) 직할구가 있다(<그림 12-1> 참조).

<그림 12-1> 말레이시아

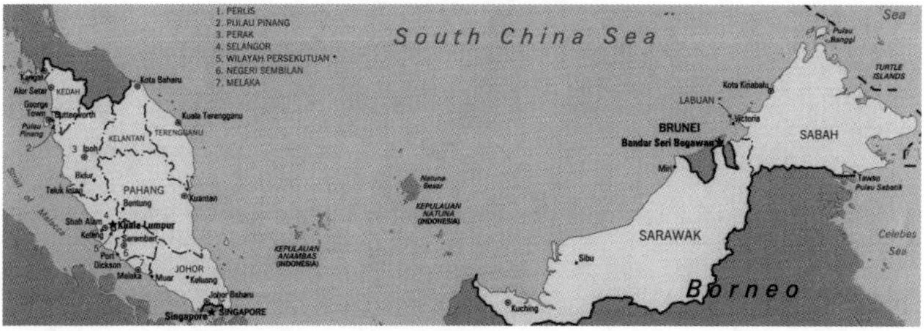

말레이시아는 18세기 말부터 영국의 식민지로 있다가 1957년 영국으로부터 독립했다. 말레이시아의 정치체제는 영국식 의원내각제에 가깝고 하원 다수당의 총재가 총리가 된다. 독립 이후 현재까지 6명의 총리가 정부를 이끌었다. 그 중에 제4대 총리를 지낸 마하티르 모하마드(Mahathir Mohamad, 재임: 1981.07~2003.10)가 집권하던 1980년대와 1990년대에 말레이시아는 급속한 경제성장을 이루었다. 그리하여 2016년 현재 말레이시아의 1인당 국민총소득(GNI)은 9,850 달러로 싱가포르와 브루나이(Brunei)를 제외하면 동남아시아에서 가장 높다(세계은행 자료). 마하티르 총리는 2018년 5월, 93세의 나이로 말레이시아 제7대 총리에 다시 취임했다.

말레이시아의 민족 구성

말레이시아에 거주하는 전체 주민의 수는 2010년 인구 총조사 당시 2,833만 명으로 집계되었다. 이 중 91.8%(약 2,600만 명)가 말레이시아 시민권자이고 나머지 8.2%(약 232만 명)는 체류외국인이다. 말레이시아 국민 2,600만 명의 민족별 구성은 <표 12-1>과 같다.

<표 12-1> 말레이시아의 민족 구성

구분	전체 국민에서 차지하는 비중	인구수
부미푸트라(말레이인)	67.4%	1,750만 명
중국인	24.6%	640만 명
인도인	7.3%	190만 명
기타	0.7%	18만 명

• 부미푸트라(Bumiputra)

말레이시아의 주류 민족집단을 부미푸트라(Bumiputra)라 부른다. '부미푸트라'는 말레이인과 동남아시아에 거주하는 말레이계 원주민들을 통틀어 일컫는 말로 '땅의 아들'이라는 뜻의 산스크리트어에서 유래하고 있다. 이는 말레이계 주민들을 우대하고 비(非)말레이계 주민들을 차별하기 위해 1970년대부터 본격적으로 활용되기 시작한, 다분히 정치적인 명명(命名, naming)이라 할 수 있다.

부미푸트라의 대부분은 '말레이인'이다. 말레이인은 동남아 지역의 대표적인 민족집단으로 말레이시아뿐만 아니라 인도네시아, 브루나이, 필리핀 등에도 거주한다. 부미푸트라의 대부분은 말레이인이지만 말레이인에 속하지 않는 부미푸트라도 적지 않다. 사바 주민의 2/3를 차지하는 사바인이나 사라왁 주민의 반 정도를 차지하는 사라왁인들은 말레이인은 아니지만 부미푸트라의 일원으로 간주되고 있다. 그리고 극소수이긴 하나 말레이시아에는 타이인, 크메르인 등도 거주하는데 이들도 부미푸트라로 분류되고 있다.

한편 부미푸트라 중에는 오랑아슬리(Orang Asli)라 통칭해서 불리는 소수

민족도 있다. 이들은 산간 오지나 밀림 지역에 주로 거주하며, 일반 말레이인들과는 완전히 다른 풍습과 생활양식을 지니고 있다. 오랑아슬리는 서로 다른 언어를 쓰는 18개의 종족집단으로 구성되는데, 이들은 세노이(Senoi)족, 프로토말레이(Proto Malay)족, 네그리토(Negrito)족 등 크게 세 범주로 나누어진다. 말레이시아에 거주하는 전체 오랑아슬리의 수는 대략 13만 명 정도로 전체 인구의 0.5%에 미치지 못한다.

오랑아슬리나 일반 말레이인이나 말레이반도에서 오랫동안 거주해 온 원주민인 것은 마찬가지다. 그러나 말레이인들은 말레이시아의 주류 민족이고, 오랑아슬리는 소수종족집단이기 때문에 이 책에서는 오랑아슬리만 '원주민(natives)'으로 간주하기로 한다. 이는 스웨덴의 경우 사미(Sami)인들만 원주민으로 분류하고, 스웨덴인들은 주류 민족으로 분류했던 것과 같은 이유에서다.

• 중국인

말레이시아는 세계 여러 나라 중에서도 전체 인구 중 중국인이 차지하는 비중이 가장 높은 나라 중 하나다. 말레이시아 전체 국민의 1/4이 중국인이다. 중국인 상인들은 아주 오랜 옛날부터 말레이반도에서 교역에 종사했다. 또한 19세기에는 많은 중국인 자본가들이 이 지역에서 주석 채굴과 고무 재배에 종사해 왔으며, 주석 광산과 고무 농장에서 일할 노동력은 중국 본토로부터의 이주노동자를 통해 확보했다.

그리하여 19세기 말부터 대량의 중국인 계약노동자가 말레이시아로 이주해 와서 주석 산업과 고무 산업 분야에서 일하게 되었고, 더 나아가 싱가포르 등 도시지역에서 상업이나 서비스업에 종사하는 중국인들도 점점 늘어났다. 오늘날의 중국인은 대부분 이 시기에 이주해온 중국인들의 후손이다.

• 인도인

현재 말레이시아에는 190만 명이라는 적지 않은 인도인이 거주한다. 말레이시아는 이처럼 말레이인, 중국인, 인도인, 이렇게 세 개의 주요 민족집단이 정립(鼎立)하고 있는 다민족·다문화 사회다. 인도인이 말레이시아에서 주요 민족집단 중 하나로 자리 잡게 된 데는 영국 식민지 정책의 영향이 크다. 영국은 20세기 초 말레이반도를 지배할 당시 주석 산업과 고무 산업의 노동력 부족을 해소하기 위해 인도인들의 이주를 권장하는 정책을 폈다.

당시 이주해온 인도인들은 대부분 영국인들이 경영하는 주석 광산이나 고무 플랜테이션에서 일했는데. 이들은 주로 인도 남부의 타밀나두(Tamil Nadu) 지역에서 건너온 타밀(Tamil)인들이었다. 한편, 인도인 중에는 벵골 지방에서 건너온 벵골(Bengal)인의 후예들도 적지 않은데, 벵골인은 키가 크고 건장해서 영국 식민지배 당시 주로 군인이나 경찰관, 민간 경비원 등으로 일했다 한다(박승우, 2006).

말레이시아의 언어와 종교

말레이시아의 공용어는 말레이어이지만 영어 사용이 보편화되어 있으며, 그 외에 중국어와 타밀어 등 주요 민족집단의 언어도 폭넓게 통용되고 있다. 말레이어는 말레이시아어(Bahasa Malaysia)라고도 불리는데, 인도네시아어와 유사하다. 그러나 말레이어는 그 구체적인 활용에 있어서 지역마다 차이가 있는데, 예컨대 보르네오 지역에서 사용하는 말레이어는 말레이반도 지역에서 사용하는 말레이어와는 큰 차이가 있다.

영어는 일상생활에서 상용어(常用語)로 널리 쓰이고 있는데, 말레이시아 사람들은 초등학교 때부터 영어 교육을 받는다. 말레이시아에 사는 대부분의 중국인들은 중국어뿐만 아니라 말레이어와 영어 등 3개 국어를 한다. 이들은 표준중국어인 만다린(Mandarin)어 외에 하카(Hakka)어(또는 객가어)나 광둥어 등 자신의 출신 지방의 방언도 사용한다. 말레이시아에 사는 인도인들의 대부분은 인도 남부 타밀 지역 출신으로 힌디어(Hindi)가 아닌 타밀어가 자신들의 모국어다. 그러나 대부분의 인도인들은 영어를 주로 사용하며, 타밀어를 모르는 인도인들도 적지 않다.

말레이시아의 국교는 이슬람교이지만 헌법상 종교의 자유가 보장된다. 말레이시아 헌법 제11조 1항은 '모든 국민은 종교의 자유를 가진다.' 라고 규정하고 있다. 그러나 또한 헌법 제11조 4항은 '이슬람교 이외의 종교를 무슬림들에게 전도하는 것'을 금지하고 있다. 이는 말레이시아에서 이슬람교가 가지는 특수한 위상을 보여주는 것이다. 그리고 교회나 종교단체에 대한 정부의 지원 또한 이슬람교에 편중되어 이루어진다. 그래서 말레이시아에서는 비록 모든 주민이 종교의 자유를 가지나, '무슬림들은 더 많은 자유를 가진다.' 라고들 한다. 이처럼 말레이시아에서 이슬람교의 지위나 위상은 타 종교와는 비교할 수 없을 정도로 우월한 것이다.

말레이시아에는 이슬람교 외에도 불교, 기독교, 힌두교 등의 많은 종교가 있다. 2010년 기준으로 전체 국민의 61.3%가 이슬람교를 믿고, 19.8%가 불교, 9.2%가 기독교, 6.3%가 힌두교, 1.3%가 유교, 도교 등 중국의 종교를 믿으며, 그 외 나머지는 종교가 없거나 기타 종교를 믿는 것으로 조사되었다. 말레이인들은 공식적으로 모두 이슬람교도다. 반면에 중국인들은 대부분 불교나 기독교, 유교, 도교 등을, 인도인들은 힌두교, 기독교, 이슬람교 등을 믿는다.

말레이시아의 역사 개관

말레이시아 반도는 남중국해와 인도양 사이에 위치해 많은 무역상들과 여행객들이 지나다니는 길목으로 고대로부터 동서양 교역의 교차로 역할을 해

왔다. 오랜 옛날부터 이 지역에 거주해 오던 말레이계 원주민들과 외부 지역에서 들어온 외래 상인들 간에는 이미 수 세기에 걸쳐 활발한 교류가 이루어져 왔다. 그리하여 이 지역에는 이미 2~3세기경부터 인도와 중국문화의 영향이 크게 미치기 시작했으며 불교와 힌두교가 사람들 사이에 널리 퍼졌다. 한편 이 지역에 이슬람교가 보급되기 시작한 것은 14세기경 아랍 상인들에 의해서였으며, 이는 말레이시아가 이슬람 국가로 전환되는 계기가 되었다.

유럽인들이 말레이시아에 처음 지배력을 행사하기 시작한 것은 16세기 초의 일이다. 1511년 포르투갈이 유럽 국가로는 처음으로 말라카(Malacca/Melaka, 믈라카)를 점령하여 이 지역을 인도양 교역의 거점으로 활용했는데, 그 후 1641년 네덜란드에 패배하여 물러나고 대신 네덜란드인들이 말라카를 통치하게 된다. 한편 영국이 이 지역에 식민지배의 첫 발을 내디딘 것은 1785년 영국 동인도회사가 페낭(Penang/Pinang, 피낭)을 경영하면서부터의 일이다. 영국은 이후 1819년 싱가포르(Singapore)를 획득했고, 네덜란드와는 협약을 맺어 말라카를 양도받았다. 그 후 1826년 싱가포르, 말라카, 페낭, 이 세 지역을 묶어 영국의 직할령인 해협식민지(Strait Settlements)를 건설하면서 말레이반도에서 본격적으로 '영국령 말라야(British Malaya)' 시대가 개막된다.

영국 식민지 시대에 말라야에서 가장 중요한 두 생산물은 주석과 고무였다. 19세기에 말라야의 경제를 장악하고 있었던 것은 말레이인이 아니라 중국인 자본가들이었다. 이들은 말레이반도에서 주석을 채굴하고 고무를 재배했으며 금융, 상업, 서비스업 등을 지배했다. 이들은 주석 광산이나 고무 플랜테이션에 필요한 노동력을 중국 본토(주로 남중국의 광둥성, 광시성, 푸젠성 등)에서 이민 노동자들을 유치하여 충당했다. 그리하여 1930년대쯤에는 (싱가포르를 포함할 경우) 말레이반도에 거주하는 중국인의 수가 토착 말레이인보다 더 많아지는 인구역전 현상이 일어났다(박승우, 2006).

한편 20세기에 들어오면서 영국계 자본이 영국령 말라야에 본격적으로 들어오기 시작했다. 1920년대부터는 영국인 등 유럽인들이 말라야의 고무 산업을 주도하기 시작했으며, 1930년대부터는 주석 산업에서도 중국계 자본을 제치고 주도세력으로 떠올랐다. 그러나 영국계 주석 광산이나 고무 플랜테이션에서 필요한 노동력은 중국이 아니라 영국의 식민지였던 인도로부터 조달해야 했다. 영국 식민지 당국은 인도인들, 그 중에서도 특히 타밀인들의 말라야로의 이민을 제도적으로 장려했다. 그리하여 1920~30년대에 인도인의 인구가 말라야 전체 인구의 15%를 차지할 정도로 늘어났다(박승우, 2006).

영국의 식민지배하에 나타난 위와 같은 사회경제적 변화가 말레이시아를 다민족·다문화 사회로 만드는 역사적 조건을 형성했다. 말레이시아의 이민 역사에서 영국령 식민지 시대에 말레이시아로 건너온 이들 중국인, 인도인 이민자들을 우리는 '구(舊) 이민자'로 부를 수 있을 것이다. 이들은 1957년 말레이시아 독립 이후, 특히 1980년대 이후 최근까지 말레이시아로 이주해 온 '신(新) 이민자'들과는 구별된다.

말레이시아는 제2차 세계대전 중 일본의 침공을 받게 된다. 일본은 1942년 2월부터 말레이시아와 싱가포르를 3년 반 동안 지배했으며, 일본이 패전으로 이 지역에서 물러난 후 영국이 다시 재점령했다. 말레이시아는 1957년 8월 영국으로부터 완전한 독립을 획득한다.

말레이시아의 다문화 정책

민족 정책 및 이민 정책

독립된 말레이시아에서 인구 규모에서 우세했던 주류 민족집단인 말레이인들이 그 정치적 우위는 겨우 유지할 수 있었지만, 대부분의 사회경제적 영향력은 여전히 중국인들이 장악하고 있었다. 자신들의 경제적 권익과 문화적 정체성을 지키고자 하는 중국인 등 비(非)말레이계 주민들과 이들에 대해 적대적 입장에 있던 말레이인들 간의 갈등은 1969년 5월, 200명 가까운 사망자를 낸 유혈폭동으로 이어진다. 이런 상황에서 말레이시아 정부는 사회경제적으로 열악한 위치에 놓여 있던 말레이인들의 위상을 강화하는 정책을 통해 민족 간 불평등과 사회적 불균형을 해소하고 국민통합을 추구하려 했다. 그러나 사회 불균형을 바로잡으려는 이런 식의 민족 정책은 결과적으로 중국인들이나 소수 민족집단의 입장에서는 인종차별적 정책으로 간주될 소지가 많았다.

1970년 취임한 제2대 총리 압둘 라작(Abdul Razak, 재임: 1970.09~1976.01)은 소위 '부미푸트라 정책'이란 것을 입안했는데, 이는 말레이인들을 우대하고 중국인들을 차별하며 외국인들의 이민을 제한하는 폐쇄적이고 민족차별적인 요소를 담고 있는 정책이었다. 이 정책은 라작 총리의 사망으로 총리직을 계승한 후세인 온(Hussein Onn, 재임: 1976.01~1981.07) 정부에 의해 실현에 옮겨졌는데, 말레이인들과 무슬림들을 정치사회적으로 우대함으로써 중국인들이 말레이인들에 대해 사회적 반감을 갖게 되는 중요한 계기가 되었다.

한편 라작 정부는 '부미푸트라 우대 정책'의 핵심이라 할 수 있는 '신경제정책(NEP, New Economic Policy)'을 수립하여 시행했는데, 이는 1971년부터 1990년까지 20년간의 말레이시아의 장기 경제발전계획이다. 이 정책이 내세우는 주된 목표는 첫째, 민족집단에 관계없이 모든 국민들의 소득을 향상시켜 빈곤을 퇴치하고, 둘째, 각종 산업부문에서의 자본의 소유와 고용의 비율에서 말레이인과 비(非)말레이인 간의 불균형을 해소하며, 셋째, 교육 등 사회적 기회구조에서 민족집단 간 불균형을 완화하는 것 등이다(양승윤 외, 1998: 35~36; 이윤정, 2014). 이 정책 또한 그 내용이 말레이인들에 대한 지나친 우대조치를 담고 있어 비말레이인들의 사회적 불만을 야기하게 되었다.

말레이시아의 이러한 말레이계 위주의 민족정책은 1980년대 이후 조금씩 변화하고 개선되는 모습을 보인다. 마하티르 모하마드(제4대 총리, 재임: 1981.07~2003.10) 정부에서는 부미푸트라 정책의 근간을 유지하면서도 중국인들의 불만을 해소하기 위한 여러 가지 유화 정책을 폄으로써 민족 간 갈등을 완화시키는 결과를 얻어냈다. 제6대 총리인 나집 라작(Najib Razak, 재임: 2009.04~2018.5) 또한 부미푸트라 정책의 변화를 모색해 외국인들에게 가해졌던 지나친 차별을 완화했다. 그러나 그럼에도 불구하고 부미푸트라 정책에 내재되어 있는 민족차별적 요소는 여전히 유지되고 있으며 이는 다문화 사회로서 말레이시아가 계속 고민해야 할 중요한 과제로 남아 있다.

한편 최근 들어 글로벌리제이션이 심화되고 말레이시아가 빠른 속도의 경제발전으로 산업 제 분야에서 노동력 수요가 늘어나자 세계 여러 곳에서 말레이시아로 일하러 오는 이민자들의 수가 증가하고 있다. 뿐만 아니라 말레이시아에는 수준 높은 고등교육 기관들이 많이 있어 유학생들 또한 빠르게 늘어나는 추세다. 이들이 말레이시아의 '신 이민자'의 흐름을 주도하고 있다. 이와 더불어 말레이시아의 이민 정책 또한 과거의 폐쇄적·방어적 입장에서 보다 적극적으로 이민을 유치하고 장려하는 방향으로 변화의 모습을 보이고 있다.

말레이시아의 교육과 교육정책

말레이시아의 교육정책은 문화 다양성을 장려하는 내용과 말레이계 학생을 우대하는 인종차별적 요소를 동시에 포함하고 있다. 말레이시아의 교육제도는 초등 6년, 중등 5년(중학교 3년, 고등학교 2년), 그리고 4년제 정규 대학과정으로 이루어진다. 초중등학교는 대부분 국립(national school)이지만 사립학교의 수도 적지 않다. 국립학교의 경우 중등 과정까지 무상교육이 실시되나, 사립학교의 경우 학비의 개인 부담이 상당한 편이다. 국립 초중등학교에서는 교수학습 언어가 국어인 말레이어와 영어이지만, 사립학교에서는 중국어와 타밀어 등 '민족언어(vernacular)'를 추가로 학습하게 된다. 말레이인의 자녀들은 거의 대부분 국립 초중등학교에 다니지만, 중국계나 인도계 학생들은 경제적 형편이 되는 경우에는 사립인 '민족학교(vernacular school)'에 다니면서 자신들의 고유한 언어와 문화를 유지한다. 그러나 말레이시아 정부의 학교교육에 대한 지원은 국립학교에만 집중되며, 사립학교는 상대적으로 무시되고 있다. 이는 정부 교육정책의 수혜가 말레이계 학생들에게 편중되는 결과를 가져온다(양승윤, 2008; 이윤정, 2014).

초중등교육에서도 그러하지만, 말레이계를 우대하는 요소는 대학교육에서 더 확연히 드러난다. 1969년 '민족폭동' 직후 '신경제정책(NEP)'과 더불어 시행된 제도 중의 하나가 바로 대학입학허가에서 민족별 할당제(Quota System)를 실시하는 것이었다. 말라야대(UM, Universiti Malaya), 말레이시아국립대(UKM, Universiti Kebangsaan Malaysia), 말레이시아기술대(UTM, Universiti Teknologi Malaysia), 말레이시아왕립대(UPM, Universiti Putra Malaysia), 말레이시아과학대(USM, Universiti Sains Malaysia) 등 말레이시아에서 이름 있는 유수의 대학은 대부분 국립대학인데, 이들 국립대학의 입학에 있어서 각 민족집단별로 입학정원을 배정했던 것이다. 이 제도로 인해 말레이계 자녀들은 국립대 입학에서 다른 민족집단보다 우선적으로 입학허가를 받았으며, 중국계와 인도계 자녀들은 상대적으로 불리한 대우를 받았다.

뿐만 아니라 1971년 제정된 '대학법(Universities and University Colleges Act of 1971)'도 말레이계 학생들을 우대하고 중국계와 인도계 학생들을 상대적으로 차별하는 데 기여했다. 대학법은 정부가 대학 운영에 직접 개입함으로써 대학 설립은 물론 교과과정, 대학행정, 학생활동 및 비교과활동 전반에 걸쳐 엄격한 규제를 가하는 것을 그 내용으로 하고 있다(황인원·김형종·김지훈, 2012).

이러한 말레이시아 교육정책에 상당한 변화의 조짐이 나타난 것은 2000년대 이후의 일이다. 먼저 2002년 마하티르 정부에 의해 대학입학 할당제가 폐지되었다. 부미푸트라 우대정책이 궁극적으로 국가 전체의 경쟁력을 약화시킨다는 평가가 그동안 꾸준히 제기되어 왔으며, 특히 교육정책에서의 인종차별적 요소가 가장 큰 비판의 대상이 되어 왔는데, 새로운 정책 변화는 이러한 사회적 논쟁의 결과로 보인다. 한편 2007년에는 '국가고등교육전략계획(National Higher Education Strategic Plan)'이란 것이 채택되었는데, 이는 말레이시아를 세계적인 고등교육시장의 허브로 육성하기 위해 외국인 유학생 20만 명을 유치하는 계획을 포함하고 있다. 2010년 기준으로 말레이시아에는 외국인 유학생 86,000여 명이 재학 중이라 하는데, 이 수는 앞으로 더욱 더 증가할 전망이다(황인원 외, 2012). 이러한 변화 또한 말레이시아가 그 민족적·문화적 다양성이 더욱 증대되고 '다문화주의'가 더욱 확산되는 계기가 될 것으로 보인다.

말레이시아 다문화 정책에 대한 평가

말레이시아의 민족정책이나 이민정책, 교육정책 등을 살펴보면, 그 근간은 다민족 사회로서 말레이시아의 민족적·문화적 다양성에 적절히 대응하고자 하는 다문화주의 정책의 일환이라 할 수 있다. 문화적 다양성이 낮고 단일의 주류 민족집단이 지배적인 우리나라나 일본, 프랑스 등과 비교해 볼 때, 말레이시아의 다문화 정책에는 동화주의적 요소는 찾아보기 힘들다. 그러나 그럼에도 불구하고 말레이시아의 다문화 정책에는 소수 민족집단에 대한 차별적 요소가 내재되어 있다. 비록 그 명분은 사회경제적으로 열악한 주류 민족집단

(말레이인)에게 사회적 기회구조를 더 많이 허용해야 한다는 것이지만, 비(非)말레이계 주민들의 입장에서는 인종차별이라 비판할 수 있는 소지가 충분한 것이다. 이런 점에서 말레이시아의 다문화 정책은 캐나다나 호주, 스웨덴 등과 같은 선진적 다문화 사회의 다문화 정책과는 아직 거리가 멀다고 할 수 있다.

결국 말레이시아는 근대 이후의 그 역사적 배경에서 보더라도 태생적으로 다민족·다문화 사회로 출발했기 때문에 사회의 통합과 단일의 국민국가 건설을 위해서 불가피하게 다문화 정책을 실시할 수밖에 없는 상황이었던 바, 말레이시아의 다문화 정책의 한계점은 바로 여기에 기인한다. 이런 점에서 모든 인간의 존엄성과 개인의 기본권을 보호하기 위한, 그리고 모든 주민의 생각과 말과 정체성을 보호하기 위한 숭고한 목적을 위해 다문화 정책을 펴는 선진적인 다문화 사회로 평가하기에는 아직 부족한 점이 많은 것이다. 다시 말해 말레이시아의 다문화 정책은 사회 통합과 국가 발전이라는 목적을 위한 수단적 성격이 강하며, 적극적이고 전향적인 국가정책이라기보다 수동적이고 방어적인 성격이 강한 국가정책이라고 평가할 수 있다.

2. 싱가포르의 다문화 현황과 정책

싱가포르의 사회적·역사적 배경

싱가포르 개관

싱가포르는 말레이시아의 남쪽, 말레이반도의 끝자락에 위치한 섬나라이자 도시국가다. 싱가포르의 면적은 718제곱킬로미터로 서울시(605Km^2)보다 조금 더 넓다. 싱가포르는 말레이시아와 마찬가지로 영국의 식민지배를 받았으며, 현재는 영국식 의원내각제를 채택하고 있는 공화국이다.

싱가포르의 인구는 2016년 기준 560만 명이며, 2016년 1인당 국민총소득(GNI)이 51,880달러로 호주, 아일랜드에 이어 세계 주요국 중 11번째로 높은 아시아의 대표적인 선진국이다. 싱가포르의 인간개발지수(HDI: Human Development Index)는 2015년 기준 0.925로 전 세계에서 5위, 아시아에서 1위를 차지할 정도로 높다. 참고로 일본은 0.903으로 세계 17위, 한국은 0.901로 세계 18위다(UNDP, 2016).

싱가포르의 민족 구성

싱가포르의 민족구성은 중국인 74.3%, 말레이인 13.4%, 인도인 9%, 기타 3.2%로 이루어져 있다(2017년 기준). 말레이시아와 달리 싱가포르에서는 중국인이 주류 민족이고, 말레이인은 소수민족에 속한다. 여기서 '인도인'의 범주에는 인도인뿐만 아니라 파키스탄, 방글라데시, 스리랑카 사람들도 포함되므로 '남아시아인'이라 부르는 게 더 정확할 것이다. 기타 소수민족으로는 유럽계 백인, 일본인, 필리핀인, 베트남인 등이 있다(CIA, World Factbook 자료).

싱가포르의 언어와 종교

싱가포르에서는 영어, 중국어, 말레이어, 타밀어, 이상 네 개의 언어가 모두 공용어(公用語)로 지정되어 있다. 이런 점에서 싱가포르 또한 명실공히 다민족·다문화 사회인 것이다. 중국어는 표준중국어인 만다린어가 공용어지만, 광둥어, 푸젠어(민난어), 차오저우(潮州)어(Teochew) 등 각 지방의 방언들도 일상생활에서 많이 쓰이고 있다. 2015년 기준으로 일상생활에서 가장 많이 사용하는 언어를 살펴보면, 전체 주민의 36.9%가 영어를 제1언어로, 34.9%가 표준중국어(만다린어), 12.2%가 중국어 방언을, 그리고 10.7%가 말레이어, 3.3%가 타밀어를 제1언어로 사용하고 있으며, 기타 언어 사용자는 2%로 나타난다(CIA, World Factbook 자료).

한편 종교의 분포를 보면 불교도가 전체 주민의 33.2%, 기독교도가 18.8%, 무슬림이 14%, 도교 신자가 10%, 힌두교도가 5%, 기타가 0.6%, 종교가 없는 사람이 18.5%로 추정된다(2015년 기준; CIA, World Factbook 자료). 중국인은 불교, 기독교, 도교 등을 믿는 반면에, 말레이인들은 모두 무슬림이다.

싱가포르의 역사 개관

1819년 영국의 동인도회사가 싱가포르 남쪽 지역에 항구를 개발한 것이 싱가포르 근대사의 출발점이 된다. 1826년 싱가포르는 페낭, 말라카와 더불어 영국의 '해협식민지'로 지정되었으며 이때부터 싱가포르는 영국령 말라야에 대한 영국 식민통치의 거점 역할을 했다. 싱가포르에는 해협식민지의 총독 겸 고등판무관이 주재했고, 쿠알라룸푸르 등 각 주의 주도에는 오늘날의 도지사에 해당하는 주재관(Resident)들이 파견되었다.

싱가포르는 1963년 9월 말레이시아 연방의 일부로 영국으로부터 독립했다. 독립 당시 말레이시아는 말레이인이 주류 민족세력으로 정치사회적 지배권을 갖고 있었다. 반면에 싱가포르는 대부분의 주민이 중국인이었다. 싱가포르가 말레이시아 연방 내에 계속 머물러 있게 될 경우, 싱가포르의 중국인들은 주류 민족으로서의 입지를 잃게 될 가능성이 컸고, 독립 이후 말레이시아 정치를 주도하던 말레이계 정치인들의 일련의 행보는 그 가능성을 더욱 증대시켰다. 이로 인해 리콴유(Lee Kuan Yew)가 이끄는 '인민행동당(People's Action Party)'을 중심으로 한 싱가포르의 중국계 정치세력과 쿠알라룸푸르를 거점으로 말레이시아 연방의 중앙정치를 이끌던 말레이계 정치세력 간에는 심각한 대립과 갈등이 일어났다. 그리고 이 갈등은 결국 싱가포르로 하여금 1965년 8월 말레이시아 연방에서 탈퇴하게 만들었으며, 이로써 싱가포르는 완전한 독립국가가 되었다.

싱가포르는 국부이자 초대 총리인 리콴유가 이끄는 인민행동당 정부에 의해 빠른 속도로 발전했다. 독립 당시만 해도 말레이시아와 인도네시아 사이에 끼여 나라의 존립을 걱정하던 약소국에서 1980년대 이후에는 초고속 경제성장과 산업발전을 통해 주변국들이 넘볼 수 없는 강소국으로 성장했다. 싱가포르는 이제 세계 교역의 허브이자 세계 금융산업의 중심지로 부상했으며, 고급 인재와 기술력이 모이는 아시아의 대표적인 교육과 기술의 메카가 되고 있다. 인구 규모 또한 독립 당시 160만 명이던 데서 그동안 많은 이민을 받아들이면서 현재는 560만 명으로 늘어났다.

싱가포르의 다문화정책

싱가포르 이민의 역사

미국, 캐나다, 호주 등과는 조금 다르긴 하나, 싱가포르도 따지고 보면 이민자들의 나라다. 영국이 동남아 지역의 중계항 확보를 위해 1819년 처음 싱가포르에 도착했을 때, 이곳은 습지와 열대림으로 뒤덮인 불모지였으며 기껏해야 수백 명의 어민들이 살고 있던 한적한 어촌이었다. 영국인들은 이곳에 대중(對中)·아시아 교역의 거점이 될 중계무역항을 건설하는 계획을 추진했고, 이를 위해 많은 말레이인들과 중국인들의 이민을 유도했다. 1824년 영국령 말라야에서 실시한 최초의 인구센서스 조사에서 싱가포르의 인구는 1만 명이 조금 넘는 것으로 조사되었으며, 이 중 말레이인이 2/3를 차지했다. 그러나 1850년에 싱가포르의 인구는 6만 명으로 늘었다.

중국계 이민자들이 본격적으로 싱가포르로 이주해 온 것은 1830년대 이후부터의 일이다. 영국의 식민당국은 싱가포르를 무관세 자유무역항으로 발전시키려 했으며, 이민정책 또한 이민의 유입에 완전히 개방적인 자유이민정책을 추진했다. 1860년에는 싱가포르의 인구가 9만 명에 달했으며, 이 중 5만 명이 중국인이었다. 1901년 싱가포르의 인구는 22만 8천여 명으로 집계되었는데, 이 중 71.8%가 중국인, 15.8%가 말레이인, 7.8%가 인도인, 3.5%가 유럽인으로 나타났다. 이때 이후 현재까지 싱가포르 전체 인구 중에서 중국인이 차지하는 비중은 줄곧 70% 이상을 유지하고 있다.

1930년대까지만 해도 싱가포르의 인구 증가는 주로 이민자들에 의해 이루어졌다. 1890년대 말의 한 조사에 따르면 중국인 인구의 약 10%만이 싱가포르에서 태어났고 나머지는 모두 중국에서 이주해 온 이민 1세대였다 한다. 그리고 중국인 이민자들의 대부분은 돈벌이를 위해 싱가포르에 일시적으로 체류했던 단기 체류자들이었다. 이들은 일정한 기간 일을 하고 돈을 벌면 대부분 고향으로 돌아갔다. 중국인 이민자들 중 싱가포르에 영구히 체류하는 사람들이 본국으로 돌아가는 사람보다 더 많아진 것은 1920년대 이후의 일이다.

중국과 인도로부터의 이민은 제2차 세계대전의 발발과 함께 중단되었다. 일본이 지배하던 3년 6개월 동안 이민의 물결은 완전히 사라지고 말았다. 그러나 2차대전 종전 후에는 말레이반도의 여러 지역으로부터 상당수의 말레이인들이 싱가포르로 이주해 왔다. 그러나 이 말레이인 이민자들의 유입도 1965년 싱가포르가 말레이시아 연방을 탈퇴하여 따로 독립한 뒤에는 완전히 끊겼다. 우리는 여기서 19세기 초부터 1965년 싱가포르의 건국까지의 기간 동안 이루어진 이민자들을 '구(舊) 이민자'로 분류할 수 있을 것이다.

싱가포르 건국 이후 1970년대까지는 외부 세계로부터의 싱가포르 이민이 크게 줄어든 시기다. 이 시기에는 정부의 이민정책 또한 외국인 이민의 유입을 규제하는 상당히 통제적인 내용으로 되어 있었다. 외국인 이민자들의 싱가포르 유입이 상당한 규모로 다시 재개된 것은 1980년대 이후의 일이다. 1980년대에는 싱가포르로의 이민자 수가 20만 명으로 늘어났고, 1990년대 이후 그 숫자는 더욱 큰 폭으로 늘어, 1990년대 60만여 명, 2000년대에는 66만여 명을 기록했다. 우리는 1980년대 이후 현재까지 이루어진 새로운 이민의 물결을 '신(新) 이민자'로 구분하기로 한다.

이들 신 이민자들은 2000년대 이후의 싱가포르 사회, 특히 노동시장 및 인적자원 구성에서 아주 중요한 비중을 차지하고 있다. 아래에 소개하는 몇 가지 통계수치는 싱가포르 사회를 구성하는 데 있어 이민자나 외국인이 얼마나 큰 비중을 차지하는지, 싱가포르가 어느 정도로 외국인의 유입에 개방적인 다민족·다문화 사회가 되었는지를 잘 보여준다. 먼저 2010년대 중반 기준으로 싱가포르에 체류하는 전체 주민의 약 40%가 외국 태생이라 한다. 이들 중에는 물론 일시적으로 체류하는 외국인 노동자와 유학생들도 포함되지만, 싱가포르에서 태어난 사람의 수에 비해 외부에서 유입되어 온 사람들의 비중이 얼마나 큰지를 알 수 있다. 또한 2010년 당시 싱가포르 전체 노동력 인구 중에서 외국인이 차지하는 비중이 34.7%라 하는데. 이는 아시아에서 가장 높은 수준이다. 그리고 2014년 기준으로 싱가포르 전체 주민 수가 547만 명인데, 이 중 334만 명이 싱가포르 국적을 가진 내국민이고, 53만 명이 영주권을 가진 외국인이며, 나머지 160만 명이 노동허가증을 가진 단기체류 외국인이거나 외국인 유학생이라 하니, 전체 주민 중 외국인 또는 이주민의 비중이 얼마나 높은지를 알 수 있다.

싱가포르의 이민정책

독립 직후인 1966년에 제정된 싱가포르의 이민법은 주권국가로서 싱가포르의 정체성을 강화한다는 취지를 갖고 있어 그 내용이 상당히 폐쇄적이었다. 그러나 싱가포르의 경제가 발전하고 산업화가 급속히 이루어지면서 노동력에 대한 수요가 높아지자, 싱가포르의 이민규제정책은 조금씩 완화되게 된다. 싱가포르 인구의 자연증가가 너무 낮고, 반면에 저숙련 노동자에 대한 수요는 높아지면서 이민정책은 보다 많은 외국인 이민자들의 이민을 허용하는 방향으로 선회했던 것이다.

한편 1990년대부터 싱가포르의 이민정책은 철저하게 투 트랙으로 나뉘어 이루어지는 이중적 이민정책으로 전환했다. 고소득 전문기술 인력은 '외국인 인재'로 규정하여 그 이민을 적극 권장하는 반면에 저소득 단순 노동력에 대해서는 그냥 '외국인 노동자'로 구분하여 그 이민과 체류를 통제하는 정책을 펴고 있다.

먼저 대학 졸업 이상의 학력을 가진 전문기술 인력으로서 월 2,000싱가포르달러 이상의 급여를 받는 외국인에게는 '취업 사증(employment pass)'을 발급하고 이민을 쉽게 허용하고 있다. 그러나 월 2,000싱가포르달러 미만의 급여를 받는 단순 기능직 외국인 노동자에게는 단기간의 '방문 사증(visit pass)'을 발급하여 입국을 허용한다. 그리고 후자에게는 '외국인 노동자 취업법(Employment of Foreign Workers Act)'에 의거하여 '취업허가(work permit)'를 발급하되 이를 엄격하게 관리하는 것이다(사카이 스미오, 2011).

또한 해외로부터 고급 인재를 유치하기 위해 미국, 일본, 호주 등 8개 선진국 젊은이들에게는 6개월까지 취업비자를 내주면서 취업 업종 제한을 없애고 외국인에 대한 월 최저임금 제한 규정도 적용하지 않는다. 뿐만 아니라 영주권을 원하는 해외 인재들에게는 학력, 직업, 경력, 나이 등을 점수로 매겨 일정한 점수를 얻으면 바로 영주권을 내준다(주효진, 2010). 그러나 2010년대에 들어와서는 너무 급증하는 이민자 수에 대한 사회적 우려가 늘어나면서 이민을 제한하는 움직임이 나타나고 있다고 한다.

싱가포르 다문화 정책의 기본 방향

싱가포르의 다문화 정책은 다음과 같은 몇 가지 기본 방향을 갖고 있다. 첫째, 싱가포르의 다문화 정책은 모든 민족집단을 동등하게 대우해야 한다는 '다민족주의' 정신에 입각하고 있다. 싱가포르인들은 자신들의 사회가 원래부터 여러 민족집단으로 이루어진 복합사회라는 점을 분명히 인식하고 있으며, 이들 다양한 민족집단들의 문화와 정체성은 차별 없이 보장되어야 하며 보호받아야 한다고 생각한다. 싱가포르가 말레이시아 연방을 탈퇴하여 독립한 것부터가 말레이인 우선정책과 중국인 차별정책에 대한 반대에서 출발했기 때문에 싱가포르의 다문화 정책에서는 기본적으로 민족집단 간 차별적 요소는 찾기 힘들다. 싱가포르의 모든 공공정책은 이러한 시각을 반영하고 있으며, 다문화 정책 또한 모든 민족에게 평등한 기회와 권리를 보장하는 방향으로 시행되고 있는 것이다.

둘째, 싱가포르는 '능력주의(meritocracy)'를 중시하는 사회이며 '엘리트주의'적 문화가 만연되어 있는 사회다. 싱가포르의 다문화 정책 또한 이를 반영하고 있다(박기범, 2009). 먼저 이민정책은 앞에서 설명했듯이, 능력 있는 고급인재의 이민을 장려하는 이중적 이민정책을 쓰고 있다. 이러한 능력주의 요소는 교육정책에서도 찾아볼 수 있다. 예컨대 대학입학의 허가가 말레이시아에서처럼 민족할당제(quarter system)에 의해 특정 민족집단에 유리하게 이루어진다거나, 미국에서처럼 소수자 우대조치(affirmative action)에 의해 특정 인종 또는 민족집단에 속한 사람에게 더 유리하게 이루어지거나 하지 않는다. 능력이 있는 사람이면 어떤 민족집단에 속하는가에 상관없이 교육현장에서 우대받는다.

싱가포르의 언어교육과 언어정책

싱가포르의 언어교육과 언어정책은 '다민족주의' 또는 '다문화주의' 정신을 잘 반영하고 있다. 먼저 싱가포르의 언어정책은 '이중언어' 또는 '다중언어' 정책으로 영어, 중국어, 말레이어, 타밀어, 이상 4개 언어를 모두 공용어로 지정하고 있다. 그리고 1996년부터는 모든 주민들이 영어를 공식 언어로 사용하게 했고, 각각의 민족집단 내에서는 1개 이상의 '모국어(mother tongue)'를 사용하게 했다. 이로써 싱가포르의 대부분의 주민들은 영어를 구사할 줄 알며, 영어 외에 자신의 모국어 또는 '민족언어'를 사용할 줄 안다. 학교교육에서도 영어와 자신의 민족언어 등 최소한 2개 이상의 언어를 이수하게 하고 있다. 그리고 이러한 다중적 언어 사용이 일상생활은 물론이고 공공 영역에서도 전혀 문제가 되지 않는다(주효진, 2010; 이윤정, 2014).

이러한 언어정책은 싱가포르로 하여금 수십 년 동안 경제발전과 글로벌리제이션에 대응하는 인력을 양성하게 하여 싱가포르가 동남아시아 최고의 경제강국이자 세계경제의 중심으로 떠오르게 했다. 모든 주민들이 사용하는 공용어로서 영어 사용을 권장함으로써, 서로 다른 민족 구성원들 간에 하나의 공통되는 의사소통의 수단을 확보하고 이를 통해 민족집단 간 상호이해를 촉진시켰다. 영어가 중국인, 말레이인, 인도인 사이에 중립적인 의사소통의 효과적 기제로 작동했던 것이다. 뿐만 아니라 중국어, 말레이어 등 모국어 또는 민족언어의 사용을 권장함으로써 각 민족이 자신의 문화와 정체성을 지키도록 했고, 이는 민족 간의 갈등과 긴장을 줄이는 데 기여했다. 이처럼 싱가포르의 이중언어 정책은 세계화의 흐름에서 국가 경쟁력을 높이게 하는 동시에 공통의 문화유산을 공유하고 다문화 사회의 활력을 제고하는 역할을 하고 있다(이윤정, 2014).

싱가포르의 주택정책

싱가포르의 '다민족·다문화주의' 정책은 주택정책에서도 잘 나타난다. 싱가포르 정부의 주택정책을 담당하는 중앙부서는 주택개발청(Housing Development Board)이다. 주택개발청의 기본 주택정책은 1980년대 중반에 도입된 '민족쿼터 정책'이라는 것인데, 이는 새로이 건설되는 주택단지 내의 공공주택의 경우, 민족집단별로 일정한 쿼터를 배정하여 특정 민족이 특정 지역에 일정 비율 이상 함께 모여 살지 못하게 하는 것이다. 예컨대 A라는 지역에 공공주택 단지가 건설되면, 이곳에 중국인은 몇 %까지, 말레이인은 몇 %까지, 인도인은 몇 %까지만 거주를 허가하는 것이다. 이렇게 되면 어떤 지역이 특정 민족 구성원들로 게토(ghetto)화되는 것을 방지할 수 있다. 뿐만 아니라 모든 주거지역마다 서로 다른 민족 구성원들이 적절한 비율로 서로 섞여 살게 됨으로써, 서로 다른 언어를 사용하고 서로 다른 풍습과 생활방식을 가진 여러 다양한 유형의 사람들이 함께 어울려 사는 것을 자신들의 삶 속에서 배우게 되는 것이다(주효진, 2010). 다시 말해 일상생활의 여러 영역이, 사람들이 문화 다양성을 학습하는 학습의 장이 될 수 있는 것이다.

싱가포르의 다문화 정책에 대한 평가

싱가포르의 다문화 정책 또한 국가의 통합과 사회발전을 위한 수단으로서의 성격이 강하다(박기범, 2009). 중국인, 말레이인, 인도인 등 여러 민족으로 나뉘어 있는 다인종·다민족 사회의 사회통합을 위해서, 그리고 약소국에서 출발하여 선진강국으로 발돋움하기 위한 사회발전을 위해서 다문화 정책이 기여하는 바가 컸던 것이다. 그러나 싱가포르의 다문화 정책은 이러한 수단적 성격에도 불구하고, 말레이시아나 인도네시아의 다문화 정책과 비교해 볼 때 훨씬 더 '다문화주의'의 본연의 정신에 충실하다고 할 수 있다. 말레이시아나 인도네시아뿐만 아니라 프랑스나 일본 등과 비교해 보더라도 싱가포르의 다문화 정책은 상당히 적극적이고 전향적이라 평가할 수 있다.

먼저 싱가포르의 다문화 정책은 각 민족의 정체성과 특수성, 문화 다양성을 매우 진지하게 존중하고 보장하는 편이다. 싱가포르에서는 주류 민족집단인 중국인들이 정치사회적으로 우월적 지위를 누린다고 볼 수 없다. 말레이시아에서처럼 특정 민족집단이 정치적으로 독점적 지위를 누리지도 않고, 인종차별적 요소도 거의 없는 편이다. 법은 엄격하고 공정하게 적용되며, 국민들은 그 도덕의식 또한 높고 규범을 잘 준수하는 편이다. 다문화 정책의 기본 방향 또한 일단 국가가 설정해 놓으면 사회 전체가 지켜야 할 공적 원칙으로 간주하고 잘 이행되는 편이다.

싱가포르의 다문화 정책은 또한 강력한 국가개입을 통해 유지되고 있다고 할 수 있다. 달리 표현하면 싱가포르의 국가가 사회에 대한 적극적 개입을 통해 '다문화 균형'의 상태를 유지하고 있다고 할 수 있다. 이런 점에서 싱가포르의 다문화주의는 영국의 '자유주의적 다문화주의'와도 다르고, 프랑스의 '공화주의적 다문화주의'와도 거리가 멀다. 싱가포르의 다문화 정책은 권위주의적 국가가 적절히 지도해 나가는 일종의 '가부장적, 온정주의적 다문화주의(patriarchal-paternalistic multiculturalism)'라고 명명할 수 있을 것이다.

이렇게 이야기하면 싱가포르의 다문화주의는 다분히 '집단주의적(collectivistic)'인 것으로 생각하기 쉽다. 그러나 앞서 언급했듯이 싱가포르는 '실력주의' 사회다. 사회 전체의 시스템으로부터 각 개인이 사회경제적으로 얼마나 많은 보상을 받고 불평등의 위계구조에서 어떤 대우를 받고 하는 것이 주로 개인의 능력에 달려 있다. 민족집단의 소속에 따른 차별을 하지도 않지만, 그렇다고 소수 민족집단에 속했다고 특별히 더 우대해 주지도 않는다. 이런 점에서 보면 싱가포르의 다문화 정책에는 개인주의적 요소 또한 적지 않다고 할 수 있다.

3. 인도네시아의 다문화 현황과 정책

인도네시아의 사회적·역사적 배경

인도네시아 개관

인도네시아는 동남아시아에 있는 대통령제 공화국이다. 인구가 2016년 기준 2억 6,100만 명으로, 중국, 인도, 미국 다음으로 인구가 많은 인구 대국이다. 인도양과 태평양 사이의 적도 부근에 흩어져 있는 17,500여 개의 섬으로 이루어진 나라로 전 세계에서 가장 섬이 많은 나라이기도 하다. 이 중 6,000여 개가 사람이 거주하는 유인도이다.

인도네시아에는 자바(Java/Jawa), 수마트라(Sumatra/Sumatera), 칼리만탄(Kalimantan), 술라웨시(Sulawesi), 뉴기니(New Guinea) 등 세계적으로 큰 섬들이 많이 모여 있다(<그림 12-2> 볼 것).[8] 이 중에서 자바섬은 인도네시아의 중심부로 수도인 자카르타(Jakarta)가 소재하고 있으며, 전체 주민 수가 인도네시아 전체 인구의 반 이상인 1억 4,500만 명으로 전 세계에서 가장 사람이 많이 사는 섬이다.

<그림 12-2> 인도네시아의 행정구역

<그림 12-2>는 인도네시아의 행정구역을 보여주는데, 1개의 수도특별구(Jakarta)를 포함하여 총 34개의 주(provinsi/province)로 구성되어 있다. 인도네시아의 1인당 국민총소득(GNI)은 2016년 기준 3,400달러 수준으로 동남아시아에서는 필리핀(U$3,580), 라오스(U$2,150), 베트남(U$2,050) 등과 함께 중저소득국(lower-middle income countries) 그룹에 속한다. 그러나 천연자원이 많고 성장 잠재력이 높아 우리나라에게는 아시아 지역에서 향후 가장 중요한 협력대상국의 하나라 하겠다.

인도네시아의 민족·종족 구성

인도네시아는 인구가 많고 국토도 넓으며 섬도 많아 수많은 서로 다양한

8 칼리만탄(Kalimantan)은 보르네오섬을 인도네시아에서 부르는 이름이고, 술라웨시(Sulawesi)의 옛 이름은 셀레베스(Celebes)이다. 뉴기니(New Guinea)섬은 파푸아(Papua)섬이라고도 부르는데, 동쪽 반은 독립국가인 파푸아뉴기니(Papua New Guinea)를 이루고, 서쪽 반이 인도네시아 영토에 속한다. 참고로 뉴기니섬은 그린란드 다음으로 세계에서 두 번째로 큰 섬이고, 칼리만탄섬은 세계에서 세 번째, 수마트라섬은 여섯 번째로 큰 섬이다.

민족집단이 존재하는데, 대략 300개가 넘는 민족(또는 종족집단)이 사는 것으로 알려져 있다. <표 12-2>는 이 중 중요한 민족 또는 종족집단 20개 정도를 뽑아 그 인구수와 주된 거주 지역을 보여주고 있다.

<표 12-2> 인도네시아의 주요 민족·종족집단

민족·종족집단	총 인구에서 차지하는 비중	인구수 (만 명)	주요 거주지역 (주, provinsi)
자바족(Javanese)	40.2%	9,522	중부자바(Jawa Tengah), 동부자바(Jawa Timur), 족자카르타(Yogyakarta), 서칼리만탄(Kalimantan Barat)주 및 수마트라(Sumatra) 전역
순다족(Sundanese)	15.5%	3,670	서부자바(Jawa Barat), 반텐(Banten)주
바탁족(Batak)	7.3%	847	북수마트라(Sumatera Utera), 리아우(Riau)주 및 자카르타시
술라웨시(Sulawesi)인	3.2%	763	술라웨시 전역
마두라족(Madurese)	3.0%	718	동부자바(Jawa Timur)주
브타위(Betawi)	2.9%	681	자카르타시
미낭카바우족 (Minangkabau)	2.7%	646	리아우, 서수마트라(Sumatera Barat)주
부기족(Buginese)	2.7%	636	술라웨시 전역과 동칼리만탄(Kalimantan Timur)주
말레이인(Malay)	2.3%	537	방카벨리퉁(Bangka-Belitung), 잠비(Jambi), 리아우, 남수마트라(Sumatera Selatan), 서칼리만탄주
반텐족(Bantenese)	2.0%	466	반텐(Banten)주

민족·종족집단	총 인구에서 차지하는 비중	인구수 (만 명)	주요 거주지역 (주, provinsi)
반자르족(Banjarese)	1.7%	418	칼리만탄 전역
아체족(Acehnese)	1.7%	409	아체(Aceh)자치주
발리족(Balinese)	1.7%	395	발리(Bali)섬
사삭족(Sasak)	1.3%	317	서 누사텡가라(Nusa Tenggara Barat)주
다약족(Dayak)	1.3%	301	칼리만탄 전역
중국인(Chinese Indonesian)	1.2%	283	방카벨리퉁, 북수마트라, 리아우, 서칼리만탄주 및 자카르타, 메단(Medan)시(북수마트라의 주도)
파푸아인(Papuan)	1.1%	269	파푸아, 서파푸아주
마카싸르족 (Makassarese)	1.1%	267	남술라웨시(Sulawesi Selatan)주
말루쿠(몰루카)족 (Moluccans)	0.9%	220	말루쿠(몰루카) 제도
치레본족(Cirebonese)	0.8%	188	서부자바(Jawa Barat)
잠비족(Jambi)	0.6%	141	잠비(Jambi)주
기타 외국인	0.07%	16	자카르타, 기타 대도시

출처: 2010년 인구센서스 자료

이 표에서 보듯이 인도네시아의 300여 개 민족·종족집단 중 가장 중심 되는 주류 민족집단은 자바족(Javanese)이다. 이들은 자바섬과 수마트라섬, 서부 칼리만탄 등에 주로 거주하며 주민 수가 9,500만이 넘어 인도네시아 전체 인구의 40%를 차지한다. 그 다음으로 규모가 큰 민족집단은 순다족(Sundanese)인데 주민 수가 3,600만여 명으로 전체 인구의 15.5%를 차지한다. 순다족의 대부분은 자바섬 서부 지역에 주로 거주한다.

그러나 인도네시아의 민족·종족집단의 대부분은 인구도 적고 독자적인 정치 공동체로서의 인식도 별로 없는 집단들이다. 이런 점에서 우리가 제6장에서 다루었던 개념을 정확히 적용하면, 이들은 민족(nation)이 아니라 종족집단(ethnic group)으로 간주해야 할 것이다.

한편 <표 12-2>에서 보는 것처럼 주민 수가 많을 뿐만 아니라 자신들만의 문화적 고유성과 정체성을 강하게 유지하는 민족집단들 중에는 독자적인 정치 공동체로서의 인식 또한 강력한 집단들이 있다. 예컨대 말레이인이나 중국인도 그러하지만, 아체, 발리, 파푸아, 말루쿠 등의 민족집단은 자신들의 종교적, 문화적 특수성으로 말미암아 주류 사회 및 중앙정부와 심각한 갈등을 빚고 있기도 하다.

인도네시아의 언어와 종교

인도네시아의 언어는 700개가 넘는다고 한다. 종족집단의 기준을 그 집단의 언어에 맞춘다면, 인도네시아의 종족집단(ethno-linguistic group) 수는 300여 개가 아니라 700여 개나 되는 셈이다. 이런 점에서 인도네시아는 세계 여러 나라에서 가장 다민족·다종족·다문화적인 나라 중 하나라 하겠다. 이들 여러 언어 중 가장 많은 사람이 쓰는 언어는 자바어로 약 7,500만 명의 인구가 사용한다. 그 다음으로 많은 사람이 쓰는 언어는 순다어로 약 2,700만 명 정도가 사용한다.

그러나 인도네시아의 국어는 주류 민족집단인 자바인이 쓰는 자바어가 아니라, 말레이어에서 유래한 인도네시아어(Bahasa Indonesia)다. 인도네시아가 어떤 특정 민족집단의 언어가 아니라, 인도네시아어라는 새로운 언어를 만들어 이를 공용어로 채택한 것은 수많은 언어, 종족집단으로 이루어진 이질적인 사회를 제대로 통합하여 국가발전을 기하기 위한 전략적 차원의 결정이었다.

이처럼 언어정책만을 놓고 보자면, 인도네시아의 다문화 정책은 소수 민족집단과 그 문화를 주류 민족집단에 '동화'시키려는 방향보다는 사회전체의 통합을 우선시하는 방향에 맞춰져 있다고 할 것이다.

이 점은 종교에서도 마찬가지다. 인도네시아는 전체 인구의 87.2%인 2억 2,700만여 명이 이슬람 신자로서 전 세계에서 가장 이슬람 신자 수가 많은 나라다. 이들 무슬림의 99%가 수니(Sunni)파 무슬림이고, 나머지 1%만 시아(Shia)파인데 이들은 주로 아체(Aceh) 지역에 모여 산다. 한편 개신교도는 전체 인구의 7%, 로마 가톨릭이 2.9%, 힌두교도가 1.6%, 불교도가 0.72%, 그리고 나머지는 유교 등 기타 종교를 믿는다(2010년 기준).

인도네시아 인구의 절대 다수가 무슬림인 관계로 많은 사람들이 이슬람교가 인도네시아의 국교(國敎)인 것으로 오해들 한다. 그러나 인도네시아는 헌법상 종교의 자유를 보장하고 있으며, 따로 국교가 없다. 다만 이슬람교, 개신교, 가톨릭, 힌두교, 불교 등 다섯 종교는 국가에 의해 공식적으로 인정되고 있을 뿐인데, 최근 들어 유교까지 포함하여 여섯 개의 종교를 국가가 승인하고 있다.

그런데 종교의 민족집단별, 지역별 분포를 보면, 특정의 종교가 특정의 민족집단이나 지역에 편재되어 있다는 것을 알 수 있다. 예컨대, 발리(Bali)주를 이루는 발리섬의 경우 전체 주민의 92% 이상이 힌두교도다. 한편 기독교(개신교와 가톨릭)를 믿는 사람의 수가 이슬람교도의 수보다 많은 주(州)를 들면, 동(東)누사텡가라(Nusa Tenggara Timur)(주민의 90%가 기독교도), 파푸아(Papua)(78.6%), 북술라웨시(Sulawesi Utara)(69.7%), 말루쿠(Malaku)(50.4%) 등이다. 그리고 중국인들 중에는 불교나 개신교 신자가 많다(김재원, 2007).

인도네시아의 역사 개관

유럽인들이 향신료를 찾아 당시 '동인도 제도(East Indies)'라 불렸던 이 지역에 처음 나타난 것은 대략 16세기 초의 일이다. 포르투갈, 네덜란드, 영국의 상인들이 차례로 (당시 '향료제도(Spice Islands)'로 불리었던) 오늘날의 말루쿠 제도(Maluku Islands/Moluccas)를 중심으로 한 이 지역에서 육두구, 정향, 후추 등 향신료를 획득하여 유럽 각지에 내다파는 향료 무역에 종사했다. 그 뒤 1602년 네덜란드가 동인도회사를 설립하고 이를 앞세워 자바섬에 대한 본격적인 식민지 경영에 나선다. 그 후 약 200년 동안 네덜란드 동인도회사는 인도네시아 지역에 대한 지배적 영향력을 행사했다.

그러나 19세기 초까지 네덜란드는 주로 자바섬(바타비아)과 말루쿠(암본)의 근거지를 중심으로 식민지 해상교역 활동을 전개해 왔다.[9] 네덜란드가 수마트라, 술라웨시 등 인도네시아의 다른 지역에까지 자신의 지배권을 확장하기 시작한 것은 1840년대부터의 일로, 그 후 오랜 기간 여러 차례의 무력진압을 통해 저항하는 원주민들을 복속시키고, 오늘날의 인도네시아 영토에 해당하는 대부분의 지역을 네덜란드의 직접적인 식민지배하에 두게 되었다. 인도네시아는 제2차 세계대전 기간 중 3년여의 기간 동안 일본의 지배하에 있다가 1945년 8월 독립하게 된다.

네덜란드 식민지배하에서 오랜 기간 독립운동을 이끌었던 수카르노(Sukarno, 재임: 1945.08~1967.03)가 신생 독립국 인도네시아의 초대 대통령이 되었다. 수카르노는 1950년대 후반부터 점차 권위주의 독재로 기울게 되는데, 당시 그의 권력 기반은 군부와 인도네시아공산당이었다. 그는 이 두 서로 적대

---

9 바타비아(Batavia)는 자카르타의 옛 이름이다. 암본(Ambon)은 오늘날 말루쿠주의 주도로, 암본섬에 위치한 인구 30만 규모의 항구도시다. 향료무역이 활발하던 당시 암본은 네덜란드 향료무역의 중심지였다.

적인 세력 간 힘의 균형점 위에서 미묘하게 그 균형을 유지하면서 자신의 권력을 확보할 수 있었다. 그러나 사회주의에 경도되어 인도네시아공산당에 대해 우호적이었던 수카르노에 대해 불만을 갖고 있던 군부는 1965년 군사 쿠데타를 일으켜 공산주의자들을 대대적으로 숙청하게 된다. 이로 인해 희생된 사망자 수는 최소 50만에서 100만으로 추산된다.

한편 당시 공산주의자들의 다수가 중국인이었는데, 이 사태로 인해 중국인들은 가장 큰 피해를 입은 민족집단이 되었다. 싱가포르나 말레이시아와 마찬가지로 네덜란드 식민지배 기간 인도네시아 경제의 주도권을 장악하고 있었던 것은 중국인들이었다. 그렇지 않아도 자바인 등 주류 민족으로부터 시기와 견제를 받고 있던 이들은 1965년의 유혈사태가 빌미가 되어 가장 큰 희생자가 되었던 것이다.

이 사태로 인해 수카르노는 권력을 잃게 되는데, 쿠데타를 이끌었던 수하르토(Suharto) 장군이 1968년 3월 대통령에 취임한다. 수하르토는 그 후 아시아 외환위기로 인해 1998년 5월 권좌에서 물러날 때까지 30년간 집권하게 된다. 수하르토는 '신질서(New Order)'를 기치로 권위주의적이고 중앙집권적인 우파 독재를 실시하는데, 한편으로는 빠른 속도의 경제발전 등 상당한 성과도 내었지만, 다른 한편으로는 독재와 부정부패 등 과오도 적지 않았다고 평가된다.

수하르토의 퇴진 이후 소위 민주화가 이루어지고, 그 후 지금까지 하비비(B. J. Habibie, 재임: 1998.05~1999.10), 와히드(A. Wahid, 재임: 1999.10~2001.07), 메가와티(Megawati Sukarnoputri, 재임: 2001.07~2004.10), 유도요노(Susilo Bambang Yudhoyono, 재임: 2004.10~2014.10), 조코 위도도(Joko Widodo, 2014.10월 취임) 등 다섯 명의 대통령이 차례로 집권했다. 이들이 집권한 지난 20년간 인도네시아는 사회경제적 불안정, 일부 지역의 분리주의 움직임과 테러, 자연재해 등 여러 가지 어려움을 겪었지만, 그럼에도 불구하고 사회 전체가 활력을 더해 가고 경제도 느리지만 꾸준하게 발전하는 등 희망을 보여주고 있다.

인도네시아의 다문화정책

빤짜실라와 인도네시아 다문화 정책의 원리

인도네시아는 건국 당시부터 수카르노 대통령이 제시한 국정철학의 다섯 가지 원리를 그 이후의 국가운영의 기본 방침으로 채택해 왔는데, 이것이 바로 '빤짜실라(Pancasila)'라는 것이다. '빤짜실라'는 다민족, 다종족, 다문화 사회인 인도네시아의 사회통합과 국가발전을 위한 다문화 정책의 원칙이기도 하다.

'빤짜실라(Pancasila)'란 다섯을 뜻하는 '빤짜(Panca)'와 '원리'를 뜻하는 '실라(Sila)'를 합친 말이다. 다시 말해 '빤짜실라'란 '다섯 가지 원리'란 뜻이다. 빤짜실라 원칙은 1945년 공포된 인도네시아 헌법의 전문에 수록되었으며, 그 후 인도네시아의 건국 이념으로 채택되어 오늘날까지 유지되고 있는, 인도네시아 법제도와 정신의 기본 원리요, 인도네시아 국가운영의 기본 원리이기도 하다. 이 다섯 가지 원리의 내용은 다음과 같다.

빤짜실라의 첫 번째 원리는 '민족주의와 애국심의 원리'이다. 여기서 말하는 민족주의는 인도네시아 전체를 하나의 민족국가(nation-state)로 보는 민족주의이지, '자바인의 민족주의', '순다인의 민족주의', '아체인의 민족주의'가 아니다. 다시 말해, 소수 민족집단들의 '종족적 민족주의(ethnic nationalism)'가 아니라 인도네시아 전체 국민을 대상으로 하는 '시민적 민족주의(civic nationalism)'인 것이다. 우리가 앞에서(제6장에서) 다루었던 용어를 써서 보다 엄밀하게 표현하면, '민족주의'라기보다 '국민주의'라 번역할 수 있는 인도네시아 '내셔널리즘'인 것이다.

이는 또한 이러한 단일의 '민족국가로서의 인도네시아'에 대해 모든 인도네시아 국민들의 '애국심'을 요청하는 이데올로기인 것이다. 이 원리는 300여 민족집단으로 이루어진 다민족·다문화 사회로서 인도네시아를 하나의 민족(네이션)으로 통합하고 모든 국민을 동원하여 국가발전을 추구해 나가려는 건국주도 세력의 절박한 통치철학과 시대정신에서 기인하는 것이며, 그 후 인도네시아 다문화 정책을 관통하는 핵심적 정신이기도 한 것이다.

빤짜실라의 두 번째 원리는 '정의롭고 예의 바른 인간성'의 원리이다. 모든 인간, 모든 인도네시아 국민은 신의 피조물로서 정의롭고 덕성을 갖춘 존재이며, 따라서 모든 인간은 평등하며 존엄한 대우를 받아야 한다고 규정하고 있다. 인종, 종교, 가문, 사회적 지위에 관계없이 모든 사람은 다 똑같은 권리와 의무를 가지고, 서로 존중하고 사랑해야 하며, 동등한 대우와 기회를 누려야 한다고 가르친다. 이 원리에 따르면 인도네시아를 구성하는 모든 민족·종족집단의 구성원들과 외국인 이주민들은 모두 서로 평등하고 존중되어야 하며, 소수자 집단도 주류 민족집단인 자바족이나 순다족과 똑같은 사회적 기회를 가져야 한다는 것이다.

빤짜실라의 세 번째 원리는 '민주주의'의 원리이다. 그러나 빤짜실라가 강조하는 민주주의는 '다수결 민주주의'가 아니라, '합의 민주주의'다. 빤짜실라 원리는 모든 인도네시아인이 국가의 일원으로 공적 의사결정의 과정에 참여해야 하며, 이때 모두가 동등한 권리와 의무를 가진다고 가르치고 있다. 그리고 이러한 의사결정 과정에서 어느 한 민족 또는 종족집단이 그 과정을 주도하는 것을 배격하고 있다. 모든 중요한 의사결정은 반드시 토론을 통한 '대

중 합의'에 의해 만장일치로 이루어져야 된다고 규정한다. 이 또한 사회 전체의 관점에서 볼 때, 인구수가 많은 주류 민족집단인 자바족에 의한 대중 독재의 위험성을 경계하고, 소수 민족집단들도 모두 사회적 의사결정 과정에 참여하게 하는, 사회통합과 사회적 포용을 위한 원리인 것이다.

빤짜실라의 네 번째 원리는 '사회정의와 복지'의 원리이다. 정치적 민주주의가 사회경제적 복지를 가져다주는 것은 아니다. 빤짜실라는 국민을 위한 복리의 공정한 분배를 강조한다. 그리고 이러한 사회경제적 복리의 배분을 위한 원리로 '사회정의'를 내세우고 있다. 이는 인종이나 민족·종족 등 국민들의 출신 집단에 상관없이 공정하고 타당한 복지 혜택의 배분을 약속하는 것으로 사회경제적 형평성을 강조하는 원리라 하겠다.

빤짜실라의 다섯 번째 원리는 '유일신에 대한 신앙'이다. 앞서 언급한 바와 같이 인도네시아에 국교는 따로 없으나, '유일신을 믿는 종교'에 대한 신앙은 반드시 가져야 한다. 이 원칙에 의해 인도네시아에서 '신앙'을 갖지 않는 무신론자는 죄악시된다. 국가가 승인하는 여섯 개의 종교 중 적어도 하나를 믿어야 하는 것이다. 여기에는 '유일신'을 믿는 종교인 이슬람교와 기독교(개신교, 가톨릭) 외에도 유일신과는 거리가 있는 불교, 힌두교도 포함되며, 엄밀한 의미에서 종교라고 간주하기 곤란하나 와히드(Wahid) 대통령에 의해 공식 종교로 승인된 유교도 포함된다. 인도네시아에서는 이들 여섯 가지 공식적인 종교 중 하나를 믿는 것이 의무화되어 있다.

또한 빤짜실라의 정신은 누구도 서로에게 자신의 종교에 대한 신앙을 강요할 수 없다고 가르친다. 그리고 이 원칙에 따라 헌법에서도 신앙은 강요할 수 없는 것이라고 규정하고 있으며, 이 원칙으로 인해 인도네시아에서 종교적 다원주의가 가능하다(고우성, 1998; 김재원, 2007).

이처럼 빤짜실라의 원리는 건국 이후 현재까지 인도네시아 국가 운영의 기본 원리가 되고 있으며, 인도네시아 정부의 각종 언어정책, 종교정책, 교육정책 등 다문화 정책 또한 빤짜실라의 원리에 입각해서 입안되고 시행된다.

민족적, 문화적 다양성이 세계 어느 나라보다 높은 다문화 사회로서 인도네시아에서 민족적·종족적 이질성과 복합성, 그리고 문화적 다양성 속에서도 사회통합을 이루어야만 하는 사회 전반의 절박한 염원을 담아 1985년 인도네시아의 국시(國是) 또는 공식적인 국가운영의 기본 이념이 '다양성 속의 통일성(Bhinneka Tunggal Ika /Unity in Diversity)'으로 정해졌다. 이 '다양성 속의 통일성'이라는 원칙은 다양한 사회적·문화적 집단을 모두 포괄하여 사회통합을 이루고 이를 통해 신속히 국가발전을 추구하고자 하는 인도네시아 정부와 국민 전체의 합의된 관점과 희망을 반영하고 있는 것이다.

다문화 사회로서 인도네시아의 한계: 민족집단 간 갈등과 충돌

그러나 인도네시아 정부의 다문화 정책이 아무리 사회통합을 지향하고 있어도 인도네시아의 언어·민족 구성이 너무나 복잡한 관계로 민족집단 간 사회적 갈등이 없을 수 없다. 특히 종교가 다른 지역이나 민족의 경우, 그 갈등과 충돌의 폭은 더욱 심해진다. 기독교도와 무슬림 간의 충돌은 말루쿠(Maluku)주에 속하는 암본(Ambon)섬에서만 1999~2002년간 5천여 명의 사망자를 가져오는 폭력사태를 불러왔다. 또한 이슬람이 주도하는 주류 사회에 대한 발리인(힌두교도)들의 적대감은 2005년 10월, 19명의 사망자를 낳은 발리섬 폭탄테러를 가져왔다(김재원, 2007).

인도네시아의 여러 민족·종족집단 중에서도 가장 적극적이고 조직적으로 분리주의 운동을 펼친 것은 아체(Aceh) 사람들이다. 인구 400만이 넘는 아체족은 대부분의 주민이 시아파 무슬림인데, 이들은 1976년부터 2005년까지 30년간 분리독립 운동을 펼쳐 왔다. 아체의 분리독립 운동의 중심에는 '자유

아체운동(Free Aceh Movement/Gerakan Aceh Merdeka)'이라는 무장투쟁 단체가 있으며, 이 단체와 정부군 간의 대결로 인해 위의 기간 동안 15,000여 명의 인명이 희생되었다. 아체의 분리독립 운동은 이 단체가 무장투쟁을 포기하고, 2005년 중앙정부와 평화협정을 맺음으로써 일단락되었다.

한편 앞에서 1965년 공산주의자들에 대한 군부의 유혈탄압 당시 수많은 중국인들이 희생된 불행한 사건에 대해 잠시 언급했지만, 중국인들에 대한 인종차별적 탄압은 이것으로 끝나지 않았다. 1965년 이후 1998년 민주화 때까지의 수하르토 집권 기간 동안 중국인들은 심한 인종차별에 시달려야 했다. 중국인들은 한자로 기록된 문서를 소지할 수 없었고 한약도 먹을 수 없었으며, 자신들의 문화적 정체성을 드러내는 어떠한 행위도 금지되었다. 또한 신분증에는 중국인이라는 특별한 표시가 되어 있는 등 사회적으로 공공연한 차별을 받았다.

특히 1998년 5월에는 외환위기 직후의 사회경제적 혼란을 틈타 자카르타 전역에서 일반 시민들이 중국계 상점을 습격하고 중국인들을 폭행하는 반(反) 중국인 인종 폭동이 일어났다. 당시 폭동으로 중국인 2천여 명이 학살당하고 수백 명의 여성들이 강간·살해당했다 한다. 이 사태는 다문화 사회로서 인도네시아의 역사적 오점으로 두고두고 회자될 것이다.

인도네시아 다문화 정책의 평가

이상 살펴본 인도네시아의 다문화 정책은 말레이시아나 싱가포르의 다문화 정책과 비교해 볼 때 상당히 유사한 측면이 있다. 문화적 다양성과 이질성이 극히 높은 다민족·다문화 사회로서 인도네시아는, 사회통합을 위해서라도 위에서 살펴본 바와 같은 다문화 정책이 필요했으며, 이런 면에서 인도네시아의 다문화 정책 또한 수단적 성격이 강하다고 하겠다. 이 점에 있어서는 말레이시아나 싱가포르도 마찬가지다.

뿐만 아니라 인도네시아의 다문화 정책에서도 소수민족과 종족집단을 주류 민족집단에 동화시키기 위한 동화주의적 요소를 전혀 찾아볼 수 없다. 이 점 또한 말레이시아나 싱가포르의 다문화 정책과 닮은 점이다.

그러나 인도네시아의 다문화 정책은 정부의 정책 차원에서 구현되는 것이 아니라, '빤짜실라'라는 건국 이념과 국가 운영의 원리에 반영되어 있다. 즉 인도네시아의 다문화 정책은 단순히 특정 정부 정책의 일환으로 그리고 세부적인 정책 프로그램의 차원에서 입안되고 시행되는 수준에서 그치는 것이 아니라, 보다 고차원의 국가 이념 수준으로 승화되어 있고 반영되어 있다는 것이다. 또한 '사회통합'이라는 사회적 과제 또한 '인도네시아 민족주의'의 추구라는 이데올로기 차원으로 격상시키고 있다. 이런 점들이 인도네시아 다문화 정책의 특징이자 강점이라고 할 수 있을 것이다. 그리고 이런 점에서는 캐나다, 호주, 또는 싱가포르와 같은 선진적인 다문화 사회와 비견할 만하다.

그러나 그럼에도 불구하고 인도네시아의 다문화 정책은 본질적인 한계를 안고 있다. 워낙 민족적·종족적 다양성과 언어·종교·문화적 다양성이 큰 관계로 여기에서 파생되어 나오는 사회적 갈등이 항상 관리 가능한 것은 아니다. 인도네시아의 다문화 정책은 그 원리나 원칙 면에서는 선진 다문화 사회와 비교해도 손색이 없을 정도의 내용을 담고 있지만, 실제의 적용 면에서나 이를 둘러싼 사회적 상황과 조건 면에서는 앞에서 우리가 논의한 것처럼 여전히 숱한 문제점을 노정하고 있는 것이다. 이는 결국 인도네시아의 다문화 정책이 인종적·민족적 차별과 배제를 제거하는 데 과연 얼마나 효과적인가 하는 문제제기를 가능하게 한다.

학습정리

이 장에서는 말레이시아, 싱가포르, 인도네시아 등 동남아 지역의 3개국을 선정하여 이들 나라의 다문화 정책의 특성, 그 문제점과 한계를 살펴보고, 이것이 그 나라의 역사적·사회적 특수성과 어떤 연관이 있는지 알아보았다.

세 나라 모두 사회통합과 국가발전이라는 목적 달성을 위한 수단으로 다문화 정책을 시행하고 있고 동화주의적 요소가 배제된 다문화 정책을 시행하고 있지만, 그 구체적인 프로그램의 내용이나 성과는 다 다르다. 싱가포르는 다문화주의의 본연의 정신에 가깝게 상당히 적극적이고 전향적인 다문화 정책을 펴고 있는 반면에, 말레이시아의 다문화 정책에는 인종차별적 요소가 여전히 남아 있으며, 인도네시아의 다문화 정책은 그 실질적 효과성에 의문을 제기하게 한다.

13 우리나라 다문화 정책의 현황과 과제

학습개요

1. 우리나라 다문화 정책의 현황
2. 우리나라 다문화 정책의 구성 및 내용
3. 우리나라의 다문화 교육정책
4. 우리나라 다문화 정책의 특징과 향후 과제

학습목표

1. 최근 우리나라 다문화 정책의 현황을 살펴보고 '다문화가족지원법'을 중심으로 현행 다문화 정책의 내용 및 추진체계를 알아본다.
2. '다문화가족정책 기본계획'을 중심으로 우리나라 다문화 정책의 구성과 내용을 알아본다.
3. 우리나라 다문화 교육정책의 구성과 내용을 최근 교육부의 '다문화교육 지원 계획'을 중심으로 알아본다.
4. 우리나라 다문화 정책의 특징과 한계 및 문제점을 검토하고, 바람직한 다문화 사회 구축을 위한 향후의 과제를 생각해 본다.

1. 우리나라 다문화 정책의 현황

우리나라 다문화 정책의 흐름

우리나라에서 다문화 정책이 처음 시작된 것은 2006년으로 알려져 있다. 2006년 4월 대통령직속 빈부격차·차별시정위원회가 '혼혈인·이주자에 대한 사회통합 기본방향'과 '여성결혼이민자 가족에 대한 사회통합 지원대책'을 내놓게 되는데, 이것을 우리나라에서 다문화 정책이 처음 시작된 계기로 보고 있다. 2006년에는 또한 다문화가족을 위한 지원사업의 서비스 전달체계로서 21개의 '결혼이민자가족 지원센터'가 처음 전국 각지에 설치되었다. 이는 나중에 '다문화가족 지원센터'로 그 명칭을 바꾼다.

2006년 이전의 외국인 이민자에 대한 정책

우리나라에 외국인 노동자의 유입이 본격화된 것은 1980년대 말부터의 일이다. 1980년대 말부터 한국에 들어오기 시작한 중국의 조선족 노동자들은 당시 극심한 인력난에 허덕이던 우리나라 건설업계 등에서 일자리를 얻어 국내에 체류하기 시작했다. 그 후 1990년대 초부터는 필리핀, 방글라데시 등 동남아시아 국가들로부터 이주노동자의 유입이 시작되었다. 또한 1992년 중국과 수교한 이후로는 중국으로부터 노동자의 유입이 점점 증가하기 시작했다.

그러나 외국인 이주노동자에 대한 당시 김영삼 정부(1993.02~1998.02)의 정책은 매우 소극적이고 폐쇄적이었다. 당시만 해도 이들 노동자들은 일시적인 체류자로 간주되었고, 이들에 대한 적극적인 관리를 염두에 둔 정책은 거의 제시되지 않았다. 당시의 이주노동자들에 대한 정책은 다문화주의 정책도, 동화주의 정책도 아닌, '차별과 배제' 위주의 정책으로 평가된다.

한편 산업체의 늘어나는 노동력 수요와 이로 인한 이주노동자의 증대로 인해 1994년부터 '산업기술연수생제도'가 실시되기에 이른다. 그러나 이 제도는 3D 업종을 중심으로 국내 기업의 늘어나는 인력난을 해소하는 데 그 초점이 맞춰져 있었다. 이는 저임금의 외국인 노동력을 연수생이라는 명목하에 편법으로 활용하기 위한 정책이었지, 장기적인 관점에서 우리나라의 인구구조의 변화나 노동력 수요를 고려한 이민정책이나 다문화정책은 아니었다.

1997년 외환위기 직후에 등장한 김대중 정부(1998.02~2002.02)에서도 외국인 이민자에 대한 정책은 크게 변화하지 않았다. 외환위기로 국내 산업이 어려움을 겪고 실업자 수가 크게 늘게 되자 당시 불법으로 취업하고 있던 외국인들을 내보내고, 이를 내국인으로 대체하는 인력 수급정책을 실시하게 된다. 또한 2002년 말에 이르러 외국인 불법체류자 수가 전체 외국인 노동자의 80% 수준에 달하게 되자 신규 산업연수생의 유입을 억제하고 대신 '취업연수' 제도를 도입하는 대책도 실시하기 시작했다. 이처럼 김대중 정부하에서도 외국인에 대한 정책은 단순 노동력의 유입을 억제하고 이들의 정착을 방지하고자 하는 폐쇄적 성격을 벗어나지 못했다(김행열, 2013).

노무현 정부하의 다문화 정책

우리나라에서 다문화정책이라 부를 만한 국가 정책이 처음 실시된 것은 노무현 정부(2003.02~2008.02)하에서의 일이다. 2003년 5월 대통령훈령에 의거해 '사회통합기획단'이란 것이 만들어지고 여기에 '빈부격차·차별시정 태스크포스'가 설치되어 업무를 시작한다. 이 조직은 2004년 6월 '빈부격차·차별시정위원회'로 개편되었다. 이 위원회에서 2006년 4월, 앞에서 언급한 '혼혈인·이주자에 대한 사회통합 기본방향'과 '여성결혼이민자 가족에 대한 사회통합 지원대책'을 내놓게 되는데, 이로서 우리나라에서도 다문화 정책이 본격적으로 시작되었다고 할 수 있다.

또한 2007년 7월에는 '재한외국인 처우 기본법'이 제정된다. 이는 법무부장관이 중심이 되어 중앙정부와 지방자치단체가 함께 외국인 정책을 수립하고 추진체계를 갖추어 갈 것과 국무총리 소속으로 '외국인정책위원회'을 설치하고, 재한외국인, 결혼이민자, 영주권자, 난민 등의 인권을 보호하고 그 처우를 개선할 것 등을 규정하고 있다.

한편 결혼이민자의 수가 점차 늘어나면서 노무현 정부는 적극적으로 이들 결혼이민자 가족의 사회적응을 돕고 우리 사회에 통합시키기 위한 정책적 수단을 강구하게 되었다. 또한 외국인 노동자에 대해서도 기존의 산업연수생제도를 폐지하고 2007년 1월부터 '고용허가제'를 실시함으로써 이 문제에 적극적으로 대응하게 되었다(김행열, 2013; 김한길·소경희, 2018; 우라미·황지현·서경혜, 2018).

이명박 정부하의 다문화 정책

2008년 3월, 이명박 정부(2008.02~2013.02)가 출범하자마자 '다문화가족지원법'이 제정된다. 이 법의 내용에 대해서는 아래에서 자세히 다루겠지만,

이 법의 제정을 계기로 외국인 이민자 등 다문화가족에 대한 정부 정책이 그 법적 기반을 갖추게 된다. 2009년에는 국무총리실에 '다문화가족 정책위원회'란 기구를 설치하여 우리 정부의 다문화 정책 수립의 컨트롤타워 역할을 담당하게 한다.

이러한 법적·제도적 기반 위에서 2010년 5월, '다문화가족정책 기본계획'을 수립하는데, 이는 2010년부터 2012년까지, 3년간 우리 정부 전체의 다문화가족 지원사업의 기본 방향을 제시한 것이었다. 이 기간 동안 정부의 다문화 정책은 여성부, 보건복지부, 교육과학기술부, 법무부, 노동부, 행정안전부, 국토부, 경찰청 등 여러 중앙행정기관에서 다양한 내용으로 추진되었다. 2012년에는 '제2차 다문화가족정책 기본계획(2013~2017)'이 수립되어 시행되기 시작했다.

이명박 정부는 노무현 정부에 이어 외국인 이민자나 이주노동자에 대한 보다 적극적이고 구체적인 정책을 펴나감으로써 다문화 사회로의 사회변화에 능동적으로 대응하는 모습을 보여주었다. 이들 정책 프로그램들을 계기로 우리나라에서 '다문화 정책'이라 부를 수 있는 제대로 된 국가정책이 시행되었다고 평가할 수 있다. 그러나 이러한 적극적 정책 시행 노력에도 불구하고, 2006년 이후 현재까지 우리나라의 다문화 정책은 여전히 '동화주의' 정책의 틀에서 크게 벗어나지 못하고 있다고 볼 수 있다(김행열, 2013; 박상원, 2016; 정복동, 2016; 김한길·소경희, 2018; 우라미 외, 2018). 다시 말해 아직까지는 외국인 이민자들의 문화적 정체성을 존중하고, 이들의 문화적 다양성을 활용하여 새로운 문화 창조로 승화시키며, 나아가 이들이 자발적·능동적으로 한국 사회의 사회통합에 호응하게 하는 데까지는 이르지 못하고 있는 것이다

다문화가족지원법의 내용

아래에서는 2008년 3월 제정된 '다문화가족지원법'의 내용에 대해 검토해 볼까 한다. 다문화가족지원법은 제정된 이후 여러 차례 개정되었는데, 여기서는 2017년 12월에 개정되고 2018년 6월부터 시행된 법률 제15204호를 대상으로 분석해 볼 것이다.

법이 규정하는 다문화가족의 개념

다문화가족지원법 제2조는 '다문화가족'의 정의를 다음과 같이 내리고 있다. '다문화가족'이란 '재한외국인 처우 기본법' 제2조 제3호의 결혼이민자와 '국적법' 제2조~4조의 규정에 따라 대한민국 국적을 취득한 자로 이루어진 가족을 말한다.

'재한외국인'이란 우리나라에 합법적으로 체류하고 있는 외국인 중에 아직 대한민국의 국적을 취득하지 않은 사람을 말한다. 이들에 대한 법적 대우를 규정하는 '재한외국인 처우 기본법' 제2조 제3호에 따르면, '결혼이민자'란 '대한민국 국민과 혼인한 적이 있거나 혼인관계에 있는 재한외국인'이라고 정의하고 있다.

한편 '국적법' 제2조는 출생에 의한 국적 취득을 규정하고 있는데, '출생 당시에 부 또는 모가 대한민국의 국민인 자'는 대한민국의 국적을 취득한다. 또한 '국적법' 제3조와 제4조는 각각 '인지에 의한 국적 취득'과 '귀화에 의한 국적 취득'을 규정하고 있는데, 출생 당시에 한국의 국적을 취득하지 못한 결혼이민자의 자녀, 국제결혼 가정의 배우자와 그 자녀, 그리고 결혼이민자 본인 등에 대해 신고 또는 귀화의 방법으로 국적을 취득하는 경로에 대해 규정하고 있다.

따라서 다문화가족은 결혼이민자와 그 배우자, 국제결혼 가정의 외국인 배우자, 그리고 이들 사이에서 출생한 자녀들로 이루어진 가족이라고 할 수 있다. 여기에는 아직 한국 국적을 취득하지 못한 결혼이민자도 포함된다.

다문화가족 지원 계획의 수립

2011년 4월 개정된 다문화가족지원법에 새로 신설된 동법 제3조의 2에 따르면, 여성가족부 장관은 다문화가족에 대한 공적 지원을 위하여 5년마다 다문화가족 정책에 관한 정부 전체의 기본계획을 수립하도록 되어 있다. 이를 '다문화가족정책 기본계획'이라 부른다. 이 '기본계획'에 의거하여 정부는 매년 '각 연도별 시행계획'을 수립하고 이를 시행해야 하는데, 이 시행계획은 '기본계획'을 바탕으로 보다 구체적이고 실천 가능한 시행 프로그램들을 포함하고 있다.

먼저 '다문화가족정책 기본계획'에는 ① 다문화가족 지원 정책의 기본 방향, ② 다문화가족 지원을 위한 분야별 발전시책과 평가에 관한 사항, ③ 다문화가족 지원을 위한 제도 개선에 관한 사항, ④ 다문화가족 구성원의 경제·사회·문화 등 각 분야에서의 활동 증진에 관한 사항, ⑤ 다문화가족 지원을 위한 재원 확보 및 배분에 관한 사항, ⑥ 그 밖에 다문화가족 지원을 위하여 필요한 사항 등이 포함되어야 한다.

이 '기본계획'은 여성가족부 1개 부처의 다문화 정책에 국한하지 않고, 정부 중앙행정기관 전체와 지방자치단체의 다문화 정책 전반에 관한 사항을 모두 포괄한다. 그런 까닭에 여성가족부는 본 계획의 수립 시 관계 중앙행정기관과 미리 협의해야 하며, 각 기관으로부터 계획 수립에 필요한 관련 자료를 제출받아 이를 참고하게 되어 있다. 이 기본계획은 국무총리 소속의 '다문화가족 정책위원회'의 심의를 거쳐 확정되며, 여성가족부 장관은 확정된 기본계획을 관계 중앙행정기관과 광역지자체에 통보해야 한다.

한편 이 기본계획에 의거해서 여성가족부뿐만 아니라 다문화 정책을 시행하는 모든 중앙행정기관 및 광역지자체는 매년 각 기관별로 '시행계획'을 수립하고 이를 시행해야 한다. 또한 관계 중앙행정기관과 시·도는 매년 전년도의 시행계획에 따른 추진실적 및 다음 연도의 '시행계획'을 여성가족부에 제출해야 한다.

다문화가족 정책위원회

다문화가족지원법 제3조의4는 국무총리실에 '다문화가족 정책위원회'를 설치하고 이 기구로 하여금 우리나라의 다문화 정책을 심의하고 조정하는 일종의 컨트롤타워 역할을 하도록 규정하고 있다. 다문화가족 정책위원회는 ① '다문화가족정책 기본계획'의 수립 및 추진에 관한 사항, ② 각 연도별 '다문화가족정책 시행계획'의 수립과 추진실적 점검 및 평가에 관한 사항, ③ 다문화가족과 관련된 각종 조사, 연구, 정책분석, 정책평가에 관한 사항, ④ 각종 다문화가족 지원사업의 조정 및 협력에 관한 사항, ⑤ 다문화가족 정책과 관련된 국가 간 협력에 관한 사항 등을 다룬다.

다문화가족 정책위원회는 위원장 1명을 포함하여 20명 이내의 위원으로 구성되는데, 국무총리가 위원장을 맡는다. 위원은 기획재정부, 교육부, 과학기술정보통신부, 외교부, 법무부, 행정안전부, 문화체육관광부, 농림축산식품부, 보건복지부, 고용노동부, 여성가족부의 장관 및 국무조정실장을 포함한다. 그 외에 위원장이 위촉하는 7명 이내의 민간 전문가가 포함된다.

정책위원회 산하에는 실무위원회를 두는데 정책위원회에서 심의·조정할 사항을 미리 검토하고 정책위원회가 위임하는 사항을 다룬다. 실무위원회의 위원장은 여성가족부차관이 맡고, 위원은 위에 열거한 정책위원회 위원이 소속된 중앙행정기관의 1급부터 3급까지의 고위공무원 중에서 소속 중앙행정기관의 장이 지명한다.

다문화가족 실태조사 실시

다문화가족지원법에 따르면 우리 정부는 다문화가족의 현황 및 실태를 파악하고 다문화가족 지원을 위한 정책수립에 활용하기 위해 3년마다 다문화가족에 대한 실태조사를 실시하고 그 결과를 공표하게 되어 있다. 이 다문화가족 실태조사는 여성가족부가 실시한다.

여성가족부장관은 다문화가족 실태조사를 위하여 관계 공공기관 또는 관련 법인·단체에 대하여 필요한 자료의 제출 등 협조를 요청할 수 있다. 이 경우 자료의 제출 등 협조를 요청받은 관계 공공기관 또는 관련 법인·단체 등은 특별한 사유가 없는 한 이에 협조해야 한다. 또한 여성가족부장관은 이 실태조사를 실시함에 있어서 외국인정책 관련 사항에 대하여는 법무부장관과, 다문화가족 구성원인 아동·청소년의 교육현황 및 아동·청소년의 다문화가족에 대한 인식 등에 관한 사항에 대해서는 교육부장관과 협의를 거쳐 실시한다.

기본적인 다문화 정책

다문화가족지원법에서 규정하는 기본적인 다문화 정책은 다음과 같다. 먼저 동법 제5조는 '다문화가족에 대한 이해증진'을 우리나라의 주요 다문화 정책의 하나로 규정하고 있다. 이 조항에 따르면 국가와 지방자치단체는 다문화가족에 대한 사회적 차별 및 편견을 예방하고 사회구성원이 문화적 다양성을 인정하고 존중할 수 있도록 '다문화 이해교육'을 실시하고 홍보 등 필요한 조치를 해야 한다. 여성가족부는 이를 위해 홍보영상을 제작하여 지상파방송사, 종합유선방송사, 위성방송사, 라디오방송사 등 방송사업자에게 배포해야 한다. 특히 지상파방송사에게는 대통령령으로 정하는 비상업적 공익광고 편성 비율의 범위 내에서 위의 홍보영상을 채널별로 송출하도록 요청할 수 있다.

뿐만 아니라 교육부장관과 서울시·광역시도의 교육감은 유치원, 초·중등학교, 대학 등 각급 학교에서 다문화가족에 대한 이해를 돕는 교육을 실시하기 위한 시책을 수립·시행해야 한다. 이 경우 전술한 '다문화가족 실태조사'의 결과 중 다문화가족 구성원인 아동·청소년의 교육현황 및 아동·청소년의 다문화가족에 대한 인식 등에 관한 사항을 반영하게 되어 있다. 또한 유치원과 초·중등학교의 교원에 대해 대통령령으로 정하는 바에 따라 '다문화 이해교육 관련 연수'를 실시해야 한다.

둘째, 동법 제6조는 '다문화가족에 대한 생활정보 제공 및 교육 지원'을 규정하고 있다. 이 조항에 따르면 국가와 지방자치단체는 결혼이민자가 대한민국에서 생활하는 데 필요한 기본적 정보를 제공하고, 사회적응교육과 직업교육·훈련 및 언어소통 능력 향상을 위한 한국어교육 등을 받을 수 있도록 필요한 지원을 하게 되어 있다. 또한 국가와 지방자치단체는 결혼이민자의 배우자 및 가족구성원이 결혼이민자의 출신 국가 및 문화 등을 이해하는 데 필요한 기본적 정보를 제공하고 관련 교육을 지원하도록 규정하고 있다. 그리고 이러한 교육을 실시함에 있어 거주지 및 가정환경 등으로 인하여 서비스에서 소외되는 사람이 없도록 방문교육이나 원격교육 등 다양한 방법으로 교육을 지원하게끔 되어 있다. 뿐만 아니라 동 규정은 심지어 결혼이민자의 배우자 등 다문화가족 구성원은 결혼이민자가 한국어교육 등 사회적응에 필요한 다양한 교육을 받을 수 있도록 노력해야 한다는 내용까지 포함하고 있다.

셋째, 동법 제10조는 '다문화가족 아동·청소년에 대한 보육 및 교육'에 대해 규정하고 있는데, 이에 따라 국가와 지방자치단체는 다문화가족 구성원인 아동·청소년이 학교생활에 신속히 적응할 수 있도록 교육지원대책을 마련해야 하고, 서울시·광역시도의 교육감은 다문화가족 구성원인 아동·청소년에 대하여 학과 외 또는 방과 후 교육 프로그램 등을 지원해야 한다. 또한 다문화가족 구성원인 18세 미만인 사람의 초등학교 취학 전 보육 및 교육 지원을 위하여 노력해야 하고, 그 구성원의 언어발달을 위하여 '한국어' 및 결혼이민자인 부 또는 모의 '모국어' 교육을 위한 교재지원 및 학습지원 등 언어능력 제고를 위하여 필요한 지원을 하도록 하고 있다.

특히 동 조항은 이러한 아동·청소년에 대한 보육 및 교육에 있어서 국가와 지방자치단체는 다문화가족 구성원을 차별할 수 없다고 규정하고 있다. 뿐만 아니라 어린이집, 유치원, 초·중등학교 등 각급 학교들도 아동·청소년 보육·교육을 실시함에 있어 다문화가족 구성원인 아동·청소년이 차별을 받지 않도록 필요한 조치를 해야 한다고 규정하고 있다.

넷째, 국가와 지방자치단체는 다문화가족이 민주적이고 양성평등한 가족관계를 누릴 수 있도록 가족상담, 부부교육, 부모교육, 가족생활교육 등을 추진해야 한다. 그리고 이 경우 문화의 차이 등을 고려한 전문적인 서비스가 제공될 수 있도록 노력해야 한다(동법 제7조).

다섯째, 국가와 지방자치단체는 다문화가족 내 가정폭력을 예방하기 위하여 노력해야 하며, 가정폭력으로 피해를 입은 결혼이민자등을 보호·지원해야 한다. 뿐만 아니라 가정폭력의 피해를 입은 결혼이민자에 대한 보호 및 지원을 위하여 외국어 통역 서비스를 갖춘 가정폭력 상담소 및 보호시설의 설치를 확대하도록 노력해야 한다. 또한 결혼이민자가 가정폭력으로 혼인관계를 종료하는 경우, 의사소통의 어려움과 법률체계 등에 관한 정보의 부족 등으로 불리한 입장에 놓이지 않도록 의견 진술 및 사실 확인 등에 있어서 언어통역, 법률상담 및 행정지원 등 필요한 서비스를 제공하도록 하고 있다(동법 제8조).

마지막으로 국가와 지방자치단체는 결혼이민자가 건강하게 생활할 수 있도록 영양·건강에 대한 교육, 산전·산후 도우미 파견, 건강검진 등의 의료서비스를 지원하도록 하고 있다(동법 제9조).

2. 우리나라 다문화 정책의 구성 및 내용

제2차 다문화가족정책 기본계획의 내용

앞에서 잠시 언급한 바대로 여성가족부는 매 5년마다 다문화가족정책에 관한 기본계획을 수립해야 한다. 2010년 5월에 국무총리실과 관계 부처가 합동으로 '제1차 다문화가족정책 기본계획'을 수립했는데, 이는 2010년부터 2012년까지 3년 동안의 우리 정부 전체의 다문화 정책의 근간을 제시한 것이었다. 그런데 이는 2011년 4월 다문화가족지원법이 개정되기 이전의 일로서, 개정된 동법 제3조의2에 의거하여 처음 다문화가족정책 기본계획이 수립된 것은 2012년 12월의 일이다.

이때 '제2차 다문화가족정책 기본계획'이 수립되었으며, 이는 법 규정에 따라 2013년부터 2017년까지 5년 동안의 우리나라 다문화가족에 대한 정책의 기본 틀을 마련한 것이다(여성가족부, 2012; 이정금, 2018). 이것이 바로 우리나라 다문화 정책의 기본계획이라 할 수 있다. 아래에서는 이 기본계획을 중심으로 우리나라 다문화 정책의 구성 및 내용을 분석해 보기로 한다

기본계획의 정책 방향과 목표

'제2차 다문화가족정책 기본계획'은 먼저 본 기본계획의 정책수립 방향과 목표에 대해 설명하고 있다. 동 계획은 우리나라의 인구·가족·사회의 변화에 대응하고, 다문화 사회로의 이행이 우리 사회의 발전의 계기가 되도록 패러다임을 재구성할 필요가 있다고 지적한다. 그러면서 제2차 계획 수립 당시의 변화된 사회적 환경으로 '다문화가족의 지속적인 증가', '결혼이민자의 사회 진출 확대', '다문화가족 자녀 세대의 성장', '다문화가족에 대한 사회의 부정적 태도 확산', '다문화가족의 증가로 인한 사회적 갈등 우려' 등을 고려해야 한다고 본다.

또한 그 이전의 다문화 정책이 결혼이민자의 한국 문화 적응을 위한 지원 및 시혜적 성격의 지원에 치중되었다고 평가하면서, 제2차 기본계획에서는 다문화가족이 우리 사회의 발전의 동력이 되도록 그 능력을 개발하고, 상대방의 문화를 존중해 주는 가족문화와 사회분위기를 조성해야 한다고 지적한다. 뿐만 아니라 기존의 다문화 정책이 갖고 있는 문제점으로 중복 지원, 일회성 사업 위주의 정책 등의 문제점을 지적하고 있다.

제2차 기본계획이 추구하는 정책 목표는 다음 두 가지이다. 첫째는 '사회발전의 동력으로서 다문화가족의 역량 강화'이고, 둘째는 '다양성이 존중되는 다문화 사회의 구현'이다.

'다문화가족의 역량 강화'라는 첫 번째 목표는 예컨대 다문화가족 자녀의 성장과 발달에 대한 지원, 각급 학교에서의 학교생활과 교육에 대한 지원, 결혼이민자에 대한 언어교육, 직업교육 등에 대한 지원 등 여러 가지 지원 프로그램으로 달성 가능하다. 이러한 정책을 통해 결혼이민자와 다문화가족 구성원의 사회적 역량을 강화함으로써 이들이 국가 및 사회발전을 위해 긍정적·적극적으로 참여할 수 있게 하자는 것이다.

두 번째 목표인 '문화다양성의 존중을 통한 다문화 사회의 구현'은 여기서 한 걸음 더 나아간 정책목표다. 이는 결혼이민자의 국가와 그 문화에 대한 우리 국민 전체의 이해를 높이고, 외국인이민자나 다문화가족 등 사회의 다양한 구성원 집단에 대한 사회적 수용성을 높이며, 문화 다양성의 상황을 우리 사회의 모든 구성원이 긍정적·전향적으로 받아들일 수 있도록 사회 전체의 문화적 포용력과 기초 역량을 제고하자는, 보다 장기적 관점을 반영한 정책목표라 할 수 있다. 여기에는 예컨대 다양한 인종·문화를 인정하고 수용하는 사회적·문화적 풍토를 조성한다거나 내국민 전반에 대해 다문화 이해 교육을 실시하는 등의 프로그램을 포함한다.

이상 여러 가지 목표 달성을 위해 6대 영역에서 86개의 세부 정책과제를 추진하는 것으로 기본계획이 수립되었다. 먼저 '다문화가족의 역량 강화'라는 목표 달성을 위해 3개 영역에서 47개 정책과제가 제시되었고, 둘째로 '문화다양성의 존중'이라는 목표 달성을 위해.2개 영역에서 28개 정책과제가 제시되었으며, 마지막으로 '정책추진체계 정비'라는 영역을 설정하고 11개 정책과제를 제시하고 있다. 아래에서는 이상 각 영역별로 어떤 세부 정책과제가 제시되었는지 살펴보기로 한다.

세부 정책과제 1: 다문화가족의 역량 강화

먼저 '다문화가족의 역량 강화'를 목표로 제시된 3개 영역의 47개 정책과제를 살펴본다. 이 3개 영역이란 (1) 다문화가족 자녀의 성장과 발달 지원, (2) 다문화가족의 안정적 가족생활을 위한 지원, (3) 결혼이민자의 사회경제적 진출 지원 등이다.

다문화가족 자녀의 성장과 발달 지원

이 영역은 다시 5개의 하위 영역으로 나누어지고 총 15개의 정책과제가 제시되어 있는데, 그 내용은 <표 13-1>과 같다.

<표 13-1> 제2차 다문화가족정책 기본계획(2013~2017) 중 '다문화가족 자녀의 성장과 발달 지원'을 위한 정책과제

하위 영역	정책과제
다문화가족 자녀의 건강한 발달 지원	• 기본적인 건강정보에 대한 문해력 향상 방안 실시 • 다문화가족 자녀의 언어발달 정도를 평가하고, 교육이 필요한 아동을 대상으로 언어교육 확대 실시 • 다문화가족 자녀 대상 이중언어교육 단계적 확대 • 결혼이민자 대상 생애주기별로 자녀의 양육관련 정보를 제공하는, '찾아가는 부모교육 서비스' 실시
다문화가족 자녀의 한국어 능력 향상	• 인터넷을 통한 다문화가족 자녀 대상 한국어 교육 • 각급 학교 재학 다문화가족 자녀 대상 한국어 교육과정 운영
다문화가족 자녀의 학교생활 초기적응 지원	• 다문화가족 자녀 '초등학교 입학 전 프로그램' 실시 • 학교 배치 전 사전 적응교육을 위한 예비학교 운영 • 초등학생 이하 자녀를 위한 '자녀생활서비스'(알림장 읽어주기, 숙제지도 등) 제공 • 다문화가족 청소년 대상 진학 및 취업 지원을 위한 초기적응 프로그램 'Rainbow School' 운영
다문화가족 자녀의 기초학력 향상 및 진학지도 강화	• 다문화 학생의 한국어 교육 및 기초학력 향상을 위한 지원 강화 • 다문화 학생의 진로·진학지도 지원 강화

하위 영역	정책과제
다문화가족 자녀의 공교육 접근성 제고	• 외국출신 자녀가 외국인 등록 또는 국적 취득시 입학절차 안내하고 예비학교·정규학교 조기 진입 유도 • 정부 운영 청소년 대상 프로그램의 일정 비율은 다문화가족 청소년이 참여할 수 있도록 운영 • 지역사회 청소년 사회안전망(CYS-Net)에 이주배경 청소년의 상담 및 복지가 포함될 수 있도록 조정

출처: 여성가족부, 2012: 31~47

<표 13-1>에서 '건강정보에 대한 문해력(health literacy)'이란 건강검진이나 예방접종 등 기본적인 건강정보를 취득하거나 교환하고 이해하여 건강과 관련된 적절한 판단이나 결정을 할 수 있는 능력을 말한다. 다문화가족의 결혼이주여성이나 그 자녀의 경우 이러한 건강 관련 문해력이 뒤떨어질 수 있고, 이는 그 자녀들의 건강한 성장과 발달에 치명적일 수 있다. 그리고 결혼이민자에게 생애주기별로 자녀의 양육관련 정보를 제공하는, '찾아가는 부모교육 서비스'는 임신 단계, 신생아기, 유아기, 아동기 등 단계별로 그에 맞는 자녀 양육 관련 정보를 당사자에게 제공하고 교육하는 사업이다.

또한 각급 학교에 재학 중인 다문화가족 학생을 대상으로 하는 한국어 교육과정은 정규수업에서 운영하기도 하고 방과후 프로그램으로 운영하기도 한다. 그리고 초등학교 취학 전의 다문화가족 자녀를 대상으로 하는 프로그램은 유치원이나 어린이집에서의 특별활동 또는 방과후 프로그램 등의 형태로 실시된다.

필자가 초대 원장(2009~2013)을 지낸 영남대학교 다문화교육연구원에서는 2010년 전국에서 처음으로 다문화가족 학생을 대상으로 하는 인터넷 온라인 멘토링 시스템과 프로그램을 개발했는데, 이를 활용하여 그때 당시부터 지금까지 지역의 다문화학생을 대상으로 한국어 교육을 포함, 온라인 멘토링 프로그램을 실시해 왔다. 우리가 처음 시작했던 다문화가족 학생 대상 온라인 멘토링 프로그램은 그 후 교육부와 장학재단을 통해 전국 각지로 확대되었으며, 오늘날에는 전국의 모든 다문화가족 학생을 대상으로 시행되고 있다.

한편 <표 13-1>에 제시된 여러 정책과제들은 그 과제의 성격에 따라 그 과제를 시행할 주무부서가 달라진다. 예컨대, '건강정보에 대한 문해력 향상'에 관한 과제는 보건복지부가 주관해서 실시해야 하고, 다문화가족 자녀의 언어교육은 문화체육관광부가, 다문화가족 자녀 대상 이중언어교육은 교육부가, 그리고 결혼이민자에 대한 생애주기별 맞춤형 부모교육 서비스는 여성가족부가 맡아 실시하는 식이다. 각 세부 정책과제별로 어떤 부서 또는 행정기관이 맡아 하는지는 아래에 다시 정리해서 제시할 것이다.

다문화가족의 안정적 가족생활을 위한 지원

이 영역은 다시 4개의 하위 영역으로 나누어지고, 총 16개의 정책과제가 제시되어 있는데, 그 내용은 <표 13-2>와 같다.

<표 13-2> 제2차 다문화가족정책 기본계획(2013~2017) 중 '다문화가족의 안정적 가족생활을 위한 지원'에 관한 정책과제

하위 영역	정책과제
국제결혼에 대한 제도적 관리	• 국제결혼 사증심사 강화 • 국제결혼 관련 업무협력을 위해 주요 결혼상대국에 '이민관' 파견 • 국제결혼 전 신상정보 제공 제도 실시 • 국제결혼중개업체의 불법·탈법 행위 단속 강화

하위 영역	정책과제
결혼이민자의 한국생활 초기 적응 지원	• 다문화가족을 위한 코디네이터를 양성하여 결혼이민자에 대해 개인별 맞춤형 지원 실시 • 한국생활 안내, 생활고충 상담을 위한 다누리 콜센터 운영 및 통·번역 서비스 제공 • 다문화가족 서비스 종합안내지(10개 언어) 발송, 정보매거진 'Rainbow+' 제작·배포(10개 언어) • 다문화가족 지원 포털사이트 '다누리' 운영, 한국생활·다문화가족 정책 정보제공 및 1:1 상담 지원
다문화가족 중 소외계층에 대한 생활 지원	• 기초생활보장제도 등 사회보장제도에 대한 다문화가족의 수급현황 파악 • 정부지원 서비스의 사각지대 발굴 및 개선방안 마련 • 취업 결혼이민자의 자녀 대상 돌봄 서비스, 맞벌이 다문화가족 부부 자녀의 방과후 돌봄 서비스, 한부모 가족 지원 등 가족 차원의 돌봄 서비스 지원 • 농어촌주택개량사업 추진시 다문화가족에 대한 우선 지원
가정폭력 등 피해 지원	• 국제결혼 중개업 피해예방을 위한 사전교육 및 피해 상담 지원 • 결혼이민자에 대한 가정폭력 등 피해 지원을 위한 '이주여성 긴급지원센터' 설치 및 운영, 상담언어 서비스의 단계적 확대 • 가정폭력 등으로부터 피해를 입은 이주여성 및 동반아동의 보호, 상담·의료·법률 지원, 치료회복을 위한 '이주여성쉼터'의 단계적 확대 운영 • 가정폭력 등으로부터 피해를 입은 이주여성 및 동반아동의 거주와 직업훈련 등 자립지원을 위한 '이주여성 보호시설' 운영 내실화

출처: 여성가족부, 2012: 31~47

결혼이민자의 사회경제적 진출 지원

이 영역은 다시 4개의 하위 영역으로 나누어지고, 총 16개의 정책과제가 제시되어 있는데, 그 내용은 <표 13-3>과 같다.

<표 13-3> 제2차 다문화가족정책 기본계획(2013~2017) 중 '결혼이민자의 사회경제적 진출 지원'을 위한 정책과제

하위 영역	정책과제
결혼이민자의 일자리 확대	• 모국에서의 경력, 다국어 능력 등을 활용한 일자리 확대 • '지역맞춤형 일자리 창출 지원사업' 등 자치단체 일자리사업 지원시 결혼이민자 참여 확대 • 결혼이민자를 채용하는 사회적 기업에 최저임금 수준 인건비 및 보험료 지원 • 자녀양육 등으로 전일제 근무가 어려운 결혼이민자에게 시간제 일자리 적극 알선 및 사회서비스 일자리 발굴 지원
결혼이민자 대상 직업교육훈련 지원	• 결혼이민자에 적합한 특화훈련과정을 확대·운영하고 훈련 참여자에 대해 자비 부담(25~45%) 면제 • 결혼이민여성에 대한 직업교육훈련 실시 • 취업 후 직장 적응을 용이하게 하기 위해 사전직장체험으로 인턴 등 '징검다리 일자리' 지원 • 농촌지역 결혼이민자를 위한 정착단계별 기초농업교육 실시, 전문 영농교육시 결혼이민자 참여 확대
결혼이민자 역량 개발	• 결혼이민자 대상 리더십, 단체 활동가 교육 실시 • 운전면허 학과교육을 통한 면허취득 지원 • 모국에서의 자격 인정 방안 마련 • 한국방송통신대학교를 활용하여 결혼이민자를 위한 원격 교육프로그램 실시

하위 영역	정책과제
결혼이민자의 사회참여 확대	• 정부·지자체의 정책결정과정에 결혼이민자의 참여 확대(다문화가족정책위원회, 지역협의회 등에 결혼이민자를 위원으로 위촉 등) • 민간단체 지원사업 선정시 결혼이민자 활동가 비율이 높은 경우 가점 부여 • 결혼이민자 재능기부 등 다문화가족의 자원봉사 활동 및 사회참여 기회 확대 • 문화예술모임, 학부모모임 등 다문화가족의 자조모임 활성화

출처: 여성가족부, 2012: 31~47

<표 13-3>에서 '결혼이민자를 위한 일자리 확대' 지원 사업의 내용을 들여다보면, 다문화가족을 위한 우리나라 다문화 정책의 지원 내용이 상당히 많고 다양함을 알 수 있다. 이 계획에서 '모국에서의 경력, 다국어 능력을 활용한 일자리'의 예로 제시된 것은 해외마케팅 인력, 국제의료관광 코디네이터, 국립공원 자연해설사 등인데, 이 중 해외마케팅 인력은 무역협회, KOTRA 등에서 결혼이민자를 전문인력으로 육성하고 취업시키는 프로그램을 포함하고 있고, 국제의료관광 코디네이터는 중국, 몽골, 베트남 등 출신의 의료관련 인력을 코디네이터로 양성하고 이들을 병원 등에 연계하여 취업시키는 것으로 이를 위해 심지어 국가기술자격제도까지 도입하는 것을 고려하고 있다. 물론 실제로 이들 정책 프로그램이 어느 정도까지 시행되고 얼마만큼의 효과를 거둘 수 있을지는 차치하고라도 정책 계획만 놓고 보면 우리나라 다문화 정책이 매우 세심하게 결혼이민자나 다문화가족을 배려하고 있음을 알 수 있다.

세부 정책과제 2: 문화다양성이 존중되는 다문화 사회 구현

다음으로 '문화다양성이 존중되는 다문화 사회 구현'이라는 목표를 위해 제시된 2개 영역의 28개 정책과제를 살펴본다. 여기서 2개 영역은 (1) '다양한 문화가 있는 다문화가족 구현'과 (2) '다문화가족에 대한 사회적 수용성 제고'이다.

다양한 문화가 있는 다문화가족 구현

이 영역은 다문화가족 내에 평등한 부부 관계 및 소통적인 가족관계를 조성하고 건강한 가족문화가 정착될 수 있도록 (결혼이민자와 다른 가족 구성원 간에) 상대방의 언어 및 문화에 대한 이해를 제고하는 것을 내용으로 한다. 이 영역은 다시 2개의 하위 영역으로 나누어지고 총 7개의 정책과제가 제시되어 있는데, 그 내용은 <표 13-4>와 같다.

<표 13-4> 제2차 다문화가족정책 기본계획(2013~2017) 중 '다양한 문화가 있는 다문화가족 구현'을 위한 정책과제

하위 영역	정책과제
상대방의 문화·제도에 대한 이해 제고	• 국제결혼 시 상대국 제도·문화 교육 강화(결혼이민자에 대한 현지 사전교육, 한국인 배우자에 대한 국제결혼 안내 프로그램 실시) • 한국인 배우자 등 다문화가족 구성원의 다문화 이해 제고 및 가족관계 증진을 위한 교육 • 다문화가족에 대한 연구 추진 및 정책수요 파악 • 다문화가족 대상 교육 시 (일방향적 한국문화 주입에서 탈피하여) 상대방 문화를 존중할 수 있도록 교육내용 전환

하위 영역	정책과제
쌍방향 문화교류 확대 및 사회적 지지 환경 조성	• 아리랑TV에 문화다양성 관련 다언어 프로그램 편성, 케이블 다문화방송 추진 • 도서관, 박물관, 미술관, 문예회관, 문화원 등 각종 문화기반시설에서 쌍방향 문화다양성 프로그램 확대 • 다양한 문화 공존의 긍정적 효과에 대한 연구·홍보

출처: 여성가족부, 2012: 31~47

다문화가족에 대한 사회적 수용성 제고

이 영역은 일반 국민의 다문화 이해를 제고하고 다양한 인종과 문화를 인정하는 사회문화적 환경을 조성하기 위한 정책과제들을 포함하고 있다. 이 영역은 다시 5개의 하위 영역으로 나누어지고, 총 21개의 정책과제가 제시되어 있는데, 그 내용은 <표 13-5>와 같다.

<표 13-5> 제2차 다문화가족정책 기본계획(2013~2017) 중 '다문화가족에 대한 사회적 수용성 제고'를 위한 정책과제

하위 영역	정책과제
인종·문화 등 차별에 대한 법·제도적 대응방안 마련	• 인종·종교 등 다양한 문화에 대한 '차별금지법' 마련 및 차별적 법·제도의 개선 • 문화다양성 보호와 증진에 관한 법률의 제정 및 개정을 통해 (다문화사회의 기초가 되는) 문화다양성 정책 강화를 위한 법적·제도적 장치 마련 • 일반 국민 대상 정기적인 '다문화 수용성 조사' 실시

하위 영역	정책과제
다양한 인종·문화를 인정하는 사회문화 조성	• 타 문화 존중 및 이해를 위한 안내서를 제작하여 문화예술, 방송, 영상, 미디어 분야의 문화콘텐츠 제작 관계자를 대상으로 교육 - 표현(창작물)에 대한 국내외 문화다양성 관련 규정·분석 및 검토를 통해 표현(창작)물에 의한 피해사례 발생 방지 - TV, 라디오, 인터넷 등에서 다문화·인종에 대한 차별적 표현 모니터링 강화 및 조치 • 다문화 관련 TV 프로그램 제작 지원 • 문화다양성 관련 문화자원의 온라인 아카이브 구축 • 다문화 인식의 사회적 확산을 위해 TV, 인터넷 등 대중매체를 활용하여 홍보 • 일반국민과 다문화가족이 함께 어울릴 수 있는 기회 확대 (예, 멘토-멘티 활동, 일반·다문화 청소년이 함께 하는 봉사활동 프로그램 등 지원) • 문화다양성 교육을 통해 다문화사회에 대한 수용성 제고 - 교육 대상 맞춤형 문화다양성 교육 커리큘럼, 교안, 교육 매뉴얼 등 제작·배포(문화부, 여성가족부, 교육부 등) - 문화기반시설 종사자, 문화 분야 전문인력, 언론, 기업, 정책영역 등의 핵심인력 등 대상 교육 실시
대상별 다문화 이해 교육 실시	• 중앙 및 지방공무원 대상 다문화 이해 교육(17개 중앙 및 지방공무원 교육원, 법무연수원 등에서) • (경찰 등) 특정 직업계층의 다문화 이해 교육 • 다문화 시설 종사자 대상 다문화 이해 교육 - 다문화가족지원센터, 이주배경청소년지원센터 등 종사자 • 기타 시설 종사자 대상 다문화 이해 교육 - 도서관, 건강가정지원센터, 복지관, 지역아동센터, 청소년지원센터 등의 종사자, 어린이집·유치원 교사

하위 영역	정책과제
학교에서의 다문화 이해 제고	• 일반학생-다문화학생 간 상호 이해 교육 강화 • 다문화교육 내용을 어린이집 보육프로그램, 유치원 교사용 지도서, 초·중등 교과서 등에 반영하여 개발하고 보급 • 초등학교 등에서 활용할 수 있게 다문화 이해를 위한 동영상 교육프로그램 개발, 문화다양성 교구재 '다문화 꾸러미' 개발 보급 • 교원 양성·연수과정의 개선을 통해 교원의 다문화 이해 역량 강화
다문화가족 구성원의 입영에 따른 병영 환경 조성	• 군 간부 및 일반 장병 대상 다문화 이해와 수용 제고 관련 교육 실시 • 각 군 규정에 '다문화장병 차별행위 금지와 고충 우선처리' 명문화 • 소수 종교자(이슬람교도, 힌두교도 등)의 종교활동 에 배려 제공 • 입대 예정 다문화 자녀의 안보관 및 친군(親軍)의식 제고를 위한 프로그램 개발

출처: 여성가족부, 2012: 31~47

세부 정책과제 3: 정책 추진체계 정비

마지막으로 다문화가족 정책의 추진체계 정비를 위한 정책과제를 살펴본다. 이 영역은 '다문화가족의 역량 강화'와 '문화다양성의 존중'이라는 두 가지 정책목표와 직접 관련되지는 않으나, 이들 정책목표를 달성하기 위해 필요한 메커니즘으로서 정책 추진체계의 개선을 다루고 있다. 이 영역은 다시 3개의 하위 영역으로 나누어지고, 총 11개의 정책과제가 제시되어 있는데, 그 내용은 <표 13-6>과 같다.

<표 13-6> 제2차 다문화가족정책 기본계획(2013~2017) 중 '다문화가족 정책 추진체계 정비'에 관한 정책과제

하위 영역	정책과제
다문화가족 지원의 대상 확대 및 효과성 제고	• 한국생활에 어려움을 겪는 다양한 외국인 가족에 대한 가족 차원의 지원 확대 • '다문화가족지원센터 장기발전방안' 마련 • 지역별 특성을 고려한 다문화가족지원센터 평가지표 정비 • 소득수준, 거주기간 등 '다문화가족 지원을 위해 고려해야 할 사항' 마련 및 각 부처·지자체 등 배포
다문화가족 정책 총괄 추진력 강화	• 다문화가족정책위원회의 총괄·조정 기능을 강화하여 '부처간 중복 및 연계 필요사업', '조정이 필요한 지자체 사업' 등을 검토 • 지자체의 외국인 주민 및 다문화가족지원 협의회 구성 및 운영의 확대 • 기업, NGO 등 민간영역의 다문화가족 지원 현황 파악 및 유기적 협조체계 구축
국가간 협력체계 구축	• 8개 주요 결혼상대국(중국, 베트남, 필리핀 등) 한국대사 협의체 정례화, 관련국과 정부간 양해각서 체결 • 국제결혼 주요 대상국의 가족제도에 대한 이해 제고 • 국제결혼 및 이혼과정 상의 문제 해결방안 모색 • 국제결혼 부부의 이혼과정에서 제기되는 국가간 제도의 모순 해결을 위한 양자간 협약 추진

출처: 여성가족부, 2012: 31~47

정책 추진체계

이상에서 알아본 우리나라 다문화 정책의 주요 정책과제를 수행하기 위해 대부분의 중앙부처와 지방자치단체가 다 참여한다. 다문화 정책의 세부 정책과제를 추진하는 데 참여하는 정부 기관단체로는 13개 중앙행정기관과 광역 및 기초 지방자치단체가 포함된다. 13개 중앙행정기관에는 교육부, 외교부, 법무부, 국방부, 행정안전부, 문화체육관광부, 농림축산식품부, 보건복지부, 고용노동부, 여성가족부, 경찰청, 방송통신위원회, 국무총리실 등이 포함된다.

<표 13-7>~<표 13-11>은 위에서 우리가 살펴본 세부 정책과제들이 각 중앙행정기관별로 어떻게 나누어지는지 보여주고 있다. 그러나 이는 정책 추진의 사례를 보여주기 위한 것이므로 47개 정책과제 모두를 다루지 않고, 그 중 대표적인 일부만 가려 다루었다.

<표 13-7> 다문화가족 정책 세부과제별 담당 중앙행정기관:
영역 1) 다문화가족 자녀의 성장과 발달 지원

하위 영역	정책과제
다문화가족 자녀의 건강한 발달 지원	기본적인 건강정보에 대한 문해력 향상 방안 실시
	다문화가족 자녀의 언어발달 정도를 평가하고, 교육이 필요한 아동을 대상으로 언어교육 확대 실시
	다문화가족 자녀 대상 이중언어교육 단계적 확대
	결혼이민자 대상 생애주기별로 자녀의 양육관련 정보를 제공하는, '찾아가는 부모교육 서비스' 실시
다문화가족 자녀의 한국어 능력 향상	인터넷을 통한 다문화가족 자녀 대상 한국어 교육
	각급 학교 재학 다문화가족 자녀 대상 한국어 교육과정 운영
다문화가족 자녀의 학교생활 초기적응 지원	다문화가족 자녀 '초등학교 입학 전 프로그램' 실시
	학교 배치 전 사전 적응교육을 위한 예비학교 운영
	초등학생 이하 자녀를 위한 '자녀생활서비스'제공
	다문화가족 청소년 대상 진학·취업 지원을 위한 'Rainbow School' 운영
다문화가족 자녀의 기초학력 향상 및 진학지도 강화	다문화 학생의 한국어 교육 및 기초학력 향상을 위한 지원 강화
	다문화 학생의 진로·진학지도 지원 강화
다문화가족 자녀의 공교육 접근성 제고	외국출신 자녀가 외국인 등록 또는 국적 취득시 입학절차 안내하고 예비학교·정규학교 조기 진입 유도
	정부 운영 청소년 대상 프로그램의 일정 비율을 다문화가족 청소년이 참여할 수 있도록 운영

	여가부	교육부	법무부	문화부	복지부	외교부	국방부	행안부	농식품부	고용부	경찰청	방통위	지자체
					○								
	○			○									
	○	○											
	○												
				○									
		○		○									
	○			○									
		○											
	○												
	○												
		○											
		○											
		○	○										
	○												

<표 13-8> 다문화가족 정책 세부과제별 담당 중앙행정기관:
영역 2) 다문화가족의 안정적 가족생활을 위한 지원

하위 영역	**정책과제**
국제결혼에 대한 제도적 관리	국제결혼 사증심사 강화
	국제결혼 관련 업무협력을 위해 주요 결혼상대국에 '이민관' 파견
	국제결혼 전 신상정보 제공 제도
	국제결혼중개업체의 불법·탈법 행위 단속 강화
결혼이민자의 한국생활 초기 적응 지원	
다문화가족 중 소외계층에 대한 생활 지원	사회보장제도에 대한 다문화가족의 수급현황 파악
	취업 결혼이민자의 자녀 대상 돌봄 서비스 등 가족 차원의 돌봄 서비스
	농어촌주택개량사업 추진시 다문화가족에 대한 우선 지원
가정폭력 등 피해 지원	

	여가부	교육부	법무부	문화부	복지부	외교부	국방부	행안부	농식품부	고용부	경찰청	방통위	지자체
			○			○							
	○					○							
	○					○							
	○		○										
	○												
	○				○								
	○												
									○				
	○												

<표 13-9> 다문화가족 정책 세부과제별 담당 중앙행정기관:
영역 3) 결혼이민자의 사회경제적 진출 지원

하위 영역	정책과제
결혼이민자의 일자리 확대	모국에서의 경력, 다국어 능력 등을 활용한 일자리 확대
	'지역맞춤형 일자리 창출 지원사업' 등 자치단체 일자리사업 지원시 결혼이민자 참여 확대
	결혼이민자 채용 사회적 기업에 최저임금 수준 인건비 및 보험료 지원
	시간제 일자리 적극 알선 및 사회서비스 일자리 발굴 지원
결혼이민자 대상 직업교육훈련 지원	결혼이민자에 적합한 특화훈련과정 확대·운영
	결혼이민여성에 대한 직업교육훈련
	인턴 등 '징검다리 일자리' 지원
	농촌지역 결혼이민자를 위한 기초농업교육, 전문 영농교육
결혼이민자 역량 개발	결혼이민자 대상 리더십, 단체 활동가 교육 실시
	운전면허 학과교육을 통한 면허취득 지원
	방송통신대 활용 결혼이민자를 위한 원격 교육프로그램 실시
결혼이민자의 사회참여 확대	정부·지자체의 정책결정과정에 결혼이민자의 참여 확대
	민간단체 지원사업 선정시 결혼이민자 비율이 높은 경우 가점 부여
	재능기부 등 다문화가족의 자원봉사 활동 및 사회참여 기회 확대
	문화예술모임, 학부모모임 등 다문화가족의 자조모임 활성화

	여가부	교육부	법무부	문화부	복지부	외교부	국방부	행안부	농식품부	고용부	경찰청	방통위	지자체
	○			○	○								
	○							○					○
										○			
	○									○			
										○			
	○												
	○									○			
									○				
	○							○					
											○		
	○												
	○							○					
	○							○					
	○			○									
	○		○	○									

<표 13-10> 다문화가족 정책 세부과제별 담당 중앙행정기관:
영역 4) 다양한 문화가 있는 다문화가족 구현

하위 영역	정책과제
상대방의 문화·제도에 대한 이해 제고	국제결혼 시 상대국 제도·문화 교육 강화
	다문화가족 구성원의 다문화 이해 제고 및 가족관계 증진을 위한 교육
	다문화가족에 대한 연구 추진 및 정책수요 파악
	다문화가족 대상 교육 시 상대방 문화를 존중하도록 교육내용 전환
쌍방향 문화교류 확대 및 사회적 지지 환경 조성	아리랑TV에 문화다양성 관련 다언어 프로그램 편성, 케이블 다문화방송 추진
	도서관, 박물관, 미술관, 문예회관, 문화원 등 각종 문화기반시설에서 쌍방향 문화다양성 프로그램 확대
	다양한 문화 공존의 긍정적 효과에 대한 연구 및 홍보

	여가부	교육부	법무부	문화부	복지부	외교부	국방부	행안부	농식품부	고용부	경찰청	방통위	지자체
	○		○										
	○												
	○												
	○			○									
				○									
				○									
				○									

<표 13-11> 다문화가족 정책 세부과제별 담당 중앙행정기관:
영역 5) 다문화가족에 대한 사회적 수용성 제고

하위 영역	정책과제
인종·문화 등 차별에 대한 법·제도적 대응방안 마련	인종·종교 등 다양한 문화에 대한 '차별금지법' 마련 및 차별적 법·제도 개선
	문화다양성 보호와 증진에 관한 법률의 제정 및 개정
	일반 국민을 대상으로 한 정기적인 '다문화 수용성 조사' 실시
다양한 인종·문화를 인정하는 사회문화 조성	타 문화 존중 및 이해를 위한 안내서를 제작하여 문화예술, 방송, 영상, 미디어 분야의 문화콘텐츠 제작 관계자를 대상으로 교육
	다문화 관련 TV 프로그램 제작 지원
	문화다양성 관련 문화자원의 온라인 아카이브 구축
	다문화 인식의 사회적 확산을 위해 TV 등 대중매체를 활용하여 홍보
	일반국민과 다문화가족이 함께 어울릴 수 있는 기회 확대
	문화다양성 교육을 통해 다문화사회에 대한 수용성 제고
대상별 다문화 이해 교육 실시	중앙 및 지방공무원 대상 다문화 이해 교육 (17개 중앙 및 지방공무원 교육원, 법무연수원 등에서)
	(경찰 등) 특정 직업계층의 다문화 이해 교육
	다문화가족지원센터 등 다문화 시설 종사자 대상 다문화 이해 교육
	도서관, 건강지원센터 등 기타 시설 종사자 대상 다문화 이해 교육

	여가부	교육부	법무부	문화부	복지부	외교부	국방부	행안부	농식품부	고용부	경찰청	방통위	지자체
	○		○										
				○									
	○												
				○								○	
												○	
				○									
	○			○									
	○			○									
				○									
	○		○					○					
	○										○		
	○												
	○			○	○				○				

하위 영역	정책과제
학교에서의 다문화 이해 제고	일반학생-다문화학생 간 상호 이해 교육 강화
	어린이집 보육프로그램, 유치원 교사용 지도서, 초·중등 교과서 등에 다문화 교육 내용을 반영, 개발·보급
	초등학교 등에서 활용할 수 있게 다문화 이해를 위한 동영상 교육프로그램 개발, 문화다양성 교구재 '다문화 꾸러미' 개발 보급
	교원 양성·연수과정의 개선을 통해 교원의 다문화 이해 역량 강화
다문화가족 구성원의 입영에 따른 병영 환경 조성	군 간부 및 일반 장병 대상 다문화 이해와 수용 제고 관련 교육 실시
	각 군 규정에 '다문화장병 차별행위 금지와 구충 우선처리' 명문화
	소수 종교자(이슬람교도, 힌두교도 등)의 종교활동에 배려 제공
	입대 예정 다문화 자녀의 안보관 및 친군 의식 제고를 위한 프로그램

	여가부	교육부	법무부	문화부	복지부	외교부	국방부	행안부	농식품부	고용부	경찰청	방통위	지자체
		○											
		○		○	○								
				○									
		○											
							○						

3. 우리나라의 다문화 교육정책

앞에서 우리가 검토한 바대로 우리나라 다문화 정책은 기본적으로 두 가지 큰 정책 목표를 갖고 있다. 그 하나는 결혼이민자나 다문화가족 등 다문화집단에 대한 정책적 지원을 통해 그 역량을 강화함으로써 이들이 사회발전에 기여하도록 하겠다는 것이고, 다른 하나는 일반 내국민 등 사회 구성원 모두가 다문화 사회에 대한 이해를 제고하고 문화다양성을 존중함으로써 바람직한 다문화 사회를 구현하자는 것이다. 그리고 이들 정책 목표를 제대로 달성하기 위해 다문화 정책의 추진체계를 제대로 갖추는 것을 또 다른 정책 목표로 삼고 있는데, 이를 합하면 우리나라 다문화 정책은 크게 세 가지 목표를 지향하고 있는 셈이다.

우리나라 다문화 교육정책도 이와 유사한 정책목표를 갖고 있다. 교육부가 2017년 1월 내놓은 '2017년 다문화교육 지원 계획'에 따르면, 우리나라 다문화 교육 지원정책은 (1) 다문화학생 맞춤형 교육지원 강화, (2) 학교 구성원의 다문화 이해 제고, (3) 다문화교육 활성화 기반 조성 등 세 가지 정책목표를 추구하고 있다. 이 중 (1) '다문화학생 맞춤형 교육지원 강화'는 다문화학생, 즉 다문화가족 구성원으로서 초·중·고 각급 학교에 재학하고 있는 학생들에 대한 지원을 통해 이들의 역량을 강화하고자 하는 정책으로, 위에서 말한 우리나라 다문화 정책의 첫 번째 목표인 '다문화 집단 구성원의 역량 강화' 정책의 일환이라 할 수 있다.

한편 두 번째 목표인 (2) '학교 구성원의 다문화 이해 제고'에서, '학교 구성원'이란 다문화학생과 다문화가정 학부모뿐만 아니라 일반 내국민 학생과 교사 등을 모두 포괄하는 개념으로, 이 목표는 앞에서 언급한 우리나라 다문화 정책의 두 번째 목표, 즉 '사회 구성원 모두의 다문화 이해 제고와 문화다양성 존중 정신의 함양'과 직결되는 목표인 것이다. 마지막으로 (3) '다문화교육 활성화 기반 조성'이란 다문화 교육정책의 추진체계 정비를 위한 목표 설정으로, 이는 우리나라 다문화 정책 전반의 세 번째 목표인 '다문화 정책 추진체계 정비' 정책의 일환으로 볼 수 있다.

아래에서는 다문화 교육정책의 이상 세 가지 목표 중 (마지막 세 번째를 제외한) 첫 두 가지 목표를 중심으로 우리나라 다문화 교육정책의 구성과 내용을 살펴보기로 한다. 그리고 이를 위해 교육부의 '2017년 다문화교육 지원 계획'을 그 기본 자료로 활용할 것이다(교육부, 2017).

다문화학생 맞춤형 교육지원 강화

교육부의 '2017년 다문화교육 지원 계획'에 따르면, 다문화가정 자녀로서 각급 학교에 재학 중인 학생('다문화학생')에 대한 교육지원 정책의 정책과제는 크게 다음 다섯 가지로 나뉜다. ① 다문화 유치원 확대, ② 다문화학생 기초학력 지원, ③ 공교육 진입 및 적응 지원, ④ 다문화학생 정서 상담 지원, ⑤ 재능과 적성에 맞는 진로교육 강화. 아래에서는 이들 각각의 세부 정책과제가 구체적으로 어떤 내용인지 차례대로 살펴본다.

다문화 유치원 확대

이 프로그램은 다문화가정 자녀 중 유아들의 언어와 기초학습 지원을 위한 '다문화 유치원'을 운영하는 것이다. '2017년 지원 계획'에 따르면 전국 17개 시도에 90개의 유치원을 설치·운영하는 것으로 되어 있다. 또한 다문화 유치원 운영을 위한 매뉴얼을 개발하고 보급하는 프로그램도 포함되어 있다.

다문화 유치원의 교육 내용을 보면, 다문화가정 유아들을 일반 아동과 통합하여 교육하되 필요 시 다문화가정 유아의 발달 단계 및 다문화적 요소 등 특수성을 고려하여 추가지도를 실시하도록 하고 있다. 또한 개별지도가 필요한 경우 한국어로 인해 기초학습 및 인지 발달이 지연되지 않도록 맞춤형 언어교육 프로그램을 운영하도록 하고 있다.

다문화학생의 기초학력 지원

이 지원 정책에는 다문화학생들을 대상으로 하는 대학생 멘토링 사업, 교과 보조교재 개발 및 보급 사업, '두드림(Do-Dream)학교' 등과 연계한 다문화학생 기초학력 지원사업, 기초학력 제고를 위한 연구학교 운영 등의 프로그램이 포함된다. 먼저 대학생 멘토링 사업이란 일반 내국민 대학생들이 멘토가 되어 다문화학생들의 학교 적응 및 기초학력 제고를 위해 이들에 대한 한국어 학습 및 기초학습 지원, 학교생활 상담 등을 제공하는 프로그램이다. 2017년에 전국 4,500명의 다문화학생을 대상으로 대학생 멘토링이 실시되었다.

다문화학생들을 위한 교과 보조교재 개발 및 보급 사업은 다문화학생들이 어려워하는 교과목의 주요 개념과 어휘 등을 설명하는 보조교재를 개발하고 이를 보급하여 다문화학생들의 기초 학습을 지원하는 프로그램이다. 2017년 사업계획에는 중학교용 국어·사회과 보조교재를 개발하고, 2015~16년에 이미 개발한 초등학교용 보조 교재를 일선 학교에 보급하는 프로그램이 포함되어 있다.

한편 '두드림(Do-Dream)학교'란 초·중등교육법 시행령 제54조3항에 따른 사업으로 학습 부진아 등에 대해 진단·상담·치유·학습지원 등을 제공하는 프로그램이다. 다문화학생 중 학습에 어려움이 있는 학생들을 대상으로 두드림 학교 및 학습종합클리닉센터가 연계하여 이들의 기초학습을 지원하는 프로그램도 우리 교육부의 다문화교육 지원사업에 포함된다. 뿐만 아니라 두드림 학교의 교원과 학습종합클리닉센터의 상담사, 코칭단 등 담당자에 대한 다문화 이해연수 교육도 실시하게 되어 있다.

마지막으로 다문화학생의 기초학력 제고를 위한 교육과정 운영모델을 개발하기 위한 연구학교 운영도 지원계획에 포함되어 있다. 이 사업은 2016년에 시작된 것으로 2017년에는 전국 6개교를 시범 연구학교로 운영한다.

공교육 진입 및 적응 지원

모든 다문화가정 자녀들이 학령기에 도달했다고 해서 다 초등학교에 입학하는 것은 아니다. 뿐만 아니라 중도입국 자녀들의 경우, 공교육을 받아야 할 연령에 있어도 학교교육을 회피하는 경우가 많다. 본 프로그램은 공교육을 받아야 할 나이인 만 6세부터 만 17세까지의 중도입국 및 외국인가정 자녀들이 공교육에 쉽게 진입할 수 있도록 지원하는 것을 그 내용으로 한다.

이 프로그램에 따라 시도 교육청은 관내 다문화가족이나 외국인가정을 대상으로 공교육 진입절차를 교육하고 안내하게 된다. 또한 중도입국 자녀와 외국인 학생 등이 한국어·한국문화를 집중적으로 교육받을 수 있도록 예비학교를 운영한다.

다문화학생 정서 상담 지원

2017년 다문화 교육 지원정책에는 다문화학생의 정서 상담을 위해 다문화학생이 다수 재학하고 있는 지역 소재 '위(Wee)센터'를 '다문화 거점 Wee센터'로 지정하여 지원하는 계획도 포함되어 있다. 'Wee센터'란 학교와 교육청, 지역사회가 연계하여 학생들의 학교 적응을 돕는 서비스를 제공하는 기관으로, 특히 게임중독, 학교폭력 등 학교 부적응 문제에 적극 대응하는 역할을 하고 있다. 2017년에는 전국의 Wee센터 중 10개 지역의 10개 센터를 '다문화 거점 Wee센터'로 지정하고 이들로 하여금 해당 지역 다문화학생에 대한 상담을 전문적으로 제공하게 하고 있다. 또한 다문화학생들에 대한 상담 사례를 모아 상담 자료집으로 발간하여 전국의 Wee센터나 일반 학교에 배포하고, 다문화학생의 특수성을 고려한 정서상담이 이루어지도록 전문 상담교사 대상 다문화 이해연수를 실시하는 것 등의 프로그램도 포함하고 있다.

재능과 적성에 맞는 진로교육 강화

여기에는 '글로벌브릿지 사업'이란 것이 포함되는데, 이는 다문화학생의 잠재능력을 적극 개발하여 우수인재로 육성하는 프로그램이다. 이를 위해 '글로벌브릿지 사업단'을 운영하는데, 2016년 17개 사업단에서 2017년 20개 사업단으로 확대 운영하고 있다. 수학, 과학, 언어, 글로벌리더십, 예체능 등으로 구분하여 글로벌브릿지 사업단을 운영하고 이를 통해 우수 다문화학생을 발굴하고 육성하는 것을 그 내용으로 한다.

또한 다문화학생에 대한 진로 및 진학 교육을 강화하는 프로그램도 포함된다. 이를 위해 전국 60명의 진로진학 상담교사를 대상으로 중앙다문화교육센터에서 다문화 이해연수를 실시하며 각 시도 교육청에서는 별도로 연수를 실시하는데, 진로진학 상담교사 연수 시 '다문화학생에 대한 이해' 교육을 2시간 이상 포함하도록 규정하고 있다.

그 밖에도 다문화학생을 위한 진로교육 모델을 개발하기 위한 연구학교를 운영한다든가(전국에 15개교), 직업현장 체험, 진로 설계 등을 통해 자신의 적성과 소질을 발견하고 진로탐색 기회를 마련하기 위한 '직업교육 지원기관'을 운영한다든가(전국 16개교) 하는 프로그램도 포함되어 있다. 뿐만 아니라 다문화학생을 위한 이중언어 교육을 지원하는 것도 주요 사업 중 하나인데, 여기에는 창의적 체험활동, 방과후 학교 등을 활용하여 이중언어 교육을 실시하거나 이중언어 재능을 조기에 발굴하고 학습을 장려하기 위해 '이중언어 말하기 대회'를 개최하는 프로그램도 포함된다.

학교 구성원의 다문화 이해 제고

교육부의 '2017년 다문화교육 지원 계획'에 따르면, 교사·학생 등 학교 구성원의 다문화 이해 제고를 위한 교육지원 정책과제는 크게 다음 네 가지로 이루어진다. ① 다문화 이해교육 강화, ② 교원 역량 강화, ③ 다문화가정 학부모 교육 강화, ④ 다문화교육 정책 홍보 및 자료 공유. 아래에서는 이들 각각의 세부 정책과제가 구체적으로 어떤 내용을 담고 있는지 차례대로 살펴본다.

다문화 이해교육 강화

먼저 일반 내국민 학생을 포함하여 초·중·고등학교 각급 학교 모든 학생들을 대상으로 다문화 이해교육을 실시하는 것이 가장 중요한 다문화 이해 제고 정책 프로그램이라 하겠다. 여기에는 교과 및 창의적 체험활동과 연계하여 다문화 이해교육을 실시하고, 세계인의 날(5월20일)과 연계하여 다문화교육 주간을 운영하며, 다문화 친화적인 교과서를 개발하고 보급하는 등의 프로그램이 포함된다. '다문화 친화적 교과서' 개발·보급 프로그램이란 초등학교의 통합교과, 사회, 도덕 등의 과목, 중학교에서는 사회, 도덕, 기술·가정, 보건 등의 과목, 고등학교에서는 사회, 한국 지리, 사회·문화, 생활과 윤리, 보건 등의 과목의 교과서에 다문화 이해, 다문화 집단에 대한 바람직한 태도 함양 등의 내용을 포함하는 것을 그 골자로 한다.

또한 '다문화 중점학교'의 운영을 지원하는 프로그램도 있는데, 이는 일정 수 이상의 다문화학생이 재학하는 학교 중 정규교육과정이나 방과후 학교 등을 통해 다문화교육을 적극 실시·전파하려는 의지가 있는 학교를 선정하여 다문화 이해교육을 실시하게 한다. 다문화 중점학교는 2016년에 전국 180개교에서 2017년 전국 200교로 확대되었으며, 각 시도 교육청이 자체 지정하는 다문화 중점학교까지 포함하면 2018년 현재 전국에서 총 313개교가 다문화 중점학교로 지정되어 운영되고 있다(교육부, 2018).

교원 역량 강화

다음은 각급 학교 교원을 대상으로 이들의 다문화교육 전문성을 강화하기 위해 다문화 이해 연수 등 각종 교육·연수 프로그램을 실시하는 것이다. 이에는 다문화 이해를 위한 기초연수(15시간) 및 심화연수(30시간) 프로그램을 운영하는 것, 각종 직무·자격 연수에 '다문화교육' 내용을 포함하는 것, 교장·교감 및 교육전문직의 다문화학생 교육지원 역량 강화를 위한 관리자 연수과정(15시간 이상)을 운영하는 것 등의 프로그램이 포함된다. 또한 진로진학 상담교사, 전문상담교사 등을 위한 직무 연수를 실시하는 것도 포함된다.

현직 교원뿐만 아니라 예비교원을 대상으로 다문화교육 역량을 강화하는 프로그램도 실시하고 있다. 이는 대학에서 이수하는 교직과목에 다문화교육 내용을 포함한다든가, 교대 등에서 예비교원을 대상으로 다문화교육 강좌 가이드라인을 개발·보급한다든가, 교원양성기관 평가를 통해 교원양성기관의 교육과정 편성·운영 시 다문화교육 관련 강좌를 개설하도록 유도하는 것 등이 포함된다.

다문화가정 학부모 교육 강화

'학교 구성원의 다문화 이해 제고'를 위한 교육정책에는 '다문화가정 학부모'도 그 교육대상에 포함된다. 여기에는 다문화가정 학부모를 대상으로 자녀와의 소통, 자녀교육 역량 강화, 학교생활 안내 및 적응 등을 내용으로 교육하는 프로그램도 있고, 다문화학생이 성장하여 중·고등학교에 진학할 경우 '진로진학 지도와 사춘기 부모 역할'을 내용으로 학부모 교육을 실시하는 프로그램도 있다. 또한 다문화 학부모 간 또는 일반 학부모와 다문화 학부모 간 상호이해와 교류지원을 위한 학부모 모임(교육기부단, 동아리, 간담회 등)을 활성화하는 프로그램도 있다.

한편 다문화 가정 학부모에게 학교 안내 자료를 보급하는 프로그램도 있는데, 여기에는 학교 정보나 편입학 절차 등의 정보를 담은 '우리 아이 학교 보내기'라는 책자를 9개 언어로 제작하여 시도 교육청, 다문화가족지원센터, 출입국사무소 등 관련 기관에 배포하는 사업과 입학·진학 관련 사항을 다문화가족·외국인 지원을 위한 콜센터에서 안내할 수 있도록 상담 인력을 교육하고 홈페이지에 탑재하는 사업 등이 포함된다. 다문화가족 등을 위한 콜센터와 인터넷 홈페이지로는 여성가족부가 운영하는 '다누리 콜센터'와 다누리 포털(http://liveinkorea.kr), 법무부가 운영하는 외국인종합안내센터와 하이코리아(외국인을 위한 전자정부, http://hikorea.go.kr)가 있다.

다문화교육 정책 홍보 및 자료 공유

마지막으로 다문화교육 정책을 홍보하고 그 자료를 공유하는 프로그램들이 있다. 여기에는 교원·학생이 모두 다문화교육의 사례와 성과를 공유하고 인식을 개선할 수 있도록 축제 행사를 개최하여 다양한 체험 활동뿐 아니라 정책 포럼, 성과 보고회를 병행하여 다문화교육의 내실화를 도모하는 프로그램이 포함된다.

또한 교원·교육지원전문가·학생·학부모·일반인(대학생 포함)을 대상으로 다문화교육의 우수사례를 발굴하고 이를 공유함으로써 다문화 인식을 제고하고 확산하기 위한 우수사례 공모전 개최도 포함된다. 이렇게 하여 선정된 우수사례는 일반 교원들이 교육 자료로 활용할 수 있도록 자료집으로 발간하고, 이를 다문화교육 포털(중앙다문화교육센터 홈페이지)에 게재한다. 뿐만 아니라 교육부는 자체 홍보채널과 방송·언론 등을 활용하여 다문화교육의 성과를 홍보하는 사업도 시행하고 있다.

4. 우리나라 다문화 정책의 특징과 향후 과제

우리나라 다문화 정책의 특징

지금까지 살펴본 최근 우리나라의 다문화 정책은 10여 년 전과 비교해 볼 때 상당한 변화와 발전을 보여주고 있다. 우리 정부는 선진 다문화 사회와 비교하더라도 손색이 없을 정도로 잘 발달된 정책 프로그램을 시행하고 있다. 아래에서는 우리나라 다문화 정책의 몇 가지 두드러진 특징을 다른 다문화 사회들과 비교하면서 살펴보기로 한다.

단기간 내에 긍정적 변화

우리나라의 다문화 정책은 최근 10여 년 사이에 괄목할 만한 발전을 보여주고 있다. 먼저 정책 목표의 지향성과 정책의 대상 집단에서 뚜렷한 변화가 나타난다. 과거에 주로 결혼이주여성이나 다문화가족 자녀에 대한 정착 지원이나 생활 지원 위주의 정책에서 탈피하여, 최근에는 일반 내국민을 포함하여 전체 주민의 다문화 사회와 문화다양성에 대한 이해를 제고하고 다양한 소수자 집단과 그 문화를 존중하는 사회적 인식을 함양하는 데까지 정책의 적용이 확산되고 있다.

종합적이고 포괄적인 정책 프로그램

앞서 다문화가족정책 기본계획이나 다문화교육 지원 계획에서 살펴보았듯이, 우리나라의 다문화 정책은 매우 체계적이고 조직적으로 기획되어 그 정책 프로그램들이 상당히 종합적이고 포괄적이다. 이는 언어 정책이나 이민 정책, 교육 정책 등 특정 영역의 정책 위주로 짜여 있는 다른 나라의 다문화 정책과 비교하면 상대적으로 더 그러하다.

예를 들면, 다문화가족 자녀의 학교생활 적응 지원을 위한 여성가족부의 프로그램은 초등학생 이하 자녀에게 알림장 읽어주기, 숙제지도 등 자녀생활 서비스를 지원하는 것까지 포함하고 있다. 또한 국제결혼 이민자의 한국생활 초기 적응 지원을 위해 '다문화가족 코디네이터'란 제도를 만들어 결혼이민자들에게 개인별로 맞춤형 지원을 하도록 하고 있다. 이처럼 세심하게 다문화가족의 생활 저변의 사소한 면까지 고려하는 정책은 다른 나라에서 찾아보기 힘들다.

동화주의적 다문화 정책

그러나 우리나라의 다문화 정책은 여전히 '동화주의'를 기본 특징으로 한다. 비록 최근 들어 문화다양성을 존중하고 다른 민족, 다른 문화집단에 대한 이해를 제고하자는 사회적 분위기가 나타나고 있긴 하나, 기본적으로 결혼이민자나 외국인 체류자들을 우리 사회에 잘 적응하게 하고 우리 언어를 사용하고 우리 문화에 익숙하게 함으로써 우리 사회에 적절히 통합하게 하자는 우리나라 다문화 정책의 기본 방향에는 변함이 없다. 이는 한국인이 주류 민족집단으로서 절대 다수를 차지하는 민족 구성상의 성격이 계속 유지되는 한 쉽게 바뀌기 힘든 특징이자 한계라 하겠다(우라미 외, 2018; 이정금, 2018).

우리나라 다문화 정책의 문제점과 향후 과제

우리나라 다문화 정책에 최근 들어 많은 긍정적 변화가 나타난다고 해도 여전히 많은 문제점과 한계를 안고 있는 것이 사실이다. 이러한 문제점과 한계는 향후 우리의 다문화 정책을 어떻게 변화·발전시켜야 할 것인지와 관련해서 중요한 과제를 던져주고 있다.

양적 풍요, 질적 빈곤

먼저 우리나라의 다문화 정책의 문제점은 '풍요 속의 빈곤'이란 말로 표현할 수 있을 것이다. 여러 영역과 분야별로 수많은 다양한 정책 프로그램이 기획되어 시행되고 있는 바, 양적으로나 다양성 면에서나 다른 어느 나라의 다문화 정책 프로그램과 비교해도 모자람이 없다. 그러나 양적 풍요가 질적 수준을 담보하지는 않는다. 일종의 '외화내빈(外華內貧)'이라고나 할까, 이들 수많은 정책 프로그램이 내용적 측면에서나 정책 효과성 측면에서 그렇게 높이 평가하기 힘들며, 이런 점에서 우리나라의 다문화 정책이 아직 선진적이라고 평가하기에는 부족한 편이다(이정금, 2018).

예컨대 다문화 가정 자녀들의 발달과 교육에 대한 수많은 지원 프로그램에도 불구하고 여전히 많은 다문화가정 학생들이 학교에 제대로 적응하지 못하고 중도이탈하고 있다. 또한 일반 내국민 학생들을 대상으로 하는 다문화 이해교육 프로그램에도 불구하고 다문화 학생들에 대한 일반 학생들의 태도는 큰 변화가 없으며 다문화 학생들에 대한 따돌림 등도 줄어들지 않고 있다. 일반 내국민과 학생 등의 다문화 이해를 제고하는 취지의 정책 프로그램을 시행하고 있긴 하나, 다문화 사회로의 변화에 따르는 국민 전반의 의식 개혁과는 거리가 먼 정책들이다.

과잉·중복 지원과 자조 정신의 약화

외국인 이민자와 다문화가족에 대한 우리나라의 여러 가지 수많은 지원 정책에 대해서는 과잉 지원, 중복 지원이라는 비판도 적지 않다. 예컨대, 일하는 결혼이민자의 자녀나 맞벌이 다문화가족 부부의 자녀에 대한 여러 가지 돌봄 서비스는 내국민 취약계층에 대한 지원보다 더 앞서나간 지원 프로그램이다. 농어촌 주택개량 사업 시 다문화가족에 대해 우선 지원을 하는 프로그램도 내국민 농민들로 봐서는 역차별에 해당한다.

특히 결혼이민자에 대한 여러 가지 일자리 확대 정책은 과잉 지원의 대표적인 예라 하겠다. 결혼이민자를 채용하는 사회적 기업에 최저임금 수준의 인건비와 보험료를 지원하는 고용노동부의 정책 프로그램이나 결혼이민여성을 인턴으로 채용하는 기업이나 당사자에게 현금으로 지원하는 징검다리 일자리 지원 프로그램은 그 대표적인 예가 된다. 뿐만 아니라 결혼이민자나 다문화 가정 자녀에 대한 한국어 교육 및 이중언어 교육 프로그램은 여러 부서와 기관 및 단체에서 중복으로 시행하고 있다.

이러한 과잉 지원은 외국인 이민자나 다문화가족 구성원으로 하여금 그들의 자조 정신을 약화시키는 의도하지 않은 결과를 낳을 개연성이 높다. 외국인 이민자와 다문화가족의 역량 강화를 통해 이들을 우리 사회 발전의 동력으로 활용하자는 본래의 정책 취지가 무색하게, 오히려 일부 정책 프로그램은 이들의 자조 정신을 약화시킴으로써 사회참여와 사회적 역할 수행을 위한 이들의 역량이 감퇴되는 결과를 가져올 수 있다.

다른 국가정책도 마찬가지지만, 다문화 정책을 시행하는 데도 국민의 귀중한 세금으로 확보한 많은 국가 예산이 들어간다. 이를 방만하게 사용할 수는 없는 일이다. 내국민들을 위한 일반 복지 정책도 그러하지만, 다문화가족 지원 정책에서도 국가 예산으로 그냥 퍼주는 정책보다는 '물고기 잡는 법'을 가르쳐주는 지원 정책이 비용 대비 효과 면에서 더 나은 정책 방향일 것이다.

장기적 방향성과 국정 철학의 부재

우리나라의 다문화 정책은 여전히 너무 대증적(對症的)이고 단기적이다. '대증적'이라 함은 지금 눈앞에 닥친 문제를 해결하기 위해 임시적, 표피적으로 정책을 편다는 말이다. 이렇게 되면 그 정책은 장기적 방향성이 없이 표류하기 쉽다. 예컨대 우리나라가 생산가능인구가 줄어들고 고령인구가 늘어나는 등 급속하게 그 인구구조가 변화하고 있음에도 불구하고, 우리나라의 다문화 정책에는 아직 본격적인 이민정책은 찾아보기 힘들다.

또한 한 나라의 다문화 정책에는 그 나라 국정 관리의 철학과 가치관이 녹아들어야 하는데, 우리나라 다문화 정책에는 그런 요소를 찾아보기 힘들다. 우리나라가 앞으로 계속 개인의 자유와 존엄성을 존중하는 자유민주주의 체제를 지향한다면 거기에 걸맞은 다문화 정책이 나와야 한다. 또한 모든 주민의 안전과 법질서를 유지하고 이들이 인간다운 삶을 누릴 수 있는 사회경제적 환경을 만드는 것에 국정 운영의 우선순위가 있다면 다문화 정책의 방향 설정 또한 이에 맞춰져야 할 것이다. 뿐만 아니라 더 바람직하기로는 인류 보편적 가치와 세계사의 흐름에 대한 이해와 통찰력 또한 우리의 다문화 정책에 녹아들어 있어야 할 것이다.

학습정리

이 장에서는 1990년대 이후 최근까지 우리나라 다문화 정책의 흐름을 살펴보고 그 구성과 내용에 대해 알아보았다. 먼저 '다문화가족 지원법'과 '다문화가족정책 기본계획'을 중심으로 우리나라 다문화 정책의 구성 및 내용에 대해 알아보았으며, 교육부의 '다문화교육 지원계획'을 중심으로 우리나라 다문화 교육정책의 구성과 내용을 살펴보았다. 또한 우리나라 다문화 정책의 특징과 한계 및 문제점을 검토하고, 바람직한 다문화 사회 구축을 위한 향후의 과제를 생각해 보았다.

참고문헌

고우성. 1998. "정치적 이데올로기로서의 빤짜실라: 수카르노와 수하르토체제하에서의 활용방법 비교." 『동남아시아연구』 6: 33-47.

곽준혁. 2007. "미국에서의 다문화주의." 『민족연구』 30: 126-143.

교육부. 2017. 『2017년 다문화교육 지원 계획』. 교육부 다문화교육지원팀.

______. 2018. 『2018년 다문화교육 지원 계획』. 교육부 교육기회보장과.

구견서. 2003. "다문화주의의 이론적 체계." 『현상과 인식』 90: 29-53.

권숙인(편). 2010. 『다문화사회 일본과 정체성 정치』. 서울대학교출판문화원.

권순희. 2008. "다문화 시대를 대비한 다문화 교육의 방향." 『국어교육』 126: 89-121.

권오현 외. 2013. 『다문화 교육의 이해』. 서울대학교출판문화원.

권용희. 2016. "다문화교육과 국제이해교육, 반편견교육, 세계화교육의 비교연구: 한국에서의 수용 양상을 중심으로." 『다문화와 인간』 5(2): 37-74.

권효숙. 2016. "글로벌시대의 다문화교육 지원방안 탐색: 미국사례의 시사점을 중심으로." 『평화학논총』 6(1): 30-62.

김경식·김춘경·이광석·이채문·이현철·임지영·정정희·조현미. 2018. 『다문화사회의 이해』. 2판. 신정.

김광억. 2010. "다민족 국가와 다문화 사회: 한국의 미래." 『지식의 지평』 8: 10-26.

김광억 외. 2005. 『종족과 민족: 그 단일과 보편의 신화를 넘어』. 아카넷.

김기봉. 2009. “다문화 사회의 한국인 정체성과 한국사 다시 쓰기.” 유네스코 아시아·태평양 국제이해교육원(편), 『다문화 사회와 국제이해교육』, pp. 39-61. 도서출판 동녘.

김남국. 2005. “심의 다문화주의: 문화적 권리와 문화적 생존.” 『한국정치학회보』 39(1): 87-107.

______. 2006. “유럽에서 다문화의 도전과 대응.” 『국회도서관보』 43(5): 4-15.

______. 2010. “다문화의 도전과 사회통합; 영국, 프랑스, 미국 비교 연구.” 『유럽연구』 28(3): 133-174.

김민정. 2011. “필리핀 노동 이주 여성의 일과 한국 생활: 미등록 장기체류의 역설.” 『한국문화인류학』 44(2): 313-358.

김민정·유명기·이혜경·정기선. 2006. “국제결혼 이주여성의 딜레마와 선택: 베트남과 필리핀 아내의 사례를 중심으로.” 『한국문화인류학』 39(1): 159-193.

김복래. 2009. “프랑스, 영국, 미국의 다문화주의에 대한 비교고찰: 삼국의 이민통합정책을 중심으로.” 『유럽연구』 27(1): 207-233.

김용찬. 2007. “영국의 다문화주의 담론과 정책.” 『민족연구』 30: 144-158.

김이선·김민정·한건수. 2006. 『여성 결혼 이민자의 문화적 갈등 경험과 소통 증진을 위한 정책과제』. 한국여성개발원.

김재원. 2007. “판차실라의 나라-인도네시아.” 『민족연구』 30: 65-89.

김정원. 2006. “외국인 근로자 자녀 교육 문제와 다문화 교육.” 『국회도서관보』 43(5): 29-39.

김태형. 2017. “한국 다문화 교육정책의 변화 방향 모색.” 『한국산학기술학회논문지』 18(10): 624-633.

김한길·소경희. 2018. “한국의 다문화교육정책 문서에 나타난 다문화교육 성격의 변화 양상 분석.” 『다문화교육연구』 11(2): 59-83.

김행열. 2013. “한국의 다문화정책 변동에 관한 연구.” 『한국동북아논총』 68: 115-136.

김현덕. 2009. “다문화 사회의 도래와 국제이해교육의 역할.” 유네스코 아시아·태평양 국제이해교육원(편), 『다문화 사회와 국제이해교육』, pp. 115-145. 도서출판 동녘.

김형인. 2006. “미국의 다문화 정책과 교훈.” 『국회도서관보』 43(5): 16-28.

김혜순. 2006. “한국의 ‘다문화 사회’ 담론과 결혼이주여성: 적응과 통합의 정책 마련을 위한 기본 전제들.” 한국사회학회(편), 『동북아 ‘다문화’ 시대 한국사회의 변화와 통합』, pp. 47-75. 한국사회학회·동북아시대위원회.

______. 2008. “결혼이주여성과 한국의 다문화사회 실험: 최근 다문화담론의 사회학.” 『한국사회학』 42(2): 36-71.

김희정. 2007. “한국의 관주도형 다문화주의: 다문화주의 이론과 한국적 적용.” 오경석 외, 『한국에서의 다문화주의: 현실과 쟁점』, pp. 57-79. 한울아카데미.

남복현. 2010. 『한국과 베트남 국제결혼을 통해 본 다문화 가족의 이해』. 장서원.

류경애·이재득. 2016. “EU 국가의 다문화교육에 관한 비교 연구.” 『유럽연구』 34(1): 221-257.

리콴유(Lee Kuan Yew). 1999. 『리콴유 자서전』. 문학사상사.

문경희. 2008. “호주 다문화주의의 정치적 동학: 민족 정체성 형성과 인종·문화 갈등.” 『국제정치논총』 48(1): 267-291.

문영석. 2005. “캐나다 이민정책에 대한 분석과 전망.” 『국제지역연구』 14(1): 79-108.

______. 2014. “세방화와 종교다원주의: 캐나다 다문화주의를 중심으로.” 『원불교사상과 종교문화』 62: 213-245.

박기범. 2009. “싱가포르의 다문화교육.” 『글로벌교육연구』 1: 62-75.

박단. 2006a. “2차 세계대전 이후 알제리인의 프랑스로의 이주와 정착.” 『한국프랑스학논집』 53: 389-406.

______. 2006b. “2005년 프랑스 ‘소요 사태’와 무슬림 이민자 통합문제.” 『프랑스사연구』 14: 225-261.

______. 2007. “프랑스 공화국과 무슬림 이민자.” 『서양사론』 93: 271-304.

박상원. 2016. “다문화 가족복지 정책도구의 선택과 조합에 관한 분석: 노무현 및 이명박 정부 간 비교를 중심으로.” 『공공정책과 국정관리』 10(1): 112-146.

박승우. 2006. “국가, 계급, 민족—그 역동적 상호작용: 말레이시아와 필리핀의 비교연구.” 『동아연구』 50: 184-233.

______. 2008. “동아시아 지역주의 담론과 오리엔탈리즘.” 『동아연구』 54: 9-49.

______. 2017. “동아시아 국가지도자 리더십 비교.” 『민족문화논총』 65: 95-135.

박영민. 2014. “한국의 다문화주의 제도화와 다문화정책 과제.” 『글로벌정치연구』 7(2): 67-88.

박재영. 2008. “유럽 다문화사회의 문화충돌: 영국·프랑스·독일을 중심으로.” 『다문화연구』 1: 107-137.

박지원. 2002. “말레이시아의 민족문제.” 『민족연구』 9: 164-178.

박진경·임동진. 2012. “다문화주의와 사회통합: 캐나다와 호주를 중심으로.” 『한국정책학회보』 21(2): 123-151.

박흥순. 2009. “이주민의 정체성과 포스트콜로니얼 대안.” 유네스코 아시아·태평양 국제이해교육원(편), 『다문화 사회와 국제이해교육』, pp. 63-86. 도서출판 동녘.

백승대·이정화·김한곤·서정연·정용교·박진옥·안태준·허창덕·양혜진·김민정. 2014. 『한국의 다문화현상 이해』. 정림사.

법무부. 2017. 『이민자 체류실태 및 고용조사 결과』. 법무부.

______. “난민 통계 현황.”

법무부 출입국·외국인정책본부. 각년도. 『출입국·외국인정책 연감』, 법무부 출입국·외국인정책본부.

______. 각년도. 『출입국·외국인정책 통계연보』, 법무부 출입국·외국인정책본부 이민정보과.

______. 매월. 『출입국·외국인정책 통계월보』, 법무부 출입국·외국인정책본부.

보건복지가족부 한국보건사회연구원(편). 2010. 『2009년 전국 다문화가족실태조사 연구』. 보건복지가족부·법무부·여성부.

사카이 스미오. 2011. “싱가포르의 외국인 전문인력 이민제도의 개요와 실태.” 『국제노동브리프』 9(3): 27-37.

설동훈. 2007. “국제노동력이동과 외국인노동자의 시민권에 대한 연구: 한국·독일·일본의 사례를 중심으로.” 『민주주의와 인권』 7(2): 369-419.

설동훈·김현미·한건수 외. 『국제결혼 이주 여성 실태 조사 및 보건 복지 지원 정책 방안』. 보건복지부.

설동훈·이혜경·조성남. 2006. 『결혼이민자 가족실태조사 및 중장기 지원정책 방안 연구』. 여성가족부.

심미경. 2016. “미국 다문화 정책이 한국 다문화 사회통합 정책과 다문화교육 개선에 주는 시사점.” 『학습자중심교과교육연구』 16(3): 441-460.

양승윤. 2003. 『인도네시아』. 한국외국어대학교 출판부.

______. 2008. “말레이시아의 교육정책과 종족갈등.” 『동남아연구』 17(2): 91-121.

양승윤 외. 1998. 『말레이시아』. 한국외국어대학교 출판부.

양영자. 2007. “한국의 다문화교육 현황과 과제.” 오경석 외, 『한국에서의 다문화주의: 현실과 쟁점』, pp. 197-230. 한울아카데미.

엄한진. 2006. “전지구적 맥락에서 본 한국의 다문화주의 이민논의.” 한국사회학회(편), 『동북아 ‘다문화’ 시대 한국사회의 변화와 통합』, pp. 13-43. 한국사회학회·동북아시대위원회.

______. 2007. “프랑스 이민통합 모델의 위기와 이민문제의 정치화.” 『한국사회학』 41(3): 253-286.

______. 2011. 『다문화 사회론』. 소화.

여성가족부. 2012. 『제2차 다문화가족정책 기본계획(2013~2017)』. 여성가족부 다문화가족정책과.

______. 2014. 『제2차 다문화가족정책 기본계획(2013~2017): 2014년도 시행계획』. 여성가족부 다문화가족정책과.

염운옥. 2014. “영국 이민사 연구의 쟁점과 전망: 인종주의와 다문화주의의 이중주.” *Homo Migrans*, 11: 5-19.

오경석. 2007. “어떤 다문화주의인가? 다문화사회 논의에 관한 비판적 조망.” 오경석 외, 『한국에서의 다문화주의: 현실과 쟁점』, pp. 21-56. 한울아카데미.

오경석 외. 2007. 『한국에서의 다문화주의: 현실과 쟁점』. 한울아카데미.

우라미·황지현·서경혜. 2018. “한국의 다문화교육정책에 대한 비판적 고찰.” 『교육과학연구』 49(2): 59-88.

유네스코 아시아·태평양 국제이해교육원(편). 2008. 『다문화 사회의 이해: 다문화 교육의 현실과 전망』. 도서출판 동녘.

______. 2009. 『다문화 사회와 국제이해교육』. 도서출판 동녘.

유인선 외. 1998. 『싱가포르』. 한국외국어대학교 출판부.

유정석. 2007. “캐나다 다문화주의의 현실과 쟁점.” 『민족연구』 30: 16-25.

유철인. 2009. “문화 다양성과 문화이해교육.” 유네스코 아시아·태평양 국제이해교육원(편), 『다문화 사회와 국제이해교육』, pp. 147-165. 도서출판 동녘.

윤인진. 2008. “한국적 다문화주의의 전개와 특성: 국가와 시민사회의 관계를 중심으로.” 『한국사회학』 42(2): 72-103.

이산호. 2008. “프랑스의 문화다양성과 사회통합정책.” 『다문화연구』 1: 7-25.

이용승. 2004. “호주의 다문화주의.” 『동아시아연구』 8: 177-205.

______. 2007. “호주, 다문화주의의 역진.” 『민족연구』 30: 26-50.

이윤정. 2014. “ASEAN 국가 다문화교육의 현황과 시사점: 싱가포르, 인도네시아, 말레이시아를 중심으로.” 『교육논총』 34(2): 115-143.

이재분·강순원·김혜원·이해영·서유미. 2008. 『다문화가정 자녀 교육실태 연구: 국제결혼가정을 중심으로』. 한국교육개발원.

이정금. 2018. “미래사회 한국 다문화교육정책의 방향성 탐색.” 『교육문화연구』 24(1): 549-567.

이창언. 1998. “캐나다 소수민족의 민족 정체성과 사회문화적 적응.” 『한국문화인류학』 31(2): 559-598.

이화선. 2015. “한국 다문화정책의 편향성과 결혼이주여성의 지위.” 『한국융

합인문학』 3(2): 7-24.
전경옥·홍태영·이유진·양기호·이규용·오성배·김영란·홍기원. 2013. 『다문화 사회 한국의 사회통합』. 이담Books.
전숙자·박은아·최윤정. 2009. 『다문화 사회의 새로운 이해』. 도서출판 그린.
정기선(편). 2011. 『한국 이민 정책의 이해』. IOM 이민정책연구원.
정복동. 2016. "한국의 다문화정책 변화와 과제: 다문화가족서비스 전달체계를 중심으로." 『한국사회공헌학회지』 3(2): 21-38.
정인섭. 2009. "한국에서의 난민 수용 실행." 『서울국제법연구』 16(1): 197-222.
정일선 외. 2006. 『국제결혼 가족 및 아동 실태조사』. 경북여성정책개발원.
정장엽·정순관. 2014. "한국 다문화가족정책의 편향성 분석: 동화주의와 다문화주의." 『지방정부연구』 17(4): 121-142.
조용환. 2008. "다문화 교육의 의미와 과제." 유네스코 아시아·태평양 국제이해교육원(편), 『다문화 사회의 이해』, pp. 226-261. 도서출판 동녘.
조정남. 2007. "현대국가와 다문화주의." 『민족연구』 30: 6-15.
주경식. 2017. "호주 다문화주의의 한계: 인종차별과 코즈모폴리터니즘적 대안." 『현상과 인식』 41(3): 44-69.
주효진. 2010. "아시아 국가들의 다문화정책에 대한 탐색적 연구: 대만, 싱가포르, 일본, 홍콩의 사례로부터." 『한국자치행정학보』 24(2): 211-230.
중앙대학교 문화콘텐츠기술연구원·동국대학교 역사교과서연구소. 2016. 『한국사 속의 다문화』. 선인.
최병두. 2011. 『다문화 공생: 일본의 다문화 사회로의 전환과 지역사회의 역할』. 푸른길.
최성수·한주희. 2006. "국가와 이민정책: 미국의 이민법을 중심으로." 『미국

학논집』 38(2): 205-233.

최영준. 2018. "다문화교육 정책의 변화와 개선방안." 『평생교육·HRD연구』 14(2): 55-75.

최윤철. 2018. "고용허가제에 대한 비판적 연구: 법제와 사법판단을 중심으로." 『공법학연구』 19(1): 253-275.

최종렬·김정규·임운택·최인영. 2008. 『다문화주의의 이론적 패러다임과 국가별 유형비교』. 한국여성정책연구원.

최현덕. 2009. "세계화, 이주, 문화 다양성." 유네스코 아시아·태평양 국제이해교육원(편), 『다문화 사회와 국제이해교육』, pp. 87-111. 도서출판 동녘.

추병완. 2008. "싱가포르의 다문화 도덕교육." 『도덕윤리과교육』 27: 55-84.

최종오. 2006. "호주의 이민과 국민국가형성: 다문화정책을 중심으로." 『영남정치학회보』 17: 47-66.

최충옥·모경환·김연권·박성혁·오은순·한용택·임은미·우희숙·이수미·임정수. 2010. 『다문화교육의 이해』. 양서원.

통계청. 2016. 『장래인구추계: 2015~2065 (2015 인구총조사 기준)』. 통계청.

2018. 『2017 인구주택총조사』. 통계청.

통일부. "북한이탈주민 최근 현황."

한건수. 2006. "농촌지역 결혼이민자 여성의 가족생활과 갈등 및 적응." 『한국문화인류학』 39(1): 195-243.

______. 2008. "비판적 다문화주의: 한국적 다문화주의의 모색을 위한 인류학적 성찰." 유네스코 아시아·태평양 국제이해교육원(편), 『다문화 사회의 이해』, pp. 135-165. 도서출판 동녘.

______. 2009. "한국 사회의 다민족화와 '다문화 열풍'의 위기." 『지식의 지평』 7: 192-208.

______. 2012a. “통합과 분열의 기로에 선 한국의 다문화 정책.” 『지식의 지평』 13: 64-86.

______. 2012b. “한국사회의 다문화주의 혐오증과 실패론: 어떤 다문화주의인가?” 『다문화와 인간』 1(1): 113-143.

한건수·설동훈. 2007. 『이주자가 본 한국의 정책과 제도』. 한국여성정책연구원·유네스코 아시아태평양 국제이해교육원(공편). 한국여성정책연구원.

한건수·한경구. 2011. “다문화주의를 넘어서 문화 다양성과 국제 이해 교육으로.” 『국제이해교육연구』 6(1): 1-33.

한경구. 2008. “다문화 사회란 무엇인가?” 유네스코 아시아·태평양 국제이해교육원(편), 『다문화 사회의 이해』, pp. 86-134. 도서출판 동녘.

한경구·한건수. 2007. “한국적 다문화 사회의 이상과 현실: 순혈주의와 문명론적 차별을 넘어.” 한국사회학회(편), 『한국적 ‘다문화주의’의 이론화』, pp. 71-116. 한국사회학회·동북아시대위원회.

한국서양사학회(편). 1999. 『서양에서의 민족과 민족주의』. 까치글방.

한승미. 2003. “일본의 ‘내향적 국제화’와 다문화주의의 실험.” 『한국문화인류학』 36(1): 119-147.

한승준. 2008. “프랑스 동화주의 다문화정책의 위기와 재편에 관한 연구.” 『한국행정학보』 42(3): 463-486.

한준상. 2008. “다문화 교육에 대한 호모노마드식 접근.” 유네스코 아시아·태평양 국제이해교육원(편), 『다문화 사회의 이해』, pp. 262-307. 도서출판 동녘.

한영혜. 2006. “일본의 다문화공생 담론과 아이덴티티 재구축.” 『사회와 역사』 71: 155-184.

행정안전부. 2016.『2016년 지방자치단체 외국인주민 현황』. 행정안전부 사회통합지원과.

호사카 유지. 2003. “일본의 정주외국인정책과 재일코리안.”『민족연구』11:

홍석준. 2016. “말레이시아의 이민정책과 한국인 은퇴이주의 조우.”『한국콘텐츠학회논문지』16(4): 555-568.

황인원·김형종·김지훈. 2012. “말레이시아와 싱가포르 고등교육정책 변화의 정치경제.”『동남아시아연구』22(3): 195-239.

KOSIS 국가통계포털. http://kosis.kr>국내통계>주제별통계>인구·가구

대한민국 각종 법령

‘난민법’(법률 제14408호)

‘다문화가족지원법’(법률 제15204호)

‘다문화가족지원법시행령’(대통령령 제28939호)

‘북한이탈주민의 보호 및 정착지원에 관한 법률’(법률 제15432호)

‘외국인근로자의 고용 등에 관한 법률’(법률 제14839호)

‘외국인근로자의 고용 등에 관한 법률 시행령’(대통령령 제28946호)

‘외국인근로자의 고용 등에 관한 법률 시행규칙’(고용노동부령 제201호)

‘출입국 관리법’(법률 제15159호)

‘출입국 관리법 시행령’(대통령령 제28952호)

Anderson, Benedict (베네딕트 앤더슨). [1991] 2002.『상상의 공동체: 민족주의의 기원과 전파에 대한 성찰』. 윤형숙 역. 나남출판.

Backman, Michael. 2000. “Asians and Victorian values.” *Far Eastern Economic Review*, March 30.

Banks, James A. 1994. *An Introduction to Multicultural Education*.

Boston: Allyn and Bacon.

_____. 2004. "Multicultural education: Historical development, dimensions, and practice." Pp. 3-29 in James A. Banks and Cherry A. McGee Banks (eds.), *Handbook of Research on Multicultural Education*, 2nd ed. San Francisco, CA: Jossey-Bass.

_____. 2007. "Multicultural education: Characteristics and goals." Pp. 3-30 in James A. Banks and Cherry A. McGee Banks (eds.), *Multicultural Education: Issues and Perspectives*, 6th ed. Hoboken, NJ: Wiley.

_____. 2009. "Multicultural education: Dimensions and paradigms." Pp. 9-32 in James A. Banks (ed.), *The Routledge International Companion to Multicultural Education*. New York: Routledge.

Banks, James A. (ed.). 2009. *The Routledge International Companion to Multicultural Education*. New York: Routledge (제임스 뱅크스 [편]. 2014.『다문화교육의 세계동향』. 방명애·김혜인 역. 시그마프레스).

Banks, James A. and Cherry A. McGee Banks (eds.). 2004. *Handbook of Research on Multicultural Education*. 2nd ed. San Francisco, CA: Jossey-Bass.

_____. 2007. *Multicultural Education: Issues and Perspectives*. 6th ed. Hoboken, NJ: Wiley.

Banting, Keith, and Will Kymlicka (eds.). 2006. *Multiculturalism and the Welfare State: Recognition and Redistribution in Contemporary Democracies*. Oxford, UK: Oxford University Press.

Bennett, Christine I. 1986. *Comprehensive Multicultural Education:*

Theory and Practice. Boston: Allyn & Bacon.

Elabor-Idemudia, Patience. 2005. “Immigrant integration in Canada: Policies, programs and challenges.” Carl E. Janes (ed.), *Possibilities and Limitations: Multicultural Policies and Programs in Canada*, pp. 58-75. Halifax, Canada: Fernwood.

Eller, Jack David. 1997. “Anti-anti-multiculturalism.” *American Anthropologist* 99(2): 249-260.

Fix, Michael (ed.). 2007. *Securing the Future: US Immigrant Integration Policy*. MPI. (마이클 픽스[편]. 2008.『다문화 사회 미국의 이민자 통합정책』. 곽재석 역. 한국학술정보).

Giddens, Anthony (앤터니 기든스). [1989] 1992.『현대사회학』. 김미숙 외 역. 을유문화사.

Griffis, William Elliot. 1882. *Corea: The Hermit Nation*. New York: Charles Scribner's.

Hall, Stuart. 1993. “Culture, community, nation.” *Cultural Studies* 7(3): 349-363.

Inglis, Christine. 2009. "Multicultural education in Australia: Two generations of evolution." Pp. 109-120 in James A. Banks (ed.), *The Routledge International Companion to Multicultural Education*. New York: Routledge.

Joppke, Christian. 1996. “Multiculturalism and immigration: A comparison of the United States, Germany, and Great Britain.” *Theory and Society* 25(4): 449-500.

Kallen, Horace M. 1915. "Democracy versus the Melting-Pot." *The Na-*

tion 100: 217-220.

Kymlicka, Will. 1995. *Multicultural Citizenship: A Liberal Theory of Minority Rights*. Oxford, UK: Clarendon Press.

_____. 2007. *Multicultural Odysseys: Navigating the New International Politics of Diversity*. Oxford, UK: Oxford University Press.

Linz, Juan J. and Alfred Stepan. 1996. *Problems of Democratic Transition and Consolidation*. Baltimore and London: Johns Hopkins University Press.

Martiniello, Marco (마르코 마르티니엘로). [1997] 2002. 『현대사회와 다문화주의』. 도서출판 한울.

Myrdal, Gunnar. [1944] 1996. *An American Dilemma: The Negro Problem and Modern Democracy.* London and New York: Routledge.

Nieto, Sonia. 1992. *Affirming Diversity: The Sociopolitical Context of Multicultural Education*. New York: Longman.

_____. 2009. "Multicultural education in the United States: Historical realities, ongoing challenges, and transformative possibilities." Pp. 79-95 in James A. Banks (ed.), *The Routledge International Companion to Multicultural Education*. New York: Routledge.

Parekh, Bhikhu. 2006. *Rethinking Multiculturalism: Cultural Diversity and Political Theory.* 2nd ed. New York: Palgrave Macmillan.

Said, Edward W. 1978. *Orientalism*. New York: Pantheon Books.

Saw Swee-Hock. 2012. *The Population of Singapore*. Singapore: ISEAS.

Taylor, Charles M. et al. 1994. *Multiculturalism: Examining the Politics of Recognition*. Princeton, NJ: Princeton University Press.

Tomlinson, Sally. 2009. "Multicultural education in the United Kingdom." Pp. 121-133 in James A. Banks (ed.), *The Routledge International Companion to Multicultural Education*. New York: Routledge.

Turner, Terence. 1993. "Anthropology and multiculturalism: What is anthropology that multiculturalists should be mindful of it?" *Cultural Anthropology* 8(4): 411-429.

Tylor, Edward B. 1871. *Primitive Culture: Researches into the Development of Mythology, Philosophy, Religion, Art, and Custom*. London: John Murray.

United Nations Development Programme (UNDP). 2016. *Human Development Report 2016*. UNDP.

United Nations Educational, Scientific and Cultural Organization (UNESCO). 1974. *Recommendation concerning Education for International Understanding, Co-operation and Peace and Education relating to Human Rights and Fundamental Freedoms*. http://portal.unesco.org/en/ev.php-URL_ID= 13088& URL_DO=DO_TOPIC&URL_SECTION=201.html (검색일: 2018.08.31.)

_____. 2001. *Universal Declaration on Cultural Diversity*. http://portal.unesco.org/ en/ev.php-URL_ID=13179&URL _DO=DO_TOPIC&URL_SECTION=201.html (검색일: 2018.08.31.)